カント全集

10

たんなる理性の限界内の宗教

岩波書店

Mattersbergerによる胸像(1795年)

総目次

凡例

一、本巻には『たんなる理性の限界内の宗教』(*Die Religion innerhalb der Grenzen der bloßen Vernunft*, 1793)、『宗教哲学序文準備原稿』(*Vorredeentwürfe zur Religionsphilosophie*) および『たんなる理性の限界内の宗教のための準備原稿』(*Vorarbeiten zur Religion innerhalb der Grenzen der bloßen Vernunft*) を収めている。

二、翻訳にあたっては、底本としてアカデミー版(以下A版と略記)カント全集第六巻、第二〇巻および第二三巻を用いた。また、必要に応じてカッシーラー版(C版)カント全集第六巻、哲学文庫版(V版)第四五巻、およびヴァイシェーデル版(W版)カント全集第四巻を適宜参照した。

三、訳出において参照した各版は次のとおりである。なお本文欄外に付した各版の略号に続く数字は、その版のページ数を示す。

A版　*Die Religion innerhalb der Grenzen der bloßen Vernunft* (Herausgeber: Georg Wobbermin), in: *Kant's Gesammelte Schriften*. Herausgegeben von der Königlich Preußischen Akademie der Wissenschaften. Band VI. 1914.

Vorredeentwürfe zur Religionsphilosophie (Herausgeber: von Gerhard Lehmann), in: *Kant's Gesammelte Schriften*. Herausgegeben von der Preußischen Akademie der Wissenschaften. Band XX.

1942.

Vorarbeiten zur Religion innerhalb der Grenzen der bloßen Vernunft (Herausgeber: Gerhard Lehmann), in: *Kant's Gesammelte Schriften*. Herausgegeben von der Deutschen Akademie der Wissenschaften zu Berlin. Band XXIII. 1955.

C版　*Die Religion innerhalb der Grenzen der bloßen Vernunft* (Herausgeber: A. Buchenau, E. Cassirer, B. Kellermann), in: *Immanuel Kants Werke*. Herausgegeben von Ernst Cassirer. Band VI. 1914.

V版　*Die Religion innerhalb der Grenzen der bloßen Vernunft* (Herausgeber: Karl Vorländer), in: Philosophische Bibliothek, Band 45, 9. Auflage. 1990.

W版　*Die Religion innerhalb der Grenzen der bloßen Vernunft* (Herausgeber: Wilhelm Weischedel), in: *Immanuel Kant*. Werke in Sechs Bänden. Band IV. Sonderausgabe 1998.

四、テキスト・クリティークに関しては、原則として訳文に差異が生じる場合にかぎり、校訂注として各版の異同を取りあげた。また、カントの原版、すなわち第一版（一七九三年）、第二版（一七九四年）相互の異同に関しても、必要最小限の範囲で校訂注で言及するにとどめた。

五、本文中の（　）はカントによる挿入であり、〔　〕は訳者による補足である。また、(原注)はカント自身の付した脚注であり、†印および便宜上｛　｝で囲った個所はその第二版での補足である。括弧付きのアラビア数字は訳注を意味し、＊印は校訂注を表わしている。

六、原注は第二版での補足もふくめて、その段落の後に挿入し、訳注および校訂注は巻末にまとめた。

七、カントの原文で強調されている箇所の、隔字体(ゲシュペルト)による部分は傍点(丶)を付し、ボールド体による部分は太字で表示した。

八、巻末に、人名および事項を収録した「索引」を付した。

たんなる理性の限界内の宗教

北岡武司訳

Die Religion
innerhalb der Grenzen
der bloßen Vernunft.
(1793 ; 1794)

たんなる理性の限界内の宗教

A版	第6巻	1-202頁
C版	第6巻	139-353頁
V版	PhB 45	1-229頁
W版	第4巻	645-879頁

目　次

第一版序文*〔一七九三年〕

A3 C141 V3 W649

人間は自由な存在者であるがゆえに、自己自身を理性により無制約な法則に結びつける存在者でもあって、このような存在者としての人間の概念にもとづくかぎりでは、道徳は、人間の義務を認識するのに人間を超えた人間以外の存在者の理念を必要とはしないし、義務を遵守するのに法則以外の動機なども必要とするわけではない。そのような要求が人間のうちに見出されるとすれば、それはすくなくとも人間自身の咎《とが》であるが、しかしその要求は他の何ものによっても満たされない[1]のである。なぜなら人間自身に、またその自由に源を発するのでないものが道徳性の欠如を補償することはないからである。――したがって道徳は道徳自身のためには（意欲することに関して客観的にも、なしうることに関して主観的にも）宗教などをまったく必要とはせず、むしろ純粋実践理性により、道徳だけでやっていけるのである。――そもそもこの理性の法則によって採用されるべき格率[2]の普遍的合法則性が、あらゆる目的の最上の制約（無制約ですらある制約）なのであって、そのような合法則性のたんなる形式によってのみ、その法則は拘束するのだから、何が義務なのかを認識するにも、義務が執行されるように動機づけるにも、道徳には自由な選択意志の実質的規定根拠[原注]すなわち目的はまったく必要なく、むしろ義務が問題となるとき、いうまでもなく道徳はあらゆる目的を度外視できるし、そうすべきなのである。だからたとえば法廷で証言するに際して、私は誠実であるべきなのか、あるいは自分に委託された他人の財の返還請求に際して、私は約束を守るべきなのか

C142　A4　V4　W650

(またはそれができるのか)ということを知るには目的などに、つまり実現しようと私が心に決めているのはこれなのだと、他人に打ち明けようと思っているかもしれないような目的などに、頓着する必要はさらさらなく、それがどんなものなのかはどうでもよいのであって、むしろ自白が合法的に求められているのに、まだ何か目的を探さなくてはと思う人は、それだけでもう卑劣漢なのである。

(原注)　形式的にすぎない*規定根拠(法則性)一般は義務の概念では規定根拠たるに十分でないと言い張る人々にしても、安楽さに向かう自己愛(3)に規定根拠が見出せないこと(4)は承認する。だがそうすると残る規定根拠は二つだけで、一つは理性的なもの、すなわち自らの完全性であり、もう一つは経験的なもので他者の幸福である。――ところで完全性は道徳的完全性でしかありえないので、彼らのいう完全性がすでにそのこと(すなわち法則に無制約に服従する意志のこと)でないとすれば、その説明は循環ということになろうから、彼らのいわんとするのは、向上が可能なかぎりでの人間の自然的完全性でなくてはなるまい。が、そのような完全性は多く存在しうるのである(技芸や学問、趣味などの熟練、身体の敏捷さ、その他)。しかしそうしたものはどんなときでも条件つきでのみ、すなわちその使用が(唯一無制約に命令する)道徳法則に矛盾しないという制約下でのみ善であり、したがってこのような完全性が目的とされても、それは義務の諸概念の原理とはなりえないのである。同じことが他人の幸福に向けられた目的についてもいえる。そもそも行為は他人の幸福に向けられる以前に、まずそれ自体において道徳法則にしたがって考量されねばならないのである。それゆえ他者の幸福の促進は条件つきでしか義務ではなく、それを道徳的格率の最上原理として用いることもできないのである。

A3 C141 V3 W649
A4 C142 V4
W650

道徳は意志規定に先立たなくてはならないような目的表象など必要とするわけではないにしても、しかしそのような目的に必然的な関係をもつ*ことは、たしかにありうるのであって、すなわち格率の根拠としての目的にはそうでないにせよ、しかし道徳法則に即して採用される格率の必然的帰結となるような目的には、必然的関係をもつのである。――そもそも結果のまったくない意志規定などあるはずもないから、まったく目的関係なしに意志規定が成立するなどということは、人間においてはありえないし、結果の表象は選択意志の規定根拠としては、また意図において先行するような目的としては、受け入れられないにしても、しかし選択意志を法則により規定した帰結としてなら、それを受け入れて目的(finis in consequentiam veniens 結果において生じる目的)[5]としてもかまわないのである。目的がなければ、選択意志は企図された行為にたいして、客観的に規定された対象のことも主観的に規定された対象のことも考えないことになり(選択意志にはそのような対象がある、あるいはあるはずであろう)、いかに働かねばならないかは指定されても、何に向けて働かねばならないかは指定されないことになるわけで、そのような選択意志の満足はありえないからである。したがって道徳にとっては正しく行為するための目的は必要ではなく、自由の行使一般の形式的制約をふくむ法則だけで十分ではある。しかし道徳からは目的が生まれてくるのであって、次の問いの解答がどのような結果になるかについて、理性は無関心でいることなど到底できないのである。それは、このように正しく行為するとして、そこから何が生じるというのか、また正しく行為することは十分に思いのままにはならないと仮定しても、しかしなすこと・なさざること[6]を何に向ければよいのだろうか、そして何をすくなくともそれに一致するための目的とすればよいのだろうかという問いである。かくして私たちがいだくすべての目的の形式的制約(義務)を、同時にそれらのすべての目的によって生じるもので、形式的制約と調和するようなものすべて[7]を(形式的制約の遵守に適合した幸福を)[8]、ともに統合してそこにふくむようなものは、たしかにある客体の理念にすぎず、すなわち世界における最高善の理念にすぎないのであって、しかもそれの可能性のためには、その両要素[9]を統合しうる唯一のものであるような存在者を、すなわち道徳的でこのうえなく聖にして全能の、いっそう高次の存在者を想定しなくてはならない*のであるが、しかしこの理念は(実践的に見れば)空虚[10]ではないのである。なぜならその理念は、私たちのなすこと・なさざること一切を全体として捉えて、これにたいして理性により正当化できるなんらかの究極目的を考えたいという自然的要求を満たしてくれるからであり、そうでなければ、この要求が道徳的決意にとって障害となろうからである。しかし、ここでもっとも重要なことは、この理念の方が道徳に端を発するのであって、理念は道徳の基礎だというわけではなく、それを立てることがすでに人倫の原則を前提とするような目的だということである。したがって道徳にとっても、万物の究極目的という概念を作れるかどうかがどうでもよいはずはない(目的に一致することは義務の数を増しはしないが、しかしあらゆる目的の統合という特殊な関係点を義務にたいして供給してやることになる)。なぜなら自由にもとづく合目的性を自然の合目的性に結合することは、私たちにはなんとしても必要不可欠であって、これに実践的実在性が客観的に与えられうるのは、究極目的の概念によってのみだからである。道徳法則を敬う人で、もし自分の力がおよぶなら、しかも自分自身をもその一員として、実践理性に導かれて世界を創り出すとすれば、どんな世界にするだろうかという考えを、思いついた人がいるとしてみよう(それを避けることは難しい)。その場合、その人は自らに選択が委ねられるなら、まさしくかの最高善という道徳的理念を伴うような仕方でしか、世界を選びはしないだろうし[11]、のみならず私たちによって可能な最高善の実現を道徳法則が欲するがゆえに、その人も、たとえこの理念そのものにしたがえば、己個人が幸福を失うこと多大になる危険があると思っていても[12]、そもそも一つの世界が現存することを意欲するであろう。なぜ危険だと思うかといえば、ひょっとしたら、理性が制約とする幸福の要求[13]には自分は十分でないように思える、ということがありうるからで、したがってその人は、この判断*がまるで他人が下したものであるかのように、実に公平に感じることであろうが、同時にそれが自分の判断だと承認するように、理性により強要されてい

A6　C144 W652　V6

ることも感じるであろうから、これによってその人は、自分のうちで道徳的に生じる要求を、つまり義務にたいしてさらにその成果として究極目的を考えたいという要求を、証明しているのである。
したがって道徳が宗教にいたるのは避けられず、道徳は宗教により人間以外の力をもった道徳的立法者という理
念にまで拡大されるのである。(原注) 人間の究極目的でありえて、それであるべきものが、この道徳的立法者の意志にお C145 V7
いても、同時に(世界創造の)究極目的なのである。

(原注)「神なるものはある、したがって世界における最高善なるものはある」(14)という命題は、もしそれが(信仰命題として)(15) C144 V6
道徳からしか出てこないとすれば、立派なアプリオリな総合命題(16)で、これは実践的関係においてしか想定されないにしても、
しかし道徳がふくむ義務の概念を超え出ており(それにこの命題は選択意志の質料は前提しておらず、その形式的法則だけ
を前提している)、したがって道徳から分析的には展開されえないのである。しかしそのようなアプリオリな命題はいかに
して可能なのか。万人が道徳的立法者というたんなる理念に一致することは、たしかに義務の道徳的概念一般と同一的では V7
あり、そのかぎりでは、この一致を命令する命題は分析的だということになろう。しかし道徳的立法者の現存在を想定する
ことは、そのような対象のたんなる可能性以上のことをいっているのである。(17)洞察できたと思われる範囲内で、ここで私に W653
できるのは、この課題を解決するための鍵を暗示することだけで、解決の遂行ではない。
目的はつねに愛着の対象である。すなわち行為を介して何かを所有したいという、直接的な欲求の対象であり、それはち
ょうど(実践的に命令する)法則が尊敬の(18)対象なのと同じである。客観的目的とは(すなわち私たちがいだくべき目的とは)、
そのようなものとしてたんなる理性により私たちに課せられるもののことである。他の一切の目的にとって不可欠で、同時
に十分な制約*をふくむような目的は究極目的である。自分の幸福は理性的な世界存在者の主観的な究極目的であり(これは C145
理性的な世界存在者なら誰にでも、その感性的対象に依存するような本性に応じてあるので、これについてそのような究極
目的があるべきだ、などといえば馬鹿げていよう)、これを根拠とするような実践的命題はすべて総合的だが、同時に経験 A7 W654
的でもある。しかし世界において可能な最高善を、誰もが自分の究極目的とすべきだというのは、アプリオリで総合的な実

践的命題である。しかも客観的に実践的な命題であり、それは純粋理性により課せられているのである。なぜなら、それは世界における義務の概念を超え出て、義務の帰結(結果)なるものを付け加えるが、結果*は道徳法則にはふくまれておらず、したがってこの法則から分析的に展開されうるわけではないからである。成果がどんなものであれ、道徳法則は端的に命令するのであり、それどころか特殊な行為が問題となるなら、成果などまったく度外視するようにさえ強要するのであって、そのようにして義務こそを、このうえなく大いなる尊敬の対象とはしても、法則が目的までも(究極目的も)供してくれるわけではないし、目的を課すわけでもないのである。そのような目的は、たとえば義務の勧奨ともなり、義務を果たすための動機ともなるにちがいなかろうが、それはないのである。すべての人間は、(そうすべきであるように)法則において純粋理性の準則を守りさえすれば、それで十分だといえよう。道徳的ななすこと・なさざること一切の結末、それが何なのかを、どの人間も知る必要があろうか。それは世界の成行きが招き寄せることである。義務をなすこと、それだけで人間には十分である。たとえこの世の生命がすべて終わっても、しかもほかならぬこの世の生命においては、幸福と幸福にふさわしいこと[19]がひょっとして一度も合致しないかもしれないにしても、それで十分なのである。ところが人間には、そして人間の(ひょっとしたらまた他のすべての世界存在者の)[20]実践的な理性能力には避けられない制限の一つとして、あらゆる行為に際して、行為の成果を顧慮するということがあるが、それは目的として役立ってくれて意図の清浄さをも証明しうるようなものを、成果のなかに見出すためにであって、目的は実行(nexu effectivo 因果連関)においては最後に来るものではあるが、表象と意図(nexu finali 目的連関)においては最初に来るのである。この目的は、たんなる理性が人間に提示するものではあるにしても、そこに人間は自分の愛しうるものを求めるのである。したがって法則は、すなわちひとえに尊敬の念を引き起こすものは、この愛しうるものを要求として承認はしなくとも、法則は愛しうるもののために拡大されて、理性の道徳的な究極目的を規定根拠[21]のうちに取り入れるようになるのである。すなわち、世界において可能な最高善を君の究極目的とせよという命題は、道徳法則そのものによって導入されるような、それにもかかわらず、これにより実践理性が道徳法則を超えて拡大されるようなアプリオリな総合命題なのであって、そのような拡大が可能になるのは、あらゆる行為にたいして法則以外にも、さらに目的を考えざるをえないという人間の自然的性質に法則が関係づけられることによってであり(このような自然的性質のゆえに人間は経験の対象となる)、その命題の方は経験一般において、自由な選択意志の規定根拠を認識するためのアプリオリな原理をふくむわけで、それも、規定根拠の認識は道徳性のさまざまな結果を目的の形で明示するので、この認識が世界内の原因性としての人倫性の概念に、客観的な、とはいえ実践的にすぎない実在性を与えるかぎりで、アプリオリな原理をふくむわけで、このことによってのみ、その命題は(理論的でしかも総合的なアプリオリな命題と同じ
ように)可能になるのである。——ところでしかし、道徳法則[22]のこのうえなく厳格な遵守が(目的としての)最高善を招来す A8
る原因だと考えられるべきだとしても、幸福にふさわしいことに一致するように、世界において幸福を引き起こすには、人間の能力だけでは十分ではないから、そうなるように配慮する世界支配者として、全能の道徳的存在者が想定されねばならないのである。[23] すなわち道徳は必然的に宗教にいたるということである。

*　*　*

道徳は法則の聖性において、このうえなき尊敬の対象を認識するとすれば、宗教の段階になると、法則を遂行す A6 W652
る最高の原因において崇拝の対象を表象して、おごそかに現れてくるのである。しかしかぎりなく崇高なものとい A7
う理念を、人間が自らの使用に役立てようとして手にかけると、一切が卑小になってしまう。かぎりなく崇高なも W653
のでさえそうである。尊敬が自由であるかぎりでのみ真に崇敬できるものが、次のような形式に、つまり強制的法 A8
律によって威信が与えられるだけの形式にしたがうように強要されることになり、万人の公の批判に身を曝している者が、権力の伴う批判すなわち検閲なるものに服さねばならなくなるのである。

それにしても、当局に従順であれという命令も、道徳的といえば道徳的で、その遵守はあらゆる義務の遵守と同 V9
じく宗教に関係づけられうるから、このような従順さの模範となることは、宗教の特定の概念を論じるような論稿

にふさわしいにせよ、しかし従順さが証明されうるのは、国家内のただひとつの措置的法律だけに注意して、その他一切を無視することによってではなく、むしろすべての法律をこぞって尊敬することによってでしかないのである。ところで書物を審判する神学者は、魂の平安に配慮するためにだけ任命されているか、あるいは同時に諸学の平安に配慮するためにも任命されているか、そのどちらかでありえて、先の方の審査官は聖職者としてだけ、後の方は、同時に学者としても任命されているのである。あらゆる学問は、それが開墾されるように、また侵害にたいして保護されるようにと、(大学という名の)公共の施設に委ねられているが、その施設の一員としての学者でもある審査官には、聖職者にすぎない審査官の越権を、後者による検閲のために諸学の領野で破壊が引き起こされないこと、という条件に制限する義務があり、もしそれがともに聖書神学者なら、この神学を論じるよう委託されている学部の大学人である審査官の方が、主任検閲官の職務にはふさわしいであろう。なぜなら第一の関心事(魂の平安)に関しては、双方ともに同じ任務を帯びているにしても、しかし第二の関心事(諸学の平安)に関しては、大学人でもあるような神学者がさらに特殊な職務を果たさなくてはならないからである。この規則から逸れると、ついには以前すでに(たとえばガリレイ[24]の時代に)そうであったようなところまでいかざるをえなくなるのである。つまり聖書神学者が諸学の誇りを傷つけ、しかも自らは諸学の労を免れて、そのうえ天文学や他の諸学、たとえば古地質学などにさえ侵入していき、人間悟性の試み一切を独占してしまうように思われるのである。それはちょうど、懸念される攻撃にたいする防衛能力がなければ、またはそれだけの真剣さがなければ、諸民族が周りのもの一切を荒野に変えてしまうようなものである。

しかし諸学の領野では、聖書神学には哲学的神学というものが向きあっており、これは他学部から委託された財である。哲学的神学がたんなる理性の限界内にとどまるならば、またその諸命題を確証し解明するために、あらゆる民族の歴史、言語、書物、はては聖書さえ利用するにせよ、しかし自分のためにそうするだけで、それらの命題を聖書神学のなかへ持ち込もうとしなければ、また聖書神学の公の教説は聖職者に特権が与えられているのだから、それを変えようとしなければ、この神学には、届くかぎりの範囲に広がっていくための十分な自由がなくてはならないし、またそれが実際に限界を踏み越えて、聖書神学に干渉したことが明白なら、(聖職者としてのみ見られた)神学者の検閲権を否定はできないにしても、それ[25]がまだ疑われるなら、したがってそれが、はたして哲学者の論稿なり公の講演なりによってなされたのかどうかという問題が生じるならば、主任検閲官の職務は、その学部の一員としての聖書神学者だけに帰属しうるのである。なぜなら彼は公共体の第二の関心にも、すなわち諸学の繁栄にも、配慮するように指示されているからで、また彼が合法的に任命されているのは、哲学者の場合とまったく同じだからである。

そのような場合、最高検閲権は哲学部にではなく神学部に属してはいる。なぜなら特定の教説について特権を与えられているのは神学部のみであって、哲学部は自らの教説を携えて、自由で率直な交流をなすからであり、したがって自らの学部の独占権への侵害がなされたことについて、不平を鳴らすことができるのは神学部だけだからである。しかし双方の教説がすべて相互に接近していて、哲学的神学の側からの越境の懸念があるにしても、干渉についての疑惑など、容易に予防できるのであって、それには、この不法行為がおこるのは、哲学者が聖書神学から何かを借用して、それを自らの意図に用いるからではないかを検討すればよいのであり(聖書神学にしても、たんなる理性の教説と共通するものを多くふくみ、そのうえなかには歴史研究や言語学に固有のものや、それらの検閲を受けるにふさわしいものをもふくんでいること、これをこの神学の方でも否認しようとは思うまい）、不法行為は、たとえ哲学者が聖書神学から借りたものをたんなる理性にかなった意味で、しかしもしかしたら聖書神学には気に入ってもらえないような意味で用いるにしても、そのせいでおこるのではない！　のであって、むしろこの神学のなかに哲学者が何かを持ち込んで、それにより、その仕組みからいって聖書神学に許されているのとは別の目的の方に、これを向けようとしている場合におこるのである。——だからたとえば、自然法の教師が自分の哲学的法論のために古典的な表現や慣用句を、ローマ法典から借用しているからといって、しばしばなされるように、ローマ法典の解釈者によれば、そう取るのが望ましいとされるのと厳密に同じ意味でそれを利用しなくとも、本来の法学者に、はては法廷でまで、自分と同じ意味でそれを用いさせようとしなければ、ローマ法を侵害したとはいえないのである。そもそもそうした借用が自然法の教師の権限に属さないのであれば、逆に聖書神学者や法定法学者なども、哲学の所有権侵害の嫌疑を、無数にかけられかねないのである。なぜかといえば、彼らとても理性なしでやっていくことはできず、またこと学問のことになれば、どちらも哲学なしではやっていけないので、それぞれ双方のためにとはいえ、ともに哲学から借用しなければならないことが、実にしばしばあるからである。しかし聖書神学者の方で宗教の事柄において、できれば理性とは一切関わらなくともよいかどうかを吟味することにでもなれば、どちらが敗北しようかは、容易に予測できるわけで、それというのも、宗教がためらいなく理性に宣戦布告するなら、理性に刃向かったままでは、いつまでも持ちこたえはしないだろうからである。——あえて提案さえしようと思うのだが、聖書神学では専門指導修了後、締めくくりに純粋な哲学的宗教論（これはあらゆるものを利用する、聖書もである）に関する特殊講義を、必修として付け加えた方が首尾よくいくのではないだろうか。それも、たとえば本書のような入門書を手引にして（あるいはこの類の書物でもっとよいものが手に入れば、それでもよいが）、〔神学士〕候補生の完全な仕上げに必修のものとして、卒業に臨んで付け加えてはどうであろうか。――まずは各学問がそれだけで一個の全体をなし、それからやっと諸学問について、統合的に考察するという試みがなされる以上、いろいろな学問は分業によってこそ成果をあげうるのである。ところでそんなふうにすれば、聖書神学者は哲学者と一致していることもあるだろうし、あるいは哲学者に反駁しなくてはならないと思うこともあろう。が、それも彼の方で哲学者に耳を貸せばの話である。そもそも彼の方でも、そのようにしてのみ、哲学者に吹きかけられそうなあらゆる難問にたいして、あらかじめ武装できるのである。こうした難問を秘密にしたり、それどころか神への冒瀆だと排除しても、それは惨めな一時凌ぎにすぎず、そんな策は長くはもたないし、また両方を混ぜ合わせてしまい、そして聖書神学者の側から、時折ぞんざいに混合物を一瞥するというのでは、徹底性を欠くことになってしまうわけで、ところが徹底性が欠落すれば、結局、聖書神学者が宗教論全体にどのように向き合えばよいのかを、正しく知っている者はいなくなるのである。

ところで私は以下の四論文で、善なる素質をそなえた部分もあり、悪なる素質をそなえた部分もある人間本性と宗教との関係を目立たせるために、善の原理と悪の原理との関係を、まるで両者がそれぞれ別個に存在する二つの作用原因であって、人間に影響をおよぼすものであるかのように紹介しており、そのうち、第一論文はすでに一七九二年四月、『ベルリン月刊誌』に載せられているが、この第一の論稿が十分に詳論されうるのは、ここに付け加えることになった三論文においてであって、素材は厳密に関連しているために、第一論稿を省くことはできなかったのである。――

一*枚目の全紙は私の正書法とはちがっているが、それは写本に多くの人の手を煩わしたからで、また校正に残されていた私の時間が短かったからでもあるが、読者にはこれを許していただきたい。

第二版序文

第二版でも誤植と若干の表現の訂正以外は、何も変わっていない。新しく付け加えた補足は十字マーク † で示して脚注の形をとった。[1]

なお(標題の下に潜んでいる意図について、いろいろと取り沙汰もされているので)、この作品の標題について述べると、啓示はすくなくとも純粋理性宗教をふくみうるが、しかし逆に、後者が啓示の歴史的なものをふくむわけにはいかないので、私は啓示を、信仰のより狭い領域としての理性宗教をもふくんだ、より広い信仰領域だと(二つのたがいに離れて存在する円ではなく同心円だと)見なせようし、哲学者は、このより狭い方の領域内で(アプリオリな原理にのみもとづく)純粋な理性教師として身を持さねばならず、したがってその際、あらゆる経験を度外視しなくてはならないのである。ところで私はその次の試みをもこの立脚点からなしうるのであって、それは、啓示と見なされているなんらかの啓示から出発して、そして(それだけで存立する体系をなすかぎりでの)純粋理性宗教を度外視しながら、歴史的体系としての啓示[2]を道徳的概念に断片的にだけ当てがい、この体系が先ほどの宗教の純粋理性体系に還元されないかどうかを、調べるという試みであるが、こちらの方の体系は、理論的意図では自立していないだろうにしても(理論的意図には、技術論としての教授方法という技術的＝実践的意図をも算入しなくてはならない)、しかし道徳的＝実践的意図では自立していようし、また(経験的なものをすべて除去したのちに残

A12
C150
V13
W659
V14
C151

るような）アプリオリな理性概念として、道徳的＝実践的関係においてのみ成立するような本来の宗教には、この体系で十分であろう。もしこれが正鵠を射ているならば、理性と書き物と[3]のあいだには折り合いだけではなく、一致も見られるのであって、（道徳的概念に指導されて）どちらかに従う人は、かならずや他方にも一致するだろうほどであるといえるであろう。もしこれが当たっていないとすれば、一つの人格のうちに二つの宗教があるか、あるいは一つの宗教と一つの祭祀があるか、そのいずれかだということになろうが、しかし一つの人格のうちに二つの宗教があるというのは、不合理であるし、一つの人格のうちに一つの宗教と一つの祭祀があるという場合、祭祀は（宗教のように）目的自体そのものではなく、手段としてのみ価値があるわけだから、混合して振ってやれば、しばしば両者はしばらく結びつくにちがいあるまいが、しかし水と油のようにすぐに元通りに分かれてしまい、純粋道徳的なもの（理性宗教）を表面に浮かびあがらせずにはおかないだろう。

このような統一ないし統一の試みは、実に正当に哲学的な宗教研究者に属する営みであって、聖書神学者の独占権の侵害でないということは、第一版序文でも述べたとおりである。その後この主張が、哲学にも聖書神学にも造詣の深かった亡きミヒャエリス[4]の『道徳学』でも立てられており（第一部、五頁から一一頁）、作品全体に一貫しているのを私は知ったが、そこに高等学部[5]は自らの権利への侵害を見出さなかったようである。

ご尊名を名のられた方も匿名の方もおられるが、この論稿についての尊敬すべき方々のご意見が当地に着くのは（外地から[6]のすべての文献もそうだが）ひどく遅れるので、第二版でも、望んでいたほどにはそうしたご意見を考慮できなかった。とくにテュービンゲンの有名なシュトル博士[7]の「若干の神学的所見」がそうであって、博士は常日頃の明敏さをもって、同時にかぎりなく感謝したくなるほど熱心に、また公平に本稿を審査してくださったので、

V 15　W 660　A 13

私はそれにお応えする心づもりではいるものの、年齢のせいでとくに抽象的な観念の取り扱いが難儀になってきており、お応えできるかどうか約束しかねている次第である。——ある批評、というのは『グライフスヴァルト新批評』二九号(8)に掲載されたものであるが、これは、評者が本稿についてなしたように、私も手短にかたづけることができる。そもそも評者の判断では、本稿は私自身が私に出した問いへの解答にほかならず、問いとは「純粋(理論ならびに実践)理性によって教義学(9)の教会的体系は、その概念および定理の点でいかにして可能か」というものである。——「したがってこの試みは彼の(カントの)体系を知りもせず、理解もせず、そうできるようになるように願いもしない人々には、およそなんの関わりもなく、したがってそのような人々にとっては存在しないものと見なせよう」というのである。——これに答えるなら、本稿の本質的な内容を理解するのに必要なのは、ありきたりの道徳だけであって、理論理性の批判はいうにおよばず、実践理性の批判にも立ち入る必要はないし、たとえば、(適法性(10)から見て)義務にかなった行為の熟達としての徳が、フェノメノンの徳 virtus phaenomenon と呼ばれ、義務にもとづく(道徳性ゆえの)そのような行為のこころね(心術)がヌーメノンの徳(11) virtus noumenon と呼ばれるにしても、それはただ学術的表現のためにそういわれるだけで、言葉こそちがえ事柄そのものは、きわめてありふれた子供の聖書教育や説教などにもふくまれていて、分かりやすいものなのである。その分かりやすさを、神的本性の神秘で教義に算入されている分だけでも、推奨してもらえればと思うが、それはそうした神秘はきわめて一般的なものであるかのようにカテキズム(12)に持ち込まれなくてはならないし、その後は、それを誰にでも理解できるものにしようと思うなら、何よりも道徳的概念に改められなくてはならないからである。

ケーニヒスベルク、一七九四年一月二六日

C152　W661　A14　V16

内　容

A15
C153
W662

哲学的宗教論　第一編

A17
C155
W663

第一編　悪の原理が善の原理とならび住むことについて、あるいは人間本性のうちなる根元悪について*

A19 C157 V17 W665

この世は邪悪だ(1)というのは、歴史はじまって以来の嘆きである。いや歴史以前の文芸と同じくらい古い嘆きですらあり、それどころかあらゆる詩作のうちでも最古のそれ、つまり司祭宗教(2)の時代からの嘆きなのである。それにもかかわらず、どの詩作でもこの世は善からはじまるのであって、黄金期から、パラダイスでの生活から、あるいはそれよりも幸福な、神々とともに暮らす生活からはじまるのである。しかしこの幸せも、昔の詩作では夢のように儚《はかな》く消えてしまい、悪(道徳的悪のことである、自然的悪はつねに道徳的なものと対をなして進んだ)への頽落は、より邪悪なものへと急ぎ、加速度的に転落していく(原注)ことになり、その結果、私たちはいま(この「いま」は歴史と同じだけ古いのだが)終わりの時代に生きており、最後の審判の日と世界の没落とが門前にまで来ているのであって、北インドのいくつかの地方では、世界審判者にして破壊する者、ルットレン(あるいはシバもしくはシヴェンとも呼ばれる)がすでにいま主宰神として崇められるほどで、これは世界維持者ヴィシュヌが、世界創造者ブラフマンから引き継いだ職務に飽きて、もう何百年も前からそれを放擲しているわけであるが、それ以来のことなのである。(3)

V18　C158

(原注)　「祖父の時代よりもひどい親の時代に私たちは産まれたが

V17

私たちは親たちよりももっと悪く
やがて私たちの後にはさらに邪悪な子孫が続こう。[4]」　ホラティウス

ごくわずかしか広まっていないにしても、もっと新しいところでは、これとは反対の勇壮な見解があって、それは哲学者に、現代ではとくに教育学者にはよく知られた見解であるが、世界は、いま述べたのとは正反対の方向に、すなわち拙劣なものからよりよきものへと、たえず(ほとんど目立たないほどではあるが)進んでいる、すくなくともその素質は人間本性に見られるというものである。しかし(文明化ではなく)道徳的な善・悪が問題だとすれば、哲学者や教育学者も、この見解を経験から汲み上げたわけではなく、そもそも経験からだとすれば、これにはあらゆる時代の歴史が実に強力に反対するわけで、思うに、それはむしろセネカから[5]ルソーに[6]いたるモラリストたちの、お人好しな仮説にすぎないのである。それも人間のうちなる善にいたる自然的な基礎だけに頼れるならば、ひょっとしたら私たちのうちにあるかもしれないその芽を、根気よく栽培するように激励するための仮説なのである。そのうえ、人間は生まれつき(ふつう生まれてくるときそうであるように)身体的に健康だと想定しなければならないのだから、同様に人間の魂も、生まれつき健康で善良なのだと想定してならない根拠はない、ということがある。したがって私たちのうちにあるこの善に向かう素質を鍛えるようにと、自然そのものが私たちに奨励しているのである。セネカはいっている、「私たちが患っている病は癒やしうるものであり、私たちの本性は正しくしつらえられているので、癒やされようと思いさえすれば、本性が私たちを救ってくれる[7]」。

しかし双方のいわゆる経験なるものにおいては、迷うということも十分起こりえたであろうから、双方の中間がすくなくとも可能ではあるまいか、つまり人間は類としては善でも悪でもないとか、あるいはひょっとしたらどち

らでもありえて、部分的には善で部分的には悪でもありうるのではないか、という問いが出てくるのである。――しかしある人が悪人だといわれるのは、彼が悪であるような（法則に反する）行為をなすからではなく、むしろ行為が彼のうちなる悪い格率を推測させるような性質であるがゆえにである。ところでたしかに法則に反する行為は経験により認めることができるし、また行為が（すくなくとも自己自身においては）意識的に法則に反していることにしてもそうである。しかし格率は観察できないのであって、自分自身においてもいつも観察できるとはかぎらず、したがって実行者が悪人だという判断は、確実には経験にもとづけられえないのである。それゆえある人のことを悪だと呼ぶには、若干の、いやたった一つでもよい、意識的になされた悪い行為から、根底にある悪い格率がアプリオリに推測されなくてはなるまいし、さらにこの悪い格率から、すべての特殊な道徳的に悪い格率の根拠で主体のうちに普遍的にあるものが、しかもそれ自身格率であるような根拠が、アプリオリに推測されなくてはなるまい。

本性（自然）という表現は、（ふつうそうであるように）自由にもとづく行為の根拠の反対を意味するならば、道徳的に善とか悪といった述語と真っ向から矛盾することになろうから、そこで、はじめからこの表現に躓《つまず》かないように注意しておかなくてはならないことは、ここでいう人間本性とは、自らの自由の使用（客観的な道徳法則下での使用）一般にたいする主観的根拠のことにほかならず、この根拠は、それがどこにあろうとも、感覚により捉えられるすべての行いに先立つということである。しかしこの主観的根拠そのものも、やはりつねに自由の作用でなくてはならない（さもなければ、人間による選択意志の使用にせよ誤用にせよ、その責任を道徳法則に鑑みて人間に帰しえないことになろうし、善も悪も、人間にあっては道徳的とはいえなくなろうからである）。したがって傾向性を通して選択意志を規定する客体や自然衝動などに、悪の根拠がふくまれているということはありえず、むしろ

A21　W667　C159　V19

それは、選択意志が自由の使用のために作る規則すなわち格率にのみふくまれうるのである。ところでこの格率については、それを採用して、むしろそれとは対立する格率を採用しないことの、その人のうちにある主観的な根拠が何なのかはもはや問われえない。というのも、根拠が最終的にはもはや格率そのものではなく、自然衝動にすぎないということになれば、自由の使用はすべて自然原因*による規定に帰せられることになろうが、これはしかし自由とは矛盾するからである。したがって人間が生来善であるとか生来悪であるというとき、それはおよそ、よい格率を採用するか、悪い(法則に反する)格率を採用するかの(私たちには究めがたい)最初の根拠(原注)をふくむのは人間であり、しかも人間であるかぎり普遍的にそうであって、したがって人間は、格率によって同時に自分の類の性格を表現しているほどであるという意味なのである。

(原注)　道徳的格率を採用する最初の主観的根拠の究めがたいことは、この採用は自由なわけだから、採用の根拠(たとえば私が悪い格率を採用して、むしろよい格率を採用しなかったのはなぜかという根拠)は、自然の動機に求められてはならないこと、むしろ逆にどこまでも格率に求められねばならないことからも、まえもって見て取れるし、またこの格率にもやはり根拠がなくてはならないが、しかし自由な選択意志の規定根拠は、格率を措いては挙げられるべきではないし、それ以外には挙げられえないから、私たちは主観的な規定根拠の系列において無限に、どこまでいってもさらに遡行させられることになり、結局最初の根拠には到達できないということからも、見て取れるのである。

したがって、そうしたさまざまな性格の一つ(人間と他の考えうる理性的存在者とを区別するもの)について、それは人間に生得的であるということにして、しかもその際、性格の(悪い場合の)罪は自然が負うのではなく、あるいは(性格がよい場合の)功績も自然のものではなく、人間こそが性格の創始者だというふうに、私たちはつねに控えめにすることにしよう。しかし私たちが格率を採用する最初の根拠そのものも、つねに自由な選択意志にふくま

V 20　C 160　W 668　W 667　W 668　A 22

れていなくてはならないにしても、それは経験に与えられうるような事実ではありえないから、人間のうちなる善悪が(道徳法則に鑑みてあれこれの格率を採用する最初の主観的根拠として)生得的なのは、それが経験に与えられるあらゆる自由の使用(誕生にまでさかのぼる幼児期におけるそれ)に先立って、根底に置かれるという意味においてだけ、かくして誕生と同時に人間のうちに現存するものとして表象されるという意味においてだけであって、善悪は、誕生がその原因だという意味においてではないのである。

注解

二つの仮説[8]をさきに立てたが、それら相互の争いの根底には、一つの選言的命題[9]があって、それは、人間は(生来)人倫的に善であるか、人倫的に悪であるか、そのいずれかであるというものである。しかしこのような選言的対立を立てることがはたして正しいのだろうか、そして人間は生来そのどちらでもないと主張する人はありえないのだろうかという問いが、誰にでもたやすく浮かんでくるし、人間はそのどちらでもある、つまりいくつかの点では善で、その他の点では悪だと主張する人はありえないのだろうか、という問いにしてもそうである。経験が確証しているのは、両極端の中間項ですらあるように思われる。

しかし行為においても人間の性格においても、道徳的中間(adiaphora 無記[10])をできるだけ認めないようにするのは、道徳論一般にとってきわめて重要である。そんなふうに曖昧だと、明確さや堅固さを失うおそれが、すべての格率にあるからである。このように厳しい考え方を愛好する人々は、ふつう厳格派と呼ばれるし(これは非難がこめられているとされるが、実際は賛辞となるような呼称である)、そうするとこれとは反対の考え方の人々は寛

容派と[11]呼べるわけである。したがって後者は中間の寛容派で、無関心主義者と呼ばれるか、あるいは連携の寛容派
で、折衷派と呼ばれるかのいずれかである。(原注)

（原注）　善＝aがあるなら、その矛盾した対立者は非善である。ところでこれは、善の根拠なるもののたんなる欠如＝0の
結果であるか、または善の反対の積極的な根拠＝－aの結果であるか、そのいずれかである。あとの場合、非善は積極的悪
だともいえる。（快楽と苦痛に関しても、同じような中間が存在しており、快楽＝a、苦痛＝－a、そしてそのいずれも見
られない状態は、無関心＝0である。）ところで私たちのうちなる道徳法則が選択意志の動機でないとすれば、道徳的善（選 A23
択意志と法則との合致）＝aとなり、非善＝0、しかし非善は、道徳的動機の欠如＝a×0のたんなる結果ということにな
ろう。ところが私たちのうちでは道徳法則が動機＝aであり、それゆえに選択意志の道徳法則との一致の欠如（＝0）は、
実在的に反対するような形で選択意志を規定した結果としてのみ、すなわち選択意志の反抗＝－aの結果としてのみ、つま
り悪い選択意志によってのみ可能なのであって、（格率の内的原理としての）心術の善悪によって行為の道徳性も判定されね
ばならないわけであるが、よい心術と悪い心術とのあいだに中間的なものは何ひとつ存在しないのである。 V22

〔†　道徳的にどちらでもない行為（道徳的無記）などというのは、自然法則にもとづいてのみ生じる行為ということになろう[12]
が、それは自由の法則としての道徳法則とはなんの関係もない。というのも、そのような行為なるものは事実ではないから
である。またそれに関しては命令も禁止も許可（法則的権能）も成り立たない、あるいはそれらは必要ないからである。〕

いま考えた問いへの厳格派ふうの決定法による応答†、これの拠り所となるのは道徳にとって重要な見解であって、
それは、選択意志の自由は、いかなる動機によっても行為へと規定されえない、ただ人間が動機を自らの格率に採 C162 V23 W670
用したかぎりでのみ（それを自分の普遍的規則としてしまって、これにしたがって行動しようと意志するかぎりで A24
のみ）規定されうるという独特の性質が、この自由にはあるという見解で、このようにしてのみ動機は、それがど
んなものであれ、選択意志の絶対的自発性（つまり自由）と共存できるのである。しかし理性の判断においては道徳 C163

法則がそれだけで動機なのであって、この法則を格率とする人が道徳的に善なのである。さて、しかし法則に関わるような行為に関しては、ある人の選択意志を法則が規定しないとすれば、これに対立するような動機がその人の* W671 選択意志に影響をおよぼしていなくてはならない。そして前提によると、これが起こるのは人間が動機を(したがって道徳法則からの逸脱をも)格率に採用することによってでしかありえないのだから(この場合に彼は悪い人間なのである)、道徳法則に関して彼の心術はけっして無関心ではないのである(両者のどちらでもない、善でも悪でもないということはけっしてない)。

† シラー教授は道徳における『優美と尊厳』[13]という、いかにも巨匠のものらしい論文で(『ターリア』[14]一七九三年、第三号)、拘束性(義務)についてのこのような考え方を、これにはまるでカルトゥジオ修道会[15]に類した気分がともなう、[16]といわんばかりに非難しておられる。しかしもっとも重要な原理に関して私たちは意見が一致しており、おたがい理解さえしあえるのなら、私はこの点でも意見を不一致のままにしておくわけにはいかないのである。——喜んで告白するが、まさしく義務概念の尊厳のゆえに、私はこの概念に優美を添わせるわけにはいかないのである。そもそも義務概念は無制約な強制をふくんでおり、優美はまさにこれと矛盾するのである。A23 C161 V22 W669 法則の威厳は(シナイ山上の戒律[17]と同じく)畏敬の念を引き起こし(人をはねつける畏怖でもなく、親密さへと誘う愛嬌でもない)、畏敬は命令者への臣下の尊敬を、しかしいまの場合、命令者は私たち自身のうちにあるのだから、私たち自身の使命という崇高なものの感情[18]を呼び覚ますのである。が、いかなる美にもまして、C162 W670 この感情が私たちを感動させるのである。——しかし徳は、すなわち義務を厳格に遂行する確固たる基礎をもつ心術は、その結果に関していえば、この世で自然や芸術が何を成就しようとも、それらすべてにもまして恵み深いものでもあって、人間性の荘厳な像が徳の形態で呈示されるなら、もちろんその像はグラーツィエ姉妹[19]の随伴を許すにしても、しかしまだ義務だけが問題とされているあいだは、姉妹たちも離れたところに恭《うやうや》しく侍《はべ》っているのである。しかし徳は、もしいたるところで是認されるならば、優美な結果の数々を流布することになろうが、その結果の方に目を向けるならば、その場合には道徳

的に方向づけられた理性が（構想力を通して）感性をも活動させるようになるのである。ヘラクレース[20]は、怪物を屈服させて
からでないとムサゲーテス[21]にはならないのであり、この仕事[22]よりも前には、かの善良な姉妹たちも震えて後ずさりするので
ある。このウェヌス・ウーラニアー[23]の侍女たちは、義務を定める仕事に介入して動機を与えようとするや、ウェヌス・ディ
オーネー[24]につきしたがう側女《そばめ》となってしまう。——ところで徳の美的性質は、いわば徳の気質は、どのようなものなのか、 A24
勇敢なのか、したがって快活なのか、それとも不安にうちひしがれ、意気消沈しているのかと、こんなふうに問われたとし
ても、ほとんど答えるまでもあるまい。不安にうちひしがれているとか、意気消沈しているとか、そのような奴隷的気分は、
法則への憎悪が隠されていることなしに生じるはずがなく、それに義務を遵守するのに快活な心でいることは（法則を承認
するに際して気楽なことがではない）真の有徳な心術だということの徴《しるし》なのであり、たとえそれが敬虔な形であってもそう V23
なのであって、敬虔さの本質は、悔悟した罪人の自責の念にあるのではなく（これは実に曖昧で、概して賢明さの規則[25]に違
反してしまったことへの叱責にすぎないことが多い）、将来はよりよくなそうという確固たる企図にあるわけで、これがよ
き進歩に鼓舞されるなら、かならずや快活な気分を引き起こすにちがいないのであって、快活な気分なしには、人は自分が
善を好きになったことも、つまり善を自らの格率のうちに採用したことも、確信できないのである。

しかし人間が若干の点で人倫的に善であると同時に、それ以外の点で悪だというのも、ありえないことである。 C163 W671
そもそもある点で善だとすれば、その人は道徳法則を格率のうちに採用しており、したがって他の点でその人が同
時に悪だということになれば、この法則は義務一般の遵守にとって唯一の法則であり、普遍的であるゆえに、それ
に関係づけられた格率は普遍的であると同時に、特殊な格率にすぎないということになろうが、これは矛盾だから V24
で（原注）ある。

（原注）　古代の道徳哲学者たちは、徳について語りうることは、ほとんどすべて論じつくしており、いまの二つの問いにも触
れないでおくということはなかった。一つめの問いを彼らは、徳は習得されなくてはならないのか（したがって人間は生来、
徳にたいしても悪徳にたいしても無関心なのか）というふうに表現している。二つめの問いは、徳は一つ以上存在するのか

（したがって人間が若干の点で有徳であり、他の点で悪徳だといったことが成り立たないのか）というものであった。どちらをも彼らは厳格派《リゴリスト》らしくきっぱりと否定したが、それは当然であって、それというのも、彼らは（人間はいかにあるべきかという）理性の理念において、徳をそれ自体で考察したからである。しかしこの道徳的存在者、つまり人間を、現象において、すなわち経験により知られるままに、人倫的に判定しようというのであれば、さきほど挙げた問いにはともに肯定的に答えることができるのであって、なぜならこの場合、人間は純粋理性の秤にかけられて（神の法廷で）判定されるのではなく、経験的な尺度を当てられて（人間の審判者により）判定されるからである。これについては以下でさらに論じることになろう。

よい心術か悪い心術かを、生得的な性質として生まれつきもっているということは、いまの場合、その心術をうちにいだく人間がそれを獲得したのではまったくない、つまり人間が創始者ではないという意味でもなく、心術は時間のなかで獲得されたのではない（人間は幼児期からずっと善か悪である）という意味にすぎない。心術とは格率採用の最初の主観的根拠であるが、それはただ一つしかありえず、しかも自由の使用全体に普遍的におよぶ。しかし心術そのものも、自由な選択意志を通しても採用されていなくてはならないのであって、さもなければ心術に責任を帰することはできまい。この採用の主観的な根拠もしくは原因は、もはや認識できない（それを問うことは避けられないにしても、認識はできないのである。なぜなら、さもないとこの心術を採用した格率がまたしても挙げられねばなるまいし、これにも根拠がなくてはなるまいからである）。したがって私たちはこの心術そのものを、というよりは、むしろその最上根拠を、選択意志によるなんらかの最初の時間活動からは導き出せないから、その心術〔あるいは最上根拠〕は（選択意志は実際には自由に根拠をもつにしても）選択意志に生来そなわっている性質だというのである。私たちは人間が生来善なのか悪なのかを語っているわけであるが、しかし個々の人間*という意味で語っているのではなく（その意味でなら、ある人は生来善で、別の人は生来悪だと想定されかねまい）、私たちには類全体という意味でしかそれを語る権能がないことは、もっと後でないと証明できないのである。つまりある人間に二つの性格のいずれかを、生得的なものとして賦与する権能を与えてくれる諸根拠は、ある人間にその性格を適用しない根拠はなく、したがってその性格は類に妥当する、という性質のものであることが人間学的攻究で示されて、はじめて証明されるのである。

I　人間本性のうちなる善への根源的素質について

この素質は結局その目的に関して、人間の規定要素としての三階級に分けられる。すなわち、

一、生けるものとしての人間の動物性の素質、

二、生けるものであると同時に理性的なものとしての人間の人間性の素質、

三、理性的であると同時に引責能力ある存在者としての人間の人格性の素質[原注]

である。

（原注）　前の二つの素質の概念にすでに人格性の素質がふくまれているとは見なせず、むしろこれは特殊な素質だと見なさざるをえない。そもそもある存在者に理性があるからといって、そこから、格率の普遍的立法としての適性のたんなる表象[26]によって選択意志を無制約に規定する能力を理性がふくむ、したがってそれ自身で実践的である能力を理性がふくむということには、すくなくとも私たちに洞察できるかぎりでは、まったくならないのである。どんなに理性的な世界存在者でも選択意志を規定するのに、傾向性の客体に由来するようなある種の動機をつねに必要とするだろうし、それを規定しようとして動機の最大の総和に関しても、これにより規定される目的に到達するための手段に関しても、このうえなく理性的な省察を

加えるであろうが、だからといって端的に命令する道徳的な法則がそれであるような何かについては、これはそれ自身を最高の動機として告知するような法則であるが、それについては、その可能性さえをも予感していないのである。この法則が私たちのうちに与えられていないとすれば、私たちはそれをそのようなものとして理性によって熟考して取り出してきたり、選択意志に押しつけたりもしないであろうが、しかしこの法則は、私たちの選択意志が他のいかなる動機による規定からも独立していることを（私たちの自由を）意識させてくれ、同時にこれによって、すべての行為にたいして引責能力のあることをも意識させてくれる唯一のもの[27]なのである。

一、人間における**動物性**の素質は、自然的で機械的にすぎない自己愛、すなわち理性を必要としない自己愛という一般的項目に入れることができる。これには三つあって、第一は自己保存のための素質、第二は生殖衝動により種を繁殖させ、同じ種との交接により生まれてくるものを保存しようとする素質、第三に、他の人間たちとの共同への素質、すなわち社会性への衝動である。――これらの素質にはあらゆる悪徳が接ぎ木されうる（しかしかの素質を根として、そこからおのずと悪徳が芽生えてくるわけではない）。それらは自然の粗野の悪徳と呼べるが、自然目的からの逸脱がきわまったものとしては、暴飲暴食、淫蕩、（他の人間との関係における）野性的無法といった獣的悪徳が挙げられる。

二、**人間性**のための素質は、（理性を必要とするような）自然的ではあるが比較する自己愛という一般的項目に入れることができる。つまり他人と比較することでのみ自分の幸・不幸を判定する自己愛である。この自己愛からくるのが他人の意見において自分に価値を与えようとする傾向性であって、しかも、もともとは平等という価値を与えようとして、自分にたいする優越を誰にも認めようとしない傾向性で、これには、自分にたいする優位を他人が獲得したがっているかもしれないという懸念がたえず結びついており、ここから、他人にたいする優越を得ようとする不当な欲望が次第に生じてくるのである。——これには、つまり嫉妬や競争心には、自分が疎遠だと見なすすべての人々への密かな、または公の敵意といった、きわめて大きな悪徳が接ぎ木されうるのであるが、元来、こうした敵意は自然を根としてそこからおのずと芽吹いてくるわけではなく、むしろ他人が自分にたいして忌々《いまいま》しい優越を獲得するのではないかと懸念して、安全のための予防策として、他人にたいする優越を自ら作り出しておこうとする傾向性であって、〔敵意は自然からは芽吹いてこないといったが〕その理由は、自然はそのような(それ自体では相互愛を斥けるものではない)競争という理念を、文化にいたる動機として用いようとしたにすぎないからである。したがってこの傾向性に接ぎ木される悪徳は文化の悪徳だともいえるし、それらは邪悪さの度合いが最高になると(その場合、それらは人間性を超えた悪の極大の理念にほかならないから)、たとえば妬みや忘恩、他人の不幸を喜ぶ気持ちなどに見られる悪魔的悪徳と名づけられる。

三、**人格性**のための素質は道徳法則への、それだけで選択意志の十分な動機である尊敬の感受性である。私たちのうちなる道徳法則へのたんなる尊敬の感受性は、道徳的感情ということになろうが、しかしこれはそれだけではまだ自然的素質の目的となるわけではなく、選択意志の動機であるかぎりでのみ、そのような目的をなすのである。ところで道徳的感情が選択意志の動機となるのは、自由な選択意志がそれを格率のなかへ採用することによってのみ可能なのだから、このような選択意志の性質はよい性格であり、これは、自由な選択意志のいかなる性格も一般にそうであるように、獲得するほかない何かであるが、しかしよい性格が可能であるためには、悪いものが何も接ぎ木されえないようなある素質が私たちの本性に現存していなくてはならないのである。しかしながら道徳法則の理念だけは、これと不可分の尊敬にしてもそうであるが、人格性のための素質と呼ぶにはふさわしくなく、この理念が人格性そのもの(まったく知性的に見られた人間性の理念)なのである。しかし私たちが尊敬を動機として格率に採用することにたいする主観的根拠は、人格性にたいする付加であるように思われ、それゆえ人格性のための素質という名称に値するように思われるのである。 V 28

いま挙げた三つの素質を、その可能性の制約に関して考察すると分かるが、第一の素質の根には理性はなく、第 C 167 二の素質は、実践的ではあるが他の動機にしか仕えることのできない理性[28]をその根としており、第三の素質にだけ、それ自身で実践的な、すなわち無制約に立法する理性[29]がその根にあるのである。人間におけるこれら三つの素質はすべて、たんに(消極的に)よい(道徳法則に背馳しない)だけではなく、善への素質でもある(道徳法則の遵守を促進するのである)。これらの素質は根源的である。* それらは人間本性の可能性に属しているのである。人間は、はじめの二つの素質を目的に反して用いることもできるが、しかしどちらをも根絶できない。ある存在者の素質とは、その存在者であるために必要な構成要素という意味でもあるし、構成要素を結合するための諸形式という意味でもある。素質はこのような存在者の可能性に必然的に属しているならば根源的であり、しかしこれらの素質がなくとも、この存在者がそれ自体で可能だとすれば偶然的である。さらに注意しなくてはならないのは、ここで問題になっているのは、欲求能力と選択意志の使用とに直接関係するような素質にほかならないということである。

II　人間本性のうちなる悪への性癖について

性癖(propensio 傾向[30])とは、人間性一般にとって偶然的なかぎりでの傾向性(習性的欲望、* concupiscentia 欲[31])

が可能であるための、主観的な根拠という意味である。† 性癖が素質と区別されるのは、前者は生得的でありうるにしても、そのようなものとして表象されてはならないのであって、(それがよい場合には)獲得されたものとしても、(悪い場合は)人間自身によって引き寄せられたものとしても、考えうるという点においてである。——しかしここで問題になっているのは、本来的な悪への、つまり道徳的悪への性癖だけであって、道徳的悪は自由な選択意志の規定としてのみ可能だから、またその意志の善悪が判定されうるのは格率によってのみだから、これが道徳法則から逸脱する可能性の主観的根拠のうちにこそ、道徳的悪はあるにちがいないし、この性癖が人間に普遍的に(それゆえ人類の性格に)属するものだという仮定が許されるならば、道徳的悪は悪への人間の自然的性癖と名づけられるであろう。——さらに付け加えることができるが、道徳法則を格率に採用するしないの選択意志の有能さまたは無能さは、自然的性癖に源を発するのであって、よい心情または悪い心情と呼ばれるのである。 A29 C168 V29 W676

† 性癖は元来、ある享楽を欲求するための素因にすぎず、主観がその経験をなしたであろう場合に、それへの傾向性を生み出すのは享楽なのである。かくしてすべての野蛮人には酔いを引き起こすものへの性癖があって、彼らのうちの多くが酩酊をまったく知らず、したがってそれを引き起こすものへの欲望もまったくないとしても、しかしそもそもそれを一度でも試みさせれば、そうしたものへのほとんど根絶できない欲望が彼らのうちに生じてくるのである。——傾向性は欲求の客体を知っていることを前提するが、傾向性と性癖とのあいだには、さらに本能があり、これは、それについてまだ概念もないのに何かをなしたい、あるいは何かを享楽したいという要求の感じ取られたものである(動物における技術衝動や性衝動がそれである)。最後に、傾向性がさらに進んだ欲求能力の一段階は情念(32)であって(情動ではない、これは快・不快の感情に属しているからである)、これは自己自身にたいする支配を排除するような傾向性である。 V29 A28 C167 V28 A29

悪い心情には三つの相異なった段階が考えられる。第一は、採用した格率一般を遵守する際の人間の心情の弱さ、 C168

あるいは人間本性の脆さであり、第二は、不道徳な動機と道徳的な動機とを混合する性癖(それがよい意図で善の格率下でなされた場合でも)、すなわち不純さで、第三は、悪い格率を採用しようとする性癖、すなわち人間本性ないしは人間の心情の邪悪さである。

まず第一に、人間本性の脆さ(fragilitas 虚弱さ)は、ある使徒の、私は善を意欲するが、それを果たせない[33]という嘆きにさえ表現されているのであるが、これは、私は善(法則)を私の選択意志の格率に採用するものの、しかし善は客観的に理念においては(in thesi 定立にして[34])無敵の動機であるのに、主観的には(in hypothesi 仮定にして[35])、格率が遵守されるべき場合に、(傾向性とくらべて)より弱い動機となってしまうという嘆きである。

第二に、人間の心情の不純さ(impuritas, improbitas 不純、不正直)は、格率が客体に関して(法則を遵守しようとする意図に関して)善ではあるが、それにおそらく実行するのに十分強くもあろうが、しかし純粋に道徳的ではない、すなわち当然そうあるべきように、法則だけを十分な動機として自らのうちに採用したのではない、むしろ多くの場合(ひょっとしたらどんなときにでも)義務の要求へと選択意志を規定するのに、道徳的な動機のほかに、なお別の動機を必要とするという点にある。いいかえれば、義務にかなった行為がかならずしも純粋に義務にもとづいてなされるわけではないということである。

第三に、人間の心情の邪悪さ(vitiositas, pravitas 邪性、歪み)、あるいはそう呼びたければ腐敗[36](corruptio)は、選択意志の性癖であって、道徳法則にもとづく動機を他の(道徳的でない)動機よりも軽視するような格率に向かうものである。これは人間の心情の倒錯(perversitas 転倒)とも呼べるが、なぜかといえば、邪悪さは、自由な選択意志なるものの動機に関して、道徳的秩序を転倒させるからである。またそれは法則的によい(適法の[37])行為とは共

W677　V30　A30　C169

存できるにしても、しかしそれにより考え方が根っこから腐敗してしまい(根は道徳的心術にかかわる)、そのために人間が悪だと形容されることになるのである。

すぐに気づかれようが、悪への性癖はここでは人間に、しかも(行為からいって)どんなによい人間にも配されており、その性癖が人間にあって普遍的なことが、あるいはここでは同じ意味になるが、それが人間本性に織り込まれていることが証明されることになれば、このようになさざるをえないのである。

しかし行儀のよい人間(bene moratus 行いのよい人)と人倫的によい人間(moraliter bonus道徳的によい人)とのあいだには、行為と法則との一致に関して区別があるわけではない(すくなくともあってはならない)のであって、ただ行儀のよい人間の場合は、つねに道徳法則が行為の唯一最上の動機となるとはかぎらない、いや、おそらくけっしてそうはならないのだろうが、道徳的によい人間の場合は、どんなときでも道徳法則が行為の唯一最上の動機となるのである。行儀のよい人間については、法則の文字を(すなわち法則が命じる行為に関して)遵守しているといえるが、道徳的によい人間については、法則の精神を遵守しているといえるのである[38](道徳法則の精神は、この法則がそれだけで動機として十分だという点にある)。このような信にもとづいてなされるのでないこと、それは(考え方からいって)罪である。[39]*[40] そもそも法則にかなった行為へと選択意志を規定するのに、法則そのもの以外の動機が(たとえば名誉欲、自己愛一般、いや、同情の類がそうであるような善良な本能ですらが)必要だとすれば、行為が法則と一致するのは偶然にすぎず、一致することもあれば、同じように違反の方へも押し流されかねないのである。したがって格率の良否によって人格のあらゆる道徳的価値が評価されなくてはならないのに、その格率が法則に反していることになり、どんなに純粋に善なる行為をなそうとも、人間はやはり悪なのである。

この性癖という概念を規定するには以下の説明がなお必要である。性癖はすべて自然的であるか、すなわち自然存在者としての人間の選択意志に属しているか、または道徳的であるか、すなわち道徳的存在者としての人間の選択意志に属しているか、どちらかである。――第一の意味では道徳的悪への性癖は存在しないのであって、そもそも道徳的悪は自由に源を発しなくてはならず、善に向かうにせよ悪に向かうにせよ、自由のなんらかの使用への自然的性癖などというのは（これは感性的動因にもとづいているので）れっきとした矛盾なのである。したがって悪への性癖は選択意志の道徳的能力にのみまつわりつきうる。ところで、私たち自身の行い以外に人倫的な（すなわち引責可能な）悪は何ひとつない。それに反して性癖の概念というのは、いかなる行いにも先行するような、したがってそれ自身はまだ行いとなっていないような、選択意志の主観的規定根拠のことであるが、そうすると、そもそも悪へのたんなる性癖という概念には矛盾があることになろう。〔すくなくとも〕性癖という表現が、たとえば二つの異なった、しかしともに自由の概念と一致しうるような意味にとれないとすれば、そうなろう。しかし行い一般という表現は、最上格率を選択意志のうちに（法則にしたがってにせよ反してにせよ）取り入れるための自由の使用についても用いられうるし、行為そのものが（実質からいって、すなわち選択意志の客体に関して）格率にしたがって実行される際の自由の使用についても用いられうる。ところで悪への性癖は、前の方の意味での行い（peccatum originarium 原罪）[41]であると同時に、後の方の意味で理解されるすべての反法則的な行いの形式的根拠ともなっており、この行いが実質からいって法則に背馳するのであって、悪徳（peccatum derivativum 派生的罪）と呼ばれるのであり、（法則そのものを本質としないような動機から生じるような）第二の罪責はたびたび避けられるにしても、第一の罪責は残るのである。第一の罪責は叡知的行い[42]であって、いかなる時間制約もなしに理性によって

V32　W679

のみ認識しうるが、第二の罪責は可感的、経験的であって、時間のなかに与えられる(factum phaenomenon フェノメノン的事実)[43]。ところで第一の罪責が、とくに第二のそれと比較して、たんなる性癖といわれ、生得的だといわれるのであるが、それはこの性癖が根絶できないものだからであって(根絶するには、最上格率が善の格率でなくてはなるまいが、これはこの性癖そのものにおいては悪だと想定される[44])、またとくに、悪は私たち自身の行いであるのに、それがなぜ私たちのうちでほかならぬ最上格率を腐敗させてしまったのかについては、私たちの本性に属する根本性質についてと同じで、もはや原因を挙げることはできないからなのである。――本節冒頭でいきなり、道徳的悪の三源泉を求めたわけであるが、なぜもっぱら自由の法則にしたがって格率の採用あるいは遵守の最上根拠を触発するものにそれを求めたのか、そしてなぜ感性(受容性)を触発するもののうちにそれを求めなかったのか、その理由はいま述べたことのうちに見出されるであろう。

Ⅲ　人間は生来悪である

誰も罪責なしに生まれてこない。――ホラティウス[45]

以上述べてきたことによると、人間は悪だという命題がいおうとしているのは、人間は道徳法則を意識しておりながら、しかも道徳法則からの(その時々の)*逸脱を格率のうちに採用しているということにほかならない。人間は生来悪だというのは、このことが類として見られた人間についていわれるというほどの意味であって、それもその

A 32 C 171 W680 V 33

ような質が人間の類概念から(人間一般の概念から)推論できるという意味ではなく(そうだとすればこの質は必然的なものとなってしまおう)、むしろ経験を通して知られるような人間のあり方からいって、これ以外に人間の判定のしようがない、あるいはこのことを主観的に必然的なこととしていかなる人間のうちにも、どんなによい人間のうちにも前提できるという意味なのである。ところでこの性癖そのものは道徳的に悪だと見なされねばならず、したがって自然的素質とは見なされず、むしろ人間に責任が帰せられうる何かだと見なされねばならないし、それゆえこれは選択意志の反法則的な格率にこそ存するのでなければならないが、しかし格率はそれだけを見れば自由のゆえに偶然的だと見なされねばならず、そうすると、これはこれですべての格率の主観的な最上根拠が、それが何によるにせよ、人間性そのものに織り込まれているのでなければ、そしていわば人間性のうちに根を張っているのでなければ、どうしても悪の普遍性とは辻褄があわなくなるのである。そういうわけだから、あらゆる格率の主観的な最上根拠は悪への本性的性癖と呼べようし、しかもこれはつねに自ら責めを負っていなくてはならないから、この性癖そのものを、人間本性のうちなる生得的な根元悪(46)と呼ぶことができよう(とはいえ私たち自身が招き寄せた悪である)。

A33 C172 V34 W681

　ところでこのような腐敗した性癖*が人間のうちに根を張っているにちがいないであろうこと、これについては、人間の行いに即して経験により目の当たりにできる紛れない実例が数多くあるので、型どおりの証明は省略できる。人間本性の自然的善良さがとくにそこに見出されるだろうと、何人かの哲学者が思っていた状態、すなわちいわゆる自然状態からでも、先ほどのような実例を取ってこようと思うなら、トフォア島(47)やニュージーランド、サモア諸島(48)などで、平然と殺戮劇のなされる残虐行為の場面や、北西アメリカの広漠たる荒野で、たえずくりかえされる残虐行為の場面、それも誰にもなんの利益にもならないようなものが数々あるので†(そうした実例はキャプテン・ハーン(49)が報告している)、これらを、人間本性の自然的善良さがそこに見出されるという仮説と突きあわせてみればよいのであって、そのような意見と袂を分かつのに、十分すぎるほどの粗野な悪徳が見られるのである。開化された状態でなら(この状態では人間本性の素質はもっと完全に発達しうるので)人間本性はよりよく認識されうるという意見、これに賛成する気でいると、人間性を告発する長くて陰鬱な繰り言を聴かねばならないことになろうし、たとえばこのうえなく緊密な友情にも、密かな不信の念があり、したがってたがいに心をうちあける際、最良の友人にでも信用をほどほどにしておくこと、これは交際における賢明さの普遍的格率に数え入れられるほどだといったこととか、人は恩義のある人を憎む性癖があって、慈善家たるものは、つねにそのことを覚悟していなくてはな V35
るまいとか、心からの好意でも、「最良の友人の不幸にも、かならずしも不快でない何かがある」(50)という言葉を許容するものだとか、私たちのあいだでは、ごく一般的な悪人でさえ善人といわれるくらいだから、大っぴらになさ C173 W682
れている悪徳のことはいわないまでも、そのほかにも見かけの徳の下に隠されている悪徳がいっぱいあるのだとい A34
ったこと、などなどの繰り言であって、そして(あらゆる悪徳のうちでもっとも心を傷つける)文化や文明化の悪徳にうんざりして、もうひとつ別の悪徳、つまり人間嫌いを、自分の方に招き寄せないために、むしろ人は人間の行状から眼をそむけることであろう。それでもまだ納得しないなら、自然状態と開化状態とが奇妙に合成された状態を、すなわち諸国民の対外的な状態を考察すればよく、この状態では、文明化された諸民族はたがいに粗野な自然状態(たえざる戦時体制)の関係にあり、けっしてこれを脱することはないと、彼らは堅く思い込んでしまっている始末なのである。これを考察すれば、国家††という名の最大社会の諸原則に、それも建前とはまっこうから矛盾する V36

のに、断じて廃棄しえない諸原則に気づくであろうが、そうした諸原則を道徳との一致にもたらすことは、いまだかつていかなる哲学者にもできなかったし、しかもまた（ひどいことに）それよりもよくて人間本性と調和する原則を提起することもできなかったのであって、その結果、哲学的千年至福説[51]というのは、世界共和国としての国際連邦にもとづく永遠平和の状態を願うものであるが、これが、全人類の道徳的改善の完成を待ち望む神学的千年至福説と同じように、空想だと嘲笑されるほどなのである。　C174 W683

† たとえば、アラタペスカウとフンツリッペンの両インディアン[52]のはてしなき戦争には、殺戮以外のなんの意図もない。野蛮人の考えでは勇猛果敢さが最高の徳である。これは開化された状態でも賛嘆の的であり、尊敬されることを唯一の功績とする階級が要求する、すぐれた尊敬の根拠であって、しかもこれは理性のうちにまったく根拠なしというわけではない。そもそも己の生命よりも高く評価する何かを、そのためなら私利私欲を断念するような何か（名誉）をもつことができ、それを目的としうるということは、人間の素質のある種の崇高性を証明しているのである。しかし勝利者が勝ち誇って偉業（敵を皆殺しにしたとか、容赦なく刺し殺したとか、そういった類のこと）を自賛するのを見ると、己の優越と己が引き起こしえた破壊には、ほかに目的があるわけではなく、それだけが彼らの本来の自慢であることが分かる。　C172 V34 W681

†† 人間性の内的素質は、大部分が私たちには隠れているが、諸国家の歴史をこの素質の現象としてだけ見れば、自然のある種の機械的な歩みが認められるのであって、それは、諸国家の（諸民族の）諸目的ではなく、自然のそれであるような諸目的に向かう歩みである。いかなる国家も、征服できそうな他国と隣接するかぎり、これを支配下に置くことで自国を拡大し、世界王国に、すなわちすべての自由が、また自由とともに徳、趣味、学問が（つまり自由の結果であるものすべてが）消滅してしまうような体制になろうと努力するものである。しかしこのような（法が徐々に力を失っていく）怪物[53]は、隣国をすべて併呑してしまうと結局はおのずと解体し、内乱や分裂のために多くの小国に分かれるが、小国は国家連合（自由な諸国民が連合した共和国）に向かって努力するわけではなく、どの小国もまたしても新たに同じ営みを、そう、戦争を（人類のこの厄災を）終わらせないための営みを、はじめるのであるが、戦争は、墓のような普遍的な専制政治ほどには（あるいは、どの国　C173 V35 W682

V36 家においても専制政治を廃止しないでおくための国際連邦ほどには）癒やしがたい悪ではないにしても、しかし古人がいっ
たように、悪人を取り除くよりは、むしろ悪人をつくりだすのである。

A35 C174 W683 ところでこの悪の根拠を、㈠ふつういわれているように人間の感性に、そしてそこに源を発する自然的傾向性
に措定することはできない。そもそも自然的傾向性は悪と直接関係しないというだけではなく（むしろこれらは、
道徳的心術の力がおよんでいるのを証明するものに、すなわち徳に機会を与える）、そのような傾向性の現存在に
責任を負う必要は私たちにはないのである（また傾向性は生まれながらのもので、私たちがその創始者ではないか
ら、それには私たちは責任を負えない）。が、しかし悪への性癖には私たちが責任を負わねばならないのであって、
なぜかといえば、これは主体の道徳性に関わるので、したがってまた自由に行為する存在者としての主体のうちに
見出されるので、主体自身が招き寄せたものとして、主体に責任を帰しえねばならないからである。つまりこれは
選択意志の深処《ふかみ》に根を張っているにもかかわらず、そのために、人間には生来この性癖が見出されるといわざるを
えないということである。——またこの悪の根拠は、㈡道徳的＝立法的理性の腐敗にも措定できないのである。
できるとすれば、まるで理性が法則そのものの威信を自らのうちで抹殺し、法則からくる拘束性を、理性が拒否で
きるかのようになってしまおうが、そもそもそんなことは端的に不可能なのである。自分が自由に行為する存在者
であって、しかもこの存在者に適した法則（道徳法則）を免れていると考えるのは、法則がまったくなくとも作用す
るような原因を考えるに等しいであろう（自然法則による規定は自由のゆえになくなることになるわけである）が、
V37 しかしこれは自己矛盾である。——したがって人間のうちなる道徳的悪の根拠を挙げるには、感性はふくむところ
が少なすぎるのであって、そもそも感性だとすれば、自由に源を発しうる動機が除去されて、人間は動物的にすぎ

ないものとなってしまうのである。逆に道徳法則を免れた、いわば悪意ある理性なるものは（端的に悪い意志は）、それにより法則そのものへの反抗が動機にまで高められてしまい（動機がまったくなければ選択意志は規定されえないのである）、かくして主体が悪魔的存在者とされてしまおうから、ふくむところが多すぎるのである。――この二つはいずれも人間には適用できない。

ところで人間の選択意志による法則への反抗、しかも時間のなかでの現実的な反抗、これを経験的に証明することで、人間本性内での悪への性癖の現存在は立証できるにせよ、しかしそのような証明はこの性癖の本来の性質や反抗の根拠などを教えてくれるわけではない。むしろ本来の性質は、自由な選択意志の（したがってその概念が経験的ではないような選択意志の）動機としての道徳法則*（その概念もやはり純粋に知性的である）に関わるのだから、自由の（拘束性と引責能力の）法則によって可能なかぎりでの悪の概念にもとづいて、アプリオリに認識されなくてはならないのである。以下は悪の概念の展開である。

人間は（もっとも邪悪な人間ですら）、いかなる格率においてであれ、いわば反逆的に（不服従宣言をして）道徳法則を放棄することはない。むしろその道徳的素質によって道徳法則が人間に肉薄してくるのは如何ともしがたいのであり、他の動機がこれに反対して働かないとすれば、人間は道徳法則を選択意志の十分な規定根拠として、最上格率のうちに採用していることにもなろう、すなわち道徳的に善ということになろう。しかし人間は、やはり自分には責任のない自然的素質により、感性の動機にもつながっており、それらの動機を（自己愛という主観的原理によって）格率のうちに採用もするのである。しかしそれらの動機を、それだけで選択意志を規定するのに十分なものとして格率のうちに採用してしまって、（自らのうちにある）道徳法則の方に自己を向けないとすれば、人間は道

W684　C175　A36　V38

徳的に悪だということになろう。ところで当然のことながら、彼はどちらの動機をも格率のうちに採用するし、またいずれの動機[54]もそれしかないなら、それだけで意志規定に十分だと思うことになろうから、格率の相違が動機の(格率の実質の)相違にのみ依存しているとすれば、すなわち動機を与えるのが法則なのか感官刺激なのかの相違にのみ依存しているとすれば、人間は道徳的に善であると同時に悪でもある、ということになってしまおうが、これは(緒言[55]によると)自己矛盾である。したがって人間が善なのか悪なのかの相違は、格率のうちに採用する動機の相違にではなく(格率の実質にではなく)、両方の動機のいずれを他方の制約にするかの、従属関係(格率の形式)にあるのでなければならない。それゆえ人間が(最善の人間でも)悪であるのは、動機を格率に採用するに際して、動機の道徳的秩序を転倒することによってのみなのであるが、しかし自己愛とならんで道徳法則を格率のうちに採用はするものの、どちらも他方と共存できないことに、一方が、最上制約としての他方に従属させられなくてはならないことに、彼は気づき、そこで自己愛の動機を満たすための最上制約としては、むしろ道徳法則こそが選択意志の普遍的格率のうちに、しかも唯一の動機としてのその格率のうちに採用されるべきなのに、自己愛の動機を、そしてその傾向性を、道徳法則遵守のための制約にしてしまうのである。

　このように格率によって人倫の秩序に反して動機が転倒させられていても、しかし行為は、あたかも真正な原則に源を発したかのように、合法則的だということは十分にありうる。すなわち理性は、格率一般の統一で道徳法則に固有のものを必要とするが、傾向性の諸動機には幸福以外に格率の統一はありえないので、ひとえに幸福の名のもとにこの統一を、それらの動機に持ちこむためにだけ、必要とする場合がそうである(たとえば誠実さを原則として採用すれば、自分がついた嘘と辻褄をあわせなくてはとか、自分でついた嘘の曲がりくねった連続に、足もと

W685　C176　A37　V39

をすくわれるかもしれないとか、そういった不安から解放してもらえるといったこと)。この場合、経験的性格は善であるにしても、叡知的性格はやはり悪なのである。

ところで転倒への性癖が人間本性にあるということは、悪への自然的性癖が人間にあるということであり、この性癖は、最終的には自由な選択意志内に求められなくてはならないから、したがって責任を帰しうるものだから、この性癖そのものが道徳的に悪なのである。この悪はすべての格率の根拠を腐敗させてしまうから根元的であり、同時に自然的性癖だから人間の力で根絶することもできないのである。それはなぜかといえば、根絶はよい格率によってのみなされえようが、すべての格率の最上の主観的根拠が腐敗したものとして前提されている以上、それは起こりえないことだからである。それにもかかわらず、これは自由に行為する存在者としての人間のなかに見出されるのだから、これに打ち勝つことは可能でなくてはならないのである。

悪意というのは、厳密な語義で理解すれば、悪なるがゆえに悪を動機として格率のうちに採用するような心術(格率の主観的原理)ということになるが(そのような心術は悪魔的だからである)、しかし人間本性の邪悪さは、悪意というよりは、心情はいまや結果のゆえに悪い心情ともいわれるので、むしろ心情の倒錯と呼ばれなくてはならないのである。悪い心情は、大方は善であるような意志と共存しうるものであって、人間本性の脆さから、つまり自らが採用した原則を遵守するに十分強くはないという脆さからくるが、脆さには不純さも結びついており、それはさまざまな動機を(意図がよい行為の動機すらをも)道徳的規準に応じてふるい分けることをせず、したがって結局、せいぜい動機の法則への適合性に注意を払うだけで、法則を根本とすることに注意を払わない不純さ、つまり法則を唯一の動機として大切にしない不純さなのである。ところでかならずしもここから、法則に反する行為やそうした行為への性癖つまり悪徳などが発源するわけではないにしても、しかし悪徳が不在ならば、心術は義務の法則にかなっているというふうに(徳であると)解釈するような考え方は、それ自身すでに人間の心情における根元的《ラディカル》な倒錯と呼ばれなければならない(この場合、格率の動機ではなく、文字のうえでの法則の遵守しか注目されていないのである)。

この生得的な罪責(reatus 被告の身分)がこのように呼ばれる理由は、自由の使用が人間において幼少期に表出してくると、時を同じくして、かならずやこれが認められるにもかかわらず、やはりそれは自由から発していなければならないからであり、それゆえ責任を帰しうるものだからであって、これは最初の二段階(脆さと不純さの段階)では、無作為〔の罪責〕(culpa 過失)だと判定できるし、第三段階では、故意の罪責(dolus 欺瞞)だと判定できて、人間的心情のある種の奸悪(dolus malus 悪意の欺き)(56)を特色としているのであるが、奸悪は自分自身の、よいまたは悪い心術そのものに関して自らを欺き、格率からいって、行為がたしかに引き起こしえたであろう悪を結果として生じさえしなければ、己の心術に関して心騒がせることはなく、むしろ法則に照らして自分が正当だと思うのである。実に多くの(自分で良心的だと思っている)人々の良心の安らぎはここからくるのであって、彼らは、法則にその心をたずねなかった行為や、すくなくとも法則を最優先しなかった行為のただなかにあっても、幸運にも悪い結果を免れさえすれば、良心の安らぎを保てるし、それどころか他人が犯していると思われる過ちに、自分は負い目を感じないですむので、その功績を誇る自惚れさえここからくるのであって、しかもそれがたんなる怪我の功名ではないのか、またその気になりさえすれば、自分の内面で十分発見できたはずの考え方からいって、自分も同じ悪徳をしていたのではあるまいか、たとえば無能力や気質、教育、誘惑につながる時と場所といった状況のために（これらはみな私たちに責任を帰しえないものばかりである）、過ちから遠ざけられていなかったならば、そうしていたのではあるまいかということ、これを彼らは吟味さえしない始末なのである。自分自身を煙に巻いてしまうこの不誠実さは、真正の道徳的心術が私たちのうちに根づくのを妨げるものであるが、これは外的にも拡大して、他人への不信や欺きとなるわけで、悪意と呼ぶべきでないとしても、すくなくとも卑劣という名に値するこの不誠実は、人間本性の根元悪にふくまれており、この悪は（ある人をどのように見ればよいのかに関して、道徳的判断力に変調をもたらし、引責を外的にも内的にもまったく不確実にしてしまうので）人類の腐った汚点となっているわけで、これさえなければ善の萌芽は健やかに育つであろうが、この汚点は、私たちがこれを取り除かないかぎり、萌芽の発育を妨げるのである。

れっきとしたイギリス議会の議員[57]が、「どんな人間にも、自分を売りとばすのに見合った価格がある」と主張して気炎をはいた。もしこれが真ならば（これが真なのかどうかは、各人が自分自身のうちではっきりさせることができる）、徳で、それを破滅させうるだけの如何なる度合いの誘惑も、それにとっては見出されえないようなもの〔徳〕がもしどこにもないならば、また私たちを味方に引き入れるのが悪い霊なのかよい霊なのかは、最高の価格をつけてくれて、できるだけ早く支払ってくれるのは誰なのか、だけにかかっているとすれば、おそらく使徒が語っていることは、人間について普遍的に真だということになろう。「ここには違いがありません。彼らはことごとく罪人です。——善をなす者はいません、一人としていないのです。[原注][58]」

（原注）　道徳的に裁く理性がくだすこの有罪判決については、本来の証明は本節にではなく、前節[59]にふくまれており、本節がふくむのはこの判決の経験による裏付けだけであるが、しかし経験によっては、けっして法則との関係において見た自由な

C 178　V 41　W 688　A 39

選択意志の最上格率のうちなる悪の根をあばけない。これは叡知的行いなので、一切の経験に先立っているのである。——ここから、すなわち最上格率が関係する法則の統一下では、その格率の統一から、なぜ人間の純粋な知性的判定には、善・悪の中間者排除の原則が根底になくてはならないかということも、洞察されるようになるし、ところが可感的な行い(60)(現実のなすこと・なさざること)にもとづく経験的判定の場合には、両極端の中間者が存在する、一方であらゆる教育に先立ってある中間という消極的中間者が、他方で一部分が善で一部分が悪であるような混合という積極的中間者が存在する、という原則が基礎に置かれうることも、洞察されるようになる。しかし経験的判定は、現象における人間の道徳性の判定にすぎず、それは最終判決では知性的判定に服しているのである。

IV　人間本性における悪の起源について

起源(第一のそれ)とは、ある結果が第一原因に由来すること、すなわちもはや種類を同じくする別の原因の結果ではないような原因、これに由来することである。それは理性起源としてか、または時間起源としてか、そのいずれかとして考察されうる。理性起源という意味では結果の現存在だけが観察されるが、時間起源という意味では結果の生起が観察され、したがって事象としての結果が時間内の原因に関係づけられるのである。道徳的悪の場合のように結果が原因に、といっても自由の法則によって結果と結びついているような原因に関係づけられるならば、結果を産出するように選択意志を規定することは、時間における規定根拠と結びついているとは考えられず、むしろ理性表象における規定根拠とのみ結びついていると考えられるのであって、それをなんらかの先行状態から導き出されたものとして考えることはできないが、逆に悪い行為が世界における事象として自然的原因に関係づけられる場合には、かならずやこの先行状態からの導出がなされなくてはならないのである。したがって自由な行為そのものに(自然的結果の場合と同じように)時間起源を求めるのは矛盾であり、それゆえ人間の道徳的性質についても、それが偶然的だと見なされるかぎりでは、同じことがいえるのである。なぜかといえば、この性質は自由を使用する根拠のことであって、これは(自由な選択意志の規定根拠一般の場合と同じで)もっぱら理性表象のうちに求められなくてはならないからである。

ところで人間のうちなる道徳的悪の起源がどのような性質であれ、悪が人類のすべての構成員により、子孫を作るたびごとに流布され、継承されていくさまについては、あらゆる表象の仕方のうちでも、悪は最初の両親からの遺伝により私たちのところに来たのだ、と表象することほど不適切なものはない。けだし、詩人が善について語っていることは、そのまま道徳的悪についてもいえるからである。曰く、「一族も祖先も、それに私たち自らの所行ではないものも、私たちのものだと見なせるものはほとんどない(原注)(61)」。——なお注意しなければならないのだが、私たちは悪の起源の探求に際して、はじめはまだ(潜在的な罪 peccatum in potentia としての)悪への性癖を考慮するわけではなく、所与の行為の現実的な悪を、その内的可能性に関して、また選択意志において行為の執行へと決定をなすと考えられねばならないものに関して、考察するだけである。

C 180　W 690　V 43

(原注)　(大学の)いわゆる高等三学部はこの遺伝なるものを、それぞれの流儀で理解することになろう。すなわち遺伝病としてか、あるいは相続負債としてか、または原罪として理解するのであろう。㈠医学部なら、遺伝的悪をサナダムシか何かのように表象するのだろう。サナダムシについては、私たちの外の棲息領域にも、人間以外のなんらかの(それと同種の)動物中にも見出されないので、これはすでに最初の両親のなかにいたにちがいないという意見の生物学者も現にいる。㈡法学部なら遺伝的悪を、最初の両親が私たちに遺してくれた、しかし重罪を負った遺産、これを相続したことの法的結果だと

C 180　C 179
W 689

見るのであろう(生まれるということは、地上の財が私たちの存続に不可欠なかぎりで、それの使用を獲得することにほか W690 ならないからである)。それゆえ私たちは支払いを(償いを)しなくてはならないわけであるが、しかし結局は(死によって)この所有から投げ出されることになろう。法律上いかにも正当なことではないか! (三)神学部ならばこの悪を、極悪の反逆者の離反に私たちの最初の両親が個人的に協力したことと見るのであろう。すなわち私たちが(いまはそれを意識していないにせよ)そのとき、自らそれに力を貸したというふうに見るか、あるいは、いまだけ(この世の君主たる)反逆者の支配下に生まれて、この世の財の方が天上の支配者の最高司令よりも私たちの気に入り、その財から自分を引き離すのに十分な忠実さをもたず、代わりに将来も反逆者と運命をともにしなくてはならないというふうに見るか、そのいずれかなのであろう。

いかなる悪い行為も、その理性起源を求めるならば、人間があたかも無垢の状態から直接その行為に陥ったかの A41 ように見られなくてはならない。そもそもそれまでのふるまいがどうであったにせよ、また人間に影響をおよぼす自然原因がどんなものであろうとも、したがってそれが人間の内に見出せようが外に見出せようが、人間の行為はやはり自由であり、こうした原因のどれにも規定されてはいないのであって、行為はつねにその選択意志の根源的使用だと判定できるし、そう判定されなくてはならないのである。V44 どんな時世にどんな交わりのなかにいたにしても、人間は悪い行為を思いとどまるべきだったのであり、そもそも世界内のいかなる原因によっても、人間が自由に行為する存在者でなくなることはありえないのである。自由だが法則に反するかつての行為に起因する結果についても、人間には責任を帰しうるといわれる。それはそのとおりであるが、しかしその趣旨は、この逃げ口上にか C181 かわりあって、結果が自由なのかどうかに決着をつける必要はない、なぜなら結果の原因となった明らかに自由な行為のうちに、すでに引責の十分な根拠が現存するから、ということにほかならないのである。しかし誰かが、す W691

ぐ間近に迫っている自由な行為にいたるまで、どんなに悪であったにせよ(もうひとつの自然としての習慣となるほどに悪であったにせよ)、よりよくなろうとすることは、かつてその人の義務であったばかりではなく、よくなることは今でもその人の義務であり、だからその人にも、それはできるにちがいないし、そうしないにしても行為の瞬間に引責能力があって、引責に服しており、それはあたかもその人が(自由と不可分であるような)善への自然的素質をそなえていながら、無垢の状態から悪へと越え出たごとくなのである。——したがってこの行いの時間起源は問えず、むしろ理性起源のみを問わなくてはならないのであって、その後で性癖を、つまり法則違反の私たちの格率への採用の主観的な普遍的根拠を、もしそのようなものがあるとすれば、それを規定し、できれば解明しなくてはならないのである。

ところで以上述べたことと実にうまく一致するのが、聖書の用いる表象の仕方であって、これは悪の起源を人類における悪のはじまりとして描写している。つまり悪の起源を語るに、事柄の本性上(時間制約を顧慮せずに)第一のものと考えられねばならないものが、時間上第一のものとして現れてくるような歴史として語るのである。これによると、悪は根底にある悪への性癖からはじまるのではなく、そうだとすれば悪のはじまりは自由を源としないことになってしまおうからであるが、*かえって罪から悪がはじまるのであって(罪とは神の命令である道徳法則に違反することである)、悪へのいかなる性癖も生じる前の人間の状態は、無垢の状態と呼ばれる。人間は純粋な存在者ではなく、傾向性に誘惑される存在者であり、この場合にはそうならざるをえないように、道徳法則はまずは禁止として出てきたのである(『創世記』二・一六、一七)[62]。人間はこの法則を十分な動機として、まっすぐに*これにしたがうことをせず(この動機だけが無制約に善であり、またこれにしたがえば、いかなる懸念も生じないのに)、

A 42
V 45

それ以外の制約された仕方でしか（つまりそれによる法則への侵害が起こらないかぎりでしか）善ではありえないような動機を探し求め（三・六）、行為が意識的に自由に源を発すると考えられる場合に、義務にもとづいて義務の法則にしたがうのではなく、せいぜい他の意図を顧慮するがゆえに法則にもしたがうことを格率としたのである。したがってまずは、他のいかなる動機をも排除する命令の厳格さを疑いはじめ、ついで命令への服従を、（自己愛の原理の下で）手段として制約されたにすぎない服従にまで、理屈をつけて引き下ろしはじめたのであり、[原注] さらについにはそこから、法則にもとづく動機をしのぐ感性的衝動の優位が行為の格率に採用され、かくして罪が犯されたのである（三・六）[63]。「名こそちがえ歴史は君のことを語っている。[64]」私たちは毎日、これとまったく同じようにしていること、したがって「アダムにおいてすべての人が罪を犯した[65]」こと、いまなお罪を犯していることは、以上述べたところから明らかである。ただ私たちの場合は、すでに違反への生得的な性癖が前提されるが、最初の人間の場合にはそうではなく、時間的に無垢が前提されるのであって、だからこそ最初の人間の違反は堕罪と呼ばれるのであり、それに反して私たちの場合には、すでに本性において生得的になった邪悪さから違反が生じるというふうに表されるのである。しかしこの性癖ということの意味は、時間的はじまりに関して見た悪の説明にかかりあおうとするなら、いかなる意図的な違反の場合でも、私たちの生命の過去のある時間におけるその諸原因を追究するには、理性使用がまだ発達していなかった時代の諸原因にまでさかのぼってなさなくてはなるまいということ以上ではないのである。したがって、だからこそ生得的と呼ばれるような（自然的基礎としての）悪への性癖にまでさかのぼって、悪の源泉を追究しなくてはなるまいということである。最初の人間の場合なら、すでに理性使用の十分な能力とともに表されているので、そこまでする必要はないし、それはできないことでもある。なぜかといえば、で

C182 W692　V46　A43　W693

きるとすれば、さきほどの基礎(悪への性癖)は創造に際して与えられていたことにさえ、ならざるをえまいからである。したがって最初の人間の罪は無垢から直接生み出されたものとして引証されるのである。——私たちに帰せられるべき道徳的性質については、時間起源を求めてはならないのであって[66]、この性質の偶然的な現存在を説明しようとすれば、それがどんなに避けがたくとも(したがって聖書も私たちの弱さにふさわしいように時間起源をまざまざと語っているにしても)、それを求めてはならないのである。 C183

(原注)　いくら道徳法則への崇敬を表明しても、法則がそれだけで十分な動機であること、自らの格率において他のいかなる選択意志の規定根拠にもまさること、これを容認しないなら、それは偽善であり、このような偽善への性癖は、内的な不信[67]、すなわち道徳法則の解釈に際して、法則が不利になるようにして自分を欺こうとする性癖なのであって(『創世記』三・五)、だから聖書も(『新約』の部分で)悪の創始者のことを(これは私たち自身のうちにある)、最初からの偽りをいう者[68]と呼び、人間のうちにある悪の主要根拠と思われるものに関しては、そのようなものとして人間を特徴づけているのである。 A42 C182 V45 W692

しかし従属的な動機を最上の動機として格率に採用する仕方に関して、こんなふうに選択意志を狂わせてしまうことの、いいかえれば悪へのこのような性癖の、理性起源はあくまでも究めがたいのである。なぜならこの起源そのものは私たちに責任が帰せられなくてはならないからであり、それゆえ先ほどのあらゆる格率の最上根拠はまたしても悪い格率の採用を要求することになろうからである。悪は(私たちの本性のたんなる制限にではなく)道徳的悪にのみ源を発しえたのであり、しかも根源的素質(これもこのような腐敗の責任が人間に帰せられるべきだとすれば、これを腐敗させえたのは人間自身以外にいなかったのであるが)、それは善への素質なのである。したがって私たちには、道徳的悪が最初にどこから私たちのなかに入り込めるのかについて、理解しうる根拠は現存しない。——人類の邪悪さをより詳細に規定しながら、聖書はこの不可解さを、歴史物語(原注)の形でこんなふうに表現している。 A43 C183 V46 W693

つまり聖書では悪は世界のはじめに出てくるが、しかし人間においてではなく、その前に元来は人間よりも崇高な* A 44 V 47
使命をもったある霊において登場してきて、したがってこれにより、あらゆる悪一般の第一のはじまりが私たちに W694
は不可解なものとされるのである(かの霊にあっては悪はどこから来たのか)。しかし人間が悪に堕ちたのは誘惑に
よってにすぎず、したがって誘惑する霊とはちがって、すなわち肉の誘惑が負い目を情状酌量する理由とは見なさ C 184
れえない存在者とはちがって、人間は根本から(善への最初の素質に関してさえも)腐敗しているわけではなく、いまなお改善の見込みがあるものとして表されて、かくして心情が腐敗しているにしても、依然として善意志をもっているので、人間には自ら背いた善に帰還する希望が残されている、と、このように聖書は表現している。

(原注)　いま述べたことは聖書解釈であるかのように見なされてはならない。聖書解釈はたんなる理性の権能の限界外のこと A 43 C 183 W693
である。ある歴史的報告を道徳的にどんなふうに利用するかについては、それが記述者のいおうとする意味なのか、それとも私たちがその意味を読み込んでいるだけなのかを決定するまでもなく、自分の見解を明確にできる。ただしそれは、歴史的証拠がまったくなくとも、意味がそれだけで真であって、そのうえ同時に、聖書の章句から私たちの改善に資するものを引き出せるような唯一の意味であればの話である。さもなくばその章句は歴史的認識の無益な増大にすぎないことになって
しまおう。それがどのように理解されるにせよ、よりよき人間になるのになんら資するところのないことについて、またそ W694
の歴史的権威について、必要もないのに争ってはならないのであって、よりよき人間となるのに役立ちうるものは、歴史的証拠がなくとも認識されるし、それどころかそのような証拠なしに認識されなくてはならないのである。歴史的認識で、道徳的によき人間となりうることに内的関係をもたないものは、つまり誰にでも妥当するような関係をもたないものは、無記
の一つであるが、無記には、それが自分にとって教化的だと思われるなら、誰であれ同意してもかまわないのである。 A 44

一般的注解*

善への根源的素質が力を回復することについて

人間は道徳的意味において何であろうと、何になるべきであろうと、善にせよ悪にせよ、人間はそれに自分自身でなるにちがいない、あるいはなったにちがいないのである。善も悪も自由な選択意志の結果でなければならない。というのも、さもなければ、どちらも人間の責任に帰することはできまいし、したがって人間は道徳的には善でも悪でもありえないことになろうからである。人間は善に創造されているといわれるのは、人間が善に向かうように造られており、そのうちなる根源的素質は善だということ以上の意味ではありえず、それだけではまだ人間は善であるというわけではなく、むしろ素質にふくまれる動機を格率のうちに採用するか否かに応じて（これは全面的に人間の自由な選択に委ねられていなければならない）、自分で善か悪になるようにしていくのである。善になるためにせよ、よりよくなるためにせよ、超自然的な協力がさらに必要だとすれば、それは、障碍の軽減にすぎないこともあろうし、積極的な助力ということもあろうが、いずれにしても人間はあらかじめそれを受け取るにふさわしいものとなったうえで、この援助を受け入れなくてはならない（これはただならぬことである）、すなわち積極的な力の増大を格率のうちに採用しなくてはならないのであって、これによってのみ、人間に善が帰せられるとか、よい人間だと認識されるといったことが可能になるのである。

C 184
V 48

W695

ところで、自然的には悪い人間がよい人間となることがいかにして可能なのかは、まったく私たちの概念を越えてしまっている。そもそも悪い木がどうしてよい実をならせることができようか。(69) しかし先ほど承認したところでは、もともとは(素質からいって)よい木が邪悪な実をならせたのであり、(原注1) 善から悪への頽落は(悪が自由に源を発することをよくよく考えるならば)、悪から善への復帰よりも理解しやすいわけではないのだから、復帰の可能性は論駁されえないのである。けだしかの離反にもかかわらず、よりよい人間になるべしという命令は以前にもまして私たちの魂に響きわたっており、それゆえ私たちにできる分だけでは足りないにしても、それはできるにちがいないし、それにより、私たちには究めがたいより高次の助力を、私たちは受け取れるようになるにちがいないのである。――もちろんここで前提されなくてはならないのは、善の萌芽がまったく純粋なままに残っていて、根絶も腐敗もされえなかったということだが、善の萌芽が自己愛で(原注2)ありえないのは確かであって、自己愛は、私たちのすべての格率の原理として仮定されると、あらゆる悪の源泉にほかならないのである。

(原注1) 素質がよい木だからといって、行いまでもよい木だというわけではないのであって、そもそもそうでなければ、それが悪い果実をならせるはずのないことはいうまでもあるまいが、(木は端的によい木と呼ばれるにしても)人間がよい人間と呼ばれるのは、自己のうちに置かれた道徳法則に向かう動機を格率に採用している場合だけなのである。

(原注2) まったく異なった二つの意味をもちうる言葉が、きわめて明らかな根拠にもとづく確信を長いあいだ阻止することがしばしばある。愛一般と同じように自己愛も、幸せを願うという意味での自己愛と、満足感という意味でのそれ(benevolentiae et complacentiae 善意と満足)とに分けることができて、*これはともに(おのずと理解できるように)理性的でなくてはならないのである。幸せを願うという意味での自己愛を格率に採用することは自然的である(けだし自分がどんなときでも幸せであることを欲しない人がいるだろうか)。しかしこの自己愛が理性的なのは、一つには目的に関して、最大で

もっとも長続きするような安寧と共存しうるものが選ばれ、一つには幸福を構成するこれらの要素にたいして、もっとも有効な手段が選ばれる場合だけである。この場合、理性は自然的傾向性の下女の役目をつとめるだけで、そのために採用される格率は道徳性とはなんの関係もないのである。しかしこの意味での自己愛が選択意志の無制約な原理とされると、それは道徳性にたいして測りがたく大きな抵抗を生み出す源泉となる。――ところで自己自身への満足感という意味での理性的愛というのは、二通りに理解できて、〔一つは〕すでに挙げた自然傾向性の満足をめざすような格率のゆえに、（先ほどの目的がこれらの格率の遵守により達成されるかぎりで）私たちが自分の意にかなう、ということである。この場合、理性的愛は自己自身に幸せを願う愛と同じであり、自分で自分が好きになるのであるが、ちょうど商売の投機がうまくあたり、その際、採用していた格率のゆえに、自分の見通しのよさを喜んでいる商人がそうである。しかし〔もう一つの〕自己自身への無制約な満足感（つまり行為の結果としての損得に依存しない満足感）の自己愛という格率は、格率を道徳法則に従属させるという制約の下でのみ、私たちに可能になるような満足、このような満足の内的原理ということになろう。道徳性に無関心でない人が自分自身に満足感を覚えるはずがなく、それどころか、うちなる道徳法則と一致しないような格率を意識している自分自身にたいして、ひどい不興を覚えずにいるはずがないのである。この自己愛は自分自身への理性的愛と呼べようが、これは（それにより獲得されるはずの幸福の名の下に）、行為の結果からくる満足を引き起こす他の原因が選択意志の動機に混入することを一切阻止するのである。ところで自分自身への無制約な満足感は法則への無制約な尊敬を言い表しているのに、なぜ理性的な、しかし先ほどの制約下でのみ道徳的な自己愛などという表現を用いて、堂々めぐりをすることで、原理の明確な理解を不必要に困難にしようとするのか。（そもそも自己を道徳的な仕方で愛せるのは、法則への尊敬を選択意志の最高動機にするという格率を意識している場合だけなのである。）幸福は、感性の対象に依存した存在者である私たちにとって、本性上第一のものであり、また私たちが無制約に欲求するものでもある。この幸福も、理性と自由とを賦与された存在者としての私たちの本性上は（一般に私たちに生得的なものを本性と呼ぶなら）到底第一のものではなく、また無制約に私たちの格率の対象であるわけでもないのであって、むしろ格率の対象は幸福たるにふさわしいこと、すなわち私たちのすべての格率が道徳法則と一致することなのである。ところでこの一致が客観的に、その下でのみ幸福の願いが立法的理性と調和するための制約だということ、この点にこそすべての道徳的準則があり、またそのように制約されてのみ願いもするという心術に、道徳的な考え方が存するのである。

それゆえうちなる善への根源的素質を回復することは、善への失われた動機の獲得ではない。この動機は道徳法則への尊敬にあるが、そもそもそれを私たちは失いえなかったのであって、失うことが可能であれば、それをふたたび獲得することもないであろう。したがって回復とは、私たちのすべての格率の最上根拠として道徳法則の純粋さを取り戻すことにほかならず、これが取り戻されるなら、道徳法則はたんに他の動機と結びつけられたり、それどころか他の動機(傾向性)を制約としてこれに従属させられたりさえするのではなく、むしろまったく純粋な形で、それだけで選択意志を規定するのに十分な動機として、選択意志のうちに採用されるはずなのである。根源的善は、義務を遵守するに際しての、もっぱら義務からくる格率の聖性であり*、これにより、人間はこの純粋さを格率のうちに採用するなら、だからといってまだ聖ではないにしても(けだし格率と行いとのあいだには、まだ大いなる懸隔があるから)、しかし聖への途上にあって、無限の進歩により聖性に接近することになるのである。義務を遵守するという、できあがった堅固な企図は、徳とも呼ばれるが、それは経験的性格としての適法性に関してである(virtus phaenomenon フェノメノンの徳)。したがって、選択意志が行為のために必要とする動機がどこから取ってこられようとも、徳は合法則的な行為という恒常的な格率をもつことになる。それゆえこの意味での徳は徐々に獲得されるのであって、それは、人間が習慣により態度の漸次的な改革や格率の強化などを通して、悪徳への性癖からその反対の性癖にたどり着いたのであれば、ある人々にとっては(法則を遵守するという)長い習慣のことなのである。ところで、そのためにはかならずしも心情の変化は必要ではなく、必要なのはむしろ道徳的慣習の変化

C186 W696
A47 V51 C187 W697
W698

だけである。人間が自分を有徳だと思うのは、義務を遵守するという格率において自分が堅固だと感じるときで、たとえあらゆる格率の最上根拠にもとづいていなくとも、すなわち義務にもとづいていなくとも、たとえば不節制な人が健康のために節制に立ち帰り、嘘つきが名誉のために真実に立ち帰り、不正な者が安心や営利のために市民的な律儀さに立ち帰るといったぐあいだとしても、そうなのである。万事、幸福という褒めそやされている原理にしたがってのことなのである。しかし誰かがたんに法的によい人間になるのではなく、道徳的によい（神に嘉《よみ》される）人間になるなら、すなわち叡知的性格が有徳（virtus noumenon ヌーメノンの徳）[73]になるなら、* このような人間は、何かを義務として認識すると、義務そのものの表象以外に、もはや他の動機を必要としないわけであるが、しかしそのようになるということは、格率の基礎が不純なままである以上、漸次的改革によっては引き起こされえないのであって、むしろ人間における心術の革命（心術の聖性という格率への移行）によって引き起こされなくてはならず、その人が新たな人間となれるのは、まるで新たな創造によるかのような一種の再生（『ヨハネによる福音書』三・五、[74] なお『創世記』一・二[75]も参照）と心情の変化とによってのみなのである。

しかし人間が格率の根本から腐敗しているならば、自分の力でこの革命を成就して、自らよい人間になることがいかにして可能であろうか。しかも義務はそうなるように命じており、これは私たちになしうることしか命じないのである。これを統合できるのは、考え方にとっては革命が必然的であり、感じ方にとっては漸次的改革の方が必然的であって（感じ方は考え方を妨害する）、したがって革命と漸次的改革が人間にも可能でなくてはならないという仕方以外にはない。すなわちその人は、格率の最上根拠によって悪い人間であったのだから、それを無比の揺らぎなき決意によって逆転させるならば（かくして新しい人を着るならば）[76]、そのかぎりでは原理と考え方からいって、

A 48　C 188　V 52

善を受け入れうる主体となるということである。しかしたえず働き、たえず成ることによってのみよい人間なのであって、すなわちその人は選択意志の最上格率として取り入れた原理がそのように純粋なことにより、また堅固であることにより、悪いものからよりよいものに向かってたえず前進するような善の(とはいえ細い)[77]道にあるという希望[78]をもてるようになるということである。これは心情の(選択意志のあらゆる格率の)叡知的根拠を見通す者が見れば、したがってこの無限の前進を一として捉える者、すなわち神が見れば、現実によい(神に嘉される)人間であるということにほかならず、そのかぎりでこの変化は革命だと見なせるのであるが、しかし人間が自己を、そして格率の強さを評価できるのは、時間のなかでどれだけ感性にたいする優位を獲得するかに応じてのみだから、人間による判定にとってこの変化は、よりよい者になろうとする永続的な努力にほかならないと見なせるし、したがって転倒した考え方である悪への性癖を、漸次的に改革することだとも見なせるのである。

ここから帰結するように、人間の道徳的形成は道徳的慣習の改良からではなく、むしろ考え方の転換と性格の確立とからはじまらねばなるまいが、もっとも、通常のやり方はこれとはちがっていて、個々の悪徳とは戦っても、悪徳の普遍的な根には触れないままなのである。ところで、どんなに偏狭な人間でも、義務にかなった行為への尊敬を感じ取ることはできるし、しかも、自己愛によって行為の格率に影響をおよぼしうるような他の動機を、考えのなかで行為から引き去れば引き去るほどに、尊敬はいっそう大きくなっていくのであって、不純な動機が混入した痕跡がほんのわずかでもあれば、それは子供でも発見できるわけで、そんな場合、子供たちのあいだでは行為はたちまちにして道徳的価値を失ってしまうのである。よき人間の模範そのものを挙げて(その人たちの合法則性に関して)、道徳上の弟子たちにいくつかの格率の不純さを、行為の現実的な動機にもとづいて判定させることによって、善へのこの素質は比類なく教化され、徐々に考え方に浸透していくことになる。その結果、義務はたんに義務だというだけで、心情のうちで著しい重みをもちはじめるのである。しかし有徳な行為がどれほどの犠牲を払っていようとも、そのような行為だけを賛嘆するように教えることは、弟子の道徳的善にたいする心を養うための気持ちの導き方としては、まだ正しいやり方ではない。ある人がどんなに有徳であろうと、その人のたびたびなしうる善はすべて義務にすぎないし、義務をなすことは、通常の道徳的秩序にあることをなすこと以上ではないから、賛嘆に値することではないのである。[79] むしろこのような賛嘆は、義務への服従をなし遂げることが、何か非凡で称賛に値することでもあるかのように、義務にたいする私たちの感情を調整してしまうことなのである。

しかしながら私たちの魂には一つのものがあって、しかるべくそれを熟視するならば、私たちはそれをこのうえなき驚嘆の念で見ずにはいられなくなるのであり、この場合、賛嘆は正当であると同時に魂を崇高にもするのであるが、それは私たちのうちにある根源的な道徳的素質一般のことである。——私たちは、かくも多くの欲望によってたえず自然に依存している存在者でありながら、しかも同時に(私たちのうちなる)根源的素質という理念において自然を超えて遥かに高められていき、その高められ方たるや、欲望はおしなべて取るに足りないものだと私たちが思うほどで、[80] またそうした欲望の享受だけが人生を望ましいものとしうるにせよ、しかし法則に反して、つまり私たちの理性がそれを通して力強く命令してくる法則、しかもその際、何かを約束したり威嚇したりしないで命令する法則、そのような法則に反して欲望の享受に耽るならば、私たちは自分自身をも現存在にふさわしくないと思うほどなのであるが、私たちをこのようにするのは、私たちのうちなる何であろうか(このように自問できる)。この問いの重みは、きわめて凡庸な能力の持ち主でも、あらかじめ義務の理念にふくまれている聖性について啓発されていれば、この法則からはじめて現れてくる自由概念（原注）の探求にまで高まっていなくとも、誰でも衷心から感じる（V55）にちがいないし、これは神的な素性を告知する素質(81)であるが、この素質が不可解なことですら、心にさらに作用し（A50 C190）て熱狂させるにちがいなく、心を強めて実際に犠牲を、それも義務にたいする尊敬だったら心に課することしかで（W701）きない犠牲を、払わせるにちがいないのである。道徳的使命が崇高であるという感情をしばしば刺激してやることは、道徳的心術を覚醒させる手段としては、とりわけ称揚できる。なぜかといえばこの感情は、私たちの選択意志の格率において動機を転倒させようとする生得的な性癖に、まさしく反対作用をなして、採用されうるすべての格率の最高制約である法則への無制約な尊敬において、諸動機相互の元来の道徳的秩序を回復させ（W702）、これにより人間の心情において善への素質を純粋な姿に回復させるからなのである。

（原注）　選択意志の自由の概念は、私たちにあっては道徳法則の意識に先立つのではなく、無制約な命令としての法則により（W701 A49 C189 V54 W700）私たちの選択意志が規定されうることにもとづいてのみ、推論される。このことは、次のように自問してみればただちに確信できる。すなわち、いまだにきわめて大きな法則違反に向かおうとする動機、これらをことごとく断固たる企図によって克服する能力を、はたして自分は確実に、そして*直接的に意識してもいるかどうか（「たとえファラリスが偽証せよと命じ、牝牛を近づけて偽誓を君に命じても(82)」、これを自問してみればよい。そのような事態になっても、はたして企図が揺らがないかどうか、私は知らないというのが、誰もが白状せざるをえないところであろう。しかしそれにもかかわらず義務は彼に向かって、あくまでも企図に忠実であるべしと無制約に命令するのであり、これにもとづいて、私はそれをなすこともできるにちがいない、したがって私の選択意志は自由なのだと、その人は正しく推論するのである（C190）。このような究めがたい性質があたかも究めうるかのように他人に思わせる人々は、決定論という言葉によって（内的な充足理由により選択意志が規定されるという命題によって）、あたかも困難は決定論と自由とを調和させる点にあるかのごとく幻惑しているのである。ところが誰もそんなことを考えているわけではなく、むしろそこで考えられているのは、予定説によると、事象としての意志

的な行為は先行する時間のうちに規定根拠をもつわけで（時間も時間のうちにふくまれるものも、もはや私たちの力のおよばないものである）、この予定説が自由と、つまり行為もその反対も、生起の瞬間にはともに主体の力のおよぶ範囲内になくてはならないとする自由と、いかにして共存しうるかということなのである。これこそ洞察が求められながら、けっして洞察されない事柄なのである。 A50

〔† 自由の概念を必然的な存在者としての神の理念と調和させることには、なんら困難はない。なぜなら自由は行為の偶然性に（行為が根拠によってまったく決定されていないことに）、すなわち非決定論に（神の行為が自由だというのであれば、善をなすことも悪をなすことも、神にとっては等しく可能でなくてはなるまいということに）あるのではなく、絶対的自発性にこそあるからにほかならない。しかし予定説では、この絶対的自発性が危険にさらされることになるが、それはこの説では、行為の規定根拠は過ぎ去った時間のうちにあり、したがって行為はいまは私の力のおよぶところにはなく、自然の手中にあって私を抗いがたく規定するからなのである。ところがいまの場合、神にあっては時間継起は考えられないから、この困難はなくなるのである。〕 V55

しかしこのように自分の力で回復することには、一切の善にたいして人間は生得的に腐敗しているという命題が対立するのではないか。もちろん、回復の可能性についての理解可能性に関しては、すなわちそれについての私たちの洞察に関しては、それはそのとおりで、このことは、時間のなかの事象（変化）として、そしてそのかぎりでは自然法則にしたがって必然的なものとして表象されて、しかもそれにもかかわらず、その反対が道徳法則の下では自由により可能だと表象されねばならないすべてのものが、そうなのである。しかし先の命題はこのような回復の可能性そのものに対立しているわけではないのである。けだし、私たちはいまよりもよい人間になるべきだと道徳法則が命令するのであれば、そこから、それができもしなくてはならないことが不可避的に帰結するからである。 C191 W702
悪が生得的だという命題が道徳的教義学[83]で用いられることはない。そもそも、違反への生得的な性癖が私たちのう V56

ちにあろうとなかろうと、いずれにしてもこの教義学の準則は同じ義務をふくんでおり、同じ力をもっているのである。しかし道徳的修徳論(84)では、この命題はそれ以上のことをいうことになるが、しかしそれとても、善への天賦の道徳的素質を道徳的に鍛えるのに、自然な無垢からはじめることは私たちにはできない、むしろもともとの人倫的素質に反して格率を採用するという選択意志の邪悪さの前提からはじめなくてはならないし、また悪への性癖は根絶できないから、これにたいしてはたえず抵抗しなくてはならない、ということ以上ではないのである。ところでこれは、悪いものからよりよいものへと無限を志していく前進ということにしかいたらないので、そこから結果として、悪い人間の心術からよい人間のそれへの転換は、すべての格率を道徳法則にかなうように採用する際の、最上の内的根拠の変化のうちに、しかもこの新しい根拠が(新しい心情が)不変でさえあるかぎりで、その変化のうちに措定されねばならない、ということが生じる。しかしながら人間は自然のままでは、直接的な意識によっても、これまでその人が送ってきた生き方という証拠によっても、この確信には到達できない。なぜかといえば、心情の深処《ふかみ》(自分の格率の主観的な第一根拠)はその人自身にとっても究めがたいからであるが、しかしながらその人も、根本においてよりよくなった心術がそこに至る道を指し示してくれるならば、その道に自分の力で到達するという希望をもてるはずなのである。なぜかといえば、彼はよい人間になるべきだからであって、しかし本人自身がなしたこととして本人に責任を帰しうることに応じてのみ、道徳的に善だと判定されうるからである。

ところで理性は元来、道徳の取り扱いには乗り気ではないので、自己改善というこの要求にたいしては、自然的な無能力を口実にして、あらゆる不純な宗教理念を動員してくる(たとえば、神がその命令の最上制約のための幸福原理だとして、神そのものを捏造することもその一つである)。しかしすべての宗教は恩寵請願宗教(たんなる祭祀だけの宗教[85]と道徳的なそれ、つまりよき生き方の宗教とに区分できる。前者では、人間はことさら自分でよりよい人間になろうとするまでもなく、神が（負い目を赦免することで）永遠に幸福にしてくださることができるのは確実だといい気になるか、これが不可能に思われると、よりよい人間になれるようにと請いさえすれば、私は何もせずとも、神が私をよりよい人間にしてくださることができるのは確実だというふうにいい気になるか、二つのうちいずれかである。しかし請うということは、すべてを見ておられる存在者の前で願うことにほかならないので、請うたところで本来何もなされてはいまいし、そもそもよりよい人間になることが願いだけで達成されるなら、人間は誰でも善だということになってしまおう。しかし（かつて存在してきた公の宗教のなかでは、キリスト教だけがそれであるような）道徳的宗教での原則は、よりよい人間になるためには誰もが力のかぎりを尽くさなくてはならない、そしてその人が自分の生得的な才能を埋もれさせなかった場合にだけ（『ルカ伝』一九・一二—一六）[86]、つまりよりよい人間になろうと善へのもともとの素質を活用してきた場合にだけ、能力のおよばないことはいっそう高次の協力により補われるだろうと、その人は希望してもよいということである。この協力の本質は何なのかということも、人間はかならずしも知る必要はないのである。かりにその生起の仕方が特定の時代に啓示されたとしたら、それについては、別の時代のさまざまな人間がそれぞれ相異なった概念を作り出すだろう、しかもできるだけ誠実にそうするだろうということは、ひょっとしたら避けられないかもしれないにしてもである。しかしその場合でも、「その人の浄福のために神が何をなしたまうか、あるいはなしたもうたかを知ることは本質的ではなく、したがって誰にでも必要なことではない」という原則は妥当するのであるが、とはいえ、この助力にふさわしくなるために自分自身は何をなさなくてはならないのか、これを知ることは本質的であり、誰にでも必要なことである。

(十) この一般的注解は本稿の各編に添えられている四つの注解の最初のものだが、これらにはそれぞれ、(一)恩寵の作用について、(二)奇跡について、(三)神秘について、(四)恩寵の手段について、という標題をつけることができよう。――これらはいわば純粋理性の限界内の宗教の付録で、[87] 純粋理性の限界内には属さないが、限界に接しているのである。理性は道徳的要求を満足させるうえでの無能力を意識して、その欠陥を補いうるような過度な理念にまで膨張するが、しかし拡張された所有としてそれらの理念をわがものとするわけではない。理性は、そうした理念の対象の可能性や現実性を否定はしないが、ただ思惟し行為するうえで、それらの理念を格率に採用できないだけなのである。それどころか、超自然的なものの究めがたい領野に自らの理解を超えた何かが、しかも道徳的無能力を補うのに必然的な何かが、さらにあるとすれば、それがひそかに理性のよき意志に役立つだろうと、(超自然的なものの可能性についての)反省的信仰と呼べるようなある信仰をもって、理性は期待さえするのである。なぜなら独断的信仰は知を僭称するが、これは理性には不誠実で僭越なものに思われるからである。そもそも、それ自身で(実践的に)確立しているものに反するさまざまな困難を取り除くことは、そうした困難が超越的な問いに関わるものであれば、副次的営為(付録《パレルゴン》)でしかないのである。道徳的=超越的なこれらの理念からくる不利益に関していえば、それを宗教に導入しようとすると、その結果はさきに挙げた四部門の順序でいえば、(一)内的経験(恩寵の作用)と称するものでは狂信であり、(二)いわゆる外的経験(奇跡)では迷信であり、(三)超自然的なもの(神秘)に関する妄想的な知的照明では、照明説、[88] 達人妄想であり、(四)超自然的なものに向けて働きかける大胆な試み(恩寵の手段)では魔術であるが、[89] これらはいずれも、自らの限界を超え出てゆく理性が道を踏み外すことにほかならず、しかも道徳的な(神に嘉される)意図と称して道を踏み外すことなのである。――しかしとくに本論文第一編の一般的注解に関して述べると、恩寵の作用を招き寄せることは魔術の類《たぐい》であって、理性がその限界内に身を持するのであれば、それを理性の格率には採用できないのである。これができないのは、まさしく超自然的なものにあっては理性使用がいっさい止んでしまうのだから、超自然的なもの一般がそうである。——そもそも何かを目印にしてこの作用を(それが恩寵の作用であって、内的な自然作用ではないことを)理論的に見分けられるようにすることは不可能である。なぜなら原因と結果の概念を私たちが使用することは経験の対象を超えては、したがって自然を超えては、拡張できないからである。それからこの理念の実践的な活用を前提することもまったくの自己矛盾である。そもそもこれを活用するとなると、何かを達成するには私たちが自ら(特定の意図で)善をなさなくてはならないので、それは何なのかについての規則をこの理念は前提することになろうが、しかし恩寵の作用を期待することはまさしくその反対ということになる、すなわち善(道徳的善)は私たちのではなく、私たちとは別の存在者の行いであろうということになるし、したがって私たちは何もしないことによってのみ、恩寵の作用を獲得できるということになり、これは矛盾するのである。恩寵の作用は概念把握できないものとしては容認できるが、しかし理論的使用のためにも実践的使用のためにも、それを私たちの格率に採用することはできないのである。〕

哲学的宗教論　第二編

A55
C195
W707

第二編　人間の支配をめぐっての善の原理による悪の原理との戦いについて

A57 C197 V59 W709

道徳的によい人間になるには、人類にふくまれている善の萌芽を妨げなく発展させるだけでは十分ではなく、私たちのうちに悪の原因なるものが存在して、それに反作用をなしているので、これとも戦わなくてはならないのである。このことを、古代のあらゆる道徳哲学者のうちでも、とくにストア派の人々が徳という合言葉で標榜している。これは（ギリシア語でもラテン語でも）[1]勇気と果敢さを表しており、したがって敵を前提する合言葉なのである。こんなふうに見ると徳という名称はなかなかのものであり、この名称がしばしば誇大に誤用されてきたことも、また嘲られてきたことも、なんらそれを傷つけることにはならない（この点、最近の啓蒙という言葉も同じである）。――そもそも勇気を促すことは、すでに半《なか》ばまで勇気を引き起すことと同じであり、逆に、怠惰でまったく自信なく外からの援助を待ちこがれるような無気力な考え方（道徳と宗教におけるそれ）は、人間のあらゆる力を殺《そ》いでしまうし、その人を援助にさえふさわしくないようにしてしまうのである。

しかしあのけなげな男たちも敵を見誤った。敵を自然的で無規律な、しかし何人の隠れない意識にも公然と現れてくる傾向性のうちに探してはならず、むしろそれは、いわば目に見えない敵、理性の背後に潜む敵であって、それだけにいっそう危険なのである。不注意で傾向性に欺かれる愚かさに対処する知恵を彼らは喚起したものの、し

V60

かし魂を腐敗させるような原則により密かに心術を損なう悪意（人間の心情のそれ）にたいして知恵を召喚したわけではないのである。(原注)

(原注)　これらの哲学者たちは普遍的な道徳原理を、人間本性の尊厳、つまり（傾向性の力からの独立性としての）自由から取ってきた。これよりもよくてこれよりも高貴な原理を根底に置くこともできなかったのである。さて、このようにしてそれだけで立法し、道徳法則を通して端的に命令する理性から、直接、彼らは道徳法則を汲み取ったのである。が、これらの法則をためらいなく格率のうちに採用しようとする健全な意志が人間に賦与されるなら、規則に関して客観的に、また動機に関して主観的にも、すべてがまったく正しく述べられていたのである。しかし人間に健全な意志が賦与されるという前提に＊まさに間違いがあった。そもそも人間の道徳的状態に注意を向けるなら、どんなに昔にまでさかのぼっても、次のことが分かるのである。すなわち人間はもはや無担保の財(2) res integra ではなく、私たちはすでに居座っている悪を（これも私たちが格率に採用していなかったなら、居座ることもできなかったであろうが）、まず、その居場所から追放することからはじめねばならないということであり、いいかえれば、人間がなしうる最初の真の善は悪から離れることであるが、悪は傾向性に求めることはできず、転倒した格率に、したがって自由そのものに、求められなくてはならないのである。傾向性は、それに対立するよい格率の遂行を妨げるだけである。しかし本来の悪は、傾向性が違反を唆《そそのか》すとき、それに抵抗しようと意欲しないことに存しており、本来、この心術こそがほんとうの敵なのである。傾向性は原則一般にたいする敵対者にすぎず（原則が善であろうと悪であろうと）、そのかぎりでは、かの道徳性の気高い原理(3)は、原則により主体を統御するための予行演習（傾向性一般の訓練）として有益なのである。しかし人倫的善の特殊な原則が存在すべきであるのに、それにもかかわらず、それが格率として存在しない場合には、原則のもうひとつの敵対者(4)が主体のうちに前提されねばならず、徳はそれとの戦いに耐え抜かねばならないのであって、この敵対者がなければ、かの教父もいうように(5)、すべての徳は光り輝く悪徳ではないにしても、光り輝く悲惨だということになろう。なぜなら別の敵対者が前提されないと、暴動はしばしば鎮圧されても、暴徒そのものは、けっして制圧も撲滅もされないからである。

自然的傾向性は、それ自体において見れば善である。すなわちなんら非難すべきものではない。それを根絶しようとするのは、無駄なばかりか有害でもあり、非難もされなくてはなるまいわけで、それよりも傾向性がたがいに V61 傷つけあわないように、むしろ幸福という名の全体における調和にもたらされうるように、それを抑制すればよいのである。これを達成するような理性は思慮である。道徳的に反法則的なものだけがそれ自体において悪であり、端的に非難すべきものであって、根絶されねばならないのはそれだけなのである。このことを教える理性だけが知恵という名に値するのであって、しかも理性が思慮を実行に移すならなおさらそうである。この知恵とくらべれば悪徳は愚かさとも呼べる。しかしそれは、悪徳を(また悪徳への唆《そその》かしをすべて)軽蔑するだけの十分な強さを、また C199 たんに恐るべき存在者として悪徳を憎むだけではなく、それにたいして武装もするだけの十分な強さを、理性が自らのうちに感じている場合だけである。

したがって、義務を遵守する際の障碍である傾向性が克服されねばならない以上、人間の道徳的戦いは(それ自 A59 W711 体では罪のない)傾向性との争いだと、ストア学派が考えたとすれば、彼らは積極的な(それ自体で悪い)原理をとくに想定しないわけだから、傾向性と戦ううえでの怠慢にしか違反の原因を措定できなかったわけだが、しかしこの怠慢そのものが義務に反するもの(違反)であって、これはたんなる自然過失ではないし、その原因をまたしても傾向性に求めることはできず(そうしようとすると説明が循環的にならざるをえない)、原因は選択意志を規定するもの(傾向性と協調するような格率の内的な第一の根拠)にのみ求めうるのであるから、そうだとすれば、永遠にどこまでも暗黒に包まれた説明根拠(原注)などというものは、そして*それは避けえないにせよ歓迎すべきものではないわけ V62 で、それをそのように思っている哲学者たちが、善の本来の敵対者をどうして誤認しえたのか、しかも彼らはそれとの戦いに耐え抜こうと思っているのに、それはどうしてなのか、このことが実によく理解できるようになるのである。

（原注）　人間における人倫的悪の現存在はきわめて容易に説明できる、しかもそれは、一方では感性の動機の力にもとづいて、他方では理性の動機の（法則への尊敬の）無力にもとづいて、すなわち弱さにもとづいてであるというのは、道徳哲学の実にありふれた前提である。しかしそうだとすれば、人間における（道徳的素質にある）人倫的善がもっと容易に説明できなくてはなるまい。そもそもどちらか一方の理解可能性は、他方のそれなくしては、まったく考えられないのである。ところで、反抗しようとする他のすべての動機に、法則のたんなる理念により打ち勝つという理性の能力は、端的に説明不可能であり、したがってまたかかる威信をもって命令する理性を、感性の諸動機がいかにして支配できるのかも理解できないのである。なぜなら世界中の人々が法則の指令にしたがってふるまうとすれば、一切は自然の秩序にしたがって起こる(6)といわれることになろうし、その根拠は何かと問うことなど、誰も思いつきはしないだろうからである。

したがってある使徒が、私たちにおよぶ結果によってのみ知られ、目には見えず、原則を腐敗させてしまうこの敵を、私たちの外なるものとして、しかも悪霊として語っているのは怪しむに足りない。曰く、「私たちが戦わなくてはならないのは、血肉にたいして（自然的傾向性にたいして）ではなく、諸々の支配と権威にたいして、――悪霊にたいしてなのです(7)」。〔悪霊という〕この表現が用いられているのは、感性界を超えて認識を拡張しようとしてのことではなく、測りがたく深いものの概念を、実践的使用のために直観的(8)にしようとしてだと思われる。いずれにしても、そもそも実践的使用のためには、誘惑者を私たち自身の内にだけ措定しようが、外にも措定しようが、私たちにとっては同じなのである。なぜなら外にも措定したとしても、内にだけ措定した場合よりも、私たちの罪がいささかも軽くなるわけではなく、この場合でも、私たちが誘惑者と密かに通じ合っているのでなければ、それによって誘惑されることもないであろうからである。[原注]　——この考察全体を二章に分けることにしよう。

(原注)　人倫的善と人倫的悪を天と地のようにではなく、天と地獄のように異なったものとして表象するのは、キリスト教道徳の特徴であるが、この表象は比喩的であり、またそれだけに神経を逆撫でするものであるにしても、それにもかかわらず、その意味は哲学的には正しい。——すなわち、これは善と悪が、つまり光の国と闇の国が、たがいに境を接して漸次的な段階をとおって(明るさのより多い段階から、より少ない段階へと)双方が紛れてしまうかのように、思い浮かべるのを予防し、善と悪、光の国と闇の国が測りがたい深淵により引き離されている、というふうに思い浮かべるのに役立つのである。これらの国のどちらか一方で臣下とされうるのは、原則によってなのであるが、原則の完全な異質性は、それだけではなく、どちらの国の臣下であるかの資格を与える双方の性質が近い近親関係にあるという想像に結びついている危険も、このような表象の仕方を保証してくれるのであって、それは怖ろしいものをうちにふくんでいるにせよ、同時にきわめて崇高でもある表象の仕方なのである。

第一章　人間支配への善の原理の権利主張について

C 201
V 63

a　善の原理の人格化された理念

世界を神の御心《みこころ》の対象とし創造の目的としうる唯一のものとは、まったき道徳的完全性をそなえた人間性(理性的世界存在者一般)であり、幸福は最上制約としてのこの完全性の、最高存在者の意志における直接の結果なのである。——ただひとり神に嘉《よみ》されるこの人は「永遠の昔から神のうちにある」[9]し、その理念は神の本質から発するのであって、そのかぎりで彼は創造されたものではなく、神のひとり子であり、「それにより他のすべてのものが

W713

あり、造られたもので、それなくしては何ものも現実存在しない言[10](かくあれ！)[11]」なのである。（そもそも、その[*]道徳的規定から考えられるように、万物は彼のために、すなわちこの世界における理性的存在者のために造られたのである。）――「彼は神の栄光の反映である[12]」。――「彼において神は世界を愛された[13]」のであり、私たちは彼においてのみ、そして彼の心術を受け入れることによってのみ「神の子となること[14]」を希望できる、などなどである。

ところで道徳的完全性のこの理想にまで、いいかえれば一点の曇りなき道徳的心術という原像[15]にまで高まることは、人間の普遍的な義務であり、この理念[16]は、それを追究するように理性が私たちの前に置くわけであるが、理念そのものも、そこまで私たちが高まるように力を与えてくれることができるのである。しかしこの理念の創始者は私たちではなく、むしろ理念の方が私たちのうちに住む[17]ようになったのであり、しかも人間本性がこの理念にたいして感受性をもちえたことからして、私たちには理解できないわけだから、まさしくそれゆえに、かの原像は天から私たちのところに降りてこられた、それは人間性を受け入れられたのである、とこんなふうにいった方が事態をいっそうよく表現できるのである。（そもそも、生来悪い人間がどのようにして悪を脱却し、聖性の理想にまで高まるのかが表象できないのは、この理想が（それ自身では悪くない）人間性を受け入れられて、人間性にまで降りてこられたことが表象できないのと同様である[18]。）したがって、かの神の心術をもった人間が私たちにとっての原像として、御自身は聖であるのに、また聖なるものとして受難を耐え忍ぶいわれはないのに、それにもかかわらず世界の最善を促進するために、このうえなく大きな受難を引き受けられるさまを思い浮かべてみるならば、それがこのように私たちと一つになることは、神の御子のへりくだられた身分[19]だと見なせるのであるが、それに反して人間は、その心術を受け入れても、しかしけっして負い目がないわけではないので、このような人間に降りかかる苦難は、どんなふうに降りかかろうとも、やはり人間の責任だと見なせるのであって、したがって理念は人間にとって原像として役立つにしても、人間の方は、心術がかかる理念と一つになるにはふさわしくないと見なされねばならないのである。

　ところで神意にかなう人間性(したがって諸々の欲望や傾向性などに依存した世界存在者において可能であるような道徳的完全性)という理想、これを私たちはある人間の理念の下でしか考えることはできないのである。それは、人間のあらゆる義務を自ら実行すると同時に、教えと戒めにより、できるだけ広い範囲にわたって、自分の周りに善を広めてゆくだけではなく、このうえなく大きな誘惑に試みられ[20]ながらも、それでも、かぎりなく屈辱的な死にいたるまでのあらゆる受苦を、世界の最善のために、それどころか敵のためにすら、進んで引き受けるような人間の理念である。――そもそも道徳的心術に属するような力の度合いにせよ強さにせよ、それが人間に想像できるのは、自ら障碍と戦い、このうえなく大きな試練を受けても、しかしそれを克服しながら、その度合いや強さを表象する場合だけなのである。

　いまや人間は、このような神の御子(人間の本性を受け入れていると表象されるかぎりでの神の御子)への実践的信仰において、神に嘉されるようになれる(そのことにより浄福にもなれる)という希望をもてるようになる。すなわちその人は、信じることができ、根拠ある信頼を自らに置くことができるような道徳的心術を意識しているならば、神の御子と類似の試みや苦難にさらされても(ちょうどそれがかの理念の試金石とされるように)、あくまでも変わることなく人間性の原像にしたがうだろうし、忠実な学《まね》びにより[21]、あくまでもその模範に相似であり続けようが、そのような人こそに、またそのような人だけに、神に嘉されるのに自分はふさわしからざる対象ではないと思う権能があるということである。

b　この理念の客観的実在性

この理念は、実践的関係では完全にそれ自身において実在性を有する。そもそも私たちの道徳的に立法する理性にそれがふくまれているのである。私たちはこの理念に一致してあるべきだし、それゆえ私たちにはそれができもしなくてはならない。自然概念の場合だと、（空虚な概念に吊られるという危険を冒さないために）あらかじめ可能性を証明しておくことが必要不可欠だが、それと同じように、この原像に一致した人間となる可能性を、あらかじめ証明しなくてはならないとなると、選択意志の無制約で十分な規定根拠であるという道徳法則の威信を認容することにさえ、やはり疑念をいだかざるをえないことになろう。そもそも、合法則性一般のたんなる理念が合法則性のための動機でありえて、しかも利益のゆえに取ってこられるような、考えうるあらゆる動機よりも、いっそう力強いものでありうること、これがいかにして可能なのかは、理性によって洞察することもできないし、経験の実例によって証明することもできないのである。なぜなら理性による洞察に関していえば、法則は無制約に命令するからであり、経験の実例に関していえば、この法則に無制約にしたがうような人間がたとえ一度も存在しなかったにしても、しかしそのような人間となることの客観的必然性[22]が減じるわけではなく、この必然性はそれ自身で明白だからである。したがって道徳的に神に嘉されるような人間の理念を私たちの手本とするのに、経験の実例は必要ではなく、この理念は立派な手本として私たちの理性にふくまれているのである。——しかしひとりの人間をかの理念と一致する模範として承認し、学《まね》びのために、自分の目で見るもの以上のさらに何かを、つまりまったく非の打ち所のない、それどころかおよそ求めうるかぎりの功績あふれる生き方以上に、そのほかになお、かの理念と一致 V66 する人間により、あるいはその人間のために、なされたにちがいないような奇跡といったものを、信任状として要求する人がいるとすれば、そのことによってその人は同時に道徳的不信仰を、すなわち徳への信仰の欠如を告白し A63 ているわけであるが、この欠如は、奇跡による証明にもとづく信仰（これは歴史的にすぎない）によっては補えないのである。なぜなら、私たちの理性にふくまれているかの理念の実践的妥当性への信仰だけが道徳的価値をもつからである（どんな場合でも、私たちの理性だけがよき原理に由来すると思われる奇跡を奇跡として確証するのであって、逆に奇跡から理性の確証を借りてくることはできないのである）。

それゆえにこそ、（外的経験一般には、内的な道徳的心術の証拠といったものを期待できるし、要求もできるわけだから）かかる人間の模範が与えられうるような経験も可能でなければならない。そもそも法則にしたがえば、C204 W716 いかなる人間もこの理念の模範自体を正しく述べるはずであり、原像はそのためにこそあくまでもつねに理念のうちにありつづけるのである。なぜなら、外的経験におけるいかなる模範も理念には十分ではないし、外的経験によっては心術の内面が暴かれるわけではなく、ただそれが推論されるだけで、しかもそれには厳密な確実性があるわけではないからである。（それどころか人間の自己自身における内的経験によってすら、自らが信奉していると告白するような格率の根拠やその澄明さや堅固さについて、まったく確実な知識を自省によって獲得できるほどには、心情の深処《ふかみ》が当人にさえ見通せるわけではないのである。）

ところで、まことに神の心術をいだいたこのような人間が、特定の時代に、いわば天から地に降りてこられて、教えと生き方と受難により、外的経験に求めうるかぎりで神意にかなった人間の模範自体を与えたとしても（一方では、そのような人間の原像はつねに理性以外のどこにも求めてはならないのであるが)、またその人がこれらすべてを通して一つの革命により、世界におけるはてしなく大きな道徳的善を人類のうちに産出したとしても、だからといって、その人のうちに自然に生まれた人間以外の何かを想定するいわれはあるまい(なぜなら自然に生まれた人間も、そのような模範自体を与えるべく義務づけられていると感じるからである)。もっともこういったからといって、かならずしもその人が超自然的にお生まれになった人間ではあるまいかということまで、端的に否定されるわけではなかろう。そもそもその人が超自然的にお生まれになった人間だという前提は、実践的意図ではなんの利益ももたらしてくれないのである。なぜかといえば、私たちがこの現象の根底に置く原像は、(私たちは自然的な人間なのに)[23]いずれにしてもつねに私たちのうちに求められなくてはならず、それが人間の魂に現存することからして、それだけで十分不可解であって、その超自然的起源があるのに、そのほかにも、原像をさらにある特殊な人間の形に実体化して想定する必要などさらさらないからである。むしろそのような聖者を人間本性の脆さすべてを超えたところにまで高めてしまえば、かえって聖者の理念を私たちの学《まね》びに応用するうえでの妨げとなろうし、それは、およそ私たちに洞察しうることすべてに関する学《まね》びに応用するうえで、そうであろう。けだし、たとえかの神に嘉される人間が、私たちの囚われているのとまったく同じ欲望をもち、したがって同じ苦悩とともにあり、私たちが囚われているのとまったく同じ自然傾向性をもつかぎりでは、したがって違反への誘惑とともにあるかぎりでは、かの人の本性は人間的だと考えられようとも、しかし意志の変わらざる純粋さを生まれてから獲得したのではなく、それが生得のものであったがゆえに、いかなる違反もありえなかったかぎりで、その人は超人的だと考えられることになろうから、そのことにより逆に、自然的な人間との隔たりは無限に大きくなってしまい、結局かの神人は、もはや自然の人間のための模範として立てることができなくなってしまおう。自然的な人間ならばこんなふうにいうだろう。私にまったく聖なる意志を与えよ、さすれば悪への誘惑も私にあってはすべておのずと挫折するだろう、と。またこの世での短い人生が終わると直ちに、(さきの聖性に応じて)天の永遠の全栄光に私が与《あずか》れるという、完全な内的確信を与えよ、さすれば私はいかなる苦難をも、それがどんなに重くとも、このうえなく屈辱的な死にいたるまで、たんに進んで引き受けるばかりか、高らかに喜んで引き受けさえしよう、私は間近に迫った栄光の旅立ちを目の当たりにしているのだから、と。かの神人はこのような高みと浄福を実際に永遠の昔から所有していた(それをそうした苦難によってはじめて獲得する必要はなかった)とか、またかの神人はこの高みと浄福を、これにはまったくふさわしくない者のために、それどころか敵のためにさえも、彼らを永遠の堕落から救おうとして、進んで放棄されたのだといった思いは、私たちの心に賛美と愛と感謝の念を生じさせ、その人への好感をいだかせるにちがいあるまいし、それと同じように、道徳性のかくも完全な規則にかなったふるまいという理念は、私たちが遵守すべき準則として妥当するものだと、もちろん表象されえようが、しかしかの神人そのものは、模倣のための模範として表象されえないことになろうし、したがって、かくも純粋でかくも気高い道徳的善が、私たちにもなしえて達成できるということの証明としては表象されえないことになろう。(原注)

(原注)　いうまでもなく人間理性の制限の一つであって、人間理性とは分かちえないことであるが、ある人格がなす行為の重大な道徳的価値は、同時にその人格ないし人格の表出を人間的な仕方で表象しなければ、私たちには考えられないのである。もっともそういったからといって、事情はそれ自体でも(κατ' ἀλήθειαν 真実に)そうなのだと主張する気はない。そもそも超感性的性質を理解するためには、私たちはつねに自然存在者との特定の類推を必要とするのである。だからある哲学詩人

は、人間がうちなる悪への性癖と戦わねばならないかぎりで、彼が悪への性癖を克服する術を心得ているなら、さまざまな存在者の道徳的位階において、まさしくそれと戦わねばならないがゆえに、人間にこそいっそう高い等級を賦与しており、しかも本性の聖性のゆえに考えうるあらゆる誘惑を超越した天使たちにもまして、それを賦与するのである(欠陥のある世界の方が――意志なき天使たちの国よりもよい。ハラー)。[24] ――聖書もやむなくこの表象様式にしたがって、人類への神の愛を、その恩寵という点で理解しやすくしてくれているが、それは、幸福にふさわしくない者をすら幸福にするために、愛する存在者のみがなしうるような最高の犠牲を、神に負わせることによってである(「かくして神は世を愛された」[25]など)。このうえなく充足した存在者が、どのようにして自らの浄福に属するものの一部を犠牲に供しうるのか、またどうしてその所有を放棄できるのかということ、これについて私たちは理性によっては理解できないにしてもである。これは(説明のための)類推の図式論であり、私たちには不可欠のものである。しかしこれを(認識拡張のための)客体規定の図式論に改めてしまうのが擬人観であって、これは道徳的意図では(宗教において)もっとも不利な結果となる。――ここで一言、ほんのつれづれに注意しておこう。感性的なものから超感性的なものに上昇するに際して、図式化(ある概念を感性的なものとの類推によって分かり易くすること)は可能だが、しかし感性的なものに属しているものの類推にしたがって、それが超感性的なものにも賦与されなくてはなるまいといった推論は(そしてそのようにして概念を拡張することは)断じてできないのである。しかもそれはきわめて単純な理由からそうなのである。すなわちそのような推論は、つまりある概念を理解できるようにする(実例を用いて説明する)ためには、概念にたいする図式を私たちが用いざるをえないということから、図式が必然的に対象そのものに述語として帰属しなくてはなるまいという結論を引き出そうとするような推論は、あらゆる類推に反することになろうからである。つまり次のようにはいえないのである。植物の(あるいはあらゆる有機体の、またそもそも目的に充ちた世界の)原因は、技術者とその作品(一つの時計)との関係の類推による以外には、すなわちその原因に悟性を賦与する以外には、私には理解できるようにはならないのだから、原因そのもの(植物の原因や一般に世界の原因そのもの)も悟性をもつにちがいないと、つまり原因に悟性を与えることは、私に理解できるようになるための制約であるばかりか、原因であるという可能性そのものの制約でもあるのだと、こんなふうにはいえないのである。ある図式のその概念にたいする関

係と、まさしく事柄そのものにたいするこの概念の図式の関係とのあいだには、類推はまったくなく、そこにあるのは強引
な飛躍(μετάβασις εἰς ἄλλο γένος[26] 他の類への移行)なのである。しかしこの飛躍がほかならぬ擬人観にいたるわけで、その
証明は別の箇所で与えておいた。

しかしそれにもかかわらず、神の心術をもちながらも、ほかならぬこのまったく本来的には人間的な師ならば、
あたかも善の理想が肉となって(教えと生活態度の点で)自らにおいて表現されているかのように、真実をもって御 A66
自身について語ることができよう。その場合、そもそもその人が話されるのは御自身が行為の規則としているよう
な心術についてのみであろうが、しかも心術を御自身にたいしてではなく、他人にたいして模範として明らかにで C207
きるわけだから、もっぱら教えと行為とを通して心術を外的に人目に供されるのであろう。「あなたたちのうちの
誰が、私に罪があると責めることができるのか。[27]」師の教えておられることが誰にとっても義務であるなら、教え
ておられることにたいする師という非の打ち所のない模範を、ほかならぬ師御自身のこのうえなく純粋な心術だと
見なすことは、それにたいする反証がなければ正当である。そのような心術は、世界の最善のために引き受けられ
る受難とともに、人間性の理想において考えられているのであって、人間が当然そうすべきであるように、己の心 V70 W719
術をかの師のそれに類似させるならば、いまやその心術はあらゆる時代にあらゆる世界において、あらゆる人間に
とって、最高の義の前でも完全に妥当する。もちろん、あくまでも師の心術はつねに義であり続けるだろうが、私
たちの心術は義ではないのである。私たちの心術は、完全かつ誤りなく、かの心術にかなった生き方に存しなくて
はなるまいからである。しかし私たちの義のために最高の義を献じるといったことは、もし私たちの義が原像の心
術と統一されるのであれば、可能でなくてはならない。もっとも最高の義を献じることを理解できるようにするこ

とは、まだいくつかの大きな難問に曝されているので、次はこの難問について論じることにしよう。

c　この理念の実在性に突きつけられる難問、およびその解決

第一の難問は、私たち自身の義が欠けているので、神の意にかなう人間性という私たちのうちなる理念に、立法者の聖性との関係において到達できることを疑わしくするものであるが、それは以下のようなものである。法則は「天のあなたたちの父が聖であるように、あなたたちも(生き方において)聖でありなさい[28]」という。そもそもそれは神の御子の理想であって、理想は私たちの手本として立てられているのである。しかし私たちが自らのうちに実現すべき善と、離脱しなければならない悪との隔たりは無限であり、そのかぎりで行いに関しては、すなわち生き方が法則の聖性に適合していることに関しては、この隔たりには、時間のなかでは追いつけないのである。それにもかかわらず、人間の人倫的性質は聖性に一致すべきなのである。それゆえこの性質は心術に措定されなくてはならない。つまり、ふるまいが法則と一致するような普遍的で純粋な格率に、一切の善がそこから伸ばされるべき萌芽としてのそのような格率に、措定されなくてはならないのである。その心術は、人間が自らの最上格率のうちに採用した聖なる原理から出発するからである。これは一つの回心[29]であって、回心は、義務であるがゆえに、可能でもなければならない。――ところでこの難問は、行いはどんなときにも(一般にという意味ではなく、いかなる時点でもの意)欠陥があるのに、いかにして心術がそのような行いと同等だと見なされうるのかということにある。しかしその解決は以下のことにもとづく。すなわち原因・結果という関係の概念においては、私たちは不可避的に時間制約に制限されているので、そのように制限された私たちの査定では、行いは欠陥のある善から、もっとよい

W720　C208　A67　V71

ものへと向かう無限への絶えざる前進としては、どこまでいっても欠陥のあるものにとどまる。そのために私たちは善を現象においては、すなわち行いに関しては、私たちのうちではどんなときでも聖なる法則には不十分だと見なさなくてはならないわけである。しかし、前進は超感性的である心術から導き出されるので、この心術に関して聖なる法則への適合性をめざす無限への前進は、人の心を知りたまう神により、その純粋な知的直観において、行い(生き方)の点でも、一つの完成した全体として判定されると考えうる。(原注) かくして人間はたえず欠陥があるにもかかわらず、現存在がどの時点で中断されることになろうとも、概ね神に嘉されるのである、と期待できるようになるであろうということ、解決はこれにもとづくのである。

(原注)　看過してはならないことだが、これによって言おうとしているのは、義務にかなったものの欠如を償うのに、したがってこの無限の系列における現実の悪を償うのに、心術が役立つはずだということではなく(むしろ前提されているのは、神に嘉される人間の道徳的性質が心術のうちに見出されねばならないということなのである)、心術は無限へと継続的に接近していくこの系列の全体性を代表するものであって、それは、ある存在者の時間内での現存在一般とは分かちがたい欠陥を、つまりまさになろうとしているところのものに、まったく完全にはけっしてなれないという欠陥を補ってくれるということ、このことを言おうとしているのである。そのような次第で、この前進のあいだに生じてくる違反の償いに関しては、第三の難問の解決に際して考察されることになろう。

第二の難問は、善にいたろうと努力する人間を、この道徳的善そのものに照らして、神の慈愛との関係において考察する際にあらわれてくるものであるが、それは道徳的幸福に関するものである。道徳的幸福といっても、ここでは*自らの自然的状態、それは自然的幸福であるが、それへの満足の永続的な所有の(禍からの解放や、つねに増大していく喜びの享受の)保証のことではなく、むしろ善においてつねに前に進んでいく(けっして善から堕ちな

W721　W720　W721　V72　C209

い)ような心術の現実性および恒常性の保証のことである。そもそも、そのような心術の不変性が堅く保証されていさえいれば、たえず「神の国を求めること」は、すでに自分がこの国を所有していることを知っているのと同じであろう。それゆえ、そのような心術をいだく人間はおのずと「その他一切(自然的幸福に関わる一切)も与えられる(30)」と信じることになろう。

さて、このことで己の願いについて懸念をいだく人間には、「彼(神)の霊が私たちの霊に証《あかし》を与えてくれる(31)」などを参考にするよう指示してやることはできよう。これは、求められている純粋な心術を所有するほどの者はきっと、自分がまたしても悪を好きになるほど深く堕ちることはよもやあるまい、というふうにおのずと感じるだろうということである。しかしそのように超感性的起源をもつというふうに思いこまれた感情は、微妙な状態でしかないのであって、人は自惚れに味方してくれるものにおいてほど思い違いをしやすいことはないのである。またそうした信頼をもつようにと鼓舞されることも、けっして得策だとは思われず、むしろ(道徳性にとっては)「恐れとおののきをもって自らの浄福を得る(32)」ことの方が有益だと思われるが(これは厳しい言葉であって、誤解すると、きわめて陰鬱な狂信に押しやられかねない)、しかしながら、いったん採用した心術にまったく信頼を置かないとすれば、あくまでもその心術のままでいるという恒常性などまず不可能であろう。しかし甘い狂信にせよ不安に満ちた狂信にせよ、そんなものに身を委ねずとも、心に定めた企図とこれまでの自分の生き方とを比較することから、信頼があらわれてくるのである。――そもそも人間は、善の諸原則を採用した時期以来、それが行いにおよぼす作用を、つまりよりよきものへと前進していく生き方におよぼす作用を、十分に長い人生を通して知覚してきたのであれば、またそれにもとづいて憶測的にもせよ、心術の根本的な改善を推論するきっかけを見出すならば、そのように前進することによって、原理が善でさえあれば、次の前進のための力がさらにいや増しに増大するわけだから、この世の生において、もはやその行路から逸れることはなく、むしろつねにいままでよりも勇敢に、よりよきものをめざして進んでゆくだろうと、理性的な希望をいだくこともできるではないか。それどころか、この世の生の後にまた別の生が待ち受けているのであれば、どう考えても別の事情の下でも、やはりそれまでと同じ原理によって、よりよきものをめざしてさらに歩み続けるだろうし、たとえ到達できない目標であるにしても、完全性という目標に向かって、つねにいっそうそれに近づくであろうと、理性的な希望をいだけるのである。なぜなら、本人がこれまで内面において知覚してきたことからいえば、心術は根底から改善されたと見なしてよいからである。これとは逆に、しばしば善への企図を試みるにもかかわらず、それを堅持できたと思うことが一度もなく、つねにふたたび悪に堕ちた人間、あるいは人生の移り行きそのものにおいてさえ、悪どころか、それよりも邪悪なものへと、つねに前よりもいっそう深いところへ、いわば坂道を転げ落ちてしまったものだと、いやというほど知覚せざるをえなかった人間、そのような人間は、この世でなお長く生きなくてはならないにしても、あるいは来世が待ち受けているにしても、自分がこれまでよりもいっそうよくなすであろうという希望を、理性的にはもてないのである。なぜなら、これまでのそうした兆候からいって、腐敗が心術のうちに根を張ってしまっていると見なさざるをえないだろうからである。ところではじめに挙げた例は、計り知れないが、しかし望ましい幸福な将来への展望であり、後の方の例は、同じく計り知れない悲惨への展望であって、つまり双方は人間に判断できることによると、人間にとって浄福なる永遠への展望であるか、そうでなければ忌まわしい永遠への展望であるかであって、こうした表象には、一方には善に安らわせ、善において堅固にさせるだけの、また他方には裁きをなす良心を目覚めさせ、それ以上の悪をできるだけ中止させるだけの、したがって動機として役立つだけの力が十分にある。しかも客観的に人間の運命としての善悪の永遠性を、教義として独断的に前提する必要もない。(原注) A70 C211 V74 W724 そうした教義だと思いこまれた知識や主張によって、理性は洞察の限界を踏み越えるだけなのである。C212 それゆえ(私たちを治めるよき霊と呼べるような)よき純粋な心術には、それが意識されるならば、間接的にすぎないにせよ、その恒常性と堅固さへの信頼が伴うし、A71 V75 また過失のために、心術の恒常性に関して私たちに懸念が生じたときには、心術が聖霊(33)(弁護者)となってくれるの C213 である。心術の恒常性に関する確信は、人間には可能ではないし、私たちが洞察するかぎりでは、道徳的に有益なわけでもない。W725 そもそも(よくよく注意しなくてはならないことだが)、心術の不変性の直接的な意識にこの信頼をもとづかせることは、私たちにはできないのである。V76 その理由《わけ》は、私たちには心術を見通すことはできず、せいぜいのところ、生き方における心術の結果から心術を推論できるにすぎないからである。ところがこの推論も、よい心術なり悪い心術なりの、現象としての知覚から引き出されるだけなので、とくに心術の強さに関しては、けっしてそれを確実に認識させてくれるわけではない。とりわけ人生の終わりもそろそろ見通せるようになったころに、心術を改良したと思っている場合がそうである。なぜなら、道徳的価値についての判決を根拠づけるような生き方がもはや与えられていないので、改善と思われるものが真実であることを証明するような、さきほどの経験的証拠 W726 はまったく欠けているからであり、またどうしようもない侘びしさが、己の道徳的状態についてくだす理性的判定の避けがたい結論となるからなのである(その侘びしさにたいして人間本性は、この生命の限界のかなたへの、あらゆる見通しを暗闇に包むことで、それが荒々しい絶望に終わらぬように、すでにおのずと配慮している)。

(原注)　問いのなかには、答えが与えられるにしても、そこからは質問者が何ひとつ賢明なことを引き出せまいと思われるも A69 C210 V73 W723

のがあって(だからそれは子供の問いとも呼べようが)、地獄の罰は有限なのか、それとも永遠の罰なのだろうかという問いも、その類《たぐい》である。有限だと説かれると、「ならば私はそれに耐えられるだろうと思う」という人も、なかにはいよう(煉獄を信じるすべての人、あるいはムーアの旅行記(34)に出てくる船員がそうである)。しかし罰は永遠だと主張されて、それが信仰の信経《シンボル》(35)の一つにされたりすると、そこに込められた意図に反して、このうえなく放埒な人生の後にまったく罰がない、などという希望があらわれてくるらしいのである。そもそも人生の終わりに臨んで遅い懺悔の瞬間を迎えた者に、助言と慰藉を求められても、しかし聖職者の方では、死に逝く者に永遠の劫罰を告知するのは残酷で非人間的だと思うにちがいないし、それに彼は永遠の劫罰と完全な赦免とのあいだの中間を認めない(むしろ永遠に罰せられるか、あるいはまったく罰せられないか、いずれかである)*わけだから、彼としては、臨終を迎えた者に完全な赦免の希望をもたせてやらざるをえなくなるのである。つまり速やかに神の意にかなう人間に造りなおされるのだというふうに期待させてやらざるをえないのである。こうした場合、よい生き方をはじめるには、もはや時間がないので、悔悟に満ちた告白や信経が、それどころか現在の生の終わりがまだ若干猶予される場合には、新しい生の誓約なども、その手段の代用となるからである。——これは、この世でのこれまでの生き方にふさわしい将来の運命が永遠だということが、教義として説かれるだけだとすれば、またむしろこれまでの道徳的状態から将来の状態を理解するようにと、そしてそれを、これまでの道徳的状態から当然予見できる結果として自ら推論するようにと、人間に指し示されないとすれば、避けられない結果なのである。そもそも自分で推論してみれば、悪の支配下での結果の系列は計り知れないわけで、その計り知れなさは、永遠の地獄の罰を告知されることから期待できるのと同じ道徳的効果を(その人を駆り立てて、人生が終わってしまう前に当人に可能なかぎり、修復か補償によって、起こってしまったことを、結果的には起こらなかったことにさせるという効果を)、当人にたいしてももつだろうし、しかもこの計り知れなさには、永遠の地獄の罰という教義からくる不利益が伴うわけではないのである(いずれにせよ理性的洞察も聖書解釈もその教義を保証するわけではない)。この教義の場合だと、悪い人間は、この獲得しやすい免罪を生きているうちからすでに当てにしたり、あるいは人生の終わりに、問題なのは自分にたいする天の義の要求だけだと信じて、それを言葉だけで満足させたりはするものの、ところが人々の権利はむなしい結果に終わり、誰も自分の権利を取り返さないことになるのである(これはこうした種類の贖罪に、実にありがちな結末であり、これとは反対の実例などほとんど前代未聞である)。――しかしその人の理性が良心によって本人をあまりにも寛大に判定するのではないか、と案じるとすれば、それははなはだしく間違っていると思う。そもそも、まさしく理性は自由であるがゆえに、また本人を超え人間を超えて語るはずであるがゆえに、何ものにも左右されないのであり、それに、やがてその人がひとりの裁判官の前に立たなくてはならないことが、すくなくともありうるということを、その状態で本人に告げてやりさえすれば、後は本人の反省に委ねてもよいのである。本人の反省であるからには、どう考えても、このうえなく厳格に裁こうからである。――さらに若干の所見を付け加えておこう。終わりよければすべてよしというありふれた格言は、なるほど道徳的な事例にも適用できるが、しかしそれは、よき終わりが真によき人間となること、という意味の場合にかぎってである。しかしその人は、自分が真によき人間になったことを、何によって見分けようというのだろうか。その場合、人間はその後の恒常的に続くよき生き方によって、それを推論するしかないが、しかし人生の終わりに臨んで、そのようなよき生き方をする時間はもはやないのである。むしろ幸福についてならこの格言を容認できるが、しかしそれも、その人が人生を見る立脚点、それも人生のはじめから見るのではなくて、人生の終わりからのそれに関して、つまり終わりからはじめを回顧するような立脚点に関してのみである。すでに自分が安全だと分かっていれば、耐え抜いてきた苦難は、責めさいなむような追憶を残すものではなく、むしろ快活さを残していくものであり、快活であるがゆえに、いまはじまった幸いの享受は、それだけいっそう味わい深くなるばかりである。なぜなら、楽しみにせよ痛みにせよ(感性に属するものだから)、時間系列にふくまれており、この系列とともに消えてもゆくわけで、それらは、いま現実存在している生命の享受とともに、一個の全体をなすわけではなく、むしろ後に続くものとしての生命の享受により、押し退けられてしまうからである。しかしたとえその人がきわめてよい生き方で人生を締めくくったとしても、これまで生きてきた人生の道徳的価値の判定にこの命題を適用して、終わりよければすべてよしというふうに判定するなら、その人は大いに間違っているかもしれないのである。そもそも、その人の人生は心術の道徳的主観的原理によって判定されねばならないわけであるが、原理は(超感性的なものだから)、その現存在がいくつかの時期に分割できるような性質のものではなく、絶対的統一としてのみ思惟されうるのであり、その場合、心術は(その現象としての)行為にもとづいてしか推論されえないわけだから、このような評価をなすためには、人生は時間統一としてのみ、すなわち全体としてのみ考察されるだろうし、そうだとすれば、人生の最初の部分(改善以前の部分)からくる非難が、人生の後の部分での賛同と同じように、甲高《かんだか》く発言することになるわけで、終わりよければすべてよしという勝ち誇った調子が、大いに鎮められさえするように思われるのである。——最後に、あの世での罰の永続を説く教えには、これと同じではないにしても、きわめて類似した教えがもう一つある。それは「すべての罪はこの世で赦されるにちがいない」という教えである。すなわち、人生の V76 終わりによって精算は完全に済んでいなくてはならないのであって、いってみれば、この世で滞らせていた返済を、あの世でも埋め合わせしようと希望することは、誰にもできまいというのである。しかし前の説と同じで、これも教義と名乗るわ A71 けにはいかず、むしろこれは原則にすぎないのであって、これにより実践理性は、超感性的なものの概念を使用するに際して規則を指定するが、他方で超感性的なものの客観的性質については、何ひとつ知らないことをわきまえているのである。つまりこの説がいっているのは、私たちが神に嘉される人間なのかどうかは、これまでの生き方からしか推論できないし、生き方も人生とともに終わってしまうわけだから、私たちにとっては精算も完了するわけだが、自らが義とされていると見なせるかどうかを決定するのは、もっぱら返済総額でなくてはならない、というほどのことなのである。——そもそも超感性的客体の洞察は私たちには不可能なので、そのような客体を認識するための構成的諸原理にまで手を広げずに、超感性的客体の可能的な実践的使用で満足するような統制的諸原理に判断を制限すれば、人間の知恵は多くの点で改善されようし、C213 それだけではなく、根本においては何ひとつ知られていないことについて、知と称するものによって根拠のない詭弁を案出することもなくなろう。そんな詭弁は、しばらくはほのかに光るにせよ、しかしそこからは、ついにはいつか道徳性にとっての不利益が発見されるのである。

第三の、そして見たところ最大の難問、それは人間が善の道を歩んできた後ですら、しかし神の義を前にして自 W726 らの生き方全体に最終判決をくだすなら、どんな人間でも非難に値すると思わせるようなものであるが、それは以 A72 V77 下のようなものである。——よき心術を受け入れることが、どのようにして本人のうちで起こったにせよ、それどころか心術の点で、本人がこれにかなった生き方をどれほど恒常的に続けているにせよ、しかし人間は悪からはじまったのであり、この罪責はけっして人間からぬぐい去れないのである。回心の後に、もはや新たな罪責をなしていないからといって、それによって自分が昔の罪責を償ってしまったかのようには、人間には見ることができない。さらに、これから送っていくはずのよき生き方においても、本人がそのつどそれ自体においてなすべき負い目を超えては、余剰を作り出すこともできないのであって、そもそも能力のおよぶ一切の善をなすことは、つねに本人の義務なのである。――この根源的な、いいかえれば人間がどんなに善をなそうとも、そもそも、いかなる善にも先立っているような負い目は、まさしく私たちが根元悪ということで理解しているものであり、それ以上の何ものでもないし(第一編参照)、私たちの理性の法によって洞察するかぎりでは、それは他人が根絶できるものでもなく、そもそもこの負い目は、たとえば負債のように他人に任せられるといった移譲可能な債務ではなくして(負債の場合だと、債務者が払おうが、債務者の代わりに他人が払おうが、債権者にとっては同じである)、このうえなく人格的な負い目、つまり罪の負い目であって、たとえ度量の大きな無罪の者がいて、有罪の者に代わってそれを引き受けようと思っても、前者には担えず、後者だけが担える負い目なのである。――ところで人倫的悪(神の命令としての道徳法則に違反すること、**罪**と呼ばれる)には、違反によって権威が侵害される最高立法者の無限性のゆえにというよりは(最高存在者にたいする人間の法外な関係がどのようなものかについて、私たちは何も理解していないのである)、むしろそれが心術および格率一般における悪であるがゆえに(個々の違反との比較でいえば普遍的原則がそうであるように)[36]、法則侵害の、したがって罪責の無限性が伴うわけなのである(人間の法廷では個々の犯罪だけを考慮して、したがって行いやそれに関係するものだけを考慮して、普遍的な心術の方は考慮しないので、ていなければならない(この点では異なっている)。このようなわけだから、いかなる人間も無限の罰と神の国からの排斥とを覚悟しなくてはならないことになろう。

この難問の解決の拠り所となるのは以下のことである。人の心を知りたまう神の判決は、心術の現象から導き出されるのではなく、つまり行為の法則への一致・不一致から導き出されるのではなく、被告の普遍的心術から導き出されるのだと考えられなくてはならない。(37) ところでこの場合、悪の原理があらかじめ人間のうちで勢力を張っているにしても、しかしそれよりも優勢なよき心術が人間のうちに前提されるわけであるから、そこで問題となるのは、被告は心術を改善したことで、すでに神の満足の対象であるのに、罪責の道徳的結果、つまり罰は(言葉をかえれば、神が主体〔臣下〕に覚える不興の結果は)、被告の心術が改善されたこのような状態にも関係づけられるのか、ということである。ここでは、被告に下される罰が回心以前にも神の義と一致するかどうかは(これを疑う者はいないので)問題ではないから、罰は(この審理では)改善の前に被告にたいして執行されたのだと考えられるべきではない。しかし改善後、人間はすでに新たな生命に生きており、道徳的には別人となっているわけで、被告に下された罰が回心後の、この新しい(神意にかなった人間の)質にも適しているとは想定できないが、それにもかかわらず最高の義の前で有罪者が刑を免れているはずはなく、その義は満たされなくてはならないのである。したがって回心前にせよ回心後にせよ、罰は神の知恵にかなってはいないが、それでも必然的であるわけだから、それは回心する状態そのものにおいてこそ、神の知恵に適合するものとなり、執行されるのだと考えなくてはなるまい。したがって私たちが見なくてはならないのは、はたしてこの回心する状態のうちに、よき心術をいだく新しい人間が(別の関係において)自分の責任だと、神の義が満たされるための罰だと、そのように見なすことのできる禍(原注1)がふくまれているというふうに、道徳的回心という概念だけですでに思惟されうるかどうかである。――回心とは悪を出て善に入ることにほかならず、古き人間を脱ぎ捨て、新たな人間を着ることであって、そこにおいて主体は罪に(したがってまた罪へと誘惑する傾向性に)死んで、義に生きるようになる。しかし叡知的な規定としての回心に、中間の時間によって分かたれる二つの道徳的作用がふくまれているわけではなく、むしろそれは一つの作用にほかならないのである。なぜなら、悪を去ることは、善に入ることを引き起こすような、よき心術によってのみ可能だからであり、その逆もまた然りだからである。したがって悪い心術を捨てることにも、よい心術を受け入れることにも、ともに善の原理がふくまれており、悪い心術を捨てることに正当に伴っている痛みはすべて、よい心術を受け入れることに起因しているのである。腐敗した心術を出てよき心術に入ることは(「古い人間に死に、肉を十字架につけること」(38)だから)、それ自体ですでに献身であり、禍に満ちた人生の長い系列を歩きはじめることであって、新しい人間はそれを神の御子の心術で、すなわちただ善のためにのみ引き受けるのであるが、しかしそれは別の人間には、つまり古い人間には、(これは道徳的には別人だから)本来罰として当然与えられるはずだった禍なのである。――したがってその人が自然的には(感性的存在者としての経験的性格に関して見られるならば)、同一の有罪の人間ではあっても、そしてそのような者としては道徳の法廷で、したがって自分自身によって裁かれなくてはならないにしても、しかし新しい心術の点では(叡知的存在者としては)、この心術が神的審判者の前で行いを弁護してくれるので、その人は道徳的に別人であり、彼が自らのうちに採用した神の御子のような純粋な心術が、あるいは(この理念を人格化すれば)神の御子そのものが、その人に代わって、御子を(実践的に)信じるすべての人々にも代わって、代理人として罪の負い目を担ってくださるのである。そして救い主としては、受難と死を通して最高の

V 80　W 729　A 74 C 216

義を満たし、弁護人としては、彼らが義とされて審判者の前に出るのだと信じられるようにしてくださるのである。(39)

ただ(この表象の仕方では)、新しい人間は、古い人間に死ぬことによって、人生においてたえず苦難を引き受けなくてはならないが、人間性の代表者にあっては、苦難(原注2)はたった一度だけ蒙った死として表象されるという違いがあるだけである。 A75 C217 V81 W730 ——さて、これが仕事の功績を上回る余剰分であり、さきほどそれがないと嘆いていたものがこれで、しかもそれは恩寵から帰してもらえる功績なのである。そもそも私たちにあっては、この地上の生において(ひょっとしたら将来のあらゆる時間、あらゆる世界においても)つねにたんに生成しているにすぎないものを(すなわち神に嘉される人間になることを)、あたかもすでにこの世で私たちがそれを完全に所有しているかのごとく、私たちに帰してもらえますようにという(経験的自己認識にしたがった)請求権は、しかし実際のところ、私たちが自分自身を知るかぎりでは(心術を直接的にではなく、行いに関してのみ評価するかぎりでは)、私たちにはないのであって、† A76 W731 C218 それどころか、むしろ私たちのうちなる原告はまだ有罪判決を求めることになろう。したがって、もし私たちが信仰におけるかの善のゆえに、あらゆる責任を免れることになるとすれば、問題となるのはつねに恩寵からくる判決だけである。もっともそれも(贖罪にもとづいたものとしては——贖罪は私たちにとって改善された心術*という理念にのみふくまれているにしても、しかしそれを知るのはひとり神のみである——)、永遠の義に完全に適合したうえでのことである。

(原注1)　世界におけるあらゆる禍は犯してしまった違反にたいする罰だと、一般的に見なせるという仮説は、弁神論のために案出されたというふうにも、司祭宗教(祭祀)のための創作として案出されたというふうにも想定できず(そんなふうに人為的に考え出されたにしては通俗的にすぎるのである)、思うにこれは人間理性にとってきわめて考えやすいものであって、 V79 A73 C215 V78 W728

この理性には自然の経過を道徳性の法則に結びつけたがる傾向があるし、理性はそこから、人生の禍からの解放や圧倒的な幸いによる禍の償いなどを要求できるようになる以前に、私たちはまずよりよい人間になれるよう求めるべきだという思いを、実に自然に生み出すのである。――だから(聖書の)最初の人間は、食べようと思えば罰として労働しなければならず、その妻は子供を産むとき罰として苦しまなくてはならず、そしてふたりとも違反のゆえに死すべく罰を受けたというふうに表されている。[40] もっとも違反が犯されなかったにしても、そのような手足をそなえた動物的被造物が、それ以外のどんな定めを期待できただろうかは見当がつかない。ヒンズー教徒のあいだでは、人間は、昔犯した罪にたいする罰として、動物の身体に監禁された(デーヴァ[41]と呼ばれる)霊にほかならず、哲学者(マールブランシュ[42])ですら、「禁断の干し草を喰ったわけでもないのに」かくも多くの労苦に馬が耐えねばならないことを認めるくらいなら、むしろ理性のない動物には、魂のみならず感情も賦与しないでおこうと思ったほどなのである。

(原注2)　どれほど純粋な道徳的心術でも、世界存在者としての人間の場合、(感性界で見出される)行いの点では、神に嘉される主体になるという、不断の生成以上のものを生み出すことはない。質に関しては、(心術は超感性的に基礎が置かれていると考えられなくてはならないので)心術は聖であるべきだし、原像に一致すべきであるし、聖であることも原像の心術に一致することもできるが、しかし度合いに関しては――行為において明らかになるように――心術にはつねに欠陥があって、このうえなく純粋な道徳的心術からは無限に遠く隔たったままなのである。それにもかかわらずこの心術は、このような欠陥を補う形で不断の前進の根拠をふくむので、全体の叡知的統一としては、完成した行いの代理となるのである。しかしここで問いがもちあがる。「何ひとつ罰に値しない」人、あるいはそうであるにちがいない人でも、自分が義とされていると信じることができて、それでもなお、つねにいまよりも大きな善にいたる途上で、その人が出会う苦難を、罰として自分に帰することが、したがってそのことにより罰せられるべきことを、それゆえ神意にそまぬ心術を、その人が告白するということが、はたして可能だろうかという問いである。可能だというのがその答えである。しかしそれは、その人がたえず脱ぎ捨てていく人間の質の点でそうなのである。かの質(古い人間の質)において、罰として当然その人に帰せられるであろうもの(そしてそれこそ人生のあらゆる苦難および禍一般である)、それをその人は新しい人間の質において、ひたすら善の

W730　C217 A75　C216　A74
V80
W729

ためにだけ、喜んで己が身に引き受けるのであり、したがってあらゆる苦難や禍は、そのかぎりでのその人には、また新しい人間としてのその人には、罰として帰せられるわけではないのであって、この表現のいわんとするところはむしろ、その人が出会うあらゆる禍や苦難を、古い人間ならば罰として自分に帰さねばならなかったであろうし、またその人が古い人間に死ぬかぎりでは、現実にも罰として自分に帰するのであるが、しかし新しい人間の質においては、善に向かう心術を試し鍛えるための機会の数々として、それらを意志的に受け入れるというほどのことであって、これについては、処罰そのものが結果にして原因でもあり、したがってまた処罰そのものが、自分が善において前進している(これは悪を立ち去ることとともに、れっきとした作用である)という意識にふくまれる満足や道徳的幸福でもある。これに反して、同じ禍が古い心術においては罰と見なされただけではなく、罰として感受もされなくてはならないが、それは、そうした禍は、たんに禍として見られるだけでも、そのような心術において人間が自然的な幸福として唯一の目標としているものに真っ向から対立しているからである。 V81

† 請求する権利はなく、あるのは感受性だけで、私たちの側で自分に賦与できるのは、これだけである。善を授けようという上位の者の御心《みこころ》にたいして、下位の者には(道徳的)感受性以上のものはないわけだから、そのような御心《みこころ》が恩寵なのである。* C218

ところで、ここでさらに問われうるのは、罪責を負ってはいるが、神に嘉されるような心術へと次第に変わっていった人間、かかる人間が罪なしとされるという理念[43]の、このような演繹になんらかの実践的使用があるのか、あるとすれば、それはどんなものだろうか、ということである。この理念を宗教や生き方のためにどのように積極的に使用できるのか、これを問題としないわけにはいかないのである。それというのも、先ほどの審理の根底にある制約は、審理に該当する人が、必要とされるよき心術のうちにすでに現実的にあるということであるが、この目的(よき心術の開発と促進)こそ本来、道徳的概念のあらゆる実践的使用がめざしているものだからである。そもそも A76 V82 W731

慰めに関していえば、このような心術を(確信としてではなく、慰めおよび希望として)意識している者にとっては、この心術にはおのずと慰めが伴うのである。そのかぎりで、この演繹は思弁的な問いへの応答にすぎないが、しかしだからといって、黙って見過ごすわけにはいかない応答なのである。なぜなら黙って見過ごせば、人間が罪責を赦免してもらえるという希望と神の義とを統一する能力が端的に欠けているという誹《そし》りを、理性が受けるやもしれぬからであり、これはいくつかの観点で、とりわけ道徳的観点で、理性にとって不利になりかねない非難だからである。しかしそこから各人の利益になるように宗教や道徳のために引き出されうる消極的効用はきわめて広い範囲におよぶ。けだし、いまなされた演繹からも分かるように、罪責を負った人間の天の義による赦免は残るくまなき心情の変化を前提してのみ考えることができ、したがって一切の免罪は、懺悔するというやり方であれ、儀式めいたやり方であれ、あらゆる嘆願や大いなる賛美によっても(代理となる神の御子という理念の賛美すら)、心情の変化の欠如を補えるものではなく、この変化が現に存在している場合でも、かの法廷では免罪はその妥当性をいささかも増大させえないからである。そもそも行いの代わりとなるためには*、この理想そのものが私たちの心術のうちに採用されていなくてはならないのである。この問いにはもうひとつ別の何かがふくまれている。すなわちこれまでの生き方から、その終わりに臨んで何を期待し、それについて何を恐れなくてはならないのかということである。この場合、人間は何よりもまず自らの性格を、すくなくともある程度は知らなくてはならないのであって、したがって、たとえ心術に改善が起こったと本人が信じているにせよ、自らが離れた古い(腐敗した)心術をも同時にあわせて観察しなくてはならず、古い心術を克服するためにも、ふたたびそれに堕ちないためにも、古い心術から何をどれだけ脱ぎ捨てたのか、そして新しい心術だと思っているものがどのような質(純粋なのか依然として不純なの

A77　V83　W732　C219

か)および度合いをもっているかを、検閲できなくてはならないのであり、それゆえ脱ぎ捨てた心術を全生涯にわたって検分しなくてはならないだろう。したがって現実の心術について、確実で明確な概念を直接的な意識によって獲得できるわけではなく、これまで現実になしてきた生き方から、それを推測することしかできないわけだから、将来の審判者(その人自身のうちで目覚めつつある良心、および裏付けとなる経験的自己認識)のくだす判決を立証するものとしては、そのときになって自分の全生涯がまざまざと思い出されるという状態以外には考えられまいが、それもたんに生涯の一幕ではなく、ましてや本人にとってもっとも好都合な最後の一幕ではおそらくなく、全生涯が思い出されるのであろう。しかしその人はこれに、人生がもっと長く続いていたなら、さらに今後も続くはずの人生への見通しを(ここで自分に限界を立てずに)おのずと結びつけることであろう。ところでこの場合、あらかじめ認識されている心術に行いの代理をしてもらうわけにはいかず、むしろ逆に、自分の前に置かれた行いから心術を推測するはずである。はたして読者はどう思われるであろうか。いつか審判者の前に立つだろうと信じる理由があなたにはあるということ以外、人間には何もいわれていないとしても、このような思いは多くのことを、しかもふつうなら軽率にも本人がとっくに意にも介さなくなっていることを、人間(もっとも邪悪な人間である必要はない)の記憶に呼び覚ますわけであるが、その人の将来の運命について、これまでの生き方に応じて判断するのは、たんにその思いだけなのであろうか。人間のうちなる審判者に尋ねるならば、審判者はその人自身のうちにいるので、当人は厳しく判定されることになる。そもそも自分の理性を籠絡するわけにはいかないのである。しかしそれ以外の忠告を仰ぎ、その人についての情報を得ようとして、彼にたいしてもうひとり別の審判者を立てるならば、本人は審判者の厳しさに異を唱える理由として、人間の脆さという口実に託《かこ》つけた事柄を、数多くもちだしてくるどころか、審判者に取り入ろうとさえ考えるのである。すなわち、後悔して自らに責め苦を与えることで、責め苦といっても、それは改善のまことの心術に源を発するものではないのに、そんな責め苦を与えることで、審判者からくる罰を予防しようと考えるとか、あるいは哀訴嘆願して経文を唱えたり、敬虔だと思わせるような告白をして、審判者の心を動かそうと考えるといった具合にであるが、このような希望がその人にできるなら（〝終わりよければすべてよし〟の格言に倣って）、それに応じて早くから計画をめぐらし、楽しい人生を不必要に失いすぎないように、しかし人生の終わりが近づくと自分に有利になるように、さっさと清算するのである。†

† 臨終に際して聖職者を呼び寄せる人たちの意図は、ふつうは聖職者を慰め手にしたいということだが、それは、瀕死の病に伴っているような、それどころか死にたいする自然的な恐怖にすら伴っているような、自然的な苦しみのゆえにではなく（そもそもこれについては、苦しみを終わらせてくれる死そのものが慰め手となりうるのである）、道徳的な、すなわち良心からくる非難のゆえにである。ところで臨終に際しては、さらになすべき善を放置しないために、または後に残る結果のうちに根絶（修復）すべき悪を放置しないために、良心はむしろ刺激され鋭敏になっているはずであり、それは「あなたを訴える人（つまり、あなたにたいする権利請求を有する人）と一緒に道を行く場合、あなたがまだ途上にいるあいだに（ということは、まだ生きているあいだに）早く和解しなさい、その人があなたを裁判官に（死後）引き渡さないためである、云々[44]」という警告にしたがってのことである。だがそうしないで、良心にいわば阿片[45]を与えることは、死にゆく者にたいしても、その後に生き残る者にたいしても、罪を犯すことであって、それは、臨終に際してそのような良心の介添人が必要だと見なされうることの究極的な意図に、まったく反するのである。

A78

第二章　人間支配への悪の原理の権利主張、および両原理相互の戦いについて

この叡知的な道徳的関係を、聖書(キリスト教の部分)は歴史の形式で語っており、人間のうちなる二つの原理は天と地獄のように対立しあうわけであるが、それがこの歴史では、人間の外にある人格として表されていて、二つの原理はたがいに力を試しあうだけではなく、それぞれの権利請求を(一方は人間の告発者として、他方は人間の弁護人として)いわば最高の裁判官の前で、法によって認めさせようとしているのである。

もともと人間は地上のすべての財を所有すべく定められていたが(『創世記』一・二八)[46]、それを彼は下位所有権(dominium utile 使用所有)としてのみ、上位所有者(dominus directus 直接所有主)である創造者にして主の下で、所有することになっていたのである。同時に悪魔が配され(これは元来善であったのに、どうして主に不忠を働くほど悪くなってしまったのかは分からない)、これは天に所有していたと思われる財産をすべて、離反により失ってしまい、いまや地上で別の財産を獲得しようと思っているのである。ところが悪魔というのは高等な種類の存在者だから——霊だから——この世の物体的な対象では享楽を味わえないので、すべての人間の祖先をその主権者から離反させ、自らに従属させることで、人心の支配を手に入れようと試みて、それから地上のあらゆる財の上位所有者となることに、すなわちこの世の支配者となることに、成功するというわけである。さてここで、この反逆者にたいして神はなぜ御自身の力を利用なさらず[原注]、なぜ反逆者が興そうと企んでいた国を、むしろそれがはじま

C221 V85 W734

A79

C222 V86 W735

ったばかりの時点で廃止されなかったのかと、怪しむ向きもあろうかと思うが、しかし理性的存在者にたいする最高の知恵による支配と統治は、この存在者の自由の原理によって彼らを遇するものであり、彼らに起こるはずの善・悪を、彼ら自身が負わねばならないようにしようとするものなのである。したがってここに善の原理を無視して悪の国が興されたのであり、アダムの系統を(自然的な仕方で)引くすべての人間がこの国に恭順することになったのであって、しかもそれはすべての人間自身の同意による恭順なのである。恭順したのは、人間たちは腐敗するために集められているのに、この世の財という幻影のために、そのまなざしが腐敗の深淵から引き離されたからである。人間支配の権利主張については善の原理は、その名を唯一公に崇敬することだけを基礎にした統治形式(ユダヤの神権政体)を整えることで守られはしたが、この統治形式だと、人民の心はいつまでたっても、この世の財以外のいかなる動機をも取ろうという気にはならなかったので、したがってあくまでもこの世の生における報酬と罰以外のものによっては、統治を受けようとはしなかったので、またその際彼らが受け入れた律法にしても、煩わしい儀式や習慣を課するようなものとか、あるいは道徳的ではあるが、外的強制が生じるような、したがって道徳的心術という内的なものがまったく考慮されない市民法にすぎないようなものとか、そうした律法以外にはなかったので、この措置[47]も、闇の国に本質的な損害を加えたわけではなく、ただ最初の所有者の消しがたい権利をいつまでも追憶に残しただけである。——そしてこの民族が教階体制のあらゆる悪弊を感じていた時代、またそのことによってはもちろん、当時、ギリシアの哲人たちの道徳的自由論がこの民族にたいして徐々に影響力を獲得していたのであるが、おそらくは奴隷根性を揺り動かすこの自由論によっても、民族の大部分が思案するようになっていた時代、したがって民族に革命の機が熟していた時代に、この民族のなかに突如として一個の人格があらわれたので

あり、その知恵はこれまでの哲学者たちのそれよりもさらに純粋で、まるで天から降りてきたもののようであった W736
し、その人格は、教えと戒めに関しては、御自身もまことの人間だと告知なさりはしたが、しかしまた神に遣わさ
れた者だとも告知されて、その起源は元来無垢であって、爾余の人類がその代表によって、つまり最初の祖先によ C223
って悪の原理と結んだ契約に、ともにふくまれてはいない者だと、†また「それゆえこの世の支配者のあずかり知
らぬ(48)」者だと、告知されたのであった。これにより、この世の支配者の支配は危機に瀕していた。そもそもかの契 V88
約にも加担させようとする支配者のいくつかの試みに、この神に嘉された人間は逆らったのであり、ほかの人々も A81
敬虔にこの人の心術を受け入れたので、この世の支配者はそれだけ臣下を失い、国が破壊し尽くされるという危険 C224 W737
に陥ったのである。だからこの世の支配者は、国の所有者としての自分への忠誠を、その人が誓う気になってくれ
さえすれば、その人を自分の国全土の采邑保有者にしようと申し出たのである。(49)この試みは成功しなかったので、
支配者は、自分の土地にいるこの異邦人から、地上の生活を快適にしうるものをすべて(貧しさの極みにいたるま
で)取り上げてしまっただけではなく、悪人ならそれによって地上の生活を拗《す》ねてしまうほどの、あらゆる迫害を
生じさせ、よき心術をいだく者だけがまことに深く感じるような苦悩を生じさせ、(その信奉者をすべて奪い取る
ために)その人の教えの純粋な意図にたいする中傷を生じさせて、このうえなく屈辱的な死に追いやったのであっ
た。が、それにもかかわらず、最善にはまったくふさわしくない者たちの最善のために、教えと戒めをもって示す
その人の毅然さと、公明正大さとに加えられたこのような攻撃も、その人にたいしてはいささかも成果を上げなか
ったのである。それにこの戦いの結末である！　それの決着は、法的なものとしても見られるし、自然的なものと
しても見られるのである。自然的な結果を見るならば(これは感官で認められるが)、善の原理は負けた方であって、

多くの苦難を蒙った後、この争いにおいて、その人は御身を献げなければならなかったのである。†† それは、御自分とは疎遠な治世で叛乱を起こされたからである（その治世が権勢をもっているのである）。しかしもろもろの原理が（それが善であれ悪であれ）力をもつ国は、自然の国ではなく自由の国であって、すなわち人心が支配されるかぎりでのみ、事柄が自由に処理されうるような国であって、だから自ら奴隷であろうと意志している者を除いて、また彼がそう意志しているあいだを除いて、何人も奴隷（肉に属する者）ではないような国なのである。してみるとまさしくこの死（人間の苦悩の最高段階）こそ、善の原理を、すなわち人間性の原理を、万民の学《まね》びの模範として道徳的完全性の形で描出するもの*だったのである。この死の表象は、彼の時代にも人間の心性に最大の影響力をもつはずであったし、またそれをもちえたのであって*、それどころか天の子たちの自由と地の息子なるものの隷従の境涯とが、このうえなく鮮明なコントラストで描かれているので、それはいかなる時代にも最大の影響力をもちうるのである。しかし善の原理は、特定の時代にだけ天から人間性のうちに降りてきたのではなく、むしろ人類の起源以来、目に見えない仕方で降りてきていたのであって（これは、善の原理の聖性に注意すると同時に、この聖性が人間の道徳的素質において感性的自然と結びついていることの、不可解さに注意するならば、誰でも承認せざるをえない）、この原理は人間性のうちにこそ、本来の正当な居住地をもつのである。したがって善の原理は、他のすべての人々にたいする模範である一個の現実の人間となってあらわれたわけであるから、「御自分のところに来られたのに、その民は彼を受け入れなかったが、しかし受け入れた者には神の子と呼ばれる力をお与えになった、その人たちはその名を信じたからである」(50)。すなわち善の原理の（道徳的理念における）模範によって、自由を地上の生に縛りつけて道徳性を不利にしてしまうようなすべてのものに死のうと、彼とまったく同じように意欲するすべての人々に、彼は自由の門を開いてくださるのであり、そして彼の下には「よい行いに熱心な民が御自分のものとして[51]」集まり、支配下に入るが、一方、道徳的隷従を選ぶ者たちはその境涯のままにしておかれるのである。 C226 W739

(原注)　あのシャルルヴォア[52]がこんな報告をしている。イロケーゼ人[53]にカテキズムを教えていて、創造の業《わざ》は、はじめはよし A79 C221 V85 W734 とされたが、そこに悪霊があらゆる悪を持ち込み、いまでもどんなふうにして神の最善の取り行いをたえず挫折させようと V86 しているか、これを話して聞かせたところ、イロケーゼ人は憤慨して、神はなぜ悪魔を打ち殺してしまわないのかと、質問 C222 したという。この問いにたいしては、即座に答えが見つからなかったと、シャルルヴォアは率直に告白している。

†　悪への生得的な性癖をもたない人格が処女なる母から産まれたとすることで、かかる人格が可能だと考えることは理性の A80 C223 V87 W736 一個の理念であり、それも説明困難だが、否認することもできない理念であって、いわば嫌々ながら道徳的本能にしたがう理性の理念なのである。そもそも自然的な生殖は、両性の感覚的快楽なしには起こりえないゆえに、しかしまた、そのために私たちが(人間性の尊厳のわりには)一般的動物とあまりにも近い親近関係に持ち込まれてしまいそうに見えるゆえに、私たちはそれを恥ずべきことと見なすのであるが――これが修道士階級が聖だと思われていることの、本来の原因となった表象であることにまちがいはない――、したがってそのようなことは不道徳であって、人間の完全性にはそぐわないもの、しかも人間本性に接ぎ木されたもので、悪い素質として子孫にも遺伝するものだと、こんなふうに思われるのである。――ところでこの謎めいた(一面では感性的にすぎないが、その反面、道徳的な、したがって叡知的でもある)表象には、いかなる道徳的欠陥も伴わない御子の、性的結合によらない(処女からの)誕生という理念が、たしかに適合してはいるが、この理念には理論の面で難点がないわけではない(とはいえ、この理念に関して何かを規定することは、実践的意図ではまったく必要ではない)。なぜなら後成説[54]の仮説にしたがえば、母親は両親の自然的な生殖により産まれるわけだから、やはり母親には先ほどの道徳的欠陥が伴っていることになろうし、超自然的な生殖の場合でも、すくなくとも欠陥の半分は子供に遺伝させることになろうからであって、したがってそのような結果にならないためには、両親における胚芽の先在システムが想定されなくてはなるまいにしても、包み込み[55]のシステムは女性の側では想定されてはならず(これを想定すると、先ほどの結果は避けられないから)、男性の側で(したがって卵子 ovulorum の側ではなく、精子 animalculorum spermaticorum の V88

側で）のみ想定されねばならないということになろうから、さて超自然的懐胎の場合、男性の側でのそれはなくなり、したがってあの表象の仕方は先ほどの理念に適合した形で弁護されえよう。――とはいえ、かの理念は悪への誘惑すら超越した（悪に抵抗して勝利を収めるような）人間性の象徴であり、実践的なものにとっては、この理念を手本として表象するだけで十分だとすれば、それに反対するにせよ賛成するにせよ、そうした理論すべてが何になろうか。

††（バールト博士[56]が小説風に描いたように）師が、センセーショナルな輝かしい模範によってよき意図を促そうとして、死を求めていたということではない。そうだとすれば、それは自殺だったということになってしまおう。そもそも、どうしても避けられない場合に、己の生命喪失の危険を承知のうえで何事かを敢行するとか、他人の手にかけられて死を耐え忍ぶといったことも、たしかに許されるし、そうしたからといって、守るべき義務に背いたことにはならないにしても、しかし自己と自己の生命を手段として処理することは、したがって自らの死の首謀者となることは、どんな目的のためにせよ、許されないのである。――しかしまた師が（『ヴォルフェンビュッテル断片』の筆者[57]が邪推しているように）、道徳的な意図ででではなく、たとえば司祭統治を転覆させ、自らが世俗的大権をもって、それに取って代わろうといった政治的な、しかし許されざる意図においてのみ、生命を賭したということでもない。そもそもこれは、すでに生きながらえる希望を断念した後、最後の晩餐の折に弟子たちに発せられた、「これを私の記念として行いなさい」[58]という訓戒に悖《もと》るのであって、この記念は、もしそれを不首尾に終わった世俗的な意図の追憶としようとしたのであれば、恨みを残す訓戒だったということに、つまり首謀者への憤慨を引き起こすような、したがって自己矛盾するような訓戒だったということになってしまおう。とはいえこの追憶は、師のいだくきわめて善良で純粋に道徳的な意図が、不首尾に終わったことにも関わりえたのであって、すなわちあらゆる道徳的心術を駆逐してしまうような儀式信仰をくつがえし、司祭たちの威信をくつがえすことで、彼がまだ生きているあいだに（宗教における）公の革命を起こそうという意図は（国内にちらばった弟子たちを過越祭《すぎこし》[59]のときに集めるための措置は、これを目的としていたのかもしれない）、結局はうまくいかなかったにせよ、これにも関わりえたのであって、これが成功しなかったのは、もちろんいまでも遺憾に思われるにせよ、しかしそれは、水泡に帰したわけではなく、かえって彼の死後ひそかに、しかし多くの苦難を受けながら広まっていく宗教変革へと移っていったのである。

C226 V90 W739

したがってこの争いの(主人公の死にいたるまでの)道徳的結末は、物語の主人公の側から見れば、本来は悪の原理を征服することではない。そもそもこの国はまだ続いており、おそらくそれは、さらに新たなエポックに入らなくてはならないし、そこにおいて破壊されるはずなのである。——そうではなく、争いの道徳的結末は、かくも長くこの国に隷属してきた人々が意に反して、そこに引き留めておかれないように、この国の権勢を挫くことだけであり、これまでとはちがう道徳的支配が彼らの避難所として開かれることによって(そもそも人間はなんらかの支配を受けなければならないのである)、それを挫くのであるが、避難所では、古い支配から抜け出そうと意欲さえすれば、道徳性のための庇護を見出せるのである。ちなみに悪の原理は依然としてこの世の支配者[60]と呼ばれるが、この世では、善の原理に与《くみ》する人々は自然的な苦難、犠牲、自己愛を傷つけることといった、この世で悪の原理による迫害として表象されるものを、つねに覚悟することになろう。なぜならこの世の支配者には、地上の幸いを究極目的とする人々に与える分しか、自分の国での報酬がないからである。

A83

容易に分かることであるが、この生彩もあり、おそらくその時代にとって唯一ポピュラーでもあった表象様式から神秘的な被いを取り去れば、これが(その精神と理性的意味が)あらゆる世界にとって、あらゆる時代に実践的に妥当し拘束力をもってきたのは、それがいかなる人間にも実に一目瞭然であって、そのために義務が認識されるようになるからである。その意味は、真の道徳的原則を衷心から心術のうちに受け入れることを除いて、人間にはいかなる救いも絶対に存在しないということであり、原則のこのような受け入れを阻むのは、往々にして罪が帰せられる感性ではなく、自らの責任で招いたある種の転倒、あるいは、これ以外にもこの邪悪さの名を挙げようと思うなら欺瞞(悪を世に送り込んだサタンの策略[61] fausseté)であるということだが、これはすべての人間のうちにある

V91

腐敗であって、ある意識の伴った、まったく純粋な道徳的善という理念による以外には、克服できないものなのである。その意識とは、理念が現実に私たちの根源的素質に属しており、私たちは、いかなる不純な混入物も混じらぬように、理念を保ち、それを心術の奥深くに受け入れるべく、専心さえすればよいという意識であって、そのようにすることで、理念が心性にすこしずつおよぼす効果を通して、これにたいしては、案じられる悪の諸力もなす術《すべ》がない(「地獄の門もこれを打ち負かし[62]」えない)ことを確信させられるとともに、なんら回心を前提しない免罪により、このような信頼の欠如を迷信的に補ったり、(受動的にすぎない)内面の照明と称するものによって、狂信的に補ったりすることで、私たちが自己活動性に根拠をもつ善から遠ざけられてしまわないように、よき生き方をしてきたこと以外の表徴を、善にあてがうべきではないことを確信させられるのである。——ちなみに現在なしている努力は、理性の教えるもっとも聖なるものと調和するような意味を†、聖書に求めることであるが、これは許されているばかりか、むしろ義務だと見なされなくてはならないし、そのうえ知恵ある師が弟子たちに語られた人のことを、つまり特別の道を歩んだが、結局は同じ目標にたどり着かなくてはならなかった人のことを、思い出すことができるのである。「彼を妨げてはならない。私たちに反対しない人は私たちの味方なのである。[63]」

† この場合、それが唯一の意味でないことは容認できる。

一般的注解

道徳的宗教(これは教条や厳律[64]に措定されてはならず、むしろ人間のあらゆる義務を神の命令[65]として遵守しようとする心情の心術に措定されなくてはならない）の基礎が置かれることになれば、その導入部に歴史が結びつけるすべての奇跡によって、奇跡一般への信仰は不要にさえなるにちがいない。そもそも理性により人間の心情に根源的に銘記されている義務の準則だというのに、そのうえさらに奇跡により認証されないことには、どうしても準則の十分な権威を認めようとしないなら、それは不埒ともいえるほどの道徳的不信仰をあらわしているのである。「あなたがたは、しるしと奇跡を見なければ、信じない。[66]」ところでしかし、以下のことは人間の通常の考え方にまったく適合している。それはたんなる祭祀と厳律の宗教が終わり、その代わりに霊と真理[67]（道徳的心術）に基礎をもつ宗教が取り入れられることになったとき、この宗教にはその必要がないにしても、歴史におけるその序曲には奇跡が伴い、奇跡によりいわば粉飾が施されて、奇跡なくしてはまったく権威がなかったであろうような旧宗教の終焉を告げる、しかもたぶん、新たな革命にそなえて旧宗教の信奉者を獲得するために、この宗教が新宗教における神慮の究極目的であったものの旧来の手本として、しかも実現した手本として解釈されるような仕方で、終焉を告げるということである。そしてこういう事情では、真実の宗教がひとたび現存し、いまもこれからも理性根拠により維持されるならば、以前の物語や解釈に異論を唱えたところで、なんら実りのあるはずもない。その時代には、このような補助手段により真実の宗教が導入される必要があったのである。それゆえ不可解なものをひたすら信じて唱えること（これは誰にでもできるが、だからといって、よりよい人間だというわけではないし、これにより、いつかもっとよい人間になれるというわけでもない）、これこそが神に嘉されるやり方だと、のみならず唯一のやり方だと想定しようと、人は思うにちがいなかろうが、このような申し立てにたいしてこそ全力で戦わなくてはならないのである。したがって、あらゆる世界に妥当するような唯一の宗教、そのような宗教の師の人格が神秘だと

A85
V93
C228
W741

いうこと、その地上での出現が、そして地上から消え去ったことも、まぎれもなく奇跡だということ、その行動に満ちた生涯と受難、それどころか、そうした奇跡のすべてを確証するはずの歴史そのものも、れっきとした奇跡(超自然的啓示)だということ、それはそうなのかもしれないので、私たちとしては、そうした事柄すべてをそのままにしておけるし、それどころか、その被いをもなお崇敬できるのである。これは、その認証がどの魂にも*消し難く保持されている証拠で奇跡など必要としないものにもとづいているような教えを、公に動かしはじめるのに役立った被いだからである。もっともそれも、この歴史的報告の利用に関して、その知、信、告白が、それだけで神に嘉してもらえるための何かだということを宗教的信条にしなければの話である。

しかし奇跡一般に関していえば、理性的な人は奇跡信仰を放棄する気はないのに、しかし実践的にはけっしてそれを念頭に置かないことが分かる。それはつまり、理論に関してはそうした奇跡の存在を信じるにしても、実生活では奇跡を許容しないというほどのことである。だから賢明な政府は、昔、奇跡が起こったのだろうということは、つねに容認してきたし、それどころか、この意見を合法として公の宗教論に受け入れてきたにしても、しかし新しい奇跡を許したことはなかった(原注)。そもそも古い奇跡はこれまで次第に限定され、当局に制限されていたので、それにより共同体内で混乱が起こりえないようになっていたが、新しい奇跡を行う人に関しては、公共の安寧や一般に普及した秩序などにおよびかねない結果のゆえに、もちろんそれなりに配慮しなくてはならなかったのである。しかし奇跡という言葉で何を理解すればよいのかと問われれば(私たちの関心は本来、それが私たちにとって何なのか、すなわち実践的な理性使用にとって何なのか、これを知ることだけなので)、こんなふうに説明できる。すなわち奇跡とは、世界内の事象で、その原因の作用法則が私たちに端的に知られていないもの、そしてあくまでも知られないにちがいないもの、というふうにである。すると、いまや考えられるのは、有神論的奇跡かデーモン的奇跡か、そのいずれかであるが、デーモン的奇跡の方は、天使の（agathodämonisch 善霊の）奇跡と悪魔の（kako-dämonisch 悪霊の）奇跡とに分類されるのであって、そのうち本来問題となるのは悪魔による奇跡だけである。なぜならよき天使たちは（なぜよき天使なのか私は知らないが）話題になるようなことはしないからである。 C230

（原注）　学校の宗教教師でさえ、信仰箇条を政府の権威に結びつける人々（正統派）は、この点で政府と同じ格率にしたがう。 C229 A85 C228 W742
それゆえ、いまだに奇跡信仰が可能だという友人ラファター氏[68]の主張を、プフェニンガー氏[69]が弁護して、教師たちの不整合を非難したのは当然である。不整合というのは、彼らは（といっても、この点で自然主義的な考え方の人たちを、彼は表明的に除外しているが）一七世紀ほど前には、教会内に奇跡をなす者が実際にいたと主張しておきながら、いまではもうそれを認める人はいないし、しかもやがてはそれが消滅するとされていることや、それがいつのことかなどを、聖書からは証明できないという点であるが（そもそも奇跡をなす者がいまではもう不要なのだという理屈は、人間が信じるべき分以上に大きな洞察を僭称することなのである）、ところがこれまでのところ、彼らの方では、この証明をプフェニンガー氏にたいしてしていないのである。したがって、いまは奇跡を容認せず許さないというのは、理性の格率にすぎず、奇跡は存在せずという客観的な洞察ではなかったことになる。いまの場合、この格率は市民社会で憂慮される騒擾を考慮しているわけだが、哲学をしたり、一般に理性的に思索するような公共体での、これと似た騒擾への懸念にも、この格率は通用するのではないか。——大きな（センセーションを引き起こすような）奇跡は容認しないが、異常なお告げという名の小さなものなら寛大に許す人々は（そうした小さな奇跡はたんなる指導なので、超自然的原因の力の使用がわずかですむからというのであるが）、 A86 その場合に肝要なのは、世界推移の結果とその大きさではなく、その形式だということを考慮していないのである。すなわち、それがどのようにして起こるのかという様式だということを、自然的になのか、はたまた超自然的になのかということを、また神に難易の区別があるとは考えられないことをも、考慮していないのである。しかし超自然的影響の神秘に関していえば、この種の事象の重要性を故意に覆い隠すことは、これよりももっと不適切なのである。

有神論的奇跡に関して述べよう。私たちはもちろんその原因(全能などなどであり、そのうえ道徳的な存在者としての原因)の作用法則について概念を作りうるが、しかしそれとても一般的概念にすぎない。つまり自然的秩序から見ても道徳的秩序から見ても、それが世界創造者にして統治者なのだと、私たちが考えるかぎりで、概念を作りうるだけなのであるが、それができるのは、この秩序の法則について、直接的にそれ自体で知識を獲得できるからであり、理性はさらに、この知識を理性使用のために利用できるからである。しかし特殊な場合に、時として神が自然をその法則から逸脱させることもあると仮定するなら、この場合、神がそのような事象をなす際にしたがう法則の概念は、私たちにはいささかもないし、それを獲得できるとも思えないのである(神のなすことはすべて善であろうという一般的道徳的概念は別だが、しかしこのような概念によっては、この特殊な出来事に関して何も規定されないのである)。ここで理性は麻痺したかのようになってしまう。すなわちこれにより既知の法則にしたがった営みを阻まれ、新しい法則により啓発されることはないし、それについて啓発されることは金輪際、望みえないのである。しかしこうした奇跡のなかでも、理性使用ともっとも調和しにくいのが、デーモン的奇跡である。そもそも有神論的奇跡に関してなら、理性にはすくなくともそれを使用するための消極的な表徴がありえよう。すなわち、何かが神の直接の出現で神により命令されたのだと表象されても、しかしそれがまさしく道徳性に背馳するなら、見かけはどれほど神の奇跡らしくとも、そうではありえないという表徴である(たとえば、ある父親に向かって、父親の知るかぎりでは、まったく罪のない息子を殺せと命じられる場合)。しかしデーモン的奇跡と称するものの場合、もはやこの表徴もなくなるのである。また、逆にデーモン的奇跡に味方して、これとは反対の積極的表徴を、つまりよき行為への誘いがそれによって生じて、それをそれ自体において私たちがまちがいなく義務として認識するならば、それは悪霊によりなされたのではないという表徴を、理性使用のために摑み取ろうと思っても、しかしこの場合でも、やはり摑み損ないがありえよう。よくいわれるように悪霊はしばしば光の天使を装う(70)のである。

したがって実生活で奇跡を当てにしたり、あるいは理性使用に際して（理性使用は人生のあらゆる場面で必要であるが）、なんらかの仕方でこれを勘定に入れたりすることはできないのである。裁判官は（教会ではどれほど奇跡を信仰していようとも）、たびたび悪魔に誘惑されたという被告の申し立てを聴取するにしても、まるで何も語られていないかのように聞き流すものである。そのような事例がありうると見なしているなら、素朴で平凡な人間が老獪な悪魔の罠にはまってしまったことには、若干、情状酌量の余地がありそうなものなのにである。しかし裁判官には悪魔を召喚し、それと被告との両者を対決させることはできない、要するにそこからは理性的なものは端的に引き出せないのである。賢明な聖職者なら、魂の配慮を委ねてくれている人々の頭を、地獄のプロテウス(71)から取ってきた物語で一杯にして、想像力を逞《たくま》しくさせることのないように、よくよく用心することだろう。しかし良性の奇跡に関していえば、それは人々が実生活で決まり文句として用いるだけである。たとえば医者が、奇跡でも起こらないかぎり患者は助からない、つまり確実に死ぬというようにである。――ところで自然科学者の営みは、事象の原因を自然法則によって自然のうちに求めるものであるが、これも実生活に属している。事象の自然法則のうちに、と私はいおう。つまり自然科学者は、それにしたがって作用するものや、事象が、別の可能的な感官との関係において、私たちにとって何なのかといったことなど、そうしたことについての、知識それ自体は断念せざるをえないにしても、自然法則を経験により証明できるからである。同じように人間の道徳的改善も義務として人間に課せられた営みであって、よしんばこれには、いまでも天の影響が協力していようとも、あるいはその可能性を説明するには、天の影響が必要だと見なされようとも、人間は天の影響と自然の影響とを確実に区別できるわけでもないし、前者を、そのようにして天をも、自分のところにまで引き下ろせるわけでもないのであり、したがってそれを直接どうすればよいのかを知らないわけだから、このような場合、人間は奇跡を許容しないのであって、†むしろ理性の準則に耳を傾けるならば、回心や改善がもっぱら自分自身でなした働きかけにかかっているかのようにふるまうのである。しかしまことに堅固に奇跡を理論的に信じる天賦の才によって、*自分でも奇跡をなしえて、かくして天にも迫ることができるなどといったことは、あまりにも理性の限界を超えており、そのような無意味な思いつきに、いつまでもこだわるのはやめておこう。(原注) V97 C232

† これは、奇跡信仰を格率には(理論理性の格率にも実践理性の格率にも)採用しないが、奇跡の可能性あるいは現実性をも論駁しないというほどの意味である。 C231 V96

(原注)　信じやすい人を魔術の技でごまかしたり、すくなくとも一般に魔術の技を信じようと思わせたりする人々がいるが、彼らはありきたりの逃げ口上として、それについては自然科学者も無知を告白していることを引き合いに出す。どうせ私たちは重力や磁力などの根拠を知らないというのである。――しかしそうしたことの法則を私たちは、ある種の結果がその下でのみ生起する制約という一定の制限下では、十分詳細に認識しており、こうした諸力の確実な理性使用のためにも、それで十分だし、またこれらの力の現象を説明するためにも、つまり、それにしたがって secundum quid、下方へと、これらの法則を使用して経験を法則下で秩序づけるためにも、それで十分なのである。もっともこれらの法則にしたがって端的に simpliciter、そして上方へと、作用する力の原因までも洞察するには、それでは足りないにしてもである。――これにより人間悟性の内的現象も理解できるようになる。つまりいわゆる自然の奇跡、すなわち不合理ではあるが、十分に確認されている現象や、ものの思いがけない、しかも既知の自然法則から逸脱するような際立った諸性質などが、なにゆえ貪るよう C232 V97 W746

に取り集められるのか、しかし自然的だと見なされているかぎりでは、それらが心性を鼓舞するのはなぜなのか、逆に、真の奇跡なるものの告知により、心性が挫かれるのはなぜなのか、といったことである。それは、そうした現象やものの諸性質などは、理性の栄養を新たに獲得する展望を開くのに、すなわち新たな自然法則を発見する希望をもたらすのに、それに反して真の奇跡が告知されたりすると、既知とされている自然法則への信頼まで失われそうな危惧が生じるからである。しかし理性から経験法則が奪われると、そのように魔法がかった世界では、理性はなんの役にも立たない。そこでは義務を遵守するためにという道徳的使用にさえも理性は役立たないのであって、そもそも道徳的動機にさえ変化が、しかもそれを自分自身に帰してよいのか、探求しがたい別の原因に帰すべきなのかも判別できないような変化が、奇跡により、知らず知らずに起こりはしないかどうかは、もはや知りようがないのである。――この点で、奇跡なしではやっていけないと思うように判断力が調整されている人々は、奇跡は稀にしか起こらないというふうに想定することで、そのために理性が受ける障害が和らげられるのだと信じている。それにより彼らのいおうとしていることが、稀にしか起こらないことはすでに奇跡の概念にふくまれている(そのような事象がありきたりに起こるなら、それが奇跡だと言明されはしないだろうから)ということであれば、彼らのこの詭弁(事象が何なのかについての客観的な問いを、事象を指し示す言葉の意味は何かという主観的な問いにすり替えるという詭弁)、これはとにかく許してやって、逆に問い返してやることができる。どれほど稀なのか。百年に一度くらいか、あるいは大昔にはあったにしても、いまはもうまったく起こらないのか、と。ここには、客体の知識にもとづいて私たちに規定できるものは何ひとつないのであって(私自身の理論では、この客体は私たちにとって過度なのである)、むしろここにあるのは、私たちの理性使用の必然的格率にもとづいて規定できるものだけなのである。つまり奇跡を日常的なもの(とはいえ、自然の突発事件という外観の下に隠されているもの)として認めるか、けっして認めないかの格率にもとづいて規定できるものしかない。また、認めない場合には、理性的説明や行為の方策にも、その根底に奇跡を置かないという格率にもとづいて規定できるものがあるだけで、日常的なものとして認めるというのは、理性とはまったく相容れないから、残るのは後者の、理性的説明の根底にも行為の方策の根底にも、奇跡を置かないという格率を受け入れることだけである。そもそもこの原則はあくまでも判定の格率にすぎず、理論的主張ではないのである。たとえば、次のようなこ

W747 とを決定的に言い切ろうと思うほどに、自惚れを逞しうできる人はいない。つまり植物界や動物界での種の保存は、このうえなく驚嘆すべきものであり、そこでは新たに生殖がなされる度に原型《オリジナル》が、内的に完全なメカニズムをすべてそなえて、また(植物界でのように)春になると、またしても可憐で美しいあらゆる色合いを帯びて、かならずや、ふたたびそっくりそのままに現れてくる。しかも秋や冬の悪天候で、ほかの場合にはきわめて破壊的に働く無機的自然の諸力も、この点ではかの種子にまったく手出しができないわけである。これが自然法則にしたがったたんなる結果だと、それどころか、それには創造主の直接の影響など必要ではないと洞察できると思うほどに、自惚れを逞しうすることは誰にもできない、と私は言いたい。――しかし経験は存在しており、したがって私たちにとって経験は自然の結果にほかならず、またそれ以外のものだと判定されるべきでもない。そもそもこのことを、理性の慎み深さが理性の要求として欲するのである。しかしこの限界を超出するのは僭越で不遜な要求である。もっとも奇跡が主張される場合、たいていは謙虚で己を空しうした考え方を証拠立てるような申し立てがなされるものであるが。

哲学的宗教論　第三編

A93 C237 V99 W751

第三編　善の原理による悪の原理にたいする勝利、そしてこの世での神の国の建設

誰であれ、道徳的によき心術をいだく人間なら、人生において悪の原理による試みとの戦いに、善の原理の指揮下で耐え抜かなくてはならないわけだが、人間がどれほど努力しても、この戦いから獲得できる報酬は、悪の原理による支配から自由になることよりも大きなものではない。自由になること、「罪の掟に服した奴隷の境涯を免れて義に生きるようになる[1]」こと、これこそ、人間が勝ち取れる最高の勝利なのである。それにもかかわらず、人間は依然として悪の原理からの攻撃に曝されたままで、その自由はたえず試練にあう。それゆえ自由を主張するためには、今後もつねに戦いにそなえて、武装していなくてはならないのである。

とはいえ、このような危険に満ちた状態に人間があるのは、自らの咎によってであり、したがって人間はこの状態を脱すべく、すくなくとも、なしうるかぎりで力を用いるように拘束されているのである。しかしどのようにして力を用いればよいのか。これが問題である。――このような危険を招き寄せ、自分がそこに閉じこめられている原因や事情を顧みるならば容易に確信できようが、原因や事情は、隔絶されて現存するかぎりでの人間自身のそのままの本性からくるというよりは、彼が関係し結びついている人間からこそくるのである。人間のもともとはよき素質に実に大きな荒廃を引き起こすものとしては、本来、情念が挙げられねばならないが、しかし情念が人間の

V100

うちに兆《きざ》すのは、人間自身のそのままの本性による唆しによってではない。人間の欲求はつましく、欲求を配慮する心性の状態は、穏やかで静かである。人間が貧しいのは(あるいは自分で貧しいと思うのは)、他人が自分のことを貧しいと思いはしないかと、そしてそのことで軽蔑されまいかと、懸念するからなのである。[2] 人間が人間たちのなかにいると、ただちに妬み、支配欲、所有欲、それにこれらと結びつく敵対的な傾向性などが、それ自体では満ち足りている彼の本性を責め立てる。しかもこれらの人間たちがすでに悪に沈み込んでいる者として、また人を誘惑するような実例として前提される必要だにない。たがいに道徳的素質を相互的に腐敗させあい、悪くしあうには、人間たちがそこにいて、彼を取り囲んでいるというだけで、そしてそれが人間だというだけで十分なのである。[3] ところで、まったく本来的にこのような悪を予防し、人間のうちなる善をめざす統合というのは、道徳性の維持だけを企図して、永続的でつねにいっそう広がっていく社会、力をひとつにして、悪に抵抗するような社会のことである。が、そのような統合を創立する手段がもし見つからない*とすれば、個々人は、悪の支配を脱するためにどれほど多くをなしたにしても、やはり悪の支配下に逆戻りする危険にたえず曝されたままということになろう。――したがって私たちの洞察するところ、人間が寄与しうるかぎりでは、善の原理による支配は、徳の法則にしたがい徳の法則のためにあるような社会を起こし広める以外には*実現できないのである。つまり、その範囲内に徳の法則をふくむことが、理性により全人類の課題とされ、義務とされるような社会を、起こし広める以外にはないのである。――善の原理には、これ以外の仕方で悪の原理の征服は望むべくもない。道徳的に立法する理性は各個人に法則を指定するが、そうした法則のほかにも、さらにこの理性により徳の旗が、善を愛するすべての人々の合一点として掲げられており、それは人々がそこに集うためにであり、また悪が人々をたゆまず試みるわけであるから、何よりもまず、その悪にたいして優位を獲得するためになのである。

この理念の準則にしたがう、たんなる徳の法則下での人間の結びつきは、倫理的社会と呼べるし、法則が公である場合、(法的＝市民的社会にたいして)倫理的＝市民的社会、または倫理的公共体と呼べる。倫理的公共体は政治的公共体のただなかに存立しうるし、そのうえ政治的公共体の全成員が構成員となっていることもある(そもそも政治的公共体が根底になければ、人間は倫理的公共体を成就することもできまい)。しかし倫理的公共体には特殊で固有の統合原理(徳)があり、それゆえ政治的公共体のそれとは本質的に区別されるような形式および体制がある。それにもかかわらず、一般に二つの公共体として見られている両者のあいだには、ある種の類比があって、これを鑑みれば、倫理的公共体は倫理的国家とも、すなわち徳の(善の原理の)国とも呼べる。この理念の客観的実在性は(かかる国家の一員になるという義務として)まったく十分に根拠づけられた形で、人間理性のうちにある。この目的のために、人間たちが団結して働こうと決心するだろうとは、主観的に彼らの善意志には望めないにしてもである。

A 95　　C 239　W 753

第一部　この世での神の国の建設による善の原理の勝利の哲学的表象

I　倫理的自然状態について

法的＝市民的(政治的)状態というのは、(おしなべて強制法であるような)公の法律下で共存するかぎりでの、人間相互の関係のことである。倫理的＝市民的状態というのは、強制のない法則下で、すなわちたんなる徳の法則下で、人間が統一されている状態のことである。

法的＝市民的状態には法的な(だからといって、つねに合法的だとはかぎらない)、つまり法律的な自然状態が対置されるが、それと同じように、倫理的＝市民的状態は倫理的自然状態と区別される。いずれの自然状態でも、おのおのが自分自身に法則を与えるが、それは、各人が他のすべての人々とともに服していると認識するような、外的法則ではない。いずれにおいても、各人が自分自身の裁き手であり、そこには権力をもった公の権威は、つまり事あるごとに何が各人の義務であるかを、法律によって法律上有効に定め、それを一般に行わしめるような権威は存在しないのである。

しかしすでに存立している政治的公共体では、すべての政治的市民はそのままで倫理的自然状態にあって、そこにとどまる権利も与えられているのである。そもそも倫理的公共体に入るように、政治的公共体が市民に強制する

V 102　W754　C 240

ことは矛盾(in adjecto 形容における)ということになろう。なぜなら倫理的公共体の概念には、すでに強制のないことが伴っているからである。たしかに、徳の法則による人心の支配も公共体に見出されるようにと願うことなら、どの政治的公共体にもできるし、そもそも人間の裁き手は他人の内面を見抜けないので、強制手段は人心の支配にまではおよばないわけだから、その場合、求められているものを引き起こすのは、徳の心術ということになろうからである。しかし倫理的目的に照準を定めた体制を、強制により生じさせようと思うような立法者は禍《わざわい》なるかなである。そのような立法者はそれにより倫理的目的とは正反対のものを生じさせることになろうし、それだけではなく、自らの政治的目的の基礎をも掘り崩し、それを不安定にしてしまうだろうからである。——したがって政治的公共体の市民は倫理的公共体の立法権限に関して、あくまでもまったくの自由である。その市民が他の市民とともに、政治的公共体のみならず倫理的統合にも入ろうと思おうが、むしろあくまでもこの種の自然状態のうちにいようと思おうが、自由なのである。ただしかし倫理的公共体は公の法則にもとづかなくてはならないし、それを基礎にした体制をふくまなくてはならないので、そのかぎりでは、この状態に自発的に入ろうとして相互に結びつく人々は、体制を内的にどのように整えようとか、どのように整えてはならないとか、そんなことを政治的権力に命令されたりはしないであろうが、しかし彼らとても諸々の制限は、すなわちその体制には国民としての成員の義務に反するものが何ひとつないという制約からくる制限は、承諾しなくてはなるまい。もっとも倫理的結びつきが真正なものであれば、いずれにせよ、そんなことを懸念する必要はないのである。

　ちなみに徳の義務は人類全体に関わるので、倫理的公共体の概念は、すべての人間の全体という理想につねに関係づけられており、またこの点で政治的公共体の概念と区別される。だから先の意図で統一された人間の集合だか

A 96　V 103　W 755

らといって、まだ倫理的公共体そのものとは呼べず、むしろ特殊な社会と呼べるだけであり、それはすべての人間
との(それどころか、あらゆる有限な理性的存在者との)団結のために、倫理的な絶対的全体を樹立しようと努力す
る社会であって、部分的な社会はどれも、この全体の一表象、あるいは一図式であるにすぎないのである。なぜな C241
らそれぞれの社会は、この種の他の社会との関係では、やはりいずれも倫理的自然状態にあって、この状態のもつ
あらゆる不完全性をもつと表象されうるからである(ちょうど公の国際法による結びつきのないさまざまな政治的
国家が、そのような状態なのと同じである)。

II　人間は倫理的自然状態を脱して、倫理的公共体の一員となるべきである

法律的自然状態が万人の万人にたいする戦争状態であるように、倫理的自然状態も、どの人間のうちにもある善
の原理が、*これまた人間のうちに、そして同時に*他のいかなる人間のうちにも見出される悪により、(先に述べた V104 A97
ように)たえず戦をしかけられる状態であって、人間たちはたがいに相手の道徳的素質を腐敗させあうし、個々人
すべてには善意志があっても、彼らを統一する原理がないので、まるで悪の道具にでもなったかのように、相互の
軋轢により善の共同体的な目的から遠ざかり、逆に相手への支配を手中に収めようとして、たがいに相手を危険に
陥れあうのである。ところでさらに*没法則的な外的(動物的)自由の状態、そして強制法則とは無縁の状態は、不正
の状態であり、万人の万人にたいする戦争状態であって、人間はこの状態を脱して政治的・市民的状態に入るべき C242 W756

である。(原注) それと同じように、倫理的自然状態は、徳の諸原理の公の相互的な攻撃であり、内的な没道徳的状態であって、自然的人間はこの状態をできるだけすみやかに脱すべく、専心しなくてはならないのである。*

(原注)　ホッブズの命題、「人間の自然状態は万人の万人にたいする戦争である」(4) status hominum naturalis est *bellum* omnium in omnes は、「戦争状態である云々」est status belli etc. というべきだったこと以外に、誤りはない。そもそも、外的な公の法則に服さない人間たちを支配しているのは、つねに現実の敵対行為だということまでは承認されないにせよ、しかし人間たちの状態(status iuridicus 法律状態)は、つまりそのうちで、またそれにより人間に権利(その獲得あるいは維持*)が可能であるような関係は、他人への自分の権利は何かということについて、各人が自ら裁き手であろうとするが、各人が自分自身の力を用いる以外に、権利の安全保障を他人から受けるわけでもなく、それを他人に与えもしない状態なのである。これは戦争状態であって、この状態では、万人が万人にたいしてたえず武装していなくてはならないのである。ホッブズの第二の命題、「自然状態を脱しなくてはならない」exeundum esse e statu naturali は、第一の命題の帰結である。そもそもこの状態は、自分自身の事柄では自分が裁き手であるのに、他人の事柄に関しても、自分の恣意以外には、いかなる安全保障をも他人に認めないという越権により、他のすべての人々の権利をたえず侵害することなのである。

ここに一種独特の義務があるが、それは人間の人間にたいする義務ではなく、人類の人類自身にたいする義務である。すなわち、いかなる類の理性的存在者も客観的に、理性の理念においては、共同体的な目的へと、すなわち共同体的な善である最高善を促進するようにと、定められているのである。しかし最高の人倫的善は、自分自身の道徳的完全性のために、個々の人格が努力するだけでは成就せず、むしろそれと同じ目的をもった一個の全体に、つまりよき心術をいだく人間たちの体系をめざす一個の全体に、個々の人格が統合されていることを要求するのである。その全体においてのみ、また全体の統一性によってのみ、最高の人倫的善が成就しうるからである。しかし、その全体は徳の法則にもとづく普遍的共和国であるが、そのような全体の理念は、(私たちが自分の力がおよぶこ

C241　C242　V105　A98　W757

とを知っているものに関わるような)道徳法則のすべてとはまったく異なった理念なのである。すなわち、かかるものとして、私たちの力がおよぶのかどうかも知りえない全体、これにたいして働きかけるという理念なのである。それゆえにこの義務は、種類と原理からいって、他のすべての義務と異なっている。――もうここからあらかじめ推測されようが、この義務にはもう一つの理念を、すなわち高次の道徳的存在者なるものの理念を、前提することが必要であろう。個々人の力だけでは不十分だとしても、それがこの存在者の普遍的な執り行いにより統合されて、一つの共同の働きとなるのである。しかしまずは、かの道徳的要求一般という導きの糸を追跡して、それがどこへ導いてくれるのかを見なくてはならない。

Ⅲ　倫理的公共体の概念は、倫理的法則下における神の民の理念である

倫理的公共体を成就しようというのであれば、すべての個人は公の立法に服さねばならないし、彼らを結びつける法則はすべて、公共体の立法者なるものの命令だと見なせなくてはならない。ところで建設されるべき公共体が法律的なものであれば、一個の全体に統合されるはずの集合そのものが立法者(制定法の立法者)でなければなるまい。なぜならその場合、立法は各人の自由を、普遍的法則によって、他のすべての者の自由と共存しうるための制約に制限する、という原理(原注1)を出発点とするからであり、したがってその場合、普遍的意志が法的な外的強制をしくからである。しかし公共体が倫理的なものであれば、民がそれ自身で立法者だと見なされずともよい。そもそそ

のような公共体では、本来、すべての法則がもっぱら行為の(内的な、したがって公の人間的な法則には服せないような)道徳性の促進をめざして立てられており、逆にまた、法律的公共体を形成するような人間的な法則は、目に見える行為の適法性だけをめざして立てられていて、ここで問題となっている(内的)道徳性をめざしているわけではないのである。したがって倫理的公共体にとって公に立法的だといわれてもよいと思われるのは、民とは別の者でなくてはならない。それにもかかわらず、倫理的な法則がたんに上位の者の意志から根源的に発するだけだとも考えられない(たとえば、上位の者の命令があらかじめ発布されていなければ、拘束力をもたないような法規だとは考えられない)。なぜなら、もしそうだとすればそれは倫理的法則ではなくなってしまおうし、その法則にかなった義務は、自由な徳ではなく、強制しうる法律的義務ということになってしまおうからである。したがって倫理的公共体の最上立法者として考えられるのは、真の義務のすべてが、したがってまた倫理的義務も[原注2]、同時にその命令として表象されねばならないような者だけであり、それゆえそれは、人の心を知りたまう方でもあって[5]、誰の心術であれ、その最内奥を見抜かなくてはならず、またいかなる公共体でもそうであるように、誰にでも、その者の行いに値するものを授けなくてはならないのである。これはしかし道徳的な世界支配者としての神の概念である。それゆえ倫理的公共体なるものは、神の命令下にある民としてのみ、いいかえれば神の民[6]、しかも徳の法則にしたがう神の民としてのみ、考えうるのである。

(原注1)　これがあらゆる外的な法の原理である。

(原注2)　何かが義務として認識されると、たとえそれが人間的な立法者のたんなる恣意により課せられる義務であっても、それに服従することは同時に神の命令でもある。法規による市民法は、神の命令とは呼べないにしても、しかしそれが正当

A99　W758

V107　C244

A99　C244　W758

A98　C243　V106　W757

なら、その遵守は同時に神の命令なのである。「人間によりも神の方に服従しなくてはならない」[7]という命題は、それ自体で悪（道徳法則に直接反するもの）であるような何かを人間が命じるならば、人間には服従しなくともよいし、服従すべきでもないというだけのことである。しかし逆に政治的＝市民的な、それ自体では非道徳的ではない法則にたいして、法規による神的な法則で、それ自体で非道徳的だと見なされるものが対立させられるならば、後者がすり替えられたものだと見なす理由はある。なぜなら、それは明らかな義務に背馳するからである。しかしそれがほんとうに神の命令でもあるということすら、十分に経験的表徴により認証されうるわけではないから、これにしたがうことで、ほかにも現存している義務を踏み越えてもよいということにはならないのである。

法規による法則にしたがって、つまり遵守するに際して行為の道徳性ではなく、その適法性のみが肝要であるような法則にしたがって、神の民をも考えることは、十分できるにしても、そのような民は法律的公共体ということになろうし、この公共体の立法者は神（したがって公共体の体制は神政政体）だということになろうが、しかし人間の方は、神の命令を直接神から受け取る司祭としては、貴族制の統治をなすことになろう。しかしそのような体制の現実存在や形式などは、全面的に歴史的な根拠にもとづくので、それは道徳的に立法する純粋理性の課題となっている体制ではないのである。しかし私たちがここで実現しなくてはならないのは、まさしくこの課題の解決だけなのであって、歴史的分類でなら、先の体制は政治的＝市民的法則にしたがった制度として、立法者は神であるにしても、それが外的であるような制度として考察されるであろうが、しかし私たちがここで携わるのは、その立法が内的でのみあるような制度、徳の法則下での共和国、すなわち「よき業《わざ》のためには熱心である」[8]ような神の民なのである。

かかる神の民には悪の原理の徒党という理念が、悪を広めようとして、その原理の側につく者たちの統合として

V107　W759　A100　C245　V108

対立させられるが、悪の関心事は神の民の統合を成就させないことであって、ここでもやはり徳の心術を試みるような原理は、私たち自身のうちにあり、これが外的な力として表されるのは比喩的にすぎないのである。

Ⅳ 神の民という理念は(人間による管理の下では)教会という形式でしか実現できない

倫理的公共体という、けっして達成できない崇高な理念も、人間の手にかかると実に卑小になってしまい、せいぜい公共体の形式だけは純粋に表象できるにしても、かかる全体を樹立するための手段に関しては、感性的な人間本性の諸制約下で、きわめて制限された制度となってしまうのである。しかしかくも歪んだ材木から完全にまっすぐなものが建てられると期待できるようになるには(9)、どうすればよいのか。

神の道徳的な民などというものを創始することは、それゆえ人間には実現が期待できない業《わざ》、神そのものにしか期待できない業《わざ》である。しかしだからといって、この営みに関して何もせず、摂理のなすがままに委ねることは、人間には許されていないのである。それではまるで、誰もが個人的な道徳的関心事のみを追求しておればよく、しかし人類の関心事全体の方は(人間の道徳的使命からいって)いっそう高次の知恵に任せてしまってもよいかのようになってしまう。むしろ人間は、一切が己にかかっているかのように、ふるまわなくてはならないのであって、またこの制約下でのみ、いっそう高次の知恵も人間の善意の努力に完成を授けてくれようと、希望してもよいのである。

したがってよき心術をいだくすべての人々の願いは、「神の国が来ますように、神の意志が地にも行われますように」[10]である。しかしこれがよき心術の人々に起こるために、その人々は何を組織しなくてはならないのだろうか。

神の道徳的立法下での倫理的公共体というのは、教会のことであり、しかもそれは可能的経験の対象ではないかぎりで、不可視的教会と呼ばれるのである（これは、神の直接的だが道徳的な世界支配下での、すべての公正な者たちの統合というたんなる理念であって、人間が建設すべきいかなる教会の原像ともなるようなものである）。可視的教会は、かの理想に合致するような全体への、人間たちの現実的な統合である。いかなる社会も公の法則下にあれば、（法則にしたがう人々と法則の遵守を見守る人々との関係としての）構成員の従属関係が伴うから、かの全体（教会）に統合される集合は、上位の者に導かれる会衆であり、（教師、あるいは魂の司牧者とも呼ばれる）上位の者たちは、会衆の見えざる元首の業務を管理するが、この意味で全員が教会の奉仕者と呼ばれる。ちょうど政治的公共体において、目に見える元首は、自分よりも上位にはひとりの人間も（ふつう国民全体さえをもけっして）認めないのに、それが時として国家最高の奉仕者だと自称するようにである。真の（可視的な）教会とは、地上での（道徳的な）神の国を、人間になしうるかぎりで現示しているような教会である。真の教会たるに必要な要件、したがってまた特徴は、以下の通りである。[11]

一、教会の普遍性、したがって数的な一性である。このために教会は以下のような素質をふくまなくてはならない。すなわち教会は、偶然的な意見では分裂していて、一つになっていなくとも、しかし本質的な意図に関しては、唯一の教会への普遍的統合に必然的に導くにちがいない原則をもとにして築かれている（したがってセクト[12]の分裂はない）。

二、教会の性質(質)、すなわち純粋さ、道徳的動機以外の何ものにも服さない統合(迷信の愚劣さからの、また狂信の妄想からの純化)。

三、自由の原理下での関係。成員相互の内的関係、ならびに政治的権力にたいする教会の外的関係。ともに自由国家内でのそれ(したがって教階制でもないし、照明主義でもない。[13] 照明主義とは特殊な霊感による一種の民主制であるが、霊感は、各人の頭次第で他人のそれと相違しうる)。

四、教会の様態。その会憲[14]の不変性。ただし教会の行政に関わる偶然的な措置は、時と事情により変更されねばならないので、これは別である。とはいえ、偶然的な措置についても、教会はすでにそれ自身のうちに(教会の目的の理念のうちに)確実な原則をアプリオリにふくんでいなくてはならない。(それゆえ教会は根源的な法則の下にある。つまり法典によるのとまったく同じように、いったんは公に準則とされた法則の下にあって、恣意的な信経《シンボル》の下にあるのではない。恣意的な信経《シンボル》には信憑性が欠けているので、それは偶然的で矛盾に曝されているし、変わりやすくもあるからである。)

したがって倫理的公共体を教会として見れば、すなわち神の国のたんなる代理として見れば、原則からいって、そこには本来、政治体制に類似した体制はないのである。倫理的公共体での体制は(ひとりの法王ないし総大司教の下での)君主制でもなければ、(司教や高位聖職者の下での)貴族制でもなく、また(セクト的な照明主義者たちの)民主制でもない。それでもこの体制を、目には見えないが共通の道徳的な父の下での、一家共同体(家族)の体制になぞらえるなら、それが一番よかろう。ただし聖なる御子が父の御心を知り、同時に成員のすべてと血縁関係にあって、父の御心を成員にいっそうよく知らせることで父の代理をし、だからまた成員が御子において父を敬い、

V110　C247　A102　W762

相互に自発的、普遍的、永続的な心情の統合に入るかぎりにおいてである。

V　いかなる教会の会憲もつねになんらかの歴史的な(啓示)信仰を出発点にする。これは教会信仰と呼びうるものである。教会信仰は聖典によりもっともよく基礎づけられる

純粋宗教信仰は普遍的教会を基礎づけうる唯一のものではある。なぜなら、これはたんなる理性信仰であって、誰にでも伝達できるし、確信させうるからである。ところが歴史的信仰は事実にしか基礎を置かないので、情報の信憑性を判定する能力に関しても、時代的、場所的事情からいっても、情報の届く範囲までしか影響力を広めることはできないのである。しかし純粋信仰の方もそれにふさわしい程度に、つまり教会なるものの基礎がひとえにそこに置かれるほどには、けっして当てにできるわけではない。それは人間本性の特別の弱さのせいである。

人々は、純粋信仰に(一般に人間にとって否定できないにちがいないものとして)あらゆる栄誉を与えるのを容認はするものの、超感性的なものの認識*という点では自分の無能力を自覚しているので、なかなか納得してもらえないことがある。それは、神の国で御心にかなった臣下であるようにと神が人間に求められるのは、道徳的善であるような生き方に向かう絶えざる精励だけだということである。ところがなんらかの、人間が神に果たさねばならない奉仕のためにという以外に、人々は義務を十分に考えられないのである。しかも奉仕といっても、行為の内的な道徳的価値が大切とされるのではなく、むしろ行為がそれ自体では道徳的にどちらでもなくとも、しかしすくなく

V111　A103 C248　W763

とも受動的な服従により神に*嘉されるために、神への行為がなされることの方が大切とされるのである。人間が人間(自分自身と他人)への義務を果たすならば、まさにそのことによって神の命令をも遂行していること、したがって道徳性に関係するかぎりでのなすこと・なさざることのすべてにより、人間はたえず神に奉仕していること、またこれ以外の仕方でよりも神の近くに仕えることは端的に不可能でもあること(なぜなら人間が働きかけることができ、影響をおよぼせるのは、世界存在者にたいして以外にはなく、神にたいしてはできないことだからである)、このことが人間にはどうしても飲み込めないのである。臣下から敬われたい、恭順の意の表明により賛美されたいという特別の要求が、この世のいかなる偉大な主人にもあり、これなくしては支配しうるに必要なだけの命令への従順さを臣下に期待できないから、そのうえどんなに理性的な人でも、表敬にはつねに直接の満足を覚えるから、同時に神の命令であるかぎりでの義務が、人間の関心事ではなく神の関心事の促進として取り扱われるようになり、それゆえに純粋道徳宗教という概念に代わって礼拝宗教[15]という概念が生じるのである。

すべての宗教は、神こそがすべての義務の普遍的に崇敬されるべき立法者だと、私たちが見なす点にあるから、宗教にふさわしい私たちの態度に関して宗教を規定する際に肝要なのは、どのような崇敬(そして服従)を神は望まれるのか、これを知ることである。——しかし神の立法的な意志が命令するのは、それ自体では法規的にすぎないような法則を通してか、純粋に道徳的な法則を通してか、いずれかである。純粋に道徳的な法則に関しては、誰もが理性により自己自身にもとづいて宗教の根底にある神の意志を認識できる。けだし神性の概念は本来これらの法則の意識からしか、またある力を想定するという理性の要求からしか発源しないからである。ある力とは道徳的な究極目的に合致するような効果を、それもある世界において可能な効果全体を、これらの法則に得させるような力のことである。たんなる純粋道徳法則によって規定された神の意志という概念によっては、一つの神しか考えられないわけであり、それゆえ純粋に道徳的であるような宗教も一つしか考えられないのである。しかし神の意志の法規による法則を想定して、私たちがそれを遵守することに宗教を措定するならば、そのような法則の知識は私たち自身のたんなる理性によっては可能ではなく、むしろ啓示によってのみ可能なのである。が、啓示はすべての個人に秘かに与えられようとも、あるいは伝統や経典を通して人々のあいだに継承されるよう、公に与えられようとも、所詮、歴史的信仰であって、純粋理性信仰ではあるまい。――ところで、(おのずと義務を負わせるものとしてではなく、啓示された神の意志としてのみ法則だと認識されるような)法規的な神の法則が想定されるにしても、しかし神の意志は純粋な道徳的立法によって根源的に私たちの心に銘記されており、この立法はおよそ真の*宗教一般の不可欠の制約であるのみならず、それはまた真の宗教そのもの*を本来的に形成するものでもあって、法規的立法の方はこれを促進し広めるための手段をふくみうるだけなのである。

　したがって、神はどのような崇敬を望まれるのかという問いに、たんに人間として見られたすべての人間に普遍的に妥当するように答えようとすれば、神の意志の立法はもっぱら道徳的だといえるのかということ、これについては危惧はない。そもそも(啓示を前提するような)法規的な立法は、偶然的にすぎないと見なせるし、かならずしもすべての人間に届いてはいない、または届きえない立法だと見なせるのであって、したがって人間一般を拘束するものとは見なせないのである。それゆえ「そこで主よ、主よという人々ではなく、神の御心を行う人々[16]」こそが、それゆえまた、すべての人間にあるとはかぎらない啓示された概念による神の(あるいは神の素性をもつ存在者としての神の使者の)賛美によってではなく、よき生き方によって神に嘉されるようになろうとする人々こそが、神

V 113　C 250　W 765　A 105

の求められる真の崇敬を捧げる人だということになろう。よき生き方に関しては、誰もが神の意志を知っているからである。

しかし私たちは人間としてだけではなく、この世の神の国の市民としてもふるまうようにも義務づけられており、教会という名のそのような結びつきの現実存在に働きかけるようにも義務づけられている、と、こんなふうに見な V114 せば、（神の会衆としての）教会なるものにおいて、どのような崇敬を神は望まれるのかという問いは、たんなる理性だけでは答えられないように思われ、むしろ啓示によってのみ私たちに知らされる法規的な立法というものを、したがって純粋宗教信仰とはちがって教会信仰と呼べるような歴史的信仰を、必要とするように思われるのである。そもそも前者にあって大切なのは神への崇敬の実質をなすものだけである。すなわち、すべての義務を神の命令として遵守することだけであって、遵守は道徳的心術において生起するのである。ところが教会は、そのような心術の下に多くの人々を統合して道徳的公共体になったものだから、ある公の義務づけを、つまり経験制約にもとづいた特定の教会形式を必要とするのである。これはそれ自体では偶然的で多様な形式であり、したがって神の法規的な法則がなければ義務としては認識できないような形式である。しかしそれが必要だからといって、この形式の規定がただちに神的立法者の営みと見なされてはならず、むしろ根拠をもってこんなふうに想定できるのである。すなわち、このような公共体という理性理念を私たちが遂行すること、また人間が一つの教会のさまざまな形式を試みて、たとえ不運にも失敗したとしても、それでもなお必要とあらば、以前の試みに見られる誤りをできるだけ避けるような新たな試みをなし、この目的の追求をやめるべきではないこと、これこそ神の御心なのだというふうに W766 である。それは、この営みが同時に人々の義務でもあって、全面的に彼ら自身に委ねられているからである。したがって、なんらかの教会の創設と形式のためには、あえて法則を神の法規的な法則と見なす理由はなく、むしろそのように言いふらして、教会の形式のさらなる改善のための労苦を免れようとするのは、僭越であるばかりか、神の権威を詐称して教会規則で大衆にくびきをかけるために、いっそう高次の威信を簒奪することですらある。しかし、だからといって、ある教会の構成がなされている様式が、ひょっとしたら神による特別の措置ではあるまいかということをただちに否認するのも、これまた自惚れということになろう。すくなくとも私たちの洞察するかぎりでは、教会が道徳的宗教と最大限に一致しているならば、さらに加えて、公衆には宗教概念の点でしかるべく準備された進歩もないのに、そのような教会が突如として出現しえたのはどうしてなのかが、十分に洞察できないとすれば、そのことを否認するのは自惚れであろう。ところで教会を創設すべきは神なのか、それとも人間自身なのかというこの課題のおぼつかなさのうちで、礼拝宗教(cultus 祭祀)に向かう人間の性癖があらわれてくる。またこの宗教は恣意的な準則にもとづくので、法規的な神の法則への信仰に向かう性癖もあらわれてくるのである。それはしかし、最善の生き方(純粋道徳宗教の準則にしたがえば人間はつねにこれをとるにしても)のうえにさらに、理性によっては認識できず、むしろ啓示を必要とするような神の立法が付け加わらなくてはなるまいということを、前提してのことである。これが直接めざしているのは最高存在者への崇敬である(といっても、理性によりすでに私たちに指定されている神の命令の遵守を介してではない)。ところでこれにより次のことが生じる。すなわち一つの教会への統合、教会に与えられるべき形式に関する一致、さらに宗教における道徳的なものを促進するための公の執り行いなど、これらがそれ自体で必要だとは、人々がけっして思わないようになるだろうということである。むしろそれらは儀式により、啓示された法則の信仰告白により、また教会の形式(しかしそれ自体は手段である形式)に属する準則を守ることなどによって、彼らのいうところの神への奉仕をなすために必要だと思うようになるだろう、ということである。これらの厳律はすべて、根本において道徳的にどちらでもない行為なのに、それがひたすら神のためになされるべきだとされ、まさにそのためにいっそう神に嘉されるものだと見なされるようになるわけである。したがって倫理的公共体となるように人々に働きかけるという点で、自然的には†教会信仰の方が純粋な宗教信仰に先立つことになる。そして神殿(公の礼拝のために聖別された建物)は教会(道徳的心術を啓発したり振興したりするための集会所)よりも先であったし、司祭(宗教儀式の神聖な主宰者)は聖職者(純粋に道徳的な宗教の教師)よりも先であったわけで、いまでも彼らの大部分は地位が高く、大衆もそれを認めているのである。

† 道徳的には逆の順序で進行するはずであろう。

さて、したがって純粋宗教信仰を促進するために、法規的教会信仰というものが人間を公に統合するための乗物(17)にして手段として、前者に添えられるのではないこと、これがどうしても動かないとすれば、さらに認めねばならないことは、教会信仰を変わらずに保持することも、一様に普遍的に流布することも、またこの信仰において受け入れられている啓示への尊敬すらも、それらに十分な配慮がなされうるのは、伝統によったのでは難しく、むしろ書き物によってのみだということである。書き物はそれ自身も啓示として、同時代や後世の人々の尊崇の対象でなくてはならないからである。そもそも人々の、礼拝義務を確信しようとする要求がこれを求める*のである。聖典(18)というものは、それを読まない人々にあってさえ、このうえなく大きな尊敬を獲得するものであり、すくなくとも、そこから脈絡のある宗教概念を作ることのできない人々にあってさえそうであるし(そしてまさしくこれらの人々においてこそ、もっともそうなのであるが)、そこに書かれているということは、いかなる非難*をも却下してしま

A107　C252 V116　C251 V115　C252 V116

う至上命令であって、どんなに理屈をこねても、これに刃向かったのでは功を奏さないのである。それゆえ聖典で教義問題を説明すべき箇所も端的に言[19]と呼ばれるのである。このような経典を解釈する特定の人々*は、まさに解釈者という仕事そのものによって、いわば聖別された人たちであり、歴史も証明しているように、破壊的な国家革命さえ経典にもとづいた信仰を根絶できなかったが、しかし伝統と昔ながらの公の厳律にもとづく信仰は、国家の混乱と同時に没落を見たのである。人間の手に渡ったそのような聖典が信仰の掟である法規とともに、こよなく純粋な道徳的宗教論をも同時に完全な形でふくんでいるならば、そしてこの宗教論が(それへの導入のための乗物*としての)法規との最善の調和にもたらされうるならば、幸いなるかなである!(原注) その場合、聖典はそれにより達成されるべき目的のためにはもちろん、聖典により生じた人類の照明の起源を自然法則によって理解することの困難さのゆえにも、れっきとした啓示に等しい威信を主張できるのである。

(原注)　〔幸いとは〕願わしきもの、あるいは望ましいものであっても、私たちには予見もできず、経験法則にしたがった努力によっては招来もできないようなものすべてを表す言葉であり、したがってその根拠を挙げようと思えば、慈しみ深い摂理といったもの以外には、何も申し立てることのできないもののことである。

*　*　*

さて、この啓示信仰なるものの概念に付随する事柄について、なお、若干。

(真なる)宗教*は一つしかないが、信仰にはいろいろな様式がありうる。——さらに付け加えることができようが、種々の教会は信仰様式が違うためにたがいに分かれているにしても、しかしそうした相違のうちにも同一の真なる

W768　V117　C253　C252　C253　A108

宗教を見出せるのである。

だから、この人はこれこれの宗教をもつ人間だというよりは、これこれの(ユダヤ教、イスラム教、キリスト教、カトリック、ルター派の)信仰をもつ人間だという方が適切である(実際にもこの言い回しの方がよく用いられる)。大勢の公衆に公式に話しかけるとき(カテキズムや説教などのとき)には当然、前の方の表現は用いるべきですらないだろう。そもそも近代語には同義語が見あたらないにしても、宗教という表現は公衆にはあまりにも専門的で難解にすぎるのである。ふつうの人にとって宗教といえば、つねに自分にとって明らかな自分の教会信仰のことであって、宗教が内面的に隠れていることとか、宗教で大切なのは道徳的心術だといったことが、理解されているわけではないのである。この人はこれこれの宗教を信奉しているといえば、大部分の人々に敬意を払いすぎることになる。大部分の人々は宗教を知りもせず求めもしないし、法規的教会信仰こそ、宗教という語で彼らの理解するすべてなのである。いわゆる宗教紛争も実にしばしば世界を震撼させ、血に染めてきたのであるが、これも教会信仰をめぐる喧嘩以外であったためしはないし、抑圧された者の嘆きは、元来、宗教信奉が妨げられた点にあったのではなく(そもそもそれは外的な力のなしうることではないのである)、教会信仰を公に遵守することが許されなかった点にあったのである。

ところでよく起こることだが、ある教会が、我こそ唯一の普遍的教会なりと自称する場合(教会は特殊な啓示信仰にもとづいており、これは歴史的なものだから、何人《なんぴと》にもその要求は断じてできないのにである)、その(特殊な)教会信仰をまったく承認しないと、教会から不信仰者と呼ばれ、心底から憎まれるし、部分的に(非本質的な点で)教会と見解を異にすると、誤信者と呼ばれ、伝染の恐れがあるとして、すくなくとも敬遠される。最後に、その教会を信じていることを告白はしても、教会信仰の本質的な点(そのためにこそなされる点)で教会と見解が異なると、とりわけ誤信を広める場合には、異端者と呼ばれ(原注)、まるで謀反人のように、外敵よりももっと罰せられるべき輩《やから》だと見なされて、教会はその人を破門によって追放し(元老院の許可を得ずにルビコンを渡った者にローマ人が宣告したような破門によって)、地獄のあらゆる神々に引き渡してしまうのである。ある教会の教師なり首脳なりが教会信仰の点で唯一正しいと僭称するような信仰は正統と呼ばれるが、これは専制的な(野蛮な)正統とリベラルな正統とに区分することもできよう。――わが教会信仰こそ普遍的に拘束力をもつと公言する教会をカトリック教会と呼び、他の教会のこのような主張に抗議する教会を(もっともこれも、他方の教会と同じ主張をなせるものなら、それをなすに吝《やぶさ》かではないということがしばしばあろうが)プロテスタント教会と呼ぶにしても、注意深く観察してみれば、プロテスタント的カトリック信者の多くの称賛すべき実例に出会うであろうし、それに反して頑迷このうえないカトリックのようなプロテスタント信者の不快な実例には、もっと多く出会うであろう。先の方は拡大的な考え方(彼らの教会は多分そうではないにせよ)の人々の例であり、これと著しい対照をなすのが後の方の例であって、考え方がひどく制限的なのであるが、これはけっして彼らのためにはならない。

W770　V119 A109

(原注)　モンゴル人はチベットのことをTangut-Chazar*と呼んで、つまり家に住む人々の国と呼んで、荒野でテント暮らしをする遊牧民である自分たちと区別する(ゲオルギウス『チベットのアルファベット』[20]一一頁による)。このTangut-Chazar から Chazaren という名称が生じ、Chazaren から異端者 Ketzer という名称が生じた[21]。それは、チベットの信仰(ラマ教)はマニ教と一致し、おそらくマニ教に起源をもつのであるが、モンゴル人はこの信仰に帰依していたし、ヨーロッパ侵入に際してこの信仰を広めたからである。そのために長い時代にわたって、異端者 Haeretici とマニ教徒 Manichaei の名称は同義語として使用されていたのである。

A108 V118 W769　A109 W770

VI　教会信仰は純粋な宗教信仰を最高解釈者とする C255 V119

すでに述べたように、教会が啓示信仰にもとづく場合、しかしこの信仰は歴史的信仰なので(経典により広く流
布し、はるか後の子孫にまで保証されているにしても)、それを教会は説得力をもって普遍的に伝達できないわけ
だから、教会としては真理性のもっとも重要な表徴を、すなわち普遍性への正当な請求権という表徴を、欠くこと W771
になる。それでも万人の自然的欲求のゆえに、つまり最高の理性概念や根拠にたいしてつねに何か感性的で頼れる
ものを、なんらかの経験的な証といったものを、求めたいという欲求のゆえに(実際、ある信仰を一般に紹介しよ
うとする意図があると、これを考慮しないわけにはいかない)、なんらかの、ふつうはすでに目の前に見出される
歴史的教会信仰なるものを利用せざるをえないであろう。

さてしかしかかる経験的信仰は、見たところ偶然が仕組んで私たちの手に入るようにしたものであるが、これを A110 V120
道徳的信仰の基礎(それが目的であれ補助手段であれ)と調和させるには、私たちの手に入った啓示の解釈がさらに
必要となる。すなわち啓示を残るくまなく釈き明かして一つの意味にいたることが、つまり純粋理性宗教の普遍的
な実践的規則と一致するような意味にいたることが必要なのである。そもそも教会信仰の理論的な部分は、人間の
すべての義務を神の命令として履行するように(これこそあらゆる宗教の本質的なものをなしている)それが働きか
けないなら、私たちの道徳的関心を呼ぶはずがないのである。この解釈は原典《テクスト》(啓示)に関してすら無理があると思
われることが、しばしばあるかもしれないし、またしばしば実際にもそうであるかもしれないが、それでも原典か

らその解釈を想定するのが可能でさえあれば、この解釈の方が文字通りの解釈よりもよしとされなくてはならない。文字通りの解釈というのは、道徳性のためになるようなものは何ひとつふくまないか、あるいは道徳性の動機に反対にさえ作用しかねないか、†いずれかだからである。――また、一部が聖典に記されているような古今のあらゆる信仰様式はつねにそのように見なされてきたし、理性的で思慮深い民族の師たちは実に長期にわたって聖典を釈き明かしてきて、徐々にその本質的な内容が普遍的な道徳的信仰命題と一致するようにしたのであるが、これも分かっていただけるだろう。ギリシア人のあいだでも、後にはローマ人のあいだでも、道徳哲学者は自分たちの寓話的な神話学について、これとまったく同じように*徐々にそれをなした。彼らはきわめて粗雑な多神教をも、最終的には一なる神的存在者の諸性質の象徴的表象にすぎないと解釈する術を心得ていたし、詩人たちの描く多くの不道徳な行為に、あるいは狂暴とはいえ美しい夢想の数々にも、神秘的な意味をもたせる術を心得ていたのであって、その意味によってこそ、一個の民族信仰が(これを根絶するのは誉められたことではなかったろう、なぜならひょっとしたら、根絶から国家にとってもっと危険な無神論が発生しかねなかっただろうから)万人に理解できて唯一有益でもあるような道徳的教説に近づいたのである。後期ユダヤ教やキリスト教でさえ、このような部分的には実に無理のある解釈からなっているが、しかしどちらも疑いなくよき目的のために、また万人に必要な目的のために、そうなっているのである。イスラム教徒のパラダイスは一切が感性に捧げられるようなものであるのに、彼らイスラム教徒たちは、このようなパラダイスの描写に非常にうまく精神的意味を与える術を心得ている(これはレランド[22]が示している)。それにインド人はヴェーダ*の解釈で、すくなくとも民族のかなり教養ある部分にたいしては、これとまったく同じことをしている。――しかしこれがなされえて、しかも民族信仰の文字通りの意味にさほど悖《もと》

C 257　A 111　C 256 V 121 W772

ってもいないということ、これは次のような理由からくる。すなわち民族信仰よりも前のはるか昔から、道徳的宗教のための素質が人間理性のうちに潜んでいたからであり、この素質の最初の未熟な表出は礼拝にまつわる儀式だけをめざして出てきたのに、そしてこのためにこそ、もろもろのいわゆる啓示のきっかけとなったのではあるが、しかしこの表出によって、啓示と称するものを通して、素質が超感性的起源の性格をもつといったようなこと〔意味〕が、意図的にではないにせよ、こうした詩作[23]のなかにさえも込められたからなのである。――また、そのような解釈が不誠実だと責めることもできない。ただしそれは、私たちが民族信仰の信経《シンボル》や聖典にも与えている意味は、詩作の方でも最初から意図していたものだと主張するということではなく、それは脇に置いて、詩作の作者たちをそのように理解する可能性だけを想定するならばの話である。そもそもこうした聖典を読むことなりその内容を調べることなりですら、究極の意図はよりよき人間となることなのであるが、歴史的なものはそれになんら寄与するわけではなく、それ自体においてはまったくどうでもよいことであって、これについては好きなように態度を取れるのである。――(歴史信仰は「それ自体では死んで[24]」いる、すなわち信仰告白として見た場合、それだけでは私たちにとって道徳的価値があるようなものを何ひとつふくむわけではないし、そのようなものに導くわけでもないのである。)

V122 W773

† このことを実例をあげて示すなら、『詩編』五九の一一節から一六節[25]までがよい。そこにはこともあろうに復讐を願う祈りが見出され、驚愕するほどである。ミヒャエリスはこの祈り[26]を是認して、さらに次のようにいっている(『道徳学』第二部、二〇二頁)。「『詩編』は霊感を受けており、そこで罰を願う祈りがなされるからといって、不当なことではありえないし、私たちには聖書よりも聖なる道徳があってはならない。」いま私はこの最後の表現にこだわって、はたして道徳が聖書にし

C256 A110
C255
V120
W771

たがって解釈されねばならないのか、それとも聖書の方がむしろ道徳にしたがって解釈されねばならないのかと問おう。――さて、『新約聖書』にこんな章句がある。「昔の人々にいわれていたことがある云々。しかし私はあなた方にいう。あなた方の敵を愛し、あなた方を呪う者たちの祝福を祈りなさい云々[27]」。が、これまた霊感を受けているこの章句が先ほどの『詩編』といかにして両立しうるのかは、一応不問に付しておいて、私はまずは『詩編』の方を、それ自身で存立している私の道徳的諸原則に適合させようと試みるだろう（この場合、敵というシンボルの意味は、肉体をそなえた敵といったことではなく、それよりもはるかに破滅のもとになる目に見えない私たちの敵、すなわち悪しき傾向性のことであって、これは私たちが完全に征服したいと願わずにはおれないものだ、というふうに）。あるいは、これがどうしてもうまくいかないなら、むしろ、この章句はけっして道徳的な意味で理解してはならず、ユダヤ人が政治的元首としての神と自分たちとのあいだに見ていた関係のことをいっているのだと、理解する必要がある、と、こんなふうに私は想定するだろう。それはちょうど聖書の別の章句も、このように理解されねばならないのと同じである。そこには「〝復讐は私のすること、私が報復する〟と主はいわれる[28]」と書いてある。ふつうこの章句は私的復讐にたいする道徳的警告だと解釈されている。ところがこれが暗示しているのは、おそらく侮辱にたいする名誉回復を元首の法廷で請願するという、どの国家でも認められている法律にすぎず、この場合、原告の望む罰がいかに過酷なものであれ、その申請を裁判官は許可するにしても、しかし原告の復讐心が是認されたというふうにはけっして見なされてはならないということなのである。

W772　V121

A112　C257　V122　W773

したがって、ある書き物が神の啓示だと想定されたにしても、それが神の啓示であることの最高の基準は「神の霊感を受けた聖書はすべて、教え、戒め、改善などに有益である云々[29]」ということであろうし、ここでいわれている最後のこと、すなわち人間の道徳的改善こそ、あらゆる理性宗教の本来の目的をなすのだから、すべての経典解釈の最上原理は理性宗教にふくまれていることになろう。この宗教が「私たちをすべての真理に導く神の霊[30]」なのである。しかしこの霊は、私たちの誤りを正し、同時にまた原則により私たちを行為へと鼓舞する一方で、書き物がほかにどんな歴史的信仰をふくんでいようとも、それをことごとく純粋道徳的信仰の規則や動機に関係づけるような霊でもあるから、本来の宗教の本質をなすのは、いかなる教会信仰でもこの純粋道徳的信仰だけなのである。書き物の一切の研究や解釈は、そこにこの霊を探すという原理を出発点としなくてはならず、「聖書がこの原理について証《あかし》をするかぎり、そこに永遠の命を見出せるのである」(31)。

ところでこの経典解釈者には、これに従属する形ではあるが、さらに別の仲間が加わる。経典学者である。書き物は、すべての人間を一つの教会に統合するための、もっとも威厳のある道具であり、そしていまや世界のもっとも文明化された地域では、そのための唯一の道具だから、そのような書き物の威信が教会信仰を、それも民衆信仰として軽視できないものを、形成していくのである。軽視できないというのは、たんなる理性にもとづく教えは不変の規範としての用をなさないように、民衆*には思われるからであり、民衆*は神の啓示を求め、したがって書き物の起源の演繹による歴史的裏付けをも、威信に求めるからである。ところで人間の技と知恵では、最初の師の派遣信任状を調べようとして天にまで登ることはできず、むしろ内容からだけではなく、かかる信仰なるものの導入のされ方からも知られうるような表徴だけで、つまり人間による知らせだけで満足しなくてはならないし、そうした知らせの歴史的な信憑性を評価するには、結局きわめて古い時代にまでさかのぼって、それにいまでは死語となってしまった言語*のなかにも、知らせが探し求められなくてはならないのである。それゆえ経典の学識が必要とされようが、といってもそれは、宗教の威信を守るためにではなく(普遍的であるためには、宗教はつねにたんなる理性にもとづいていなくてはならないから)、書き物に基礎を置く教会の威信を守るためにである。たとえその学識*により明らかにされるのが、書き物が神の直接の啓示であるという想定を不可能にするようなものが、その起源

V 123　C 258 W774

にはふくまれていないことだけであるとしても、それは必要とされようし、それだけでも明らかになれば、書き物は神の直接的な啓示だという理念により道徳的信仰が特別に強化されると、人々が思い、この理念をよろこんで受け入れているなら、彼らがそれをそう思い受け入れるのを、そっとしておくには十分ということになろう。――しかし学識を必要とするのは聖典の考証だけではなく、いま述べたのと同じ理由から、解釈も学識を必要としているのである。そもそも翻訳でしか聖典を読めない学識のない者がその意味を確信できると、どうしていえようか。それゆえ原語にも通暁した解釈者は、理解が教会公共体に公開されうるための手段をその時代の状態や習俗や信念(民族信仰)から取り出してくるためには、さらに該博な歴史的知識と批判力をもそなえていなくてはならないのである。

それゆえ、いやしくも聖なる経典の本来の天命をうけた解釈者にして保管者であるのは、理性宗教と経典の学識なのである。ここで目を引くのは、彼らがこの領野で知見や発見を公に使用することが世俗の力に妨げられたり、特定の信仰命題にしばられたりしては断じてならないということである。さもないと、信徒(32)が自分たちの意見を、それも彼らは聖職者(33)から啓発を受けてもつにいたったにすぎないのに、聖職者に無理やり擁護させることになろうからである。国家は学者や道徳性の点で誉れ高い人々に不自由しないように配慮し、これらの人々が教会体の全体を取り仕切るようにして、こちらの方の配慮は彼らの良心に任せておけば、それで国家の義務と権限に伴う一切をはたしているのである。しかし彼らの義務や権限を学校にまでもちこんで、その争いに掛かり合うのは不当な要求というものであり(争いがあっても説教壇からの扇動さえなければ、教会の公衆はまったく平和そのものなのである)、こんな要求を公衆が立法者*になすのは、不遜でなければできないことである。なぜなら学校は立法者の尊厳

C 259　V 124　W 775　A 113

の下にあるからである。*

解釈者の職分をねらう第三の僭称者がさらに登場するが、これは書き物の真の意味を認識するには、同時にそれが神に起源をもつことを認識するには、理性も学識も必要ではなく、内的感情だけがあればよいとする。「聖書の教えにしたがい、その命ずるところを行う者には、教えが神からのものであることはたしかに分かるだろう[34]」ということ、もちろんこれは否定できないし、聖書を読んだり朗読を聞いたりする人間は、よき行為や正しい生き方にいたろうとする衝動を感じるにちがいないので、この衝動からも、その人は聖書の神性を承服するにちがいあるまいということ、これも否定できない。衝動は、人間を熱烈な尊敬で満たす道徳法則からくる作用にほかならないし、それゆえにこそ、道徳法則は神の命令だと見なされるのにもふさわしいからである。しかし法則の認識や、それが道徳的であることの認識が、なんらかの感情から推論されたり突き止められたりすることがありえないように、いやそれ以上に、いやしくも神からの直接の影響だという確実な表徴が、感情などにより推論され突き止められることなどありえないのである。なぜなら衝動という同一の結果には原因が一つ以上成り立ちうるからであり、いまの場合、理性により認識される法則の(また教えの)たんなる道徳性がその原因だからであるし、また〔衝動がどこからくるのかという〕起源のたんなる可能性の〔解釈の〕場合ですら、あらゆる狂信の徒に門戸を開こうとするのでないならば、そして他のすべての空想的感情と親近性をもつからといって、明確な道徳的感情からさえも尊厳を奪い取ろうというのでなければ、この起源には先ほどの〔道徳法則にもとづいた〕解釈を施すのが義務だからである。——感情は法則から生じ、あるいはまた法則にしたがって生じるのであり、法則があらかじめ知られていても、感情は各人が自分だけでいだくものであって、誰もそれを他人に強要できず、したがって感情こそある啓示が真実で

V125 W776　A114　C260

あることの試金石だと吹聴することも、誰にもできないのである。そもそも感情が教えるものは何ひとつなく、むしろ感情がふくむのは、主体が快・不快に関して触発される際の触発のされ方だけであって、これに認識の基礎が置かれることはありえないのである。――

したがって書き物以外には教会信仰の規範はなく、その解釈者も純粋理性宗教と、そして経典の学識(これは経典の歴史的なものに関わる)とを除いてはない。このうち純粋理性宗教のみが真正のもので、あらゆる人々に妥当するが、経典の学識は教理的にすぎず、特定の時代の特定の民族のためにたえず維持されるような一定の体系へと、教会信仰を変えるだけなのである。教会信仰に関していえば、歴史的信仰がとりわけ経典学者やその洞察へのたんなる信仰となるのはどうしようもなく、いうまでもなく、このことはとくに人間本性の名誉となるわけではないにしても、しかしこれは公の思想の自由により修復されるわけで、それだけにこの自由にはいっそう大きな権限が与 V126 W777
えられているのである。なぜなら、学者は自分の解釈を万人の吟味に委ね、同時に学者自身も、よりよき洞察につねに心を開き、感受性をもちつづけることによってのみ、自分たちのなす〔解釈上の〕決定を公共体が信頼してくれると期待できるからである。

VII　教会信仰が純粋な宗教信仰の単独支配へと漸次的に移行することは神の国が近づくことである A115

真の教会の特徴はその普遍性だが、普遍性の表徴はそれが必然的であること、また唯一の仕方でしか規定できないことである。さて歴史的信仰には(これは経験としての啓示にもとづくので)局部的な妥当性しかない、すなわちこの信仰の拠り所となっている歴史が届いている人々に妥当するだけで、あらゆる経験認識と同じように、信じている対象がこうでなければならず、それ以外ではないにちがいないという意識をふくむわけではなく、対象がこうであるという意識をふくむだけで、それゆえ自らの偶然性の意識をも同時にふくんでいる。したがって歴史的信仰は教会信仰(これは複数存在しうる)には十分であるが、しかし*純粋宗教信仰の方は全面的に理性にもとづくので、これだけが必然的だと認識されうるし、それゆえこれだけが真の教会を顕彰するような唯一の信仰として認識されうるのである。――したがって(人間理性にとって避けられない制限により)たとえ歴史的信仰は伝道手段となって純粋宗教を触発しようとも、しかしそのような手段*でしかないという意識があれば、また教会信仰としては純粋宗教信仰にたえず接近して、最後にはそのような伝道手段がなくともやっていけるようになること、という原理を帯びているならば、そのような教会はつねに真の教会と名乗ることができるにしても、しかし歴史的な教義[35]については争いが避けられないので、争う教会としか呼ばれないのである。とはいえこれは、最後には一切を統合し勝利を祝う不変の教会になっていく展望をそなえているのである！　誰であれ、永遠に幸福であることの道徳的感受性(それにふさわしいこと)をそなえているなら、その人の信仰は浄福になる信仰[36]と呼ばれる。したがってこれだけが唯一の信仰でもありうるし、教会信仰は異なっていても、それが各人のうちでその目標をめざして、つまり純粋宗教信仰をめざして実践的[37]となっているならば、何人《なんぴと》のうちにも浄福になる信仰が見出されうるのである。ところが礼拝宗教の信仰は苦役と報酬の信仰(fides mercennaria, servilis 黄金と結びついた奴隷的信仰)であり、これは道徳的ではないから、浄福になる信仰とは見なせない。そもそも浄福になる信仰は純な心根にもとづいた自由な信仰

(fides ingenua 自由人の信仰)でなくてはならない。礼拝宗教の信仰の方は(祭祀 cultus という)行為によって、しかも(面倒ではあるが)それだけでは道徳的価値をもたず、したがって恐怖や希望によって強制されたにすぎず、悪人でもなしうるものであるのに、そうした行為によって神に嘉されるようになれると妄想するが、しかし浄福になる信仰の方は、神に嘉されるようになるには道徳的によき心術が必要だとして、これを前提するのである。

浄福になる信仰は、その人が浄福を希望するための制約を二つふくんでいる。一つは、自分ではなしえないことに関する制約、すなわちすでになされたその人の行為を法的に(神的審判者の前で)なされなかったものとすることに関する制約であり、もう一つは、その人が自分でなしえて、かつなすべきことに関する制約、すなわち義務にかなった新しい生命に生きることに関する制約である。第一の信仰は贖罪(罪責の返済、救済、神との和解)への信仰であり、第二の信仰は今後続けるべきよき生き方により神に嘉されるようになれるという信仰である。——二つの制約は一つの信仰にほかならず、必然的な形でともに一つの全体をなしている。しかし両制約の結合の必然性は、一方が他方から導き出されると想定する以外には洞察できない。したがって私たちの心を苦しめる罪責の赦免がよき生き方を生み出すと想定するか、さもなければ、どんなときでもよき生活を送るべきだという誠実で活動的な心術こそが赦免の信仰を、道徳的に作用する原因の法則によって生み出すと想定するか、そのいずれかの場合にのみ両制約を結合する必然性が洞察されうるのである。*

ここにあらわれてくるのは人間理性のそれ自身との注目すべきアンチノミー[38]であり、その解決によってのみ、あるいは解決が可能でないということになれば、すくなくともその調停によってのみ、以下のことに決着がつけられるようになる。すなわち、はたして純粋宗教信仰のうえに、浄福になる信仰の本質的な部分として歴史的(教会)信仰が付け加わらなくてはならないのか、それとも歴史的信仰はたんなる導きの手段だから、最後には、この最後という将来がいかに遠くとも、純粋宗教信仰へと移行していけるのかということ、これである。

一、人間の罪のための贖罪がなされたと仮定してみよう。すると、どんな罪人でも贖罪を自分に引きつけて考えたがるというのは十分理解できるし、しかも肝要なのが信仰だけなら(告白としてのその意味は、贖罪が自分のためにもなされているようにと欲するというほどのことである)、そのためにどんな罪人でも一瞬たりとも疑念をいだくまいことも十分理解はできるのである。それにしても、まったく洞察できないのは、立派な理性的な人が自分は罰に値すると知りながら、自分のために贖罪がなされたという知らせ[39]を信じればよいと、また、その知らせが(法律家のいうように)有効utiliterだと受け入れさえすればよい、それで自分の罪責は抹消されると、どうして真剣に信じられるのか、それも、これまではよき生き方のための労苦をいささかも払わなかったのに、来世でもよき生き方がこのような信仰の必然的な結果となるだろう、また差し出された恩恵を受け取ることの必然的な結果になるだろうというほどに(根こそぎにといってよいまでに)帳消しにされると、どうして信じられるのかということである。自分ではそのために何もせず、何もできないような善を求めるたんなる願い*が、たとえ自己愛のためにしばしば希望に変わることがあろうとも、またそれがまるでただの憧れに誘われて願いの対象がおのずと出てくるかのようであろうとも、思慮深い人間がこのような信仰を心に生じさせることはありえないのである。そんなことが考えられるのは、その人がこの信仰そのものを天から受けた霊感と見なし、したがって、もはや理性には申し開き不要の何かだと見なす以外にはできないことである。その人にこれができないのであれば、あるいはまだ正直すぎて、かかる信頼をただの取り入る手段として内面で取り繕《つくろ》えないのであれば、このような身にあまる贖罪を尊敬していようとも、また贖罪なるものが自分にも開かれますようにとの願いをいだいていようとも、しかしその人としては、贖罪は制約されたものにすぎないと見なすほかないであろう。すなわち、能力のおよぶかぎりでの生き方の改善が先立つのでなければ、かかる高次の功績が助けてくれるという希望をいだく根拠は露ほども与えられまいということである。——したがってこの功績についての歴史的認識は教会信仰に属し、しかし制約としての生き方の方は純粋道徳信仰に属するのだから、純粋道徳信仰の方が教会信仰に先立たなくてはならないことになろう。

二、しかし人間は生来腐敗しているのだから、もしも——これまで犯してきた数々の違反を意識しつつ——いまだに悪の原理の力に服していて、今後、よりよくやっていくための十分な能力を自らのうちに見出さないなら、どれほど努力してみても、その自分が神に嘉される新しい人間になれると、どうして信じられようか。人間は正義を自分にたいして激昂させたのに、その正義が他者の贖罪により宥《なだ》められていると見なし、この信仰により自分自身もいわば新生したと見なして、そのようにして漸く新しい生き方を、つまりそれから後は、信仰と一体となった善の原理の結果ともなるであろう生き方を、もしはじめられないとすれば、その人は神に嘉される人間になるという希望を何にもとづかせようとするのか。*——それゆえ自分のものではない功績、しかもそれにより自分が神と和解させられるような功績への信仰が、善行をなそうとするあらゆる努力に先立たなければならないわけで、これは先の命題(40)と矛盾するのである。この争いは人間的存在者の自由の因果規定を、すなわち人間をよくしたり悪くしたりする諸原因の因果規定を洞察することによっては、したがって理論的には調停できないのである。そもそもこの問いは理性の思弁能力全体を超えているのである。しかし実践的なものにあっては、私たちの自由な選択意志の使用にとって自然的に第一のものは何なのかは問われず、道徳的に第一のものは何なのかが問われるわけであり、だか

C264　A118
V130
W781

ら何からはじめればよいのか、私たちのために神がなしてくださったことへの信仰からなのか、あるいは(その本質が何であれ)そのことにふさわしくなるために私たちがなすべきことからなのかについては、後者に決定するのになんの懸念もないのである。

そもそも救済のために第一の要件を、すなわち身代わりの贖罪への信仰を想定することは、せいぜい理論的概念にとって必然的であるにすぎないのであって、これ以外に罪の贖《あがな》いは私たちに理解できるようにならないのである。これに反して第二の原理〔神のなしたまう功績にふさわしくなるには、なすべきことをなすという原理〕の必然性は実践的であり、しかも純粋に道徳的である。他者による贖罪の功績すら自分のものとし、かくして浄福に与《あずか》ると安んじて希望できるのは、どんな人間的義務でも遵守するという努力によって、その資格が与えられる場合以外にはなく、義務の遵守は私たち自身の努力の結果でなければならないのであって、これさえも他者の影響で、しかもその際、私たちが受動的だというのであってはならないのである。そもそも、義務を遵守せよという命令は無制約なので、人間がこれを格率として信仰の裏打ちとするのは、すなわち生活の改善からはじめて、これを最上制約とするのは、この制約の下でのみ浄福になる信仰が起こりうるのだから、これまた必然的なのである。

教会信仰は歴史的信仰なので、当然、第一の要件からはじめるが、しかしこの信仰にふくまれているのは純粋宗教信仰のための乗物だけだから(純粋宗教信仰にこそ本来の目的がふくまれている)、実践的な信仰としての純粋宗教信仰において制約であるものが、すなわち行いの格率が、はじまりをなさなくてはならないし、知あるいは理論的信仰という制約は、格率の強化と完成とを生じさせるだけでなければならないのである。

ここからさらに見て取れるように、第一の原理によると、信仰(すなわち身代わりの贖罪へのそれ)が人間の義務とされようし、それに反してよき生き方の信仰は、いっそう高次の影響により生じさせられたのだから、人間にとっての恩寵とされよう。――しかし第二の原理によると事態は逆なのである。そもそもこれによると、よき生き方が恩寵を受けるための最上制約だから、それこそが無制約な義務であり、それに反していっそう高次の贖罪はたんなる恩寵の事柄なのである。――第一の原理は、礼拝にまつわる迷信だと非難される(不当でないことがしばしばであるが)。迷信は、罰せられるべき生き方でさえ宗教と統一してしまう術《すべ》を心得ているからである。第二の原理は自然主義的不信仰だと非難されるが、この不信仰は、啓示信仰以外の点ではひょっとしたら実に模範的でもある生き方に、あらゆる啓示への無関心を、それどころか反抗心をさえ結びつけるからである。――しかしこうなると、結び目を(理論的に)解きほぐすどころか、(実践的格率なるものにより)切断してしまうことになろうが、もちろんこれも宗教の問題にあっては許されている。――とはいえ、後の方の不当な要求を満足させるには、以下のことが役に立つかもしれない。――神に嘉される人間性という原像(神の御子)への生きた信仰はそれ自体では道徳的理性理念に、この理念が規準としてばかりか動機としても役立ってくれるかぎりで、関係づけられているのであって、それゆえその信仰は合理的な信仰だから、私はこの生きた信仰からはじめようが、よき生き方という原理からはじめようが、同じことなのである。ところが、現象におけるこの同じ原像への(神人への)信仰は経験的(歴史的)信仰なので、よき生き方という原理と同じではないから(この原理はまったく合理的でなければならない)、現象におけるこの原像への信仰からはじめて†、そこからよき生き方を導き出そうとするなら、それは先の場合とまったく別のものとなろう。したがってそのかぎりでは、先ほどの二命題のあいだに背反があることになろう。しかし神人の現象にあって浄福になる信仰の客体となるのは、神人の感官に現れてきたり経験により認識できたりする部分ではなく、私たちの理性にふくまれている原像を私たちは神人の根底に置くのだから(それは、この実例において知覚されるかぎりで、神人が原像にかなっていると認められるからである)、本来、この原像こそ浄福になる信仰の客体なのである。そしてかかる信仰こそ神に嘉される生き方という原理と同一のものなのである。――したがってここにあるのはそれ自体において異なった二つの原理ではない。さもなければ、そのいずれかを出発点にして、相反する道をとって進まねばならないことになろうが、そうではなく、ここには同一の実践的理念があるにすぎず、私たちの出発点となるのはこれなのである。それは、一方ではこの理念が神のうちにあり神から出てくるものとしての原像を意味しており、他方では私たちのうちにあるものとしての原像を意味しており、しかしいずれの場合にも、この理念は私たちの生き方の規準となるような原像を意味しているからにほかならない。するとアンチノミーは見かけだけのものにすぎないわけである。なぜならこのアンチノミーはまったく同じ実践的理念が異なった関係において取られているだけなのに、それを誤解して相異なった原理だと見なしているからである。――しかしかつてこの世に現れた現象が現実的だということへの歴史信仰を、唯一浄福になるような信仰の制約にしようとすれば、その場合にはもちろんまったく異なった二つの原理(一方は経験的で、他方は合理的な原理)があることになろうし、両原理をめぐっては、どちらを出発点とし、どちらからはじめねばならないかについて、格率相互のほんとうの背反が生じることになろうが、しかしそれはいかなる理性も調停できないであろう。――かつてひとりの人が存在して、その人は聖性と功績により*御自分のためにはもちろん(御自身の義務に関して)、すべての他者のためにも(そして義務に関する彼らの不足分のためにも)罪の贖いをなさったと信じなくてはならない(これについては理性は何も語ってくれない)、これを信じてこそ私たち自身がよき生き方において浄福になれると希望できる、しかしひたすら信じることよってのみそうなのだという命題、これは次の命題とはまったく別のことをいっている。すなわち力を尽くして神に嘉される生き方の聖なる心術を得ようと努めなければならない、そうしてこそ(すでに理性が保証してくれている)人類への神の愛は、人類が能力のおよぶかぎり神の意志にしたがおうと努力するならば、その誠実な心術を考慮して私たちの行いの不足分を、どのようにしてかは分からないにせよ、補ってくれるだろうと信じられるという命題、これとはまったく別のことをいっているのである。――しかし第一の命題の内容はいかなる人間にも(無学な人間にも)なし能《あた》う事柄というわけではない。歴史が証明しているように、あらゆる宗教形式を支配してきたのは、二つの信仰原理のこの争いなのである。そもそも、贖罪が何に置かれるかは宗教次第であるにせよ、あらゆる宗教に贖罪はあったのである。しかしすべての人間のうちなる道徳的素質の方でも、なんとかして要求を通そうとした。ところがいつの時代にも、不平を訴えるのはモラリストたちよりも司祭たちの方で、彼らが声を大にして(しかも乱脈を取り締まるようにと当局に勧告しつつ)嘆いたのは、礼拝は民を天と和解させ、国家を災いから守るために取り入れられていたのに、それが蔑ろにされていることについてであったが、それに反してモラ*リストたちが嘆いたのは人倫の頽落についてで、彼らはこれを例の贖罪の媒介のせいにしたのである。司祭たちは、何ぴとも神性との和解が容易になるようにと、どんなにゆゆしい悪徳に関しても、その媒介を取り計らったからである。実際、すでになされた負債、あるいはこれからなされうる負債を皆済するための基金がすでに無尽蔵に現存するのであれば、金を払えば(また良心のありとあらゆる要求があるので、疑いなくまず第一に金を支払うだろう)、負債のない身になれるわけで、他方よき生き方への企図は、まず負債を支払ってしまうまでに停止されることもありうるから、このような信仰の結果としてはそれ〔人倫の頽落〕(41)以外には考えにくいのである。――しかしこの信仰であっても、こんなふうに考えられるとすれば、どうなるであろうか。つまりこの信仰には特殊な力があり、特殊な神秘的(または魔術的な)影響力もあって、そのために、私たちの知るかぎりではたんに歴史的なものだと見なされるべきではあるが、しかしこの信仰と、それに結びつくさまざまな感情とに身を委ねるならば、人間を全面的に根本から改善することが(つまりその人を新しい人間にすることが)、この信仰にはできると考えられるとすれば、どうなるであろうか。そもそもその場合、信仰そのものが天から直接(歴史的信仰とともに、またその下で)授けられ霊感を受けたのだと見なされねばなるまいが、そうすると結局、人間の道徳的性質さえをもひっくるめて、一切が神の無制約な御心《みこころ》に帰着してしまうのである。「神は憐れもうと思う者を憐れみたまい、かたくなにしようと思う者をかたくなにしたまう」(原注)(42)というわけで、これは文字通りに理解すれば人間理性にとって「死の飛躍」salto mortale なのである。

† この信仰はかかる人格の現実存在を歴史的根拠にもとづかせなくてはならない。

(原注)　これはこんなふうにも解釈できる。つまり、ある人がよき人間になり、ある人が悪い人間になるのは(どちらも相対的だが)なぜなのか、これを確信をもっていえる人間はいない。この違いにいたる素質はすでに誕生のときにしばしば見られるように思われるし、誰にもどうしようもない人生のいろいろな偶然が、時としてこの違いに微妙な影響をおよぼすからであるが、その人が何になれるのかについても同じだ、というふうにである。したがってこれについては、一切を見そなわしたまう神に判断を委ねざるをえないわけであるが、このことはいまの場合、あたかも人々が生まれるよりも前に神の御心《みこころ》が彼らに言い渡されていて、それぞれが果たすべき役割の下絵を御心が描いてくれたかのようであると表現される。予見することは現象の秩序では世界創始者が、これがいまの場合、神人同感的に*さえ考えられるならば、同時にあらかじめ決定することでもある。しかし自由の法則にしたがう諸物の超感性的秩序では時間が脱落するので、すべてを見そなわしたまう知があるだけである。しかもなぜある人がある仕方で行動し、別の人がそれとは反対の原則にしたがって行動するのかを説明

A121　V134　V134 A121 A119 C267 C265 V133 V131　W785

することはできないし、しかも同時にそのことを意志の自由と統一することもできないのである。(43)

したがって、私たちのうちなる自然的素質の、そして同時に道徳的素質の、このすべての宗教の基礎にして同時に解釈者でもある素質の必然的結果ということにもなるが、経験的規定根拠や法規は歴史にもとづいており、教会信仰を介して善の促進へと暫定的に人間たちを統合していくにしても、最終的には宗教はそうした規定根拠や法規のすべてから徐々に解放されて、かくしてついには純粋理性宗教が一切を支配するようになるのである。「神が一切のうちにあって、一切となるために(44)」である。――胎児はまずは皮膜に包まれて人となったにしても、しかし皮膜は胎児が日の目を見るときに脱ぎ捨てられねばならない。聖なる伝承という幼児期の手引きひもは、法規や厳律といった付録とともに、そのときは十分役立ったにせよ、しかし次第に不要になるばかりか、青年期に入ろうとする頃にはついには足枷ともなるのである。人間(人類)は「子供だった」かぎりでは「子供なりに賢明であった(45)」し、人間の手を加えずに自らに課せられた教義に学識さえ結びつけ、それどころか教会に役立つような哲学すら結びつける術を心得ていたのに、「ところが大人となったいまは子供じみたものをすべて脱ぎ捨てる(46)」のである。信徒と聖職者との卑屈な区別はなくなり、真の自由から平等が発源するが、かといってそれは無政府状態ではない。なぜなら、それぞれが自己自身に指定する(法規的ではない)法則に服従するにしても、しかし同時にそれぞれはその法則を、理性により啓示された世界支配者の意志と見なさねばならないからであり、この意志こそがある共同体的な統治下で、目には見えない仕方で万民を一個の国家として結びつけるからであるが、しかもそれはあらかじめ目に見える教会によりわずかながらも表象され準備されていた国家だからである。――こうしたことすべては外的革命*(47)には期待できない。外的革命は僥倖に大いに左右されるような作用をまるで嵐のように暴力的に加え、その結果、新体制建設の際に一度犯した失策が数世紀を経ても悲しくも保持されるからである。それというのも、そのときの失策は新たな(つねに危険な)革命による以外は、すくなくとも革命以外のやり方では、もはや修正できないからである。——純粋理性宗教はすべての人間にたえず起こる*神の(とはいえ経験的ではない)啓示なので、この宗教の原理には諸物の新秩序へと超出するための根拠がふくまれていなくてはならず、それは成熟した省察にもとづいていったん理解されるや、人間の業《わざ》である以上、漸次的に前進する改革を通して遂行されるような超出なのである。さまざまな革命についていえば、そもそもそれによってこの前進を短縮できるにしても、しかし革命はあくまでも摂理に委ねられており、自由を損なわずに計画的に起こせるものではないのである。——

しかし当然、「神の国は私たちのところに来られた[48]」とはいえる。教会信仰が普遍的理性宗教に、かくして(神の)倫理的国家に移行するための原理がこの地上で普遍的に、どこかで公に根づいただけでも、これはいえるのである。たとえその国家の現実の樹立は私たちから無限に遠く離れたところにあるにしてもである。そもそもこの原理はかかる完全性へのたえざる接近の根拠をふくむゆえに、成長してやがては種を落とす萌芽としてのこの原理には(目に見えない仕方で)全体がふくまれており、この全体がいつかは世を照らし世を支配するはずなのである。しかし真にして善なるもの、これへの洞察や悲願のための根拠はいかなる人間の自然的素質にもふくまれているので、これが一度公になると、理性的存在者一般の道徳的素質との自然的な親和性のゆえに、かならずやすみずみにまで伝達されずにはいないのである。その普及には政治的市民的原因によるさまざまな妨害が次々と降りかかろうとも、むしろそのような妨害は善に向かう人心の統合をさらにいっそう緊密なものにするのに役立つのである(善は、人心がいったんそれを注視した後はもはや人心の思想から立ち去ることはない[原注])。

（原注）　教会信仰をお払い箱にもせず、それと戦いもせずとも、乗物としてのこの信仰からは有益な影響を受け取れるし、それにもかかわらず、礼拝にまつわる義務は妄想だとして、本来的（すなわち道徳的）宗教の概念におよぼすこの信仰の影響をことごとく取り除くこともできるわけで、そうすると法規的な教会信仰の種類は異なっていても、唯一の理性宗教の諸原則により、さまざまな信仰の信奉者たち相互の協調が作り出せるのであって、教師*たちはそれをめざしてあらゆる教義や厳律を解釈しなくてはならないのである。そしてついには時とともに真の啓蒙（道徳的自由から生じる法則性）が流布することで、あまり品位があるとはいえない強制手段*という形式を、道徳的宗教の尊厳にふさわしい教会形式に、すなわち自由信仰という形式に、万民の同意のもとに置き換えることができるのである。——教会信仰が一つであることと信仰の事柄[49]における自由との統一は一箇の問題であり、私たちがこの宗教に寄せる道徳的関心により、理性宗教の客観的統一という理念もたえずその解決を得ようとしているが、それにしても見える教会の形でのその成就ということになると、それを人間本性に尋ねてみれば、希望はほとんどないのである。それは理性の理念であって、それを適切な直観で表現することは私たちにはできないにしても、しかしそれも実践的統制的原理としては客観的実在性をもっていて、純粋理性宗教の*統一というこの目的をめざして影響力をおよぼすのである。国法の政治的理念についても、それを同時に一個の普遍的で主権をもつ国際法に関係づけようとするなら、事情は同じである。これにたいしては経験が私たちの希望をことごとく否認する。人類にはある性癖が（ひょっとしたら意図的に）宛《あてが》われているかのように見える。すなわち、望み通りになるなら、個々のどの国家も他国をすべて支配下に置いて普遍的君主国を樹立しようとするが、しかし一定の大きさに達すると、おのずと複数の小国に分裂するという性癖である。同様にどの教会も普遍的なものになろうという誇らしげな要求をいだくのに、しかしそれが広まって支配的になると、やがて解散という、またさまざまなセクトへの分離という原理があらわれてくるのである。

〔†　諸国家の早すぎる融合、そして早すぎるために（人間が道徳的に改善されるよりも前に生じるために）有害となっている融合をとくに妨げているのは——この点で摂理の意図なるものの想定を許してもらえるとすれば——強力に作用する二つの原因、すなわち言語の相違と宗教の相違である。〕

＊　＊　＊

これが人間の目には見えないにしても、たえず前進していく善の原理による働き、すなわち徳の法則による公共体としての人類のうちに主権を樹立し、国を樹立しようとする働きであって、この国は悪にたいする勝利を固守し、善の原理の支配下での世界の永遠平和を保証するのである。 A124 V137 W788

第二部　この世での善の原理による支配の漸次的建設についての歴史的表象

この世の宗教(語のもっとも狭い意味でのそれ)には人類の普遍史は要求できない。そもそも宗教は純粋道徳的信仰に基礎を置くものだから公の状態ではなく、むしろ各人がこの信仰において遂げた進歩を自分自身で意識できるだけなのである。したがって普遍的な歴史的描写が期待できるのは教会信仰にだけであって、それは、この信仰のさまざまな変化しうる形式が、唯一で不変の純粋宗教信仰と比較されることによってなのである。まずは教会信仰の方で純粋宗教信仰の制限的制約に依存していることを、またこの信仰と一致する必然性に依存していることを公に承認するならば、そこから普遍的教会が一つの倫理的な神の国家へと形成されはじめ、すべての人間にとっても、すべての時代にとっても同一であるような確固たる原理にしたがって、国家の完成に向けて前進しはじめるのである。――すでに見て取れるように、この歴史は礼拝の宗教信仰と道徳的宗教信仰とのたえざる戦いについての物語にほかなるまいが、それは人間は前者を歴史信仰としてつねに上位に評価したがるし、他方で後者は魂を改善する唯一の信仰だから、自らに属している優越権を放棄したことは、かつて一度もなかったし、確実に最後までそれを主張するだろうからである。

しかしこの歴史が統一性をもちうるのは、人類の特定の部分に、つまり普遍的教会の統一性に向かう素質がすでにいま発展間近にまでもたらされているような部分に、歴史が制限される場合だけなのだが、そこまでもたらされるのは、すくなくとも理性信仰と歴史信仰との区別に関する問いがその素質によりすでに公に立てられていて、その問いの決定が最大の道徳的関心事とされていることによってなのである。そもそも諸民族の教義の歴史は、*それらの民族の信仰がたがいに結びついていないなら、この制限の埒外での普遍的教会の統一性を認めないのである。しかしこのような統一性の一つと見なせないのは、かつて同一の民族内で、ある種の新しい信仰が生じていて、これまで支配的だった信仰とそれとがいちじるしく異なっている場合であって、この場合、たとえ旧信仰が新たな信仰の生まれるきっかけとなる諸原因を伴っていても、そのようには見なせないのである。けだし相前後する異なった信仰様式の継起を同一教会の変容の一つと見なそうというのなら、原理の統一性がなくてはならないからである。本来この同一の教会の歴史こそいま私たちが携わることなのである。

しかしこの意図で論じうる歴史というのは、そのはじまりの最初期から、真実にして普遍的な宗教信仰の客観的統一性に向かう萌芽と諸原理とを伴っているような教会の歴史、しかもこの宗教信仰に徐々に近づけられるような教会の歴史だけである。――そこでまず示されるのが、ユダヤの信仰はいまいったような教会信仰とは、つまり私たちが考察しようと思っているそれとは、どの点でもまったく本質的な繫がりがない、すなわち概念上、教会信仰との統一性がないということである。ユダヤの信仰が直接先立っていたにしても、また(キリスト教の)教会信仰建設の自然的な機縁となったにしてもである。

ユダヤの信仰はもともとの仕組みからいっても、法規的にすぎない律法の総括であり、国家体制もこれにもとづいていた。この総括にどのような道徳的補遺が当時すでに、あるいはその後に、付け加えられたにしても、それらはけっしてかかる総括としてのユダヤ教の一部をなすものではないのである。本来ユダヤ教は宗教ではまったくなく、むしろ人々の集合の統合にすぎず、人々はある特殊な血統に属していたので、政治的にすぎない律法の下で一つの公共体を形成したのであり、したがって一つの教会を形成したわけではないのである。むしろユダヤ教は世俗的にすぎない国家でなくてはなるまい。だからこそ、たとえば不運な偶然の数々により国家が引き裂かれても、いつかきっと(メシアが到来すれば)国家が復興されるという(本質的にユダヤ教の一部であるような)政治的信仰が依然として残るのであろう。* この国家体制が神権政体を基礎としているからといって(明らかに司祭や指導者の貴族制であって、彼らは直接神から授けられた教示*を誇りにしていた)、したがってそのような神の名が崇められるからといって、それでこの国家体制が宗教体制となるわけではないのである。神はここでは世俗的な統治者にすぎず、これは良心を通しても良心にたいしても、なんら要求をなすわけではないからである。国家体制が宗教体制とされてはならなかったことの証拠は明らかである。第一に、戒律がすべて外的な行為にのみ関わるものであるから、政治体制もそれを尊重しえて、強制法として課すことができるような種類のものばかりであるし、十戒は公に与えられていなくとも理性の前では倫理的戒律として妥当するとはいえ、しかしこの体制の立法では十戒も、遵守する際の道徳的心術への要求とともに与えられたわけではなく(後にキリスト教がこれを重視した)、もっぱら外的な遵守に向けられただけであって、これは以下のことからも明らかになる。すなわち第二に、十戒の履行なり違反なりの結果はすべて、つまり報酬や懲罰はすべて、この世で誰にでも授けられうるようなものだけにかぎられており、しかもけっして倫理的概念にしたがって授けられるわけではないのである。というのも報酬も懲罰も、戒律の実行や破戒に実践的に関与しなかった子孫にまでおよぶとされているからであるが、これはもちろん政治体制にあっては人々を従順にするための賢明な手段[50]たるに十分だとしても、しかし倫理的体制ではまったく公正さに反することになろう。さて来世を信じることなくしては、宗教はまったく考えられないわけだから、ユダヤ教はいま述べたようなものとしては、その純粋な姿を見るかぎり、まったく宗教信仰をふくんではいないのである。これは以下の所見により一段と強固になる。すなわちほとんど疑えないことであるが、ユダヤ人には来世なるものへの信仰などなかった、したがって天国と地獄への信仰などなかった、この点まったく他の諸民族と、もっとも未開の諸民族とすら、同じであるとしてよいのである。そもそもこの信仰は人間本性のうちなる普遍的な道徳的素質により何ぴとのうちにもおのずと生じてくるものなのである。したがってユダヤの民の立法者は神そのものとして表象されてはいるものの、来世をいささかも顧慮しようと意志しなかったのであり、このことが意図的になされたのは確実で、これは立法者が建設しようと意志したのは政治的公共体にほかならず、倫理的公共体ではなかったことを示しているのであって、今生では可視的になりようのない報酬や罰について政治的公共体で語ることは、先の前提下ではまったく筋の通らぬ不躾《ぶしつけ》な手順となっていたことだろう。さてやはり疑えないことだが、ユダヤ人もやがてはそれぞれが自分なりにある種の宗教信仰を作ったであろうし、それがユダヤの法規的信仰箇条に混入していたわけであるが、それにしてもその信仰はけっしてユダヤ教の立法にふさわしい項目をなしたわけではないのである。第三に、そのかぎりでユダヤ教は普遍的教会の状態にふさわしいエポックを切り開きそこなった、いいかえれば最盛期に普遍的教会になりそこなったのであり、むしろユダヤ教は全人類をその共同体から締め出し、自分たちだけがヤーヴェに選ばれた民だとして、他のすべての民を敵視したし、その見返りに他のいかなる民からも敵視されたのである。これとともにやはりさほど高く評価できないのが、ユダヤの民が可視的な像によっては表象できない唯一神を普遍的な世界支配者として立てたことである。そもそも他の大抵の諸民族の場合でも、教義はやはりそのような唯一神をめざしたのであって、それが多神教の嫌疑をかけられたのは、唯一神に従属する特定の強力な属神を崇敬するからにすぎないことが分かるのである。そもそも、道徳的心術の改善をまったく要求しない戒律の遵守をひたすら欲するような神などというのは、本来、宗教のために私たちがその概念を必要とする道徳的存在者ではないのである。むしろ宗教はそのような多くの力強い目に見えない存在者への信仰においての方がまだしも成立するであろう。たとえばある民族が、すべての神々の役割はちがっても、心を尽くして徳を信奉する人だけに神々に嘉されるだけの価値を、神々はこぞって認めてくれるのであると、そんなふうに考えるとするならば、たとえ唯一の存在者だけに信仰が捧げられていても、しかしそれが機械的な祭祀を重視する*ような存在者であるならば、後者よりもむしろ前者において宗教が成立することになろう。

したがって普遍的教会史が一個の体系をなすとすれば、私たちはそれをキリスト教の起源からはじめる以外にはない。キリスト教はユダヤ教に源を発したのに、そこからの完全な離脱として、まったく新しい原理に基礎が置かれ、教義の点で全面的な革命を引き起こしたからである。キリスト教の教師たちは両者を脈絡のある導きの糸でつなごうと苦労しているが、あるいははじまったばかりの頃は苦労しただろうが、それは新しい信仰は古い信仰の継承にすぎないと見なされるようにと、また古い信仰は新しい信仰の一切の出来事を雛形としてふくんでいたと見なされるようにと、教師たちが願うからであるにしても、その苦労があまりにもはっきりと示しているのは、その際の彼らの関心事は、民族が強くなじみすぎていた古い祭祀に代えて純粋道徳宗教を導入するのに、しかも民族のさまざまな先入見に真正面からは抵触せずにそれをなすのに、もっともふさわしい手段のことだけであるということ、あるいはそのことだけであったということである。身体的な目印がこの民族を他の民族からはっきりと分けるのに役立っていたが、後にこれを廃止したことからも判断できるように、新しい信仰は、すなわち古い信仰の法規に束縛されないばかりか、そもそもいかなる法規にも束縛されない信仰は、一民族だけに通用する宗教をふくむだけであってはならず、世界に通用する宗教をふくまなくてはならなかったのである。

かくしてユダヤ教から、——といっても(すでにひどく混乱していた)固有の政治体制の上に立てられていた先祖伝来の生粋のユダヤ教ではもはやなく、そのなかで徐々に公になっていた道徳的教説により宗教信仰とすでに混合していたユダヤ教から、ほかの点では無知なこの民族に外来の(ギリシアの)知恵がすでに多く到来しており、おそらくその知恵はこの民族を徳の概念により啓蒙し、法規的信仰の重圧下で革命の準備に寄与したとも思われるが、そのような状態で、〔他方〕異邦の民族信仰をすべて無関心な目でしか見ない民族[51]の主権下に服属することで、祭司の権力が低下していた折に、——ユダヤ教からいまや突如として、とはいえ伏線がなかったわけではないが、キリスト教が立ち上がったのである。福音の師は御自分が天から遣わされた者だとお告げになり、それとともに他方で、苦役信仰(礼拝日や告白や儀式への信仰)はそれ自体では無価値であって、それに反して道徳的信仰だけが人間を「あなた方の天の父が聖であるように[52]」聖化してくれるし、よい生き方を通してその真実性を証明するのであるから、これこそ唯一浄福になる信仰だと宣言されたのである。しかし師は教えを通して、そして無実の、しかも同時に功績溢れる死[原注]にいたるまでの受苦を通して、神に嘉される唯一の人間性の原像にかなう模範を御自身の人格に即して与えられた後に、そこから来られた天に、最後の意志を(まるで遺言状[53]に記すように)口授で後に遺しながらふたたび帰っていかれるのだと表象されるが、しかし師の功績、教え、模範などの想起がもつ力に関しては「それでも私(神に嘉される人間性の理想)は世の終わりまで私の弟子たちのところにとどまる」[54]と述べることがおできになったのである。——この教えは、もしこの人格の素性に関する、そしてひょっとしたらこの世を超えた位階に関する歴史信仰が問題だというのであれば、奇跡による認証が必要であろうが、しかしそれは魂を改善する道徳的信仰に属するので真理性の証明の類が一切なくともかまわないのに、聖書ではこれにさらに奇跡と神秘が付け加えられており、それを知らしめることが、これまたれっきとした奇跡であって、歴史信仰を要求するのであるが、歴史信仰は学識による以外は考証もされえないし、その意義や意味が確実にはなりえないのである。

V144

(原注)　師の公の歴史は死をもって終わる(だからこそ一般に学びの模範として役立つこともできたのである)。その復活と昇天[55]の歴史は付録として付け加えられたもので、これは師と親しんだ人々の目の前でだけ起こったいっそう神秘な歴史であって(復活と昇天は、理性理念としてのみ理解すれば、別の生命のはじまりを、また浄福の座への、すなわちすべてのよき者たちの共同体への参入を意味することになろう)、これは歴史的評価を損なわずには、たんなる理性の限界内の宗教には用いることができないのである。といっても、歴史物語だからというのがその理由ではなく(それに先立つ歴史も歴史物語なのである)、むしろこの歴史は、文字通りに理解すれば、人間の感性的な表象様式に実にかなうにしても、将来への信仰という点では理性にとって実にやっかいな概念を、すなわちすべての世界存在者の物質性の概念を想定しているからであり、それとならんで、(今生でと)同じ身体をそなえるという制約の下でのみ成り立つような、人間の人格性の(心理学的)唯物論を想定しているからであって、総じて一個の世界における現前という(宇宙論的)唯物論をも想定しており、このような現前は唯物論の原理にしたがえば空間的でしかありえまいからである。これに反して理性的世界存在者のスピリチュアリズムだと、身体が死んで地中にあっても、人格は生きて現にあることができ、したがって人間の霊は(感性的ではない質において)浄福な者の座に到達できる、しかも地球を囲む無限の(私たちが天とも呼んでいる)空間のどこか別の場所に移されることもないわけで、スピリチュアリズムの方が理性にとっては都合がよいのである。それは何も思惟する物質などというも

V143 A128 C275 V142 W793

W794

のを理解するのが不可能だからというだけではなく、とくに死後の私たちの現実存在は物質の特定の断片の凝集にもとづくとされることで、それにより*それが偶然性に曝されることになり、理性は、単純な実体なるものの恒常性がその本性にもとづくと考えることができなくなるからである。――しかし後の方の前提(スピリチュアリズムの前提)下では、身体を引きずってゆくということに理性が興味を覚えるはずがない。身体はどれほど浄化されていようとも、しかし(人格性が身体の同一性にもとづくとすれば)それは身体の有機的組成の基礎を形成するのと同じ素材からなっていなくてはならないし、しかも身体は生きているときにも、素材がほんとうに気に入ったことは一度もないのに、それを永遠に引きずってゆくことになるからである。それに身体が石灰土から成り立っているとしても、それが天では、すなわち世界の別の地域では、どのようなものであればよいのかを、理性は理解もできないのである。察するにそこでは別の物質が生物の現存在と保存の制約をなそうともである。

しかし歴史信仰として書物に基礎が置かれると、いかなる信仰にも学識ある公衆が保証として必要になるが、それはそこにおいて歴史信仰が同時代人である著述者によりいわば管理されうるためにであって、彼らには、信仰の最初の流布者たちと特別の協定を結んでいるという嫌疑があってはならないし、現在の私たちの著述と彼らとの連関はとぎれることなく維持されてきていなくてはならないのである。それに反して純粋理性信仰には、かかる考証なるものは必要ではなく、これはそれ自身で証明されるのである。さて、先ほど述べたこの革命の時代に、しかもユダヤ人を支配し、彼らの本拠地にさえ広まっていた民族のうちに(ローマ民族のうちに)、すでに学識ある公衆があったわけで、これによって政治体制内のさまざまな出来事に関する当時の歴史も、連綿たる著述者の系列を通して私たちに伝承されたのである。この民族はローマ人以外の臣民の宗教信仰をほとんど気にもとめなかったのに、しかし臣民のあいだで公に起こったといわれる奇跡に関しては、彼らもけっして信じないわけではなかったにせよ、

A129　C276　W795 V144　A130　C277

しかし同時代人としては何ひとつ言及しておらず、それは奇跡についても然りであり、奇跡により(宗教に関して)育まれた革命が彼らに服属する民族内で公に起こっているにもかかわらず、これについても然りである。それまで知らなかった信仰の変化(これは公の運動なしに起こっていたわけではなかった)の性質がどんなものかをめぐり、彼らが研究を開始したのは、もっと後になってからにすぎず、一世代以上も経ってからのことで、しかもそのはじまりの歴史に関しては研究せず、それを自分たちの年代記のなかから探し出すこともしなかったのである。それゆえこのはじまりから、キリスト教が独自に学識ある公衆を形成した時代にいたるまで、その歴史は漠然としており、かくしてその教えが信徒の道徳性にどのような作用をおよぼしたのか、また最初のキリスト教徒たちはほんとうに道徳的に改善された人々だったのか、ありきたりの人々だったのかといったことは、私たちには知られないままなのである。しかしキリスト教そのものが学識ある公衆となってからも、あるいはすくなくとも普遍的な公衆に加わってからも、恵み深い効果に関していえば、道徳的宗教には当然それを期待できるのに、その歴史はキリスト教の推薦状たるには不十分なのである。——隠遁生活や修道生活での神秘的な狂信の数々、それに独身の境涯が聖であると称賛することなど、こうしたことによって、いかに多くの人間が世界にとって無用になってしまったことか。これにつながるいわゆる奇跡の数々によって、民衆は盲目的な迷信の下で、いかに重い枷で抑圧されたことか。*自由な人間に教階制度《ヒエラルヒー》が強いられることで、自分だけが天命を受けていると僭称する経典解釈者たちの口から、いかに正教信奉[56]という怖ろしい声があがったことか、そして信仰上のさまざまな臆見のゆえに、キリスト教世界がいかに激しい諸党派に分裂してしまったことか(純粋理性を解釈者として召喚しなければ、そこに普遍的な一致をもたらすことは端的に不可能である)。東方《オリエント》では、笑止にも国家が司祭の信仰法規や聖職制[57]にさえ関与して、司祭をた

W796　V145

んなる教職階級という狭い枠内に止めておくことをしなかったが(彼らには教職階級から支配階級の方に移りたがる傾向がつねにある)、このような国家が結局は、最後には国家の支配的な信仰にとどめを刺す外敵の餌食とならざるをえなかったのは、いかに当然であったかと私はいいたい。西方《オクシデント》では、信仰が世俗権力とは独立の独自の王座を打ち立てたのに、神の代理支配者を僭称するひとりの者が市民秩序を諸学問ともどもいかに揺り動かし(学問は市民秩序を維持する)、それらを無力にしてしまったことか。* また二つのキリスト教世界はいかに蛮族に襲撃されたことか。それもまるで動植物が、病気のために解体が近づくと、自らを食い潰す昆虫をおびき寄せて解体を完全なものとするようにである。また西方では、かの聖職上の元首が破門の脅しという魔法の杖で、まるで子供でも操るかのように、国王たちをいかに支配し懲戒したことか。またもう一方の世界の住民を殲滅すべく、外征(十字軍)に赴くように国王たちを扇動し、国王どうしが相争うように、臣民が政府に謀反を起こすように、また同一の普遍的ないわゆるキリスト教なるものの同胞で、考えを異にする人々に残忍な憎悪をいだくようにと、いかに扇動したことか。そしてこのような不和は、いまでも政治的利害関係によって暴動の突発にいたるのがかろうじて阻止されているにすぎず、専制的に命令する教会信仰の原則には、そのような不和を生み出す根が、いかに潜んでいることか、そして先ほどの諍《いさか》いに似たものを、いまなおいかに懸念させることか。――キリスト教のこの歴史は(キリスト教が歴史信仰の上に打ち立てられることになったわけだから、歴史はこれ以外の結果にはなりえなかったにしても)、一幅の絵画としてそれを一望すると、おそらく、「宗教はかくも多くの災いのきっかけとなりえたのか！」(58)という叫び声を正当化しかねまい。すくなくとも、キリスト教の創設というものから次のことがつねに十分にはっきりと際立ってこなければ、そういうことになろう。すなわちキリスト教の第一の真意は純粋宗教信仰の導入以外の何ものでもなく、この信仰をめぐっては論争的な意見はありえないこと、また先ほど述べた混乱によってかつて人類は揺り動かされ、いまだに二分されているにしても、その混乱はすべて、はじめはその導入に役立つはずだったものが、すなわち古い歴史信仰に慣れ親しんでいた民を、彼ら自身の先入見を通して、新しい民の味方に引き入れるのに役立つはずのものが、人間本性の悪しき性癖により、後になって普遍的な世界宗教なるものの基礎とされてしまったことにのみ起因すること、これがつねに十分にはっきりと際立ってこないとすればである。

ところでこれまでに知られている教会史全体で、どの時代が最善かと問われれば、私はなんのためらいも覚えずにこんなふうに答える。今の時代である、しかもそれは、真の宗教信仰の萌芽は今はキリストの民のなかでも、ほんのわずかな人々が植えつけたにすぎないにせよ、それでも公に植えつけられており、それを何ものにも妨げられずどんどん発育させていくならば、そこから、すべての人間を永久に統合するような教会への、たえざる接近が期待できるからであって、この教会こそ、地上における見えざる神の国の可視的表象(図式)をなしているのである、と。――たえず解釈者の恣意に曝されているような信仰は重荷であり、本性からいって道徳的であるべき、また魂を改善すべきものであるべき事柄において、理性はそのような信仰の重荷から身をふりほどき、ヨーロッパ大陸のすべての国々では真の宗教崇敬者の下で次の原則を普遍的に受け入れたのである(もっとも、どの国でも公にというわけではないが)。第一に、啓示と称するものすべてについての発言はしかるべく控えめにするという原則である。すなわちある書き物が実践的内容からいって純粋に神的なものをふくむならば、それが現実にも(すなわちそのなかで歴史的であることに関しても)神の啓示だと見なされうる可能性は誰も否定できないから、これとともにそのような聖典なくしては、また聖典にもとづいた教会信仰なくしては、一つの宗教に人々を結びつけることは実

W798　　A132　C279　　V147

際には成就できないし、結びつきを恒常的にもできないから、さらに人間の知見の現在の状態からいって、新たな奇跡により新たな啓示が取り入れられると期待するのは、誰にとっても困難であろうから、――その書物*はとりあえず現にあるわけだから、今後もそれを教会教育の基礎として用いること、無用な攻撃または臆測的な攻撃をして、その価値を弱めないこと、しかもその際、その書物への信仰が浄福に必要だといって、いかなる人間にも押しつけないこと、このようにすることがもっとも理性的で、もっとも適切だという原則である。第二の原則はこうである。すなわち聖なる歴史は教会信仰のために必要なものとしてあてがわれているだけなので、それだけでは道徳的格率の受け入れにまったく影響力をもちえないし、もつべきでもないから、むしろそれは真の客体(聖性に向かって努力する徳)をいきいきと描写するためにのみ教会信仰に与えられているのだから、この歴史はどんなときでも道徳的なものをめざすものとして教えられ、説明されなくてはならないということ、しかもそれに際しては慎重に、そして(とくにふつうの人間には受動的信仰へと移りゆこうとするたえざる性癖(原注1)があるから)くりかえし教え込まれなくてはならないということであり、私たちが浄福になるために神がなされることや、なされたことを知り告白することに、真の宗教が定立されてはならず、むしろ神のなされることにふさわしくなるのに、私たちがしなくてはならないことに定立されねばならないのであり、それこそ疑いようのない無制約な価値をそれだけでもつものであって、それ以外の何ものでもありえず、したがってそれだけが私たちを神に嘉されるものとしうるし、そして同時にその必然性については書き物の学識がまったくなくとも、いかなる人間にも完全に確信できるという原則である。――さてこれらの原則を妨げずに、それが公になるようにすることは統治者の義務なのだが、それに反することが実に多く試みられるし、これとともに神の摂理の歩みに干渉し、特定の歴史的な教会教義を、そんなものにはそれだけではせいぜい学者が決着をつけるべき確からしさしかないのに、それを引き立てようとして、ふつうは誰にでも認められているはずの特定の市民的利益を提供したり拒んだりすることで、臣民の良心性を試(原注2)みるといった企て A134 が、統治者自身の責任でなされるが、そんなことをすると、この場合には聖なる自由に損害が加えられることはさ C281 V149 W800 ておくにしても、国家のよき市民を育成することが困難になるのである。世界最善に向かおうとする神的素質のこのような自由な発展を妨害しようと申し出たり、妨害を提案さえする人々でも、そのなかでいったい誰が、それを良心の勧めにしたがってつらつらと考えてみれば、このような暴力的干渉から生じうる悪を、すべての人々に保証しようと思うだろうか。V150 それによりおそらく世界統治の意図する善の進歩が長期にわたり阻止されるどころか、一歩後退さえするように思われるのである。もっともこの進歩が人間の力や人間の措置によって全面的に廃棄されてしまうことはけっしてありえないにしてもである。

(原注1)　この性癖の原因の一つは安全性原理にふくまれている。すなわち、私はある宗教のなかで生まれ育ったのであり、A132 C279 V148 W799 その教えは私が選択したものではないし、そのなかでは私が理屈をこねたところで何も変わらなかったわけだから、宗教の間違いは私の責任ではなく、私の教育者の、あるいは私を教育すべく公に任じられた教師の責任であるという原理である。これはひとりの人間が公に宗教を変えることに容易に承認が得られないことの理由でもあるが、もちろん、これにはさらに別の(もっと深いところにある)理由が付け加わる。C280 すなわち(さまざまな歴史信仰のなかで)どの信仰が正しいのかということで、誰もが内心あやふやさを感じているにしても、他方で道徳的信仰はいたるところで同じものだから、これについてセンセーションを起こすことは不要だと見なされるということである。

(原注2)　政府は宗教上の意見を公に言うことを禁じているだけで、誰であれ、自分でよいと思うことを秘かに考えるのは妨 A133 V149 げないといって、それが良心の強制だと見なされないようにと望むなら、ふつうそれは嘲られるし、そんなことはもともと政府によって妨げようのないことだから、何も政府が許してくれた自由ではないと人はいう。しかし世俗の最高権力にはで

きなくとも、教会の最高権力にはそれができるのである。すなわち考えることをすら禁じ、現実にそれを妨害もできるし、それどころかその権力はかかる強制を、つまり権力の指定することとちがったふうに考えるだけでもならぬという禁止を、かなり有力な修道院長たちに命じることさえできるのである。――すなわち人間には礼拝の伴った苦役信仰への性癖があって、道徳的信仰によりも(義務一般の遵守を通して神に奉仕することによりも)、むしろ苦役信仰に最大の意義を与えるだけではなく、それ以外の不足をすべて補償してくれるような唯一の意義をも与える傾向がおのずとあって、その性癖のゆえに魂の司牧者たる正教信奉の守護者は、歴史を拠り所とする特定の信仰命題とほんのすこしでも意見を異にすることに、そして信仰命題についてのあらゆる研究にすら、大衆のうちにつねに容易に敬虔な恐怖心を起こさせ、それは悪霊に耳を貸すのと同じことだからといって、大衆が自分たちに押しつけられた命題について、思考のなかですら思い切って疑念を心に思い浮かべられないようにするのである。* この強制から解放されるには、意欲しさえすればよいというのはほんとうであるが(もっともこれは、公の告白に関するかの君主による強制の場合には当てはまらない)、しかしこのような意欲はまさしく内面的に閂《かんぬき》が差された意欲なのである。しかしこのような本来の良心の強制は(内的な偽装へと誘惑するから)ひどく悪いものではあるが、しかしまだ外的な信仰の自由を阻止することほどには悪くはない。なぜなら良心の強制の方は道徳的洞察の進歩を通して、また自由の意識*を通して、つまり義務にたいする真実の尊敬*は自由にのみ源を発しうるわけであるが、その意識を通しておのずと徐々に衰えていくにちがいないのに反して、外的なものの方は、信者の倫理的共同体が真の教会の本質をなすのに、その共同体内のあらゆる自発的な進歩を阻止し、共同体の形式をまったく政治的にすぎない制定にしたがわせるからである。

また最後に摂理の導きに関していえば、この歴史では天の国は時として滞ることがあっても、けっしてとぎれずに接近しつつあることとして表象されるだけではなく、現に起こりつつあることとしても表象される。ところで天の国は、希望と勇気をいっそう大きく鼓舞して、それを得ようと努力させることを狙った象徴的な表象だとも解釈できるのである。なぜならこの歴史物語にはさらに(ちょうどシビラの書[59]にあるように)この大いなる世界変化の完

W800 C281　A134　V150

成についての予言がそえられており、予言は地上で見えるものとなった神の国(再臨した神の代理者にして総督の統治下にある)を、そして謀反人たちがいま一度抵抗を試みるので、彼らを取り出し追放した後に、代理者の下でこの地上で享受されるはずの幸福を、彼らやその頭目がことごとく滅ぼされる様子とともに、まるで絵のように描いており(『黙示録』)、かくして世界の終わりが歴史の締めくくりとなるからである。福音の師が弟子たちに地上の神の国を示されたのは、荘厳で魂を高めるような道徳的側面だけであり、すなわち神の国家の市民たるにふさわしいことという側面だけであり、また弟子たちに諭《さと》されたのは、自分がそれに到達するためにだけではなく、心術を同じうする他の者たちとともに、そしてできることなら全人類とともに、天の国へと統合されるためには、何をしなくてはならないかということであった。しかし幸福が人間の避けがたい願いのもう一方の部分をなすのに、これに関して弟子たちに予告されたのは、この世の生においてはそれを当てにしないようにということである。むしろかぎりなく大きな悲哀と犠牲とを覚悟するように心構えをさせられたのであるが、しかし師は付け加えてこんなふうにいわれた(なぜなら人間が現実存在する以上、幸福の自然的な部分をすべからく断念することは*人間に要求できないからである)。「喜び慰みを得なさい。天においてあなたたちの受ける報いは大きい。[60]」いま挙げた補足は教会史に付け加えられたものであり、教会の将来の、そして最後の運命に関わるものであるが、これは最終的には教会が勝利を祝うことを表している。すなわちあらゆる障害を克服した暁に、この地上でさらに幸福の冠を教会が戴くことを表しているのである。――教会が完成に向けて進歩しているあいだは、善人と悪人とをこのように分けることはその目的には有益ではなかったであろうが(両者をたがいに入り混じらせておくことは、まさしく徳の砥石として善人に役立てるために、また善人の模範によって悪人を悪から引き離すために必要だったので)、〔しかし〕

神の国家の樹立が完成した暁には、それを分けることが教会の歴史の最後の結果として表されているのである。ここでまた神の国家が力として見ても堅固であることの最終的な証明が、つまりやはり同じように一つの国家(地獄の国)をなすというふうに見られるすべての外的な敵にたいするこの国家の勝利が付け加えられ、これにより地上の生はすべて終わり、「(よき人々にとっての)最後の敵である死が滅ぼされ(61)」、一方は救いのために、他方は滅びのために、両方の側で不死がはじまり、教会という形式そのものが解消されて、地上の代理者は、天の民として御自身のところにまで高められた人々と同じ等級となり、かくして神が一切における一切となられるのである。(原注)

(原注)　この表現は次のようにも理解できる(神秘的で可能的経験の限界を超出した人類の聖なる歴史にのみ属するものは、したがって実践的には私たちになんら関係のないものはさておくが)。つまり歴史信仰は教会信仰だから人間の手引き紐として聖典を必要とするが、しかしまさにそのことにより教会の統一と普遍性とを妨げるので、そうした歴史信仰はおのずとなくなるだろう、そして全世界にとって等しく明らかな純粋宗教信仰に移っていくだろうし、それから私たちも現在はまだ欠くことのできない外皮から、純粋理性宗教を辛抱強く伸ばしていくことによって、いまからもうそれをめざして努力すべきなのだというふうにである。

〔†　歴史信仰がなくなるというのではなく(これは乗物としてつねに有益であり必要でもあろう)、なくなりうるということである。そのいわんとするところは純粋道徳的信仰の内的な堅固さということだけである。〕

後世そのものは歴史ではないが、後世についての歴史物語のこの表象は、一つの世界時代の、その完成にいたるまでの美しい理想、しかも真なる普遍的宗教が導入されることで実現する道徳的な、しかし信仰においては予見されている世界時代の理想であって、それは私たちには経験的な完成態として見渡せるわけではなく、私たちはただこの地上で可能な最高善へと(これには神秘的なものは何もなく、一切が道徳的な仕方で当然のこととして起こる)

W802　C283　V152　A136

たえず前進し接近しながら、それを仰ぎ見ることができるだけである。すなわち、そのための準備をなしうるだけなのである。アンチ・クリスト[62]の出現、千年至福説、世界の終わりが近いという知らせ、これらは理性の前では十分に象徴的意義を受け取ることができるし、世の終わりが近いということは(人生の終わりと同じで、近いのか遠いのかが)予見できない出来事として表されており、つねにそれにそなえる必然性を、しかし実際には(このシンボルに知性的な意味をもたせるならば)つねに自分自身を神の(倫理的な)国家に召命された市民だと、現実的に見なす必然性を、実にうまく表現している。「では神の国はいつ来るのか。」――「神の国は目に見える形で来るのではない。見よ、ここにある、あそこにあるともいわれないだろう。見なさい、神の国はあなたたちのうちにある！」(『ルカによる福音書』一七・二一―二二)。†

† さて、ここで表されている神の国というのは、特別の契約[63]によるものではなく(メシア的なそれではなく)、道徳的な(たんなる理性により認識されうる)神の国のことである。メシア的な神の国(regnum divinum pactitium 契約による神の国)は歴史からその証明を引き出さなくてはならなかったが、この場合でも古い契約によるメシアの国か、新しい契約によるそれかに分けられる。ところで注目すべきは、古い契約によるメシアの国を崇敬する者たち(ユダヤ人)は全世界に散らばったにもかかわらず、なおもそのまま維持されてきているのに、他方、他の宗教の同志たちは散らばって行くと、ふつうはその信仰を定住先の民族の信仰に融合させてしまっているということである。この現象は多くの人々に驚くべきことだと思われて、自然の成行きにしたがったのではとても無理で、むしろそれは神の特別の意図を達成するための異常な措置だと判定する人もいるほどである。――しかし書かれた宗教(聖典の数々)が民族にあれば、その民族は、(ローマ帝国――当時の人倫化された世界全体――のような)儀式があるだけで書かれたものがない民族と一つの信仰に融合することはけっしてなく、むしろ後者が遅かれ早かれ改宗するのである。だからユダヤ人にあっても、聖なる経典が公に読まれるようになったのはバビロンの捕囚より後*のことであったらしいから、これより後はもはや彼らに、異教の神々を追い求める性癖があるという嫌

疑をかけるわけにはいかないのであって、それはとくに、アレキサンドリア文化がユダヤ人にも影響をおよぼしたにちがいないので、この文化が経典に体系的形式を与えるうえで、彼らにも有益なものでありえたからである。パルシー教徒は[64]ゾロアスター[65]教の信奉者であるが、これも離散したにもかかわらず、やはり今日にいたるまでその信仰を保持しており、それは、彼らのデストゥール[66]たちに『ゼンダヴェスタ』[67]があったからである。それに反してヒンズー教徒もジプシー[68]の名で広範囲にわたって離散しているが、これはもともと民族の賤民(パーリア)[69]であったから、異教の信仰との混淆を免れなかったのである(彼らは聖なる経典を読むことすら禁じられていた)。しかしユダヤ人が単独ではなし遂げなかっただろうことを、キリスト教と、そして後になってからマホメット教がなし遂げたのであり、とくにキリスト教がそうである。それはこの二つの宗教がユダヤの信仰とこれに属している聖典とを前提しているからである(もっともマホメット教は、それらの聖典は偽造だといってはいるが)。このような次第で、ユダヤ人は自分たちを出発点にしているキリスト教徒のところで、繰り返し自分たちの古文書を発見できたわけであり、放浪すればそれを読む技能やそれを所有しようとする気も、いろいろな意味で失せてしまっているにしても、それでも遠い昔、それが自分たちにもあったのだという記憶さえ残っておればよかったのである。だからマラバル海岸[70]のわずかなユダヤ教徒と中国の一つの教区のようなものとを除けば(このうちマラバル海岸のユダヤ教徒はアラブの信仰上の同志とたえず交易できた)、いまいった〔キリスト教とマホメット教の〕国々以外ではユダヤ教徒に出会うこともない。とはいえ疑いえないのは、彼らはかの豊かな国々にも広がっていったはずだが、しかし彼らの信仰とその土地の信仰との性質にまったく親近性がなかったために、自分たちの信仰を完全に忘却するという事態に陥っていることである。こんなふうにユダヤの民にとってかくも不利な状態で、彼らがその宗教とともに維持されていること、これに〔どちらかの〕教化的考察をもとづかせるのはきわめて微妙である。なぜなら双方ともに自分の思い通りに事が運んでいると信じているからである。一方は自分が属している民族と、その信仰、つまりいくつもの民族に紛《まぎ》れて離散しているにもかかわらず古来の純粋なままの信仰とが維持されていることに、来るべき地上の王国のためにこの民を取っておこうとする、特別の恵み深い摂理の証拠を見るわけであり、他方がそのことに見るのは、来たらんとする天の国に抵抗する壊滅した国家が遺した警世的な廃墟の数々以外の何ものでもなく、この廃墟をいまだに保っているのも特別の摂理であって、それは一つには、この民から出たメシアの古い予言を記憶にとどめるためにであり、また一つには、この民が頑迷にも、メシアについて道徳的概念ではなく政治的概念を作ろうとしたので、この民を罰則の公平さの実例とするためにである。

C284 V154 W803

一般的注解

宗教に関わるどんな信仰様式でも、その内的性質の背後にまでおよぶ探求は不可避的にある神秘に、すなわち聖なる何かに突き当たるが、それは個々人に知られてはいるものの、公には認められえないもの、すなわち普遍的には伝達できないものである。C285 ――聖なる何かだから、それは道徳的対象であるにちがいなく、したがって理性の対象であるにちがいないし、また実践的使用のためには内的に*十分に認識されうるにちがいないが、しかし秘められた何かだから、理論的使用のためにはそうではないのである。なぜならその場合には、何人にも伝達可能でもなくてはなるまいし、したがって外的にも公に認められなくてはなるまいからである。

A138 W804 ところで、しかし私たちが同時に聖なる神秘として考察すべき何かへの信仰は、神の霊感を受けた信仰と見なせるか、あるいは純粋理性信仰と見なせるか、そのいずれかである。どうしようもなくせっぱ詰まって前者を想定せざるをえないわけではないので、後者に味方することを私たちの格率としよう。――感情は認識ではないし、したがって神秘というものの特徴を示すわけでもないし、神秘は理性と関係をもつにせよ、普遍的には伝達できないわけだから、したがって(もし神秘なるものがあるとすれば)それは各人が自らの理性においてのみ探し出さなくてはならないであろう。

そのような神秘の数々が存在するのか、存在しないのか、これにアプリオリかつ客観的に決着をつけるのは不可 W805
能である。したがって私たちは内面において道徳的素質という主観的なものを直接追求して、そのようなものが私
たちのうちにあるかどうか*を見なくてはならない。しかし道徳的なものは公に伝達されはするが、その根拠は私た
ちに与えられてはいないので、私たちにとって究めがたい道徳的なものの諸根拠を、聖なる神秘に数え入れるこ C286
とは許されないであろうし、そこに数え入れてもよいのは、むしろ私たちの認識に与えられてはいるが、公の伝達
ができないようなものだけであろう。したがって自由は、つまり人間の選択意志が無制約な道徳法則により規定さ
れうることから、人間に知られるようになる性質は、その認識は誰にでも伝達されうるのだから(71)、神秘ではない。 V155
しかしこの性質の、私たちには究めがたい根拠は、私たちの認識に与えられてはいないから、れっきとした神秘で
ある。しかしまたまさしくこの自由こそ、実践理性の最終客体に適用されれば、すなわち道徳的究極目的という理
念の実現に適用されれば、不可避的に聖なる神秘に導いてくれる唯一のものなのである。(原注)——

(原注)　同じように、世界のあらゆる物質の普遍的な重力の根拠は(72)、私たちに知られていないし、しかもそのような根拠の概念がすでに根拠そのものに無制約に内在する第一の運動力を前提とするゆえに、それが私たちに認識されえないことまで洞察できるほどなのである。しかしそれは神秘ではなく、重力の法則は十分に認識されているゆえ誰にでも明らかにされうるのである。ニュートンがそれをいわば現象における神の遍在(omnipraesentia phaenomenon 現象的偏在)であるかのように言い表しているのは、それを説明しようとする試みではないにしても(そもそも空間内における神の現存在は矛盾をふくむのである)(73)、しかし一つの崇高な類推であって、この類推では、物体的存在者を一つの世界全体に統一することの根底に、非物体的な根拠を置くことにより、それがこのような統一に適しているかどうかが調べられているだけなのである。それゆえまた理性的な世界存在者を一個の倫理的国家に統合するための自立的原理を洞察し、そこからこの統合を説明する試みも、

これと同じような状態にあるということになろう。義務が私たちをこの統合へと引きつけるのであるが、私たちが認識するのは義務だけであって、意図されている結果の可能性は、たとえ私たちが義務に服従しようとも、私たちのあらゆる洞察の限界を超えてしまっているのである。——自然の神秘*は、つまり覆われていること(arcana 秘密)は、数々存在するし、公然と知られてはならないような政治の神秘(機密、secreta 秘密)も存在しうるが、しかしどちらも経験的原因にもとづくかぎりでは、私たちに知られうるのである。普遍的な人間の義務を認識すること(すなわち道徳的なもの)に関しては神秘は存在しえないが、しかし神のみがなしえて、そのために何かをなすことが私たちの能力を超えていること、したがって義務をも超えていることに関しては、そこには宗教の本来的な、すなわち聖なる神秘(mysterium)が存在しうるだけであって、これについてはただ*、そのようなものがもしかしたら存在するということを知り、かつ理解さえすれば、それで私たちにとって有益であろうが、それを洞察することまでが有益だとはいえまい。

人間は、最高善という純粋な道徳的心術と結びついた理念を(理念に属している幸福の側面からだけではなく、人間を目的全体へと必然的に統合するという側面からも)自分では実現できないにもかかわらず、それをめざして努力するという義務に自らのうちで出会うがゆえに、道徳的世界支配者による共働への、あるいは執り行いへの信仰に自らが引きつけられている、目的はそれによってのみ可能なのだから、と思い、かくして神秘の深淵が人間の前に開かれることになる。つまりどの義務においても人間が認識するのは、自分には知られないような、すくなくとも把握不可能なあの補いにふさわしくなるには、自分自身が何をしなくてはならないか、ということ以外にはないにしても、神がそこで何をしたまうのか、そもそも神に何かが帰せられなくてはならないのか、また何がそれ(神)に帰せられなくてはならないのか、という神秘の深淵が開かれるのである。

この道徳的世界支配者という理念は私たちの実践理性の課題である。私たちの関心事は、神がそれ自体において

(神の本性が)*何であるかということよりも、道徳的存在者としての私たちにとって神が何であるかを知ることなのである。もっともこの関係のために私たちが考え、想定しなくてはならないのは、神の本性的性質のうちで、その意志の執行に求められるすべての完全性の点で、この事態のために必要なこと(たとえば不変で全知で全能などの存在者といったこと)だけであり、またこの関係がなければ私たちは神については何も認識できないのである。

ところで実践理性のこのような要求にしたがえば、普遍的な真の宗教信仰は、㈠天地を創造した全能の創造主としての、ということは道徳的には聖なる立法者としての神への信仰であり、㈡人類の維持者、つまり人類の慈しみ深い統治者にして道徳的扶養者としての神への信仰であり、㈢神自身の聖なる法則の管理者、つまり公正な審判者としての神への信仰である。

この信仰はもっぱら人類にたいする神の道徳的関係を表現するだけだから、本来神秘をふくむものではないし、すべての人間理性におのずと示され、それゆえ大方の文明化された民族の宗教において見出されるのである。(原注) 公共体では一つの三重になった上級権力(pouvoir)がつねに考えられなくてはならないので、この信仰はそうした公共体としての一民族という概念のうちにふくまれているのである。ただ信仰にあっては、それが倫理的なものとして表象されていて、それゆえ人類の道徳的元首のこの三重の質は、同一の存在者において*統合されて考えられうるのに、しかし法的市民的国家にあっては、その質が必然的に三つの相異なった主体に割り当てられていなくてはなるまい*というだけである。†

(原注) 終末についての聖なる予言史では、世界審判者(本来はこの審判者が、よき原理の国に属する者たちを御自分のものとして支配下に受け入れ、彼らを選り分けるであろう)は神としてではなく、人の子として表され、そのように呼ばれてい

C 288 C 287 V 157 V 156　C 288 V 157　A 140　W 807

る。このことは、この選り分けにおいて人間性そのものが自らの被制限性と脆さとを意識して判決をくだすのであろうことを示しているらしく、これは一つの慈しみであるが、しかし義を損なうものではない。――それに反して人間たちの審判者*は、神性を帯びて、つまり私たちに承認されている聖なる法則と私たち自身の責任とにしたがって、良心に訴えるとおりに表されうるし*(聖霊)、峻厳な法則にしたがった裁き手としてのみ考えられうるが、それは、自分の脆さのゆえにどれほど情状酌量してもらえるのかを、私たち自身がまったく知らないからであり、むしろ私たちは自由の意識をもって、そして自分が全面的に義務を侵害する罪を犯しているという意識をもって、自分の違反を目の当たりにするわけで、したがって私たちには、自分に下される審判者の判決において慈しみを想定する根拠はないからである。

† この理念においては実に多くの古代民族が一致していたことの根拠は、民族の統治と(その類推にしたがって)世界の統治とを考えようとするなら、おそらく理念が普遍的な人間理性にふくまれているから、ということ以外には挙げられない。ゾロアスターの宗教にはオルムッド、ミトラ、アーリマン(74)という神の三つの位格があったし、ヒンズーの宗教にはブラフマン、ヴィシュヌ、シヴェンという三つの位格があった(ゾロアスターは第三の位格を、罰であるかぎりでの禍の創始者として表すだけではなく、人間がそのために罰せられる道徳的悪の創始者としてさえも表しているのに、ヒンズーの方は第三の位格を、裁き罰する者としてのみ表すという違いがあるだけである)。エジプトの宗教にはプター、クネフ、ネイト(75)があった。そのうち、この民族の最古の漠然とした情報から推測されるかぎりでは、第一の原理は世界創造者として物質とは区別される霊を表し、第二の原理は維持し統治する慈しみを表し、第三の原理はあの制限的な知恵を、すなわち義を表すとのことである。ゴート人の宗教はオーディン(万物の父)、フレヤ(フライヤーともいう、慈しみ)、そして裁く(罰する)神、トール(76)を崇敬した。ユダヤ人ですら教階体制の最後の時代にはこうした諸理念にしたがっていたらしい。キリストが御自分を神の子と呼んだことでファリサイ人が告発するとき、神に子があるという教えを非難するわけではなく、自分こそがその神の子であると言い張ったことにだけ、ことさら非難の力点を置いているらしいのである。

しかしこの信仰は最高存在者にたいする人間の道徳的関係を、宗教一般の益となるように有害な擬人観から浄め、それをいやしくも神の民なるものの真の道徳性たるにふさわしいものとしたわけであるが、この信仰は一つの(キリスト教の) 教義においてはじめて、またこれにおいてのみ世界に公に立てられたのだから、それゆえこの信仰を知らしめることは、それまで人間自身の咎のゆえに人間にとって神秘であったことの啓示と呼べるのである。

すなわちこの教義で命じられるのは、第一に、最高の立法者そのものを、人間の弱さにたいして憐れみ深い者、したがってそれを大目に見る(寛大な)者だと思ってはならないし、専制的で無制限な権利によってのみ命令する者だと思ってもならないし、またその法則を私たちの道徳性の概念とは縁遠い恣意的な法則だと思ってはならず、むしろ人間の聖性に関係する法則だと思うようにということである。第二に、最高立法者の慈しみを被造物への無制約な好意に措定してはならず、むしろ被造物が立法者の意にかなう者となれるのはその道徳的性質によってなので、立法者はまずはその性質を見、それから被造物の自分ではこの制約を満たせない無能力を、その場合にだけ補ってやるということに、その慈しみを措定しなくてはならないのである。第三に、立法者の義は慈しみ深く、また赦しを得やすいものとして表されてはならないし(これは矛盾をふくむ)、ましてやそれが立法者の聖性の質で(それと同レベルで)執行されるものとして表されてもならず(それを前にして正しい人間はいない)、むしろ人間が人の子として聖なる法則の要求にかないうるかぎりで、これに一致するという制約に、慈しみを制限することだけが立法者の義として表されなくてはならないのである。——要するに神が望まれるのは、ある種別的に異なった三面的な道徳的質において奉仕を受けることであり、この質を表すのに同一の存在者の相異なった(自然的ではなく道徳的な) 位格による名称は、なんら不適切な表現ではなく、このような信仰のシンボルは同時に純粋な道徳的宗教全体をも表現しており、この信仰もこのような区別がなければ、神性を人間の元首のように考えがちな人間の性癖のゆえに(人間は統治に際してこの三面的な質を通常は分けないで、しばしばそれを混合したり取りちがえたりするか

A 142　V 159　W 809
C 290

ら)、ふつうは擬人観的な苦役宗教に堕する危険に陥るのである。

しかしほかならぬこの信仰(神の三位一体への信仰)が実践的理念の表象とは見なされず、神がそれ自体そのものにおいて何であるかを表すような信仰と見なされるとすれば、この信仰は人間的な概念をすべて超え出た神秘、したがってまた人間の理解力には啓示されえない神秘だということになろうし、もしそうだとすれば本考察においても、それはそうした神秘だと告知されてもよかろう。このような神秘への信仰は、神の本性についての理論的認識の拡張としては、教会信仰の、人間にはまったく理解できないような信経《シンボル》への信仰告白ということになろうし、そして人間がそれを理解したと思うとすれば、擬人観的なシンボルへの信仰告白ということになろうが、しかしこれによってはいささかも道徳的改善が達成されるわけではあるまい。——実践的関係においては実によく理解でき洞察できて、しかも理論的意図では(つまり客体自体の本性を規定するうえでは)私たちの概念をすべて超え出ているものだけが(ある関係において)神秘なのであり、しかも(他の関係においては)啓示されうるのである。いま述べた神秘はこのような種類のものであり、これは私たち自身の理性により私たちに啓示された三つの神秘に区分できる。

一、召命の神秘[77](人間をある倫理的国家の市民として召命すること)。——人間の神の立法への普遍的で無制約な服従が考えられるのは、私たちが自らを同時に神の被造物としても見なすかぎりにおいてだけであって、それはちょうど神が自然物の創造主だからこそ、すべての自然法則の創始者だと見なされうるのと同じである。しかし諸々の存在者が力を自由に使用するように創造されているのがどのようにしてだろうかは、私たちの理性にはまったく把握不可能である。その理由はこうである。すなわち原因性の原理にしたがえば、産出されたものとして想定されるような存在者に、行為の内的根拠として私たちが賦与できるのは、産出する原因の側がその存在者に置き込んだ

W810　V160

根拠以外にはないからであり、そうすると産出された存在者の行為は、すべてこの根拠により（したがって外的原因により）規定されていることになろうし、したがって、この存在者そのものは自由でないことになろうからである。それゆえ神の聖なる立法は、したがって諸々の自由な存在者にのみ関わる立法は、私たちの理性洞察によっては、これらの存在者の創造という概念と一致させることはできず、むしろこれらの存在者は、すでに現実存在する自由な存在者として見られなくてはならないのであって、それらは創造を介しての自然依存性によって規定されるのではなく、道徳的でのみあるような強制によって、つまり自由の法則によって可能になる強制によって規定される、いいかえれば神の国における市民となるようにという召命によって規定されるのである。かくしてこの目的への召命は道徳的には完全に理解できるようになるのに、思弁にとっては、このように召命された者たちの可能性は計り知れない神秘なのである。

二、**贖罪**の神秘。私たちも知るように人間は腐敗しており、けっしてかの聖なる法則におのずと適合しているわけではない。それにもかかわらず、神の慈しみが人間をいわば現存在へと召したのであれば、すなわち特殊な仕方で現実存在するようにと（天の国の一員になるようにと）召喚したのであれば、神にはそのために必要な適性の不足分を、御自身の聖性の横溢から取り出して補うような手段もあるにちがいない。これはしかし自発性（人間が人間自体においてもちうる道徳的なすべての善において、あるいはすべての悪において前提される自発性）に反しており、かかる善は、それが人間の責任に帰せられうるべきだとすれば、人間以外の者に由来するのではなく、自発性にしたがって人間自身に由来しなくてはならないのである。——したがって理性が洞察するかぎりでは、人間以外の者がありあまるほどのよきふるまいをして功績を積んでも、人間の代わりにはなれないのである。あるいは、も

A143
C291
W811

しそれが想定されるとすれば、それを想定するのは道徳的意図でのみ必然的でありうるのであって、そもそもそれは理屈を弄することにはおよびえない神秘なのである。

三、選びの神秘。たとえこの代理による贖罪が可能だと容認されても、これを道徳的信仰上で想定することは善への意志規定であって、これは神に嘉される心術をすでに人間のうちに前提しているわけだが、しかし本性的腐敗ということにしたがっていえば、人間がこの心術を自らのうちにおのずと産出することはできないのである。しかし天の恩寵が人間のうちに働いて、それがこのような助力を、ある人間には認可したり、ある人間には拒んだりするが、しかしそれは所業の功績に応じてではなく、無制約な御心によるものであって、そして人類の一方の側は浄福へ、他方の側は永遠の刑罰へと選り分けられる、と、こんなふうにいったところで、これまた神の義という概念を与えてくれるわけではなく、それはせいぜいある知恵に関係づけられるのが関の山であるにちがいあるまいし、しかもその知恵が用いる規則は、私たちにはまったくの神秘なのである。

ところでこうした神秘については、それがすべての人間の道徳的な生活史にかかわるかぎりでは、すなわちそそも道徳的善または悪がこの世にあるということがどうして起こるのか、そして(悪がいかなる時代にもすべての人間のうちにあるとすれば)いったいどうして善が悪に源を発して、なんらかの人間のうちに回復されるのか、あるいはこのことがある人々のうちに起こっても、他の人々がそこから締め出されたままなのはなぜかといった神秘については、――神は何ひとつ啓示してくれなかったし、また啓示してくれることはできないのである。なぜなら〔啓示してくれたとしても〕私たちはそれを理解し†ないだろうからである。あたかも、なされることは人間にあっては自由から説明し、また理解できるものにしようと、私たちが欲しているかのごとくであり、これについては神が私たちのうちなる道徳法則を通して御旨を啓示されたにしても、自由な行為がこの世でなされたり、なされなかったりするための諸原因を、神は曖昧なままにされたのであって、自由からくるものであっても、歴史として原因結果の法則によって概念把握されるべきすべてのものは、人間的な探求にとっては、その曖昧さのうちにとどまらざるをえないのである。†† しかし私たちのふるまいの客観的な規則については、必要なものはすべて（理性と書き物を通して）十分に啓示されており、またこの啓示は同時にいかなる人間にも理解できるものなのである。

† 神秘への信仰を宗教の初心者に強要することには、ふつうは懸念をいだかないものである。なぜかといえば、神秘が概念把握できないからといって、すなわち神秘の対象の可能性が洞察できないからといって、私たちがその想定を拒んでもよいということにはなるまいからである。それはたとえば有機的物質の繁殖能力の場合と同じで、これも私たちにはれっきとした神秘であり、またあくまでも神秘であり続けるだろうにしても、しかしこれを概念把握する人間がいないからといって、それを理由にして繁殖能力の想定を拒める人はいないのである。しかしこの〔繁殖能力という〕表現のいわんとするところは、私たちも実によく理解しているし、またそこに矛盾はふくまれていないという意識も、対象の経験的概念も、私たちにはある。――ところで信仰のために立てられたいかなる神秘についても、当然のことながら、それが何をいっているのかを理解することを要求できる。しかし理解は神秘を暗示するためのさまざまな語がそれぞれ個々に理解されることで、すなわち個々の語に一つの意味が結合されることで、なされるわけではなく、むしろさまざまな語が一つの概念に総括されて、さらに一つの意味を許容せざるをえないことにより、そして一切の思惟が個々の語の下で尽きてしまわないことにより、理解がなされるのである。――自分の側に真剣な願いさえあれば、神が霊感を通してこの認識を届けてくれようということは考えられないし、そもそも神秘は私たちにはまったく内属できないのである。なぜならそれは私たちの悟性の本性には不可能なことだからである。

†† だから私たちは自由とは何なのかを、実践的な関係では（義務が問題の場合に）実によく理解できるのに、理論的意図で自由の原因性（いわば自由の本性）に関して自由を理解しようと思えば、かならずや矛盾を伴って思惟しているのである。

人間が道徳法則を通してよき生き方へと召されていること、人間のうちには道徳法則への消しがたい尊敬があって、尊敬によってこのよき霊への信頼の約束を、そして何が起ころうとも、よき霊を満足させうるという希望の約束を自分のうちに見出すこと、最後に、この期待と道徳法則の厳命とを照らし合わせつつ、審判者の前に釈明に呼び出されたものとして自分をたえず吟味しなくてはならないこと、こうしたことについて啓発し、同時にそのことの方へと駆り立てていくのは理性であり、心情であり、また良心である。これ以上に開示してくれるようにと求めるのは不遜であり、また万が一その開示がなされているにせよ、それを人間の普遍的な要求に算入してはならないだろう。

いま挙げたことすべてを一つの定式にふくむようなかの大いなる神秘は、実践的に必然的な宗教理念として理性によってどの人間にも理解できるようになるにせよ、しかしそれでもいえることだが、この神秘は当時、公に教えられるようになり、まったく新たな宗教のエポックの信経《シンボル》とされたその時になってはじめて、宗教の、とりわけ公の宗教の道徳的基礎となるために啓示されたのである。ふつう荘厳な祈禱文は独特の言葉を、それも特定の結社(組合あるいは公共体)に属する人々のために定められた言葉、しかも往々にして神秘的で誰にでも分かるわけではない言葉をふくんでいるが、そうした言葉は当然のことながら(尊敬のゆえに)厳粛な行事のためにだけ(たとえば誰かが他の人々から選り分けられた社会に一員として受け入れられる場合などに)用いられるようになったのである。有限な被造物の道徳的完全性の最高の目標で、しかも人間にはけっして完全には到達できないものはしかし法則の愛なのである。

この理念にしたがえば「神は愛である」[78]が宗教における一つの信仰原理だということになろうし、神における愛

V 163　A 145 W813　C 293

する者(聖なる法則に適合している人間への道徳的満足という愛をもって愛する者)を、つまり父を崇敬できるし、さらに神が一切をふくむ理念の形で、つまり神御自身により産出され愛される理念を、人間性の原像の形で描かれるかぎりでは、神における御子を崇敬できるし、* 最後にまた先ほどの満足という愛の制約に人間が一致するという制約に、神がこの満足を制限され、そのことによって、それが知恵にもとづいた愛であることを証明なさるかぎりでは、聖霊を(原注)崇敬できるのである。 A146 C294 V164 W814 このように多面的な位格の名称で呼びかけることは本来はできないが(そのようなことをすれば、暗にさまざまな存在者を指し示すことになろうが、しかし神はつねに唯一の対象でしかないのである)、 A147 しかし神御自身が何ものにもまして崇敬され、愛される対象、しかもそれと道徳的に合一していることが〔私たちの〕願いであると同時に義務でもあるような対象、このような対象の名においては別である。 V165 ちなみに三面的な質をもった神の本性への信仰を理論的に告白することは、教会信仰のたんなる古典的祈禱文に属しており、それは、さまざまな歴史的源泉から導き出されるような信仰様式と、この信仰とを区別するためであるが、しかしこのような信仰に明確ではっきりとした(誤解に曝されない)概念を結合できる人はほとんどいないし、 W815 その解明はそれら相互の関係では、どちらかといえば(一つの聖典の哲学的で学識ある解釈者としての)教師たちに属してこそ、 C295 その意味について一致した見解を獲得できるのであり、この信仰においては、かならずしもすべてがふつうの理解力にかなっているわけではないし、この時代の要求にもかなっているわけではないが、しかしたんなる文字の信仰は真の宗教心術を改善するよりは、むしろ腐敗させるのである。

(原注)　浄福を与える者としての神の愛(本来は、私たちの側でこれにふさわしいように愛に応えること)が立法者としての神 A145 C293 V163 W814
への敬神と合一されるのは、すなわち制約されたものが制約と合一されるのは聖霊によってなので、したがって聖霊は〔父 C294

と子の）「両方から発するものとして」[79]表象されうるので、それは「あらゆる真理に（義務の遵守に）導く」[80]だけでなく、同時に人間の（良心の前での）本来の審判者でもある。そもそも裁くことは二重の意味で理解できるからである。つまり功績の有無について裁くことか、罪責の有無について裁くことか、いずれかにである。（御子における）愛として見られる神が人間を裁かれるのは、負債以上にさらに功績の方がその人たちに有利となりうるかぎりにおいてであって、この場合、神の申し渡しは「ふさわしい」か「ふさわしくない」である。かかる功績がさらに帰せられうるような人々を、神は御自分のものとして選り分けられるのである。それ以外の人々は得るところがない。これに反して義による審判者（聖霊の名の下に本来審判者と呼ばれるべき審判者）が、功績が有利に働きえない人々にくだす判決は「有罪」か「無罪」、すなわち劫罰か放免である。{――裁くとは、先の場合には、功績ある人々を功績なき人々から選り分けることであるが、彼らはともに（浄福という）賞を求めているのである。しかしこの場合、功績というのは法則との関係における道徳性の優位ということではなく（法則に関しては、義務の遵守の罪責を超えた余剰が私たちに生じることはありえない）、道徳的心術に関して他の人間と比較しての道徳的優位ということである。ふさわしいことにもつねに消極的な（ふさわしくなくはないという）意義が、すなわちかかる慈しみにたいする道徳的感受性という意義があるにすぎない。――それゆえ第一の質において（ブラベウタとして）[82]裁く者は、（浄福という）賞を求める二つの人格の（あるいは二つの組の）いずれを選ぶかの判断をくだすが、第二の質において裁く者（本来の審判者）は、公訴人と弁護人とのあいだの裁定をくだす法廷（良心）において、同一の人格にたいして判決をくだすのである。}[81]――ところで人間はすべて罪の負債を負ってはいるが、しかし人間たちのうちの少数には功績が有利に働きうると想定されるならば、その場合愛にもとづく審判者の申し渡しが成立し、これが欠けていることにより招き寄せられるのは、棄却判決でしかあるまいし、また（この場合、人間は義にもとづく審判者に引き渡されることになるので）その避けがたい結果は劫罰の判決ということになろう。――私の見解では、見かけのうえではたがいに矛盾する命題、「御子は生ける者と死せる者とを裁かんために来たりたまう」[83]と、他方「神が御子を世に遣わされたのは世を裁くためにではなく、御子によって世が救われるためにである」（『ヨハネ福音書』三・一七）とは、このようにして合一されうるし、このようにしてそれらの命題は「御子を信じない者はすでに裁かれている」（同三・一八）といわれていることとも、一致しうるのである。「すでに裁かれている」とは、すなわち「その方《かた》は罪のゆえに、また義のゆえに、世を裁くであろう」[84]といわれている霊により裁かれているということである。――こうしたさまざまな区別は、本来たんなる理性にたいして設けられているが、たんなる理性の領野でかかる区別をおずおずとなす入念さは、ややもすれば無用でやっかいな緻密さだと思われるかもしれないにしても、神の本性を探求するためにこうした入念さが用いられるとすれば、その通りだということになろう。しかし宗教上の関心事において人間には、自らの罪過について神の慈しみに頼ろうとする傾向がたえずあるのに、それにもかかわらず、人間は神の義を避けることはできないから、しかし同一の人格における慈しみ深い審判者などというのは、立派な矛盾であるから、そこから十分に分かるように、この点について人間のもつ諸概念は、実践的観点でさえきわめて不安定で、一貫性を欠いたものであらざるをえないのであり、だからこそ諸概念を整理し正確に規定することが実践的にきわめて重要なのである。

哲学的宗教論　第四編

A 149
C 297
W 817

第四編　善の原理の支配下における奉仕と偽奉仕について、あるいは宗教と聖職制について

A151 C299 V167 W819

神の国の会憲の諸原則が公になりはじめるだけでも、それはすでに善の原理による支配のはじまりであり、「神の国が私たちのところに来たまうこと[1]」の徴《しるし》である。そもそも神の国はすでに悟性界に現存しており、そのためにこそ、その国をそれだけで実現しうるような諸根拠が悟性界に普遍的に根づいているのである。とはいえ、感性界における神の国の現象が完全に発展しきるまでの道のりは、いまだはてしなく遠く延びている。私たちがすでに見たのは、ある倫理的公共体の一員となってそこに統合されることが特殊な種類の義務(officium sui generis 特殊な勤め)であること、またたとえそれぞれが私的義務に服従するにせよ、そのことから結論として、とくに準備を必要とせずとも、万人の一個の共通の善との偶然的一致が導き出せようということ、しかしそのような万人の一致を希望してもよいのは、同一の目的をめざした万人相互の統合化が、また悪の原理による誘惑に抵抗するためのいっそう結束した力としての、それゆえいっそう強固な力としての道徳法則の下にある**公共体**を創立することが、一つの特殊な営みとされる場合だけである(さもなければ人間は悪の原理の道具となって仕えようとして、人間相互のあいだでさえ試みあう)ということである。——そのような公共体は**神の国**であるから、人間がそれを引き受けるのは宗教を通してのみであることもすでに見たし、最後に(公になることは公共体のために必要なので)宗教が、

C300 V168

公になるためには、神の国は教会という感性的な形式で表されうること、したがって教会という措置は人間に委ねられた仕事であるし、また人間に要求されうる仕事だから、それを創始するのは人間の義務であることも私たちは見たのである。

しかし宗教法則による一個の公共体として教会を創立することは、（洞察という点でも、よき心術という点でも）人間に期待してはならないほどの知恵を要求するように思われるのであるが、それはとりわけ、かかる執り行いの意図するところは道徳的善であるのに、この意図のためには人間のうちにすでにそれが前提されねばならないように思われるからである。実際、神の国などというものを人間が創始すべきだというのも、まことに矛盾した表現である（人間が人間の君主による国を創立しうるとは、人間についていえるにしてもである）。神そのものが御自身の国の創起者でなくてはならないのである。しかし私たちは、神の国の市民にして臣民になるという道徳的規定を自らのうちに見出すにしても、かかる神の国の理念を現実のうちに現示するために、神が何を直接なしたまうかを知らないのに、自分がその国の一員として適格になるためになさねばならないことは知っているのだから、この理念を人類のうちに呼び起こして公にしたのが理性であれ書き物であれ、いずれにしてもこの理念は教会というものの措置という義務を私たちに負わせるであろうが、教会についていえば神の国の場合には、創始者としての神そのものが会憲の創起者であり、しかし人間はこの国の成員にして自由な市民だから、あらゆる場合に組織の創起者なのであって、そこでは人間たちのなかでも、*組織にしたがって教会の公の業務を管理する人々は、教会の奉仕者として組織の行政部をなし、ならびに他の人々はすべて、行政部の定める掟に服した団体、つまり会衆をなすのである。

純粋理性宗教は公の宗教信仰としては、ある教会の（すなわち不可視的教会の）たんなる理念を許すだけで、人間による組織を必要とし組織が可能なのは、教義にもとづく可視的教会だけだから、先の方の宗教では、善の原理による支配下での奉仕は教会奉仕だとは見なされえないであろうし、この宗教には倫理的公共体の公職者であるような法的な奉仕者はなく、そこでは公共体のいかなる成員も、最高の立法者から直接その命令を受け取るのである。しかしそれにもかかわらず、(同時におしなべて神の命令としても見なされなくてはならないような)すべての義務に関して、私たちはつねに神に奉仕するのだから、純粋理性宗教も、よき考えの人々をその奉仕者とするであろう(しかし公職者とするわけではない)が、ただ、そのかぎりでは彼らを教会の(ここで問題になっている可視的教会の)奉仕者とは呼べないだろう。——ところが法規的法則にもとづいて創立された教会が真の教会でありうるのは、たえず純粋理性信仰に接近し(もしこれが実践的であるなら、それこそ本来いかなる信仰においても宗教をなすものだから)、時とともに教会信仰を(この信仰において歴史的であるものに関して)不要にできるという原理を、教会がふくんでいるかぎりにおいてのみであるから、私たちがこれらの法則のうちに、またこの法則を基礎とした教会の公職者のうちに、教会の奉仕(cultus 祭祀)を措定しうるのは、公職者がその教えや措置を、どんなときでもかの最終目的(公の宗教信仰)の方に向けているかぎりにおいてだけなのである。逆に教会の奉仕者でも、これをまったく顧慮しないなら、それどころかこのような最終目標へのたえざる接近という格率は忌々《いまいま》しいと言明し、ひたすら教会信仰の歴史的で法規的な部分にすがるだけで浄福になれると言明するなら、そのような奉仕者には当然のことながら教会の偽奉仕者の嫌疑が、あるいは善の原理の支配下における倫理的公共体の(教会というものによって思い浮かべられるもののということだが)偽奉仕者の嫌疑がかけられえよう。——偽奉仕(cultus spurius 不実な祭祀)とは、実際には当人*の意図が成立しなくなるような行為を通して勧めるようにと、誰かを説得することで

C 301
W 821
A 153
V 170

ある。しかしこれが公共体で起こるのは、上位の者の意志を満たすための手段としての価値しかないものが、直接上位の者に嘉《よみ》されるようにしてくれるものだと称されて、それがほんとうに嘉されるものの代わりに立てられることによってであり、さらにこれにより上位の者の意図は水の泡となってしまうのである。

第一部　宗教一般における神への奉仕について

宗教とは(主観的に見ると)私たちの義務すべてを神の命令として認識することである。(原注) ある宗教において何かを私の義務として承認するのに、あらかじめそれが神の命令であることを私が知らなければならないなら、それは啓示された(あるいは啓示を必要とする)宗教である。それに反して、ある宗教において、何かを神の命令として承認しうるよりも前に、それが義務であることを私があらかじめ知っていなくてはならないなら、それは自然的宗教である。――自然的宗教だけが道徳的に必然的だと、すなわち義務だと言明する人は(信仰の事柄における)合理論者とも呼べる。その人がすべての超自然的な神の啓示の現実性を否定するならば、自然主義者と呼ばれる。ところが啓示を容認はしても、それを知りそれが現実的だと想定することは、宗教にはかならずしも必要でないと主張するならば、その人は純粋合理論者と呼べよう。しかし啓示への信仰が普遍的宗教にとって必然的だと見なすなら、その人は信仰の事柄における純粋な超自然主義者だと呼べよう。

(原注)　この定義により、宗教一般の概念についてのまちがった解釈がいくつか予防される。まず第一に、宗教においては超感性的対象についての洞察が欠如すれば、信仰告白そのものが見せかけとなりかねないからといって、理論的認識および信仰告白に関して、実然的《アサトーリッシュ》(2)な知が(神の現存在についてすら)要求されるわけではなく、むしろ要求されるのは、思弁からいって万物の最上原因についての問題的な想定(仮定)だけだということ、しかしそれに働きかけるようにと、道徳的に命令する理性が示教してくれる対象に関しては、実践的な、したがって自由な実然的信なるものが、すなわちこの理性の究極意図

C302 W822　V171　A154 C303　A155　W823　A153 C302 V170 W822　A154

に成功を約束するような信が前提とされるということである。信に必要なのは神の理念だけで、善にいたろうとする道徳的に真剣な(それゆえ敬虔な)あらゆる努力は、この理念に行き当たらざるをえないのであるが、しかしこの理念が必要だといっても、理論的認識によりそれに客観的実在性を保証できると、信は僭称するわけではないのである。いかなる人間にも義務とされうるようなことにたいしては、(神なるものはありうるという)最小限の認識で、主観的にはすでに十分であるにちがいない。第二に、宗教一般のこの定義により、宗教は神に直接関係づけられるような特殊な義務の総括であるという、まちがった考えが予防されるし、これによりまた倫理的＝市民的な人間的義務(人間の人間にたいする義務)以外に、さらに宮仕え[3]に応じたりしないように(もともと人間はそれに応じようとする傾向がつよい)、そして人間的義務の不足分を宮仕えでつぐなおうとしないようにも、予防できるのである。普遍的宗教では神にたいする特殊な義務は存在せず、そもそも神は私たちから何ひとつ受け取られるはずがない[4]し、私たちは神に働きかけることも、神に代わって働くことも、できないのである。神への負い目のある畏敬がそのような義務の一つだと思おうとするのは、畏敬が宗教の特殊な行為ではなく、むしろあらゆる義務にかなった行為一般に際しての宗教的心術だということを考慮していないからである。「人間によりも、神に服従しなさい[5]」といわれるときも、その意味は次のこと以外の何ものでもない。つまり法規的な命令に関しては、人間が立法者にして審判者でありうるわけだから、これが義務と争うことになったとき、それも理性が無制約に指定するような義務と、しかもその遵守あるいは違反については、神のみが審判者である義務と争うことになったとき、法規的命令の威信の方が道をゆずらねばならないということなのである。人間によりも神の方に服従するというのは、教会が神の命令だと称している法規的命令に服従することだと理解しようとすると、この原則はややもすると、偽善的で支配欲盛んな僧侶たちが市民政府に謀反を起こす際の鬨《とき》の声ともなりかねまいし、事実、それが聞こえてくることもある。そもそも、許されていることは、つまり市民政府が命令することはたしかに義務であるが、しかしそれ自体において許されてはいても、神の啓示によってしか私たちに認識できないような何かが、ほんとうに神により命令されているかどうかは(すくなくとも大部分は)このうえなく不確実なのである。

合理論者はかならずその尊称に応じて、おのずと人間的な洞察の制限内に身を持するにちがいない。それゆえ彼

A 155　C 303　V 171　W 823

は自然主義者のようには〔超自然的な神の啓示の現実性を〕否認しないであろうし、啓示一般の内的可能性にも、真の宗教を導入するための神の手段としての啓示なるものの必然性にも、異を唱えたりはしないであろう。そもそもこのことについては理性によって何かに決着をつけられる人間はいないのである。したがって論点となる問題が該当しうるのは、信仰の事柄における純粋合理論者と超自然主義者との相互の権利請求だけ、いいかえれば、双方は何が真の宗教にとって必要かつ十分だと、あるいは何が偶然的にすぎないと、想定しているのかということだけである。

　宗教を最初の起源や内的可能性によって区分せず（この区分では自然宗教と啓示宗教とに分けられるが）、宗教をして外部への伝達ができるようにしている性質によって区分するならば、二種類の宗教がありうる。すなわち（現存在さえすれば）誰もが理性により確信できる自然的宗教か、あるいは学識を用いてのみ他人を確信させうる学識的宗教か（他人は学識のうちで学識をとおして導かれなくてはならない）、そのどちらかである。――この区別はきわめて重要である。普遍的な人間宗教としての適・不適については、宗教の起源だけにもとづいたのでは何ひとつ推論できないのに、普遍的に伝達できるかどうかという性質にもとづけば、推論はできるし、外部への伝達ができるようになっているという特質は、いかなる人間をも拘束するはずの宗教の本質的特色をなすのである。

　したがって宗教は自然的宗教なのに啓示されているということがありうる。それは以下のような性質の場合である。すなわち人間が理性のたんなる使用によりおのずとそれに到達できたし、また到達すべきであったという性質のもので、もっとも人間は求められるほど早くには、また求められるほど広い範囲にわたっては、それに到達してはいないだろうにしても、したがってそれの啓示が、ある時代ある場所で知恵をふくみ、人類にとってきわめて有

V 172
C 304
W 824

益でありえたにしても、しかし啓示により導き入れられた宗教がいったん現存在して、公に知らしめられるや、その後もこの宗教の真理性を誰でも自己自身により、そして理性により確信できるという性質の場合である。この場合それは主観的には啓示宗教だとはいえ、客観的には自然的宗教なのである。それゆえこの宗教には本来自然的宗教という名の方がふさわしい。というのも、かつてそのような超自然的な啓示が起こったことなどは、ひょっとしたら後になってきれいに忘れさられてしまいかねまいが、しかしそれでもその宗教は分かりやすさや確実性を、それに人心におよぼす力を、いささかも失わないだろうからである。しかし内的性質からいって啓示されたものとしか見なされえない宗教の場合、事情はちがってくる。まったく確実な伝統のうちか、あるいは記録であるような聖典のうちに保存されていないとすれば、その宗教はこの世から消えてしまおうし、また時として公にくり返される超自然的啓示が起こったり、さもなくば、たえず続く超自然的啓示がどの人間のうちでも内的に起こったりしなくてはなるまい。こうしたことでもなければ、そのような信仰の普及と継承は不可能となろうからである。

しかしいかなる宗教も、啓示宗教ですら、すくなくともある部分では、自然的宗教のある種の諸原理をもふくまなくてはならない。そもそも啓示が宗教の概念に思惟において付け加えられるのは理性によってだけなのである。なぜなら宗教という概念そのものは、道徳的立法者の意志の下での拘束性から導き出されたものであって、れっきとした純粋理性概念だからである。それゆえ啓示宗教さえをも、一方では自然的宗教と見なし、他方では学識的宗教と見なせようし、かかるものとして吟味もできよう。さらに啓示宗教のうちの何が、またどれだけのものが両源泉のいずれに帰属するかも区別できよう。

しかし啓示された(すくなくともそうだと想定されている)宗教を論じるという意図があるにしても、なんらかの模範を歴史から取ってこないことには、十分なことはできない。なぜなら理解できるようになるには、さまざまな事例を模範として案出しなくてはなるまいが、しかし歴史から取ってくるのでなければ、そうした事例を案出したところで、事例の可能性は否定されてしまいかねないからである。しかし最善のやり方は、*そうした事例をふくむなんらかの書物を、とりわけ道徳的な、したがって理性に親しい教えがこのうえなく緊密に織り込まれた書物を取り上げ、それを啓示宗教一般という理念を説明するための媒介的手段とすることであるが、その場合も私たちはこの書物を、啓示を信用して宗教や徳について論じる数多くの書物の一つとして、それ自体において有益な方法の模範とするために、しかもその書物において純粋な、したがって普遍的な理性宗教らしく思われるようなものを探し出すために、目の前に置くだけであって、この書物を実定的な啓示の教えの総括として解釈するよう委託されている人々の仕事に干渉するわけでもなければ、学識を拠り所としている彼らの解釈をそれによって論難しようとしているわけでもないのである。むしろ彼らの狙いが哲学者と同じ目的、すなわち道徳的善であり、哲学者が理性根拠により到達しようとしているところへ、彼らは別の道で到達しようと考えているのであれば、これは彼らにも好都合なのである。――ところでここではその書物がキリスト教信仰の教えの源泉である新約聖書であってもよいわけである。さて、私たちの意図に応じて、以下の二章でキリスト教宗教を、まずは自然的宗教として表象できるようにし、ついで第二に学識的宗教として、その内容およびそこにあらわれてくる諸原理によって表象できるようにしよう。

第一部第一章　自然的宗教としてのキリスト教宗教

道徳としての（つまり主体の自由との関係における）自然的宗教は、最終目的にたいして結果を作り出せるものの概念（道徳的な世界創始者としての神の概念）に結びつくと、またこの目的全体に適合した人間の持続（不死）に関係づけられると、純粋な実践的理性概念であって、この概念は、無限に実り豊かであるにもかかわらず、理論的な理性能力をほとんど前提しておらず、この宗教をどの人間にも実践的に十分に確信させうるほどであるし、すくなくともその働きかけを、誰にでも義務として期待できるほどなのである。この宗教は真の教会に必要な重大要件を満たしている、すなわち万人への妥当性（universitas vel omnitudo distributiva 普遍性あるいは組織的全体）、つまり普遍的合意と理解されるかぎりでの普遍性への適格性を満たしている。この意味での自然的宗教を世界宗教として普及させ維持するには、不可視的にすぎない教会の奉仕職階級（ministerium 聖職組織）が必要なのはいうまでもないが、公職者（officiales 官吏）は必要ではない。つまり教師は必要だが、管理者は必要ではないのである。なぜなら各個人の理性宗教だけでは、普遍的統合（omnitudo collectiva 集合的全体）としての教会はまだ現実存在しないからであり、またその理念の意図するところは本来的にはその教会だというわけでもないからである。――しかしかかる合意なるものがおのずと維持されようとは思われず、したがってまた可視的教会とならずとも、この合意が普遍的に伝えられようとは思われないのであって、むしろそれが維持され普遍的に伝えられるのは、これに集合的普遍性というものが、つまり信じる人々を純粋理性宗教の諸原理により一つの（可視的）教会に統合することが、付け加わる場合だけであるのに、しかし教会はそのような合意からおのずと発生するわけではないし、かりに教会が創立されたとしても(さきに示したように)、信じる人々の共同体という恒常的な状態に、自由な信奉者たちによってもたらされるわけではないだろうから(このように照明を受けた人々でも、自らの宗教的心術のためにはかかる宗教において他の人々と同志となることが必要だとは、誰も思わないから)、それゆえたんなる理性によってのみ認識されうる自然的法則のうえに、さらに特定の法規的な制定が、しかし同時に立法的な威厳(権威)もともなう制定が付け加わらないならば、人間のある特殊な義務をなすものは、つまり人間の最高目的のための手段をなすもの、すなわち普遍的な可視的教会への人々の恒常的な統合は、依然として欠けたままということになってしまうだろう。が、教会の創始者であるというこのような威厳は、一個の事実を前提しており、たんに純粋理性概念だけを前提しているわけではないのである。

さて、ひとりの師を想定してみればどうであろうか。ある歴史はその師について、誰にでも理解できて(自然的で)つよく訴えてくる純粋宗教を講じられたと語っており(あるいは、すくなくとも根本的には否定できない一般的な思いなしはそう語っており)、この宗教の教えは私たちにも保存されているわけだから、私たちはそれを吟味できるのであるが、彼はまずは公然と、また支配的で煩瑣な、道徳的目的をめざさない教会信仰(その苦役奉仕は概して法規的にすぎない信仰で、当時世界で一般的であった他のあらゆる信仰の実例ともなりうる)に逆らってまで純粋宗教を講じられたというのである。また、彼は先の普遍的理性宗教を、あらゆる宗教信仰の必要不可欠な最上制約とされて、さらに特定の法規を付け加えられたこと、法規は儀礼や厳律をふくみ、これらはかの諸原理にもとづいた教会の実現に役立つはずであること*、このことが私たちに分かったとすればどうであろうか。そうすると、この実現をめざして師が与えられた措置は偶然的で恣意的であるにもかかわらず、その教会には真の普遍的教会という名をこばめないし*、新たな煩わしい措置のともなう信仰を増やそうともなさらず、御自身がはじめて見出した行為の数々を、それだけで宗教的行為として義務化されるような、特別の聖なる行為になさろうともせずに、人々をこの教会に統合されるようにと招き寄せられた威信を、師御自身にこばめないことになるのである。

この人格が、いかなる教義にもとらわれずに純粋で、すべての人間の心情に銘記されている宗教の創始者として崇敬されるわけではないにせよ(この宗教の起源は恣意的なものではないのである)、しかし最初の真なる教会の創始者として崇敬されうるような人格であることを、この記述から見逃せるはずがない。――神の遣いとしての師の尊厳を認証するために、その教えのいくつかを宗教一般の疑いなき証拠として挙げようと思う。実際の歴史はどうであれ(そもそもこのように想定するに十分な根拠が理念そのものにふくまれているのである)、それらの教えはもちろん純粋な理性の教え以外ではありえないであろう。そもそも理性の教えこそ、それ自身で証明される唯一ののであり、他の教えの認証も、もっぱらこれにもとづかねばならないのである。

まず師がいわれるのは、人間が神に嘉されるようになれるのは*、外的で市民的または法規的な教会義務の遵守によってではなく、純粋な道徳的心術によってのみだということ(『マタイ』五・二〇―四八)、思いのなかでの罪は神の前では行いに等しいものとされること(五・二八)、そもそも聖性こそ人間がめざして努力すべき目標であること(五・四八)、たとえば、心のなかで憎むことは殺すことと同じであること(五・二二)、隣人に加えた不正が補償されうるのは相手への罪の償いによってだけであって、礼拝の行為によってではないこと(五・二四)、誠実さという点では、市民的強制手段(原注1)である誓いは真理そのものへの尊敬を損なうこと(五・三四―三七)、――人間の心情の

A159　V177 C308　A160 W829

自然的ではあるが悪い性癖は、全面的に転倒させよ[6]ということ、復讐のあまい感情は寛容さに(五・三九、四〇)、敵への憎しみは親切に(五・四四)移りゆかなくてはならない、ということである。そして師は、ユダヤの律法を完全に全うするつもりだといわれるが(五・一七)、律法といっても、その解釈者は経典の学識ではなく、純粋理性宗教でなければならないことは明らかで、そもそも文字通りに理解すれば、ユダヤの律法*はこれらすべての正反対を許していたのである。——のみならず、狭き門とか細き道という名をつけてまで、律法についての誤解に気づかずにはおかないようになさるが、人間は敢えてそのような誤解をして真の道徳的義務をやりすごし、代わりに教会義務の履行で埋めあわせをするからである(七・一三)[原注2]。しかしこうした純粋な心術たちには、その心術が行いにも示されるようにせよと求められ(五・一六)、これに反して、その使者の位格において最高立法者に呼びかけ、それを賛美することで[7]行いの欠如を補えると思い、へつらって恩恵を受けられると思っているような心術たちには、そのずるい希望を否認なさるのである(五・二一)[8]。そうした行いが学《まね》びの模範となるために公にもなされるようにと(五・一六)、しかも奴隷的な強要された行為としてではなく、快活な気分でなされるようにといわれる(六・一六)。そのようにして、このような心術を伝え広めるという小さきはじまり、それはよい畑にまかれた一粒の種もしくは善のパン種であるが、宗教はそこから内的な力によりすこしずつ大きくなって神の国となるだろう(一三・三一、三二、三三)、といわれるのである。——最後にすべての義務を(一)普遍的規則と、(二)特殊な規則のかたちで総括なさる。(一)(人間たちの内的ならびに外的な道徳的関係を内包するような)普遍的規則とは、義務への直接的な尊重の念以外の動機から義務をなしてはならないこと、すなわち何にもまして神を(あらゆる義務の立法者を)愛しなさいということにほかならない。(二)特殊な規則とは、普遍的な義務として他人への外的な関係にかかわるものにほかならず、相手が誰であれ、あなた自身を愛するように愛しなさいということである。すなわち、直接相手の幸せを願う気持ちから他人の幸せを促進しなさい、利己的な動機から他人の幸せを導き出して、それをしてはならないということである。これらの命令は徳の法則であるばかりではなく、聖性を指し示す準則でもあり、私たちも聖性を得ようと努力せよということであるが、そうした準則に関する努力だけでも、徳と呼ばれるのである。――したがって、こうした道徳的善がまるで天から降ってくる賜物であるかのように、手をこまねいてまったく受動的にそれを待ち望もうと思っている人々には、そうした希望を師はすべて打ち消される。善への自然的素質が(その人に委ねられた才能として)人間本性にふくまれているのに、それを用いないままにしておき、それを用いずとも、自分に欠けている道徳的性質や完全性を、より高次の道徳的影響が補ってくれるだろうと、気の抜けた期待をもっている者に向かっては脅かして、自然的な素質にもとづけばなしえたはずの善ですら、その怠りのゆえに、その人のためにはならないものにしてしまおう(二五・二九)、といわれるのである。

A161　C310

(原注1)　これは、市民的な法廷で告白させるような強制手段の明確な禁止であるが、強制手段の拠り所はたんなる迷信であって良心ではないのに、なぜ宗教の教師たち[9]がこの禁止をさほど重要なものと見なしていないのかということ、このことはよく理解できない。そもそも、ここでもっともあてにされているのが迷信の効果であることは、人間の権利(この世界にあるもののうちでもっとも聖なるもの)*についての決定がその真理性にもとづく厳粛な証言でも、ひとりの人間について、とても真実を語るだろうとは信じられないのに、宣誓を口にさせれば真実を語る気になるだろうと一般には信じられていることからも、認識できるのである。しかも宣誓たるや、証言については、己の身にふりかかる神罰を思い起こすこと以上のものをふくんではいないのであって(いずれにせよ、そのような嘘をつけば神罰を免れられない)、まるで最高法廷で弁明しようがしまいが、それは本人次第だといわんばかりなのである。――聖書の上記の箇所では、この種の誓言がばかばかしい身

A159 C308 V177 W828　W829

のほど知らずとして描かれているが、それは私たちの力のおよばないものを、いわば呪文によって現実化しようとすること V178 なのである。――しかしよく分かると思うが、ここで知恵ある師は真理の誓言としての「然り、然り！」「否、否！」以上のものには禍がある[10]といわれるのだから、誓いというものが招き寄せる悪い結果を目の当たりに見ておられたのである。それは、誓いの方が重要視されることで、なにげない嘘が許されたも同然になるということである。

（原注2）　狭き門、そして生命にいたる細き道とは、よき生き方の道のことであり、広き門、そして多くの人がたどる広き道 A160 C309 とは教会のことである。とはいえ教会とその制度のせいで人々が堕落するというのではなく、教会参集や教会法規の告白、あるいは教会の慣例を儀式化すること[11]などが、まるで神の本来望みたまう奉仕の仕方であるかのように理解されてしまうことをいっているのである。

さて道徳的なふるまいにかなった幸福の分け前を期待するのは、人間にとってきわめて自然であるが、この期待 A161 C310 V179 W830 に関して、とくにふるまいのゆえにたびたび幸福を犠牲にせざるをえなかった場合について、その代わりに師が約 W831 束なさるのは来世という報酬であり（五・一一、一二）、それもふるまいの際の心術のちがいに応じてであって、この報酬のゆえに（あるいは負わされている罰から放免されるために）義務をなした人々には、それよりも善良な、義務をひたすら義務そのもののゆえに実行した人々とはちがう報酬を約束なさるのである。利己心はこの世の神であるが、これに支配される者がこれを棄てないまま、理性により利己心を洗練し、現前するものという狭い範囲を超えて利己心を広げるのは、主人を自分自身で欺いて、義務のために主人に犠牲を強いる人として描かれる『ルカ』一六・三―九）。つまりやがては一度、ひょっとしたらまもなく、自分がこの世を去ってゆかねばならないだろうことを、この世で所有しているものは何ひとつあの世にはもっていけまいことを悟れば、おそらくその人なりその V180 人の主人である利己心なりが、この世で貧しい人々から合法的に請求しなければならなかったものを帳消しにして、その代わりにいわばあの世で払ってもらえる小切手を受け取ろうと決心するということであり、これによってその人は、そのように慈善的な行為の動機に関していえば、道徳的というよりは、むしろ賢明なやり方をしてはいるが、とはいえ、すくなくとも文字のうえからは道徳法則にかなったやり方をしており、このことも将来いつかは自分に報われてもよかろうと希望してよいのである。(原注) これと、もっぱら義務の動因からなされる貧しい人々への慈善について語られること(『マタイ』二五・三五―四〇)とを比較してみよう。ここでは、困窮した人々を救ったが、しかしそんなことが報酬に値するとか、自分はそれでいわば報酬のために天に恩を売っているのだといったことは、まさに報酬などに頓着せずにそれをなしたがゆえに、思いもよらないといった人々、そうした人々のことを、世界審判者は本来彼の国に入るべく選ばれた人たちだと言明しておられる。先のとこれとを較べると分かっていただけようが、福音の師は、来世での報酬について話されるとき、それを行為の動機とするようにといわれたのではなく、むしろそれを(人類を導くうえでの神の慈愛と知恵の完成という、魂を崇高にするような表象として)人間の使命全体を判定する理性にたいする客体とするようにだけ、つまりこのうえなく純粋な崇敬とこのうえなく大きな道徳的満足との客体とするようにだけ、これを通していわれたのである。

A162 C311 W832

(原注)　将来について私たちは何も知らないし、道徳性の動機やその目的などと理性的に結びついているもの以上を、探求すべきでもない。これと結びついているものには次のような信仰も属している。つまりよき行為はすべて、それを実行する者に来世でもよき結果をもたらす、したがって人間は人生の終わりに臨んでなお自分をどれほど邪《よこしま》だと思おうとも、だからといって、すくなくとも能力のおよぶもうひとつのよき行為をなすことを忘れてはならないし、しかもよき行為は、それをなすに際して、純粋でよき意図をいだく程度に応じて、やはり無為の免罪よりも大きな価値をもつだろう、と希望する根拠がその人にはある、無為の免罪は罪の軽減に貢献せずに、よき行為の欠如を補わせようとするからである、という信仰である。

A161 A162 C310 C311 W831

さてこれこそ完全な宗教であって、これは自分の理性により理解できるようにと、また確信できるようにと万人に供せられうるし、そのうえこの宗教は一個の模範に即して、その模範が私たちにとって学《まね》びの原像であることの可能性のみならず、必然性に関してまでも(原像が人間に可能なかぎりで)直観的にされたのであり、しかも教えの真理性も師の威厳や尊厳も、なんら他の認証を必要とはしないのである(認証には学識なり奇跡なりが必要とされようが、それは誰にとっても問題になるわけではない)。教えのなかに昔の(モーセの)立法や素養などの引証が、まるで実例の真実を確証するかのように散見されるにせよ、それらの引証はいま述べた教えの真理性のために与えられたのではなく、むしろ全面的かつ盲目的に旧弊にしがみついている人々のなかに教えを導入するために与えられたのであって、そうしたことは[12]、法規的な信仰箇条で頭が一杯で、理性宗教にたいしてほとんど不感症になってしまっている人々に広められる場合には、無教養だが腐敗もしていない人々の理性に理性宗教をもたらそうとする場合よりも、つねにはるかに困難であるにちがいない。だから、当時のさまざまな先入見を受け入れた講話[13]が、いまの時代から見ると謎めいていて、入念な解釈を必要とするように思われるにしても、何も不審がる必要はないのである。とはいえ、その講話はいたるところで宗教の教えをくまなく照らし出すと同時に、しばしばそれを表明的に指し示してもおり、その教えは万人に理解でき、学識をまったく費やさずとも確信できるものであるにちがいないのである。

V181 W832　A163 C312　W833

〔第一部〕第二章　学識的宗教としてのキリスト教

ある宗教が信仰命題を必然的なものとして講じ、しかもそれが理性によってはそのようなものとして認識できず、それにもかかわらず、未来永劫にわたって万人にそれを(本質的な内容に関して)そのまま伝達しようというかぎりで、その宗教は(啓示というたえざる奇跡を想定しようと思わなければ)学者の保護にゆだねられた聖なる財だと見なせる。けだしこの宗教もはじめは奇跡と行いに伴われ、まさに理性によっては確証できないことについてでも、いたるところで是認されえたにせよ、しかしこうした奇跡についての、また奇跡による確証を必要とした教えについての知らせそのものは、やはり時を経るにつれて子孫の変わらざる啓発を、つまり経典や証拠文献による啓発を、必要とするようになろうからである。

宗教の諸原則を受け入れることは優れた意味で信仰と呼べる(fides sacra 聖なる信仰)。したがってキリスト教信仰は、一方では純粋理性信仰と見なされねばならないだろうし、他方では啓示信仰(fides statutaria 法規的信仰)と見なされねばならないだろう。ところで純粋理性信仰は、誰もが自由に受け入れる信仰(fides elicita 自由な信仰)と見なせるし、啓示信仰は命令された信仰(fides imperata 命じられた信仰)と見なせるのである。悪は人間の心情のうちにあり、何人もこれを免れてはいないが、そのような悪について、また自分の生き方によったのではいつか神の前で義とされるのは不可能なことや、それにもかかわらず神の前でも妥当するような義が必然的なことについて、また正しさが欠けているのに、教会の厳律や敬虔な苦役奉仕をその代替手段とするのは無用なことについて、それに反して新しい人間となることは必要不可欠な義務であることについてなど、これらは誰でも理性により確信できるし、これを確信することは宗教に属しているのである。

しかしキリスト教の教えはもろもろの事実[14]にもとづいて建てられており、理性概念だけにもとづいているわけではないので、ここからすると、それはもはやたんにキリスト教宗教とは呼ばれず、キリスト教信仰と呼ばれることになるが、これがある教会の基礎とされたのである。そのような信仰のために奉献された教会、こうした教会の奉仕はしたがって二面的であって、一面では歴史信仰に応じて教会が受けねばならない奉仕であるが、他面では実践的で道徳的な理性信仰に応じて、教会が当然しなくてはならない奉仕なのである。キリスト教教会では二つのうちいずれの奉仕も、それだけで存続するものとして他方から分離されることはありえないのであって、実践的で道徳的な理性信仰による奉仕が歴史信仰による奉仕から分離されえないのは、キリスト教信仰が宗教信仰だからであり、後者が前者から分離されえないのは、それが学識的信仰だからなのである。

学識的信仰としてのキリスト教信仰は歴史に支えられており、根底に学識が(客観的に)ある以上、十分な理論的証明根拠の洞察から導き出されるような、それ自体において自由な信仰(fides elicita)なのではない。もしこれが純粋な理性信仰であれば、それは神的な立法者への信仰としては道徳法則にもとづいているので、この法則が無制約に命令するにしても、やはり自由な信仰と見なされねばならないことになろうが、これは第一章でも紹介したとおりである。それどころか信が義務とさえされなければ、これは歴史信仰であっても、万人にその学識があれば、やはり理論的に自由な信仰であることができよう。しかしこれが万人に、学識のない人々にも妥当するとされるならば、それはたんに命令された信仰であるのみならず、盲目的に、すなわちそれが現実にも神の命令なのかどうかを調べもせずに、命令に服従する信仰(fides servilis 奴隷的信仰)でもある。

しかしキリスト教の啓示論では、啓示された(それだけでは理性に隠された)諸命題への無制約な信仰からはじめて、学識的認識をその後に続かせ、これをいわば殿《しんがり》に襲いかかってくる敵への、たんなる備えにするといったことはけっしてできないのである。そもそもそんなことをすれば、キリスト教信仰は、命じられた信仰《フィデス・インペラータ》どころか奴隷的信仰《フィデス・セルウィ》とさえなってしまおう。したがってキリスト教信仰はつねに、すくなくとも歴史的に自由な信仰 fides historice elicita として教えられなければならないのである。すなわち啓示された信仰論としての啓示論では、学識は後衛ではなく前衛でなくてはならなかったし、少数の聖書学者(聖職者)にも世俗の学識が絶対に必要ということになれば、無学な人々(信徒たち)だけでは(そのなかには世界市民的な支配者たちもいる)書き物に不案内なので、これらの人々の長い行列の先頭に立って歩くのは、少数の聖書学者だということになろう。――さて、このようなことが起こってはならないとすれば、自然宗教のうちにある普遍的な人間理性がキリスト教教義論における最上の命令原理として承認され、尊重されなければならないのであって、啓示論の方は教会の基礎とされ、その解釈者および保管者として、学者を必要とするわけであるが、それは無知な人々にさえも普遍的人間理性を分かり易くし、それを広め恒常的なものにするためのたんなる手段として、とはいえ、このうえなく尊い手段として、愛され洗練されなくてはならないのである。

これこそ善の原理のもとでの教会の真の奉仕である。しかしこれも、啓示信仰を宗教に先行させるなら偽奉仕となり、これにより道徳的秩序が完全に転倒され、手段にすぎないものが(まるで目的であるかのように)無制約に命令されることになるのである。命題が理性によっても書き物によっても(まずは書き物の信憑性が証明されねばな

V184　A165　C314　W835

るまいかぎりでは)、無学な人々には確かめようがなければ、命題への信仰は絶対的義務(命じられた信仰《フィデス・インペラータ》)とされてしまおうし、かくしてそれは、命題と結びついた他の厳律ともども、苦役奉仕として、行為の道徳的規定根拠なしでも浄福になれる信仰という位階にまで高められてしまおう。――このような原理[15]に教会の基礎が置かれると、人間理性を原理とした体制の教会とはちがって、本来そこには奉仕者(ministri 教役者たち)[16]はいないのであって、命令を発する高位の公職者(官吏)がいるだけで、彼らは輝かしい教階制のなかで、外的な権力を身にまとった僧官として姿をあらわさずとも(プロテスタント教会がそうであるように)、またそれには言葉で抗議さえしても、しかし聖典の最高の解釈者はどんな場合でも純粋理性宗教なのに、当然これに帰せられる尊厳を奪ってしまった後では、また聖書の学識のみを教会信仰に用いるよう命じてしまった後では、自分たちだけが聖典の解釈者で召命された者だと見なされるようにと、実際には思うのである。こんなふうにして彼らは、教会の奉仕(ministerium 聖職組織)を教会構成員の支配(imperium 権力)に変えてしまうくせに、この越権を隠そうとして、教会奉仕という謙虚な呼称を利用するのである。しかしこの支配は理性にはたやすかったにせよ、高くつく。多大の学識の出費が伴うのである。つまり「理性は自然に関しては何も見ずに、古代全体をかき集め、その下敷きになってしまう」[17]ということである。――もろもろの事柄が以上のことを踏まえてたどる歩みは次の通りである。

まず第一に、民族内でキリストの教えを広めようと、賢明にも最初の伝道者たちのしたがった方式は、あらゆる時代、あらゆる民族に妥当する宗教そのものの一部だと理解されるので、その結果、そもそもキリスト教徒はユダヤ人でなければならない、ユダヤ人のメシアこそが来られたからである*と信じられるようになったわけであるが、しかしこれとうまく繋がらないのが、本来キリスト教徒は(法規的な律法としての)ユダヤ教の律法には束縛されていないのに、それにもかかわらず、この民族の聖典全体を、万人に与えられた神の啓示として受け入れなくてはならないということである。† ——さてこの聖典の信憑性に関しては、ただちに大いに難問が生じる(そのさまざまな W837 章句は、否、そこに出てくる聖なる歴史全体は、キリスト教徒の聖典では、この目的のために利用されているわけ C316 だが、だからといって、それだけではまだ信憑性が証明されたことにはならないのである)。キリスト教がはじまる前でも、かなり進歩してからでも、ユダヤ教は学識ある公衆のなかに入り込んではいなかったのである。V186 いいかえれば、他民族の学識ある同時代人に知られてはいなかったし、その歴史はいわば未検証で、その聖典が歴史的に確実とされたのは、それが古代のものだったからである。ところがこれはさておくにしても、聖典を翻訳で知り、翻訳で子孫に伝えるだけでは十分ではなく、むしろ聖典を基礎にした教会信仰を保証するには、将来のあらゆる時 A167 代に、あらゆる民族において、ヘブライ語に堪能な(ヘブライ語の書物は一冊しかないから、可能なかぎり堪能な)学者が存在することも必要なのであり、しかもそれに十分堪能な人々がいて、真の宗教を世界に保証することは、歴史的な諸学問一般の関心事であるばかりか、人間の浄福がかかっている関心事でもあるはずなのである。

† これはキリスト教のふつうの考え方の弱い側面であるが、これをメンデルスゾーン[18]は巧みに利用して、宗教に移行せよ、 A166 C315 V185 W836 というイスラエルの子[19]に突きつけられる不当な要求を、すべて却下する。[20] 彼がいうには、キリスト教徒も承認するように、そもそもユダヤの信仰は一階であって、上の階のキリスト教はこれを土台にしているわけだから、それは一階を取り壊して三階[21]に住むようにと、誰かに要求するに等しいのである。しかしメンデルスゾーンの真意もかなり明瞭に見えてくる。彼がいおうとしているのは、まずは私たち〔キリスト教徒〕の方で、その宗教からユダヤ教を取り除いてみよ(歴史的教義論では、ユダヤ教はいつまでも遺物として残るにしても)、そうすれば彼ら〔ユダヤ教徒〕も、私たちの提案を考慮できるようになろうということである(実際そうなれば、たしかに法規の混入しない純粋=道徳的宗教以外には何も残るまい)。外的な厳律の W837

負担が打ち捨てられても、私たちの重荷はいささかも軽減されないのである。代わりに別の負担が、つまり聖なる歴史の信仰告白という負担が課せられるのであれば、これはこれで、心ある人をいっそう過酷に押さえつけるからである。——ちなみにこの民族のさまざまな聖典は、宗教のためにではないにせよ、学識のためにはおそらくつねに保管され尊重されるであろう。なぜなら、この民族の歴史ほど、既知のあらゆる世俗史がそこに置かれうるような太古の諸時代《エポック》にまでさかのぼって、また信じるに足るほどの統一的な外見をもって、(世界のはじまりにまで)年代推定がなされている歴史はいかなる民族にもないからであり、それゆえ他民族の歴史は大いなる空虚を残さざるをえないにせよ、しかしそれもこの民族の歴史によって充塡されるからである。

A167 C316 V186
これと類似の運命がたしかにキリスト教宗教にもあるが、それは、この宗教の数々の聖なる事象そのものは学識ある民族の目の前で公然と起こったのに、その歴史が学識ある公衆のなかに入り込んだのは一世代以上も時がたってからのことだから、歴史の信憑性が同時代人による認証なしであらざるをえないかぎりで、そうなのである。W838 しかしこの宗教がユダヤ教よりも大いに勝っているのは、それが法規的ではない道徳的宗教として最初の師の口から出てきたものとして表されるし、そのようにしてこのうえなく緊密に理性と結びついて、歴史的な学識がなくとも、あらゆる時代、あらゆる民族に、このうえなく確実に理性によりおのずと普及しえた点である。しかしさまざまな教団の最初の創始者たちは、これにユダヤ教の歴史をからみあわせることが必要だと思ったわけで、これは彼らの当時の状況からいって、おそらくはまたその状況に対処するためにだけ、賢明なふるまいであって、こんなふうにしてこれも、この宗教の聖なる遺産となって私たちに伝えられているわけである。しかし教会の創始者たちは、こうした挿話的な宣伝手段を本質的な信仰箇条のなかに取り入れてしまい、伝統なり解釈なりによって、その数を増やしていったが、解釈は、公会議により法的な力を獲得したものも、学識により考証されたものもあったわけで、 C317 V187

この学識やその対極の、どんな信徒でも僭称できる内的な光などについては、これにより、これからもどれほど多くの変化が信仰に起こってくるかは、いまだに見極められない。これは私たちが宗教を自分の内にではなく、外に求めるかぎりは避けられないのである。

第二部　法規的宗教における神への偽奉仕について

真なる唯一の宗教は法則以外には何もふくまない。すなわち無制約な必然性を私たちが意識できる実践的原理以外には、したがって（経験的にではなく）純粋理性により啓示されているものとして私たちが承認するような実践的原理以外には、何もふくまないのである。教会にはさまざまな形式が、しかし等しくよき形式が存在しうるが、もっぱらこの教会のためにのみ法規が、すなわち神的なものと見なされる制定が存在しうるのであって、これは私たちの理性の純粋な道徳的判定から見れば、恣意的で偶然的なのである。 W839 A168 さて、こうした法規的信仰（これはせいぜいのところ一民族に制限されており、普遍的な世界宗教をふくむことはありえない）を神への奉仕一般に本質的だと見なし、神が人間におぼえられる満足のための最上制約とするのは、宗教妄想(原注)というものであり、これにしたがうことは偽奉仕である。 C318 V188 すなわち神への崇敬と称するもので、神御自身から求められる真の奉仕の正反対がそれによりなされるものなのである。

（原注）　妄想とは、事柄のたんなる表象を、事柄そのものと等価だと見なすような思い違いである。 C317 V187 たとえばけちな金持ちには欲の皮のつっぱった妄想があって、望みさえすればいつかその富を使えるという表象を、けっしてそれを使わないことの十分な代替だと見なすのである。名誉妄想は他人からの称賛に価値を置くものであるが、称賛といっても根本では他人がいだく（ひょっとしたら内面ではまったくいだいていないかもしれない）尊敬の外的表象にすぎないのに、そうした尊敬にだけ価値を帰そうというのであって、 V188 それゆえ称号欲や勲章欲もこの類である。なぜなら称号や勲章といったものは、他人より

もすぐれていることの外的表象にすぎないからである。精神錯乱(22)ですらその名は、(想像力の)たんなる表象を事柄そのものの現前と取りちがえ、ただの表象にこの現前と同じ価値を認めるのが、あたりまえになってしまっていることに由来する。――ところでなんらかの目的のための手段を所有しているという意識は(手段を利用しないうちは)、目的を表象においてのみ所有することであり、したがってまるで目的の所有に代わって価値をもちうるかのように、手段を所有するだけで満足することは、立派な実践的妄想であり、ここで問題になるのはこれだけである。

第一節　宗教妄想の普遍的な主観的根拠について

神とその本質を理論的に表象しようとすると、人間には擬人観がほとんど避けられないのであるが、ついでにいえば、擬人観は(義務概念に影響をおよぼしさえしなければ)さして害があるわけではなく、これがこのうえなく危険になるのは、神の意志にたいする私たちの実践的関係に関してであり、また私たちの道徳性そのものにとってなのであって、それは、擬人観では自分の利益のために、きわめて容易に味方になってもらえると信じるがままに、また道徳的心術の内奥に働きかけるという、つらくてたゆまざる努力、これを免じてくれると信じるがままに、私たち自身が神なるものを作り出す†からである。このような関係のために人間がふつう作る原則は、(道徳性には*いささかも寄与せずとも、真っ向から矛盾さえしなければ)神性に十分嘉《よみ》せられるための行いすべてを通して、従順な、また従順だからこそ、神の意にかなう臣下たることの証《あかし》として、ひたすら自らの精励を神に示し、かくしてまた神に(in potentia できるかぎりで)奉仕もするというものである。――人間がこのような神への奉仕を行っていると信じるには、それは何も犠牲的行為である必要はなく、たとえばギリシア人やローマ人の場合など、祭典やさらには公開の競技でさえ、一民族なり一個人にたいしても、その妄想に応じて神性に微笑みかけてもらうのに、し

C318　A169 V189　W840　C319

ばしば役立ったにちがいないし、いまでもそれに役立っているのである。しかし犠牲的行為（贖罪行為、苦行、巡礼などなど）の方が霊験あらたかで、より効果的に天の恩寵に働きかけて、罪を贖《あがな》うにはこちらの方が有効だとつねに思われてきたのであるが、それは、犠牲的行為の方が神の意志への（道徳的でないとはいえ）無制限な服従をより強く表現するのに役立つからである。このような自己呵責は無益であればあるほど、また人間の普遍的な道徳的改善をめざすことがすくなければすくないほど、それだけいっそう聖であるかのように見えるものである。なぜなら、まさしくそれはこの世でなんの役にも立たないのに、労苦だけは費やすので、もっぱら神への帰依の証《あかし》だけをめざしているように見えるからである。――この場合、いかなる観点でも神に奉仕がなされたわけではないにせよ、しかし神はそこに善意志を、心情を、見たまうという人もいる。心情は神の道徳的命令を遵守するには弱すぎるが、しかしそれがそこで証す覚悟により、不足分を補うというのである。さてここに、たんなる手段といった価値以外に、それだけではなんら道徳的価値のない方式への性癖が見えてくるが、手段とは、目的という知性的理念に沿うところまで感性的表象能力を高めるための手段、あるいは感性的表象能力が理念にそむいて働きかねないといった場合に、その能力を抑圧するための手段のことである。(原注)私たちは自分なりの思いなしでこの方式に目的そのものとしての価値を賦与してしまう、あるいは同じことだが、神に帰依した心術（信心と呼ばれる）を感受するための心性の気分に、目的そのものとしての価値を賦与してしまうわけである。したがってこの方式はたんなる宗教妄想でもあり、これはあらゆる形式を取りうるが、そうした形式の一つを身にまとうと、他の形式の場合よりも、もっと道徳的形式に似てくるのである。しかしどの形式を取ろうとも、この妄想はたんに何気ない思い違いにすぎないというわけではなく、一つの格率とさえ、すなわち目的にではなく手段に価値自体*を賦与するという格率とさえなって

A170　W841
C320
V190

いるのであり、だからこれらのどの形式下にあっても、この妄想はそもそも格率によって等しく不合理なのであり、隠れた欺瞞傾向として非難に値するのである。

† どんな人間でも自ら神を作り出すといえば、それどころか道徳的諸概念によって(これらの概念には無限に大きな諸性質が伴っていて、そうした諸性質は概念に適合した対象を世界において表現する能力に属している)自らそのような神なるものを作り出さざるをさええないのであって、それは、自らを作った神を、自らが作った神において崇敬するためにであると、こんなふうにいえば、いかがわしく聞こえるが、しかしけっして非難されるべきことではない。そもそもある存在者が神だと、どんなふうにして他人から知らされ描写されたにしても、それどころか、そのような存在者自らが(それが可能だとして)どのような仕方でその人にあらわれるにせよ、しかしまずは、その人がこの表象を自分の理想と照らし合わせるのでなければ、それを神性と見なし崇敬する権能が自分にあるかどうか、これを判断することもできないからである。したがって神の概念をあらかじめ純粋な形で試金石として根底に据えていなければ、たんなる啓示からだけでは、いかなる宗教も存在しえないし、神への崇敬はすべて偶像崇拝ということになろう。 A168 C318 V188 W839 A169 W840

(原注) 感性的なものと知性的なものとの区別がよく分からなくなると、純粋理性批判の自己矛盾を発見したと思うような人々がいるので、そんな人々のためにここで一言述べておけば、(純粋な道徳的心術という)知性的なものを促進する感性的手段なり、感性的手段が知性的なものに対抗させる障碍なりについて語られる場合、かくも異質なこれら二つの原理がおよぼす影響は、けっして直接的なものだと考えられてはならないのである。すなわち私たちは感性的存在者だから、知性的原理の現象においては、すなわち私たちの物理的な力を自由な選択意志により規定することは行為のうちにあらわれてくるのであるが、このように規定することにおいては、私たちは法則に反しても法則にしたがっても働くことができるので、原因と結果は行いにおいて同質的だと表象されるのである。[23] しかし超感性的なもの(私たちのうちなる道徳性の主観的原理のこと、これは自由という把握できない性質のうちに閉じこもっている)に関していえば、たとえば純粋な宗教的心術に関していえば、この心術については法則以外に(しかし法則だけですでに十分なのである)、人間のうちで原因と結果との関係にかかわるようなものを、私たちは何ひとつ洞察しないのである。すなわち、行為は人間の道徳的性質から生じる感性界での事 A170 C319 V190 W841 C320

象だから、このような行為の可能性は感性界での事象に帰しうるというふうには説明できないのであって、それはまさしくこれが自由な行為だからであり、しかもあらゆる事象の説明根拠は感性界から取ってこられなくてはならないからである。(24)

第二節　宗教妄想に対立する道徳的宗教原理

まず第一に、いかなる証明も必要としない原則として、私は次の命題を受け入れる。それは、よき生き方以外に、なお、神に嘉されるためになしうると人間が思い込んでいることは、すべてたんなる宗教妄想であり、神への偽奉仕であるという命題である。——なしうると人間が信じていること、というふうにいおう。そもそもこのようにいえば、私たちにできること一切を超えたところで、さらにまだ、神に嘉される人間にしてくださるために、神のみがなしうる何かが最高の知恵の神秘のうちにあるやもしれぬということは、否定されないことになるからである。しかし教会がそのような神秘を、何か啓示されたこととして告知することにでもなったら、その場合はしかし、次のような思いなしは危険な宗教妄想となるだろう。つまり、この啓示を聖なる歴史が物語ってくれるとおりに信じること、そして啓示を(内面的にせよ外面的にせよ)告白すること、これがそれ自体で、神に嘉されるようにしてもらえるための何かであるといった思いなしである。そもそもこのような信は堅く真と見なしていることを内面的に告白することだから、まちがいなくひとつの行いであり、それも恐怖に強いられた行いであるので、正直な人であれば、このような条件に応じるくらいなら、ほかのどんな条件にでも応じたいと思うほどなのである。なぜなら、これ以外にどんな苦役奉仕をしても、せいぜい余計なことをするだけであろうが、しかし内面的に告白する場合だと、自分でもその真理性を確信していない宣言をして、良心に背く行いをなそうからである。したがって告白は

(申し出を受けた善を受け入れることだから)それだけで神に嘉されるようにしてもらえると、その人が自分に言い聞かせているなら、それは、この世界において実行されるべき道徳法則を遵守したよき生き方を超えて、さらに、まさしく奉仕をもって神に依り頼めばなしうると、その人が思い込んでいるような何かなのである。

第一に、自分自身の義(神の前で妥当するような義)の欠如に関して、理性は私たちをまったく慰めのないままにしておくわけではないのである。理性はこんなふうにいう。すなわち、義務に献身する誠実な心術で能力のおよぶかぎりを行い、(すくなくとも法則への完全な適合にたえず接近しながら)義務をはたす人は、能力のおよばないことが最高の知恵により(たえず接近しようとする心術を不変にしうるような)なんらかの仕方で補われると希望してもよい、とはいえ、理性はその仕方を規定するとか、その本質が何なのかを知るとかいった僭越なことはしないし、それはおそらく実に神秘に満ちたものでありえて、神もそれをせいぜい象徴的な表象でしか、つまり実践的なものだけが私たちに理解できるような表象でしか、私たちに啓示しえまいほどであり、他方、たとえ神がそのような神秘をもらしてくれようと思われても、人間への神のこの関係がそれ自体において何なのかを、私たちは理論的にはまったく把握できないし、概念をそれに結びつけることもできないのである、と。――さてある教会が、人類に見られる道徳的欠如を神がどのようにして補われるのか、それをはっきり知っていると主張し、そして同時に、人々が神によって罪なしとされるための手段を、それも自然的には理性に知られていない手段を知らなければ、また知らないわけだから、それを宗教の原則として受け入れず、告白もしなければ、そうした人々すべてを教会が永遠の劫罰に定めるとすればどうであろうか。そうだとすればこの場合、不信心者はいったい誰であろうか。自分の希望することがどのようにして生じるかも知らずに、信頼している人であろうか。あるいは人間の悪からの救済の仕方をすみからすみまで知っていると言い張り、そうでなければ救いへの希望をすべて捨て去る人の方であろうか。――実際、後の方の人にとっても、このような神秘を知ることは、さほど大きな関心事ではなく(そもそも、自分ではそれにたいして何もできない何かを知ることは、当人にはまったく無益だということ、これはすでに理性がその人に教えるのである)、むしろ彼がそれを知ろうとするのは、このように啓示されたことすべてを信じること、受け入れること、告白すること、賛美することを(それが内面的に生じるにすぎないとしても)、ひたすら自分の礼拝なるものに仕立てあげうるためにであって、それは、礼拝をすれば、よき生き方のために自分自身の力をいささかも消費するまでもなく、したがってまったく労せずして、天の恩寵を手に入れることができ、礼拝をすれば、まったく超自然的によき生き方が自分に生じうるし、あるいは何かよき生き方に反した行いをなしても、すくなくとも違反が補償されえようからだというのである。

第二に、いま述べた格率に人間がほんのすこしでも背くなら、神への偽奉仕(迷信)には、もはや限界がないということである。そもそもこの格率を超えたところでは、一切が(道徳性に直接矛盾しないというだけで)恣意的なのである。人間には唇のいけにえ[25]がいちばん労すくなくてすむが、この唇のいけにえから自然の財、たしかにふつうならこれも人間の利益のためによりよく利用されえようが、この自然の財にいたるまで、いやそれどころか、(隠者や托鉢僧や修道士の境涯で)この世から身を隠すことで、自分自身の人格をも犠牲に供することにいたるまで、人間は一切を神に捧げる。ただし道徳的心術だけは別なのである。そしてたとえ、私は心をも神に捧げるのだと、その人がいおうとも、彼のいう心とは、神に嘉されるようなよき生き方の心術のことではなく、さきほどのいけにえを心術の代金として受け取ってもらいたい、という心からの願いのことなのである(口先では喜んで語り、多くを行いながら何も行わぬ民(26)──ファイドロス)。

最後は、それだけで神に嘉され、必要な場合は神をなだめると称されるが、しかし純粋に道徳的ではない奉仕という格率の方へと、ひとたび移行してしまっている場合で、この場合神へのいわば機械的な仕えかたには、ある人を他の人よりもすぐれているとするような本質的な区別はないのである。彼らはみな価値(あるいはむしろ無価値)のうえからいって同じであり、自分の場合は、いわゆる粗雑なやりかたで〔神を〕感性にまで貶めるような罪をおかす人々よりも、真に神を崇敬するという唯一の知性的原理への背きかたが繊細なので、そのことで自分の方が優秀だと思うのは、ただの気取りにすぎないのである。信心ぶった人が法規にしたがって教会に足を運ぼうが、ロレト(27)やパレスチナへ聖地巡礼をなそうが、祈禱文を唇で唱えようが、あるいはチベット人がするようにマニ筒(28)で天の役所に祈禱を届けようが(チベット人の信じるところでは、これらの願いは文字にも書かれていて、それは何かによって、たとえば旗に書かれていれば、風によって、あるいは回転器のような筒に入れてあれば、手で動かして目的を達成する)、あるいは神への道徳的奉仕のどんな間に合わせであろうが、それらはみな同じで、同じ価値しかもたないのである。──ここで問題なのは外的な形式の区別というよりは、むしろ一切は唯一の原理を受け入れるか捨て去るかということにかかっていよう。つまり現象としての行為のうちにいきいきと描き出されるような道徳的心術によってのみ神に嘉されるのか、それともたわいない児戯と無為により神に嘉されるのかということであろう。(原注)しかしまた人間的な能力の限界を見下すような、目もくらむほどの徳の妄想といったものも存在しているのではないか、そしてそれは、地を這うような宗教妄想と一緒に、自己欺瞞の一般的な部類に算入されうるのではないか。いいや、それはない。徳の心術がいそしむのは、それだけで神に嘉されて世界最善と調和するような現実的な何かである。徳の心術に自惚れの妄想が、つまり聖なる義務の理念に自分は適合していると思うような妄想が付け加わることはあるが、それは偶然的にすぎない。しかしこの理念に最高の価値を置くことは、教会の祈禱修行に見られるような妄想ではなく、世界最善に働きかける純然たる貢献なのである。

(原注)　あまり法規的ではない何かを信じる宗派[29]の信奉者たちが、彼らとてもいまだに法規的なものを多分に残しており、だから(実際彼らがしているように)教会妄想にとらわれた同胞を軽蔑して、思い込みにすぎない純粋さの高みからその人たちを見下すことは、まさしく許されないにもかかわらず、自分たちの信じていることがあまり法規的ではないということで、いわばその方が高尚で、より啓蒙されていると感じるのは、一つの心理学的現象である。この原因は、彼らも依然として妄想に、つまりほんのすこし受動的理性がふくまれているだけのたわいない厳律により、純粋道徳宗教を補おうとする妄想にとらわれたままであるにもかかわらず、とにかくそのことにより、わずかでも自分の方が純粋道徳宗教にいささか近づいたと思っていることである。

そのうえ一つの(すくなくとも教会の)習慣がある。それは、徳の原理により人間が行えることを自然と呼び、そして人間のあらゆる道徳的能力の欠如を補うのに役立つものであって、またこの能力が十分であることは私たちにとっても義務だから、願い、希望し、懇願することしかできないものを、恩寵と呼ぶ習慣であり、この二つをともに、神に嘉されるような生き方をするのに十分な心術をひきおこす作用原因と見なすが、しかしそれらをたんに相互に区別するだけではなく、たがいに対立させさえもするという習慣である。

恩寵の作用を自然の(徳の)作用と区別できるとか、それを自分のうちで産出さえできるといった信念は、狂信である。そもそも私たちは経験において、超感性的対象を何かによって知ることはできないし、ましてや対象を自分のところにまで引き下ろそうとして、それに影響をおよぼすことはもっとできないのである。たとえ道徳的なもの

C 324　W 846　V 195　A 174

に働きかけるような動きが時として心に起こり、それが説明できないことであるにしても、またそうした動きについては、私たちの無知を告白せざるをえないにしても、それはできないのである。「風は思いのまま吹く、しかし風がどこから来るのか、あなたは知らない……。[30]」天からの影響を自分のうちで知覚しようと思うことは、一種の妄想であり、これには方法さえふくまれていることもあるが(なぜなら内的啓示と称するものも、やはり道徳的な諸理念に、したがって理性理念に結びつかなければならないからである)、しかしこれはあくまでも、宗教には不利になる自己欺瞞の一つである。恩寵の作用が存在しえようと信じること、またおそらく私たちの徳の努力が不完全なのを補うためにも存在しなくてはなるまいと信じること、これが恩寵作用についていえるすべてであって、それ以外には、その特徴に関して何事かを規定するとか、さらには恩寵の作用を産出するために、何事かをなすといった力は私たちにはない。

祭祀という宗教的行為により、神の前で義とされることに関して何かをなし遂げるという妄想は、宗教的迷信であるが、同じように神との交わりと称するものへの努力によって、これを引き起こそうと思う妄想、これは宗教的狂信である。——よき人間でなくとも、どんな人間にでもなしうる行為により(たとえば法規的な信仰命題の告白なり教会の厳律や教訓の遵守なりによって)神に嘉されるようになろうと思うのは迷信的妄想である。しかしこの妄想が迷信的だといわれるのは、それがたんなる(道徳的ではない)自然手段を選ぶからであり、自然手段は自然でないものにたいしては(すなわち道徳的善にたいしては)、それだけでは何ひとつ働きかけることができないからである。——また妄想が狂信的と呼ばれるのは、手段だと想像されたものさえ超感性的で人間の能力がおよばない場合、しかもそれによったのでは意図している超感性的な目的に到達できないことにも注意をはらわない場合である。

C325 そもそも最高存在者が直接的に現前するというこの感情は、そしてこれを他のあらゆる感情から、道徳的感情からさえも区別することは、直観の感受ということになろうが、このような直観のための感官は人間本性のうちにはないのである。――迷信的な妄想は、それ自体においては多くの主体にとって有用で、同時にこれにとって可能でもあるような手段を、つまりすくなくとも神に嘉される心術に立ちはだかる障碍、これに対抗する手段をふくんでいるゆえに、そのかぎりでは理性に類似しており、そのような妄想は、手段でしかありえないものを、ただちに神に嘉される対象にしてしまうことによって、ただ偶然的に非難に値するにすぎないが、それに反して狂信的な宗教妄想の方は理性の道徳的な死である。しかし宗教も、あらゆる道徳性一般と同じように原則を基礎にしなくてはならないので、理性なくしてはまったく成立しえないのである。

したがって教会信仰のあらゆる宗教妄想を除去し予防するような原則は次のようなものである。すなわち、この信仰は当面はまったく法規的な諸命題なしですませるわけにはいかないにせよ、しかしそれらの命題とならんで同時に一個の原理を、つまりいつかそれらの命題がまったくなくともやっていけるようになるために、本来の目標であるよき生き方の宗教をもたらすという原理をふくんでいなくてはなるまいということである。

第三節　善の原理への偽奉仕における統治体としての聖職制について†

V197

A176 C326 W848 目に見えない力強い存在者への崇敬は、よるべない人間が己の無能力の意識からくる自然的な恐怖心のために強要されたものであったが、それは宗教と同時にはじまったわけではなく、神（あるいは偶像）への奴隷的な奉仕とともにはじまったのであり、これはある種の公の律法的形式を獲得すると神殿奉仕となり、これらの律法に人間の道徳的形成が徐々に結びつくことで、はじめて教会奉仕となったのである。この二つの奉仕の根底にはともに歴史信仰があって、最後に歴史信仰がたんに暫定的なものと見られるようになり、また純粋宗教信仰の象徴的な表現とそれを促進するための手段とが歴史信仰のうちに見られるようになったのである。

† 〔聖職制という〕この名称は宗教上の父（*πάπα*）の威信を言い表すだけだが、これに非難の意味が込められるようになるのは、もっぱら宗教的専制主義という付随的な概念によってであって、この専制主義は、教会形式がいかに無欲でいかに民衆的であるかを、自ら宣伝しようとも、あらゆる教会形式に見出せるのである。だから、まるで私がさまざまなセクトを対比させることで、どれか一つのセクトの儀式や措置を、他のそれよりも貶めようと思っているかのように理解されては困る。すべてのセクトの諸形式は、哀れにも死すべき者たちが神の国をこの世で感性化しようとする試みである以上、等しく尊敬に値するが、しかしそれらがこの理念の（可視的な教会における）表現形式を事柄そのものと見なすならば、等しく非難にも値するのである。

ツングース族のシャーマン(31)から、教会や国家を同時に治めるヨーロッパの高位聖職者にいたるまで、あるいは（元首や指導者ではなく一般信者に固有の表象の仕方にだけ注目すれば）ウォグリッツェン(32)は朝になると、熊の前足の毛皮を頭にかぶり、「私を打ち殺すな」という短い祈りを捧げるが、このまったく感性的なウォグリッツェンから、洗練されたピューリタンやコネティカットの独立教会派(33)にいたるまでのあいだには、信仰の流儀にはいちじるしい隔たりがあるにしても、その原理に隔たりがあるわけではなく、そもそも原理に関していえば、彼らは同一の部類に属しているのである。つまりそれ自体ではよりよき人間となることを確認できない事柄に（特定の法規的な命題を信じることや、ある種の恣意的な典礼を執り行うことに）礼拝を措定するような部類にである。もっぱらよき生き方の心術にのみ礼拝を見出す気でいる人々だけが、彼らと区別されるのであって、区別は彼らとはまったく

A175 C325 W847　W848　A176 C326　V198

別の、そして彼らの原理よりもはるかに崇高な原理への、すなわちよき考えの人々すべてを包括する教会、またその本質的な性質からいって真の普遍的教会でありうる唯一の(不可視の)教会、これへの信仰告白をする理由となるような原理への超出によりなされるのである。

目には見えない力があって人間の運命を支配しているとすれば、それを自分に有利な方に向けようとするのは、すべての人間がいだく意図であるが、ただ、それをどのようにすればよいのかということ、これについてそれぞれ考えが異なっているだけである。人間たちがその力を知的な存在者と見なし、したがってそれに意志を賦与して、この意志から自分たちの運を期待するとすれば、努力は、その意志に服した存在者として、どうすればなすこと・なさざることによりその意志に嘉《よみ》されうるか、その方式の選択にのみありうる。人間たちがこの存在者を道徳的存在者だと考えるならば、その存在者の満足を勝ち取るための制約は、道徳的によき生き方でなくてはなるまいということ、とりわけよき生き方の主観的原理である純粋な心術でなくてはなるまいということ、これを彼らは理性をとおして容易に確信することになる。しかしそうはいってもまた、ひょっとしたら最高存在者がそのうえさらに、たんなる理性によっては私たちには知りえない仕方ででも、奉仕されたいと思っているということもありうる。すなわち、なるほどそれだけでは、私たちがなんら道徳的なものとは見なさないにしても、しかし最高存在者により命令されるか、またはその存在者にたいする私たちの服従を証すために、私たちが恣意的に企てるか、そのいずれかであるような行為によってである。それゆえ彼らは、この二つの方式が体系的な秩序をもつ一個の営み全体をなしているならば、一般にそのいずれにも神への奉仕を措定するのである。——ところで二つの方式が結びつけられることにでもなれば、両方ともに直接神に嘉されるための仕方だと想定されるか、あるいはどちらかが、神への本来の奉仕とされるもうひとつの方式にたいする手段としてのみ想定されるか、いずれかでなくてはならない。神への道徳的奉仕(officium liberum 自由な勤め)が神に直接嘉されるのはおのずと明らかである。しかし、報酬のための奉仕(officium mercennarium 金銭的な勤め)がそれだけで神に嘉される唯一のものだと見なされうるならば、道徳的奉仕は、神が人間におぼえるすべての満足の最上制約としては、承認できないことになるわけで(その承認はすでに道徳性の概念にふくまれている)、そうだとすればいったん事ある際に、義務についての判断を適合させるには、どちらの奉仕がすぐれているのか、あるいは両者がたがいにどのように補いあうのかということ、そもそもこれを知る人はひとりもいないことになろう。したがって行為はそれ自体で道徳的な価値がないならすべて、行為において直接的に善であるものを促進する(道徳性のための)手段として役立つかぎりでのみ、すなわち神への道徳的な奉仕のゆえにのみ、神に嘉されるのであると想定されなくてはならないであろう。

ところで、それだけでは神に嘉されるようなこと(道徳的なこと)を何ひとつふくまない行為なのに、しかし人間がそれを、神が人間におぼえる直接的な満足を勝ち取るための、またかくして願いの数々の成就を勝ち取るための手段として用いるならば、その人は妄想にとりつかれているのであり、それはある技を、つまりまったく自然的な手段により超自然的な作用を引き起こす技を、所有しているという妄想であって、そのような試みは魔術と呼ばれる習わしだが、しかし魔術という語を(これは悪しき原理との共同という付随的概念をともなうが、それに反して先の試みは、とにかくよき道徳的意図をもちながらも、誤解から企てられるとも考えられるので)、ほかにもよく知られている呪物崇拝という語と取り替えることにしよう。しかし人間による超自然的作用などというものは、人間が神に働きかけて、ある作用をこの世界で産出するための手段として、神を利用するのだという思い込みによってのみ、人間の思考において可能になるような作用であろうが、しかしたとえそれが神に嘉される作用であろうとも、人間の力は、それどころか人間の洞察も、それを産出するには十分ではなく、そのようなことはすでにその概念のうちにある不合理をふくむのである。

しかしそれ以外にも、人間が己を直接神の満足の対象とするものによって(よき生き方の活発な心術によって)、そのうえさらにある種の儀式を介して、超自然的な援助に無能力を補ってもらえるのにふさわしくなろうとすれば、またこの意図で、直接的な価値はないにせよ、道徳的心術を促進するのに役立つような厳律をとおして、道徳的なよき願いの客体への到達を感じやすいようにだけなろうと思うならば、その場合人間は、無能力を補ってくれるようにと、何か超自然的なものをあてにはするが、しかしそれは人間が(神の意志に影響をおよぼすことで)引き起こした何かとしてではなく、自分では希望はできても産出できない賜物としてあてにするのである。――しかし私たちが洞察するかぎりでは、それ自体では道徳的なものをも、神に嘉されるものをも、何ひとつふくまない行為を、それにもかかわらず思いなしにおいて、願いの数々を聞き入れてくれるように、直接、神に望むための手段として、それどころか、そのための制約としてさえ役立てようと思う人間がいるとすれば、その人は妄想にとらわれているにちがいない。それは、この超自然的なものにたいして、自分には物理的な能力もなく道徳的な感受性もないのに、それ自体では道徳性とは縁もゆかりもない自然的な行為によって(これを行うにはなんら神に嘉される心術は必要ではなく、このような行為はこのうえなくよい人間と同じように、どんなに邪悪な人間にもできるのである)、つまり嘆願の呪文や報酬信仰の告白や教会の典礼などなどによって、自分は超自然的なものを引き起こせて、そのようにして神性の援助をいわば魔術的に呼び出せるという妄想である。そもそも自然的にすぎない手段と道徳的に作用する原因とのあいだには、なんらかの法則による結合は、つまりそれによると特定の結果を生み出すように前者によって後者を規定しうる、というふうに表象されえようと理性が思惟できる法則、そのような法則による結合はないのである。[34]

したがって啓示を必要とするような法規的な律法の遵守を、宗教に必要なこととして、しかも道徳的心術のための手段としてのみならず、神に直接嘉されるための客観的制約としても優先して、よき生き方をしようとする努力を、このような歴史信仰よりも軽視する人（法規的律法の遵守は、制約されてのみ神に嘉されうる何かだから、その遵守は、端的に神に嘉される唯一のものであるよき生き方を標準としなければならないのに、そうしない人）、そのような人は神への奉仕をたんなる呪物崇拝に変えてしまって、偽奉仕を行うことになるが、これは真の宗教に向かう努力をすべて台無しにしてしまうのである。要するに、二つのよき事柄を結びつけようと思うなら、それを結びつける秩序がきわめて重要だということである。――この区別にこそ真の啓蒙の本質があり、これにより神への奉仕ははじめて自由な奉仕となるし、道徳的奉仕ともなるのである。しかしここからそれると、人間は神の子たちの自由の代わりに、むしろ律法の（法規的な律法の）くびきを負わされることになる。それは、律法は歴史的にしか認識されない何かを、それゆえ誰にでも納得できるとはかぎらない何かを、信じよという無制約な強制なので、信仰上課せられた厳律のがらくた全体がおよそどれほど重かろうとも、良心的な人間には、これよりも律法の方がはるかに重いくびきとなるからで、[35] 厳律の場合だと、すでに設けられている教会の公共体に適合するために、それを行えば事足りるのであって、これを神が創始した措置だと見なすという信仰告白を、内的または外的にする必要はないからである。そもそも良心が苦しめられるのは本来この告白によってなのである。(原注)

(原注)　義務は誰もが負っているわけで、それが自己自身と理性とにより課せられていると見なせるなら、「そのくびきは負 C329 V201
いやすくその荷は軽い(36)」のであって、したがってそのかぎりでは、誰もがくびきを自発的に己が身に引き受けるのである。
しかしこのような種類のものは、神の命令としての道徳法則だけであって、純粋な教会の創始者はこの命令についてのみ、
「私の命令は難しいものではない(37)」ということがおできになったのである。この表現のいわんとするところはおよそ以下の
ことにほかならない。それらの命令は難しくはない、なぜなら遵守の必然性は誰でもおのずと洞察するし、したがってそれ
によっては、誰にも何ひとつ押しつけられるわけでもないからであって、それに反して、私たちの最善のために課せられて V202
いるとはいえ(しかし私たちの理性によって課せられているのではない)専制的に命令するような措置は、そこに私たちが益
を見出せないなら、いわば厄介事(煩労)だからであり、そんなものには、強制でもされなければ服従する人はいないという
ことである。源泉の純粋さという点を見るならば、道徳法則により命令される行為こそ、それ自体では人間にとってこのう
えなく困難な行為だから、そんなものによってではなくて信仰上の煩労で支払えるなら、人間はこの行為の代わりに、どん
なに煩わしくとも煩労の方を引き受けたがるのである。

したがって聖職制は、教会内を呪物奉仕が支配するかぎりでの教会の体制であり、これは道徳性の原理ではなく C330
法規的な命令や信仰規則や厳律が教会の基礎と本質的な部分とをなしている場合、かならず見出せるのである。さ
て、なるほど教会形式がいくつも存在しており、そこでは呪物崇拝が実に多様で実に機械的なため、あらゆる道徳
性を、したがって宗教をもほとんど押しのけてしまうかに見えるし、宗教に取って代わる定めであるかのようにさ A180 W853
え見えるのであって、それゆえ異教と至近のところで境を接しているほどではあるが、しかしここでは、価値・無
価値は最上の拘束力をもつ原理の性質にもとづいているので、多い少ないはまったく問題にはなるまい。もしこの
原理が、制度への従順な服従を苦役の勤めとして課して、頂上に戴く道徳法則になされるべき自由な臣従の礼を課
さないなら、その場合課せられた厳律がどんなに少なくとも、それが無制約に必然的だと言明されるわけだから、

それだけでこれはもうつねに十分呪物信仰であって、大衆はこれにより統治されることになり、(宗教にではなく)教会なるものに服従することで、大衆の道徳的自由は奪われてしまうのである。教会の体制(教階制)が君主制であろうと貴族制であろうと、はたまた民主制であろうと、それは組織の問題にすぎず、これらのどの形式の下でも教会の会憲はつねに専制的であるし、どこまでも専制的なのである。信仰の法規が会憲の掟に算入される場合には、一人の聖職者が、それも理性なしでもやっていけると、それどころかついには経典の学識すらなくても、十分やっていけるのだと信じている聖職者が支配することになるが、それはなぜかといえば、その聖職者こそ、目に見えぬ立法者の意志を保持し解釈するうえで、唯一権威を授けられた者として、信仰上のさまざまな準則を独占的に管理する権威をもつことになるからであり、このような権力をあてがわれているため、人々を説得して確信させる必要はなく、ただ命令すればよいからである。——さてこの聖職者を除いて、他の人々はすべて信徒だから(政治的公共体の元首も例外ではない)、ついには教会が国家を、それも権力によってではなく人心に影響をおよぼすことによって支配し、あまつさえ御利益があるかのように見せかけ、教会に無制約に服従すれば、国家はそうした御利益を引き出せると称して、国家を支配するのであるが、精神的な訓育によってそうした服従には、民衆の思惟すら慣れてしまっているわけである。しかしそうなると偽善に慣れ親しむことで、知らず知らずのうちに臣下の誠実さや忠実さが損なわれ、臣下は市民としての義務をなすにも、見せかけで勤めるほど小賢《こざか》しくなり、原理というものを履き違えると必ずそうなるように、結局最初の意図とは正反対のものが生み出されることになる。

＊　　＊　　＊

浄福になるための唯一の宗教信仰の諸原理を置き換えることは、一見すると取るに足りないように見えるにしても、以上述べたすべてが、このような置き換えの避けがたい結果なのである。というのも、これら二つの原理のいずれに最高制約としての(つまり他方の原理を従属させる制約としての)第一の地位を認めるべきなのかが問題だったからである。「肉によって知恵ある者」[38]だけが、つまり学者や理屈を弄する者だけが、真の救いに関する啓蒙に適しているわけではなかろう——そもそもこのように信じることは人類全体に可能なはずである——、そうではなく「世の愚かな者」[39]も、無知な人や概念がこのうえなく制限された人でも、そのような啓発と内的確信とを要求できなければならないのであると、このように想定することは正当であり、理性的でもある。ところで歴史信仰は、知らせ[40]の理解に必要な諸概念がまったく人間学的であって、感性にきわめて適合しているなら、まさにこの種の信仰だと思われはする。そもそも、そのように単純で感性的にできている物語を理解し、それを伝達しあうことほど容易《たやす》いことがあろうか。あるいはさまざまな神秘についての言葉の、しかも意味を結びつける必要のまったくない言葉の口まねほど容易いことがあろうか。とりわけ大きな利害が約束されている場合、そのような歴史信仰が一般的に受け入れられるのは、いかに容易なことか。その物語の真理性への信仰は、そのうえそれが、遠い昔から信憑性が承認されてきた書き物にもとづくならなおのこと、いかに深く根づくことだろうか。そしてそのようにして、かかる信仰はきわめてありふれた人間的な能力にも、もちろん適合はしている。しかしそれにしても、そのような出来事の告知はもちろん、これにもとづいた行動の規則への信仰も、もっぱら、あるいはとくに、学者や哲学者に与えられているのではないにしても、しかし彼らがそこから締め出されているわけでもないのであって、しかもそこには、あるいはその真理性に関して、あるいは報告をどのような意味に理解すべきかに関しても、実に多くの疑惑が見出されるわけで、したがってこのような信仰を、それもかくも多くの論争に(誠実な意図の論争にすら)曝されているものを、普遍的で浄福になるための唯一の信仰の最上制約だと想定することは、考えうる最大の不合理なのである。――さてしかし一つの実践的認識が存在しており、これはひとえに理性にもとづいていて、歴史の教えを必要とはしないのに、誰にでも、このうえなく愚直な人にでも、まるで人間の心情に文字で銘記されているかのように明々白々なのである。すなわちそれは一つの法則であって、その名をいいさえすれば、威信については、誰とでもすぐに合意できるものであるし、また何人の意識においても無制約な拘束性を伴っている法則であるが、それは道徳性の法則にほかならないのであって、そのうえこの認識は、それだけですでに神への信仰に導くか、あるいはすくなくとも、それだけで神の概念を道徳的な立法者の概念として規定するかのいずれかであり、したがってこの認識は、どんな人にも理解できるだけではなく、どんな人にとっても、最高度に畏敬すべきでもある純粋宗教信仰にも導くのであって、それどころか、それへの導き方がきわめて自然なので、試しにやってみれば分かるように、この宗教信仰について何ひとつ教えられていなくとも、いかなる人からでも、それをすっかりそのまま聞き出せるほどなのである。したがって純粋宗教信仰からはじめるのが、そして歴史信仰がこれと調和するなら、こちらを前者にしたがわせるのが、賢明なやり方であるだけではなく、歴史信仰が救いとして約束してくれるものが何であろうとも、宗教信仰の方を、救いに与《あずか》らせてもらえるように希望できるための、唯一の最上制約にするのが義務ともなるのであって、しかも歴史信仰は、純粋宗教信仰が施す解釈によってのみ普遍的に拘束力をもつと私たちは見なせる、あるいはそう見なしてもよい(純粋宗教信仰は普遍的に妥当する教えをふくむからである)というふうに、宗教信仰を最上制約とするわけであるが、しかし一方で道徳的信仰者は、宗教の純粋な心術を鼓舞してもらうのに有益だと思うかぎりで、歴史信仰にも胸を開けるわけで、この信仰は、このようにしてのみ純粋な道徳的価値をもつようになるが、なぜかといえば、道徳的信仰者は自由であり、脅迫によって無理強いされているのではないからである（脅迫の場合、その人は正直でありえない）。

さてしかし、教会での神への奉仕にしても、それが主として人類一般に指定された法則による神への純粋な道徳的崇敬をめざしている場合でも、しかしさらに問えることは、教会で宗教講話の内容をなさなくてはならないのは、つねに篤信論だけなのか、それとも純粋な徳論もそうなのか、あるいはとくにそのいずれもがそうなのかということである。最初の呼称つまり篤信論は、宗教 religio という語の意義[41]を（いまの時代に理解されているそれを）おそらく客観的な意味でもっともよく表現しているであろう。

篤信は神との関係における道徳的心術の規定を二つふくむが、〔ひとつには〕この心術は負い目のある（臣下の）義務から、すなわち法則への尊敬から、神の命令にしたがう場合の神への恐れであり、〔いまひとつには〕自らの自由な選択から、そして法則に覚える満足感から（子としての義務から）神の命令にしたがう場合の神への愛である。二つの規定は道徳性を超えてさらにある超感性的存在者の概念をふくんでおり、それは、道徳性がめざしはするが私たちの能力を超えてしまっているような最高善、これを完成するのに必要とされる性質をそなえた超感性的存在者の概念であって、この存在者の本性の概念は、その理念の私たちへの道徳的関係を私たちが超え出るならば、しばしば擬人観的に、またそれにより、私たちの道徳的原則にとってまさしく不利になるように考えられてしまうという危険に、つねに曝されることになるのであって、だから思弁的理性においても、その理念はそれだけで存立しうるわけではなく、理念の起源は、それどころかその力さえも、それ自身を拠り所とする私たちの義務の規定との関係に基礎を置くのである。さて幼少時の指導や〔教会での〕説教でも、どちらがより自然であろうか。徳論を篤信論よりも優先して説くことであろうか、それともその反対であろうか（そして徳論にはまったく言及しないことであろうか）。明らかにこの二つは必然的に結びついている。しかし両者は同じではないので、必然的な結びつきが可能なのは、一方が目的として、他方はたんに手段としてのみ考えられ説かれる場合だけである。しかし徳論は（神の概念がなくとも）それ自身で存立しており、篤信論の方は、ある対象の概念をふくんでいて、私たちはこの対象を私たちの道徳性との関係において、道徳的な究極目的に関する無能力を補ってくれる原因として表象するのである。したがって篤信論だけでは道徳的な努力の究極目的とはなりえないのであって、それは手段としてしか、すなわちそれ自体でよりよき人間の本質的成分であるものを、つまり徳の心術を、強化するための手段としてしか役立ちえず、それも（善への努力であり、聖性への努力ですらある）道徳的努力にたいして、徳論には何もできない究極目的の期待に約束を与えてやり、保証してやることによってなのである。それに反して徳の概念は人間の魂から取ってこられている。この概念は、開発はされていなくとも、すでに人間のうちに完全にあり、宗教概念のように推論によって考え出される必要もないのである。徳の概念の純粋さには何かがある。どんなに大きな障害にも負けないだけの私たちのうちなる能力は、ほかの場合には、それがあるなどと私たちにはけっして推測できないものだが、この能力の覚醒には何かがある。人間性の尊厳は、人間が己の人格とその規定という点で崇敬しなくてはならないものであり、またこれに到達しようとして人間は努力するのであるが、このような人間性の尊厳には、魂をきわめて崇高にするような何かがある。また神性が崇拝に値するのは、ひとえにその聖性によってであり、徳にたいする立法者としてなのであるが、何かとは、この神性そのものへと導いていく何かであり、その結果、人間は格率に影

W857　V207　C334

響をおよぼすような力をこの概念に与えるにはほど遠くとも、しかしそれでもこの概念に養われるのを吝《やぶさ》かとはしないのであるが、その理由は、彼はこの理念により、すでにある程度自分が高尚になっていると感じるからなのである。ところが義務を私たちへの命令とするような世界支配者の概念は、人間からはまだはるかに遠いところにあり、それにこの概念からはじめるならば、それは人間の勇気(これも徳の本質をなしている)を挫くことになろうし、そのために篤信は専制的に命令する力への、卑屈で奴隷的な屈従に変えられてしまう危険に曝されることになろう。ところで自分の足で立とうとする勇気には和解の教えが続き、これによっても勇気は強められるのであるが、それはこの教えが、変えることのできないものはもう済んだことなのだとし、ついで新しい生き方にいたる道を開いてくれるからなのである。が、逆にこの教えの方からはじまるならば、なしてしまったことを、なさなかったことにするという空しい努力(贖罪)のためにも、そのような努力を捧げることへの恐怖のためにも、人間から勇気が奪われてしまい、また善にいたるには私たちはまったくの無能力だという表象や、またしても悪に落ちるのではないかという不安などのためにも、勇気は奪われるし、(原注)そうしたことのせいで、人間は偉大にして善なることを何ひとつ企てず、一切を願いに期待するような、道徳的に受動的で、うめくほど苦しい状態におかれるにちがいないのである。――道徳的心術に関わることでは、一切は義務を従属させるべき最上概念にかかっている。神への崇敬が第一のものとされ、これに徳が従属させられるならば、そのような対象は偶像であり、すなわちそれは、この世での道徳的な善行によってではなく、崇拝や取り入ることによって気に入ってもらえると希望できるような存在者として考えられることになるが、しかしそうなると宗教は偶像崇拝である。したがって篤信というのは、徳なしで済ませるための徳の代用品ではなく、むしろ徳の完成であって、篤信は、私たちのよき目的はついにはすべて成就すると

A184　W858　C335 V208　A185 W859　V209　C336

いう希望の冠で飾られうるのである。

(原注)　諸民族にはさまざまな信仰様式があり、これにより、それぞれの民族には市民的関係において、外的にも際立った性格が次第に与えられることになるが、それは後になると、まるで気質的な性質のすべてであるかのように、それぞれの民族に帰せられる性格なのである。たとえばユダヤ教の最初の仕組みでは、苦痛な部分もあるすべての戒律厳守により、一民族が他のすべての諸民族から隔てられることになり、それが他のあらゆる民族との混淆を予防することにもなったわけであるが、その仕組みのためにこの教えは人間憎悪という非難を招いたのである。マホメット教が他から区別されるのは誇りによってであるが、なぜかといえば、これは信仰の証を奇跡にではなく、多くの民族にたいする勝利と征服に見るからであり、また祈禱の習慣がすべて勇壮な性質のものだからである。†ヒンズー教の信仰は、信者に小心という性格を与えるが、それはマホメット教とは正反対の理由からである。――さて、衷心からキリスト教信仰と同じ考えなのに、しかし人間の腐敗からはじまって、すべての徳に絶望するため、宗教原理をもっぱら(ある力によって天に期待できるような篤信に関して、受動的な態度の原則という意味の)敬虔さにのみ置く人々がいることで、キリスト教信仰にも、ヒンズー教と類似の非難がなされうるにしても、それはキリスト教信仰の内的性質のせいでないことはたしかで、むしろこの信仰が人心にもたらされる様式のせいなのであって、そのような非難がなされうるのは、彼らがけっして自分自身を信用せず、たえず不安げに超自然的な助力を探し求めるからであり、またこのような(謙抑ならぬ)[42]自己蔑視のうちにこそ、恩恵獲得の手段を所有しているというふうに思い違いをしているからであるが、(ピエティズムや偽信における)その外的表現は奴隷的気質を示しているのである。

†　この妙な現象(知的ではあるが無知な民族がその信仰を誇るという現象)は、創始者の自負からきていることもありうる。それは、神の一性や神の超感性的本性という概念を、この世で再興したのは自分ひとりだという自負だが、この概念により、民族は偶像崇拝や多神教の無政府状態から解放されて、もちろん高尚にはなるであろうが、もっともこの功績を創始者が自分のものにしてしまうことは当然ありえよう。――第三類の宗教の信徒たち[43]の根底には、悪い意味での謙抑があるにしても、この類の特徴に関していえば、己の道徳的価値を評価するに際して、法則の聖性を表象することで自惚れを貶めたからとい

A184 C334 V207 W858

V208

C335

A185 W859

って、自己自身への軽蔑が生じるわけではなく、むしろ敢然とした態度が生じるはずなのである。つまり私たちのうちにあるこの高貴な素質にしたがって、法則の聖性への適合につねにいっそう近づこうとする態度である。しかし実際にはそうならないで、徳は本来それに向かおうとする勇気にこそあるのに、それが自惚れの疑いのある名称として追放され、異教とされて、逆に卑屈な恩寵請願の方が称揚されるのである。——信心ぶること(bigotterie 偏狭な信仰、devotio spuria 見せかけの献身)というのは、神に嘉される行為にではなく(義務の履行にではなく)、畏敬の念を表明することで、直接神に従事することに敬虔さの修業を置くという習慣であり、こうなるとこの修行は、苦役奉仕(opus operatum なされたる仕事)[44]に数え入れられなくてはならず、この修行の場合は、迷信に超感性的な(天から来た)感情と称する狂信的な妄想を付け加えているにすぎないのである。

V209

第四節　信仰の事柄における良心の手引きについて

C336

ここでの問題は、良心をどのように導こうかということではなく(そもそも良心は導き手を求めないし、良心はあるだけで十分なのである)、このうえなく重大な道徳上の決心において、良心そのものがどのようにして手引きとなれるだろうかということである。——

良心とは、それ自身だけで義務であるような意識である。しかしどうすれば、そのような意識が考えられるだろうか。というのも、私たちのあらゆる表象の意識が必然的だと思われるのは、論理的意図においてだけであり、したがって私たちが表象を明確にしようと思うならという制約の下でしか、必然的であるようには思われないし、したがってそれが無制約に義務であるはずはないからである。

W860

不正かもしれない危険を冒してまで、敢えてことをなしてはならない(「疑っていることをするな」プリニウス[45])

というのは、証明するまでもない道徳的原則である。したがって私が企てようと思っている行為は正しいという意識は、無制約な義務なのである。行為がそもそも正しいのか不正なのかを判断するのは、悟性であって、良心ではない。また考えうるあらゆる行為について、それが正しいか不正なのかを知ることは、絶対に必要だというわけでもない。しかし私が企てようと思っている行為は、それが不正ではないと、私が判断し思いなすだけでは十分ではなく、それが不正ではないことを、私は確信もしていなくてはならないのであり、しかもこの要求は良心の要請[46]であって、これには蓋然論[47]が、すなわち行為を企てるには、おそらく正しいだろうという思いなしだけで十分であるという原則が対立しているのである。——良心とは自己自身を裁く道徳的判断力であると定義することもできようが、ただこの定義だとさらに、そこにふくまれている諸概念の先行的説明が大いに必要となろう。法則の下にある行為を良心が事例[48]として裁くわけではなく、これをなすのは主観的＝実践的であるかぎりでの理性なのであって(だからこそ良心の事例 casus conscientiae があり、良心のある種の弁証論としての決疑論[49]がある)、むしろいまの場合、理性が理性そのものを裁くわけであって、つまり行為についての判定を理性が現実にも最大限の注意を払ってなしたかどうか(行為が正しいのか不正なのか)、このことについて理性は自らを裁き、そしてこのようになされた、あるいはなされなかったということに関して、理性に賛成なのか反対なのかの証人として人間を立てるのである。

たとえばある異端審問官を想定してみよう。自分の法規的信仰が唯一のものであることに固執しており、必要なら殉教も辞さないほどの裁判官であるが、不信仰の廉《かど》で告訴されたいわゆる異端者(信仰以外の点では善良な市民)を裁く羽目になったとしてみよう。さて私はこう問いたい、すなわち彼が異端の徒に死刑の判決を下した場合、はたしてその裁きは彼自身の(迷いがあるにせよ)良心に悖《もと》るところがなかったといえるのだろうか、むしろ誤審だったかもしれないとか、意識的に不正を行ったかもしれないということで、それを端的に彼の良心のなさのせいにできるのではあるまいか。なぜならこのような事例では裁判官とても、この点でいささかもまちがっていないと確信しきっていた、などということはとうていありえず、そのことは誰であれ面と向かって彼にいえるからである。超自然的に啓示された神の意志によって(ひょっとしたら「無理にでも連れてきなさい[50]」compellite intrare の格言にしたがって)、いわゆる不信仰を不信仰者ともども根絶することが義務とまではならないにせよ、しかしそれが自分には許されているのだと、察するに裁判官はかたく信じてはいたのであろう。しかし敢えてひとりの人間を殺すことが必要となるほどに、そのような啓示された教えやその意味についても、はたして彼はほんとうにそれほど強く確信していたのか。宗教信仰のゆえにひとりの人間の命を奪うのが不正であることは、確実である。すくなくとも(極端な場合を認めて)異常な仕方で知られた神の意志が別の指示を与えたといったことでもなければ、それは確実なのである。しかしかつて神がこのような恐ろしい意志を表したということは、歴史の記録を拠り所としており、けっして必当然的《アポディクティッシュ》に確実なのではない。しかし啓示が裁判官に到来したのは人間たちを通してのみであり、その解釈をしたのも人間たちであり、たとえ彼にはそれが神御自身から到来したらしく思われるとしても(ちょうど息子を羊のように屠るようにと、アブラハムに宣告された命令のように[51])、しかしすくなくとも誤謬がこれを支配していることはありうるのである。そうだとすれば裁判官は、このうえなく不正かもしれないことをなす危険を、敢えて冒すことになろうし、この意味で彼は良心に悖る行為をしているのである。——さて、すべての歴史信仰や現象信仰についても事情は同じで、そこに誤謬が見出されうる可能性はつねに残っているということであり、したがって信仰が求めたり許したりすることには、ひょっとしたら不正であるかもしれない可能性があるのに、つまりそれ自体で確実な人間の義務に違反する危険をすら冒すことになるのに、それに服従するのは良心に悖ることなのである。

さらに付け加えておこう。そのような実定的な(そう見なされている)啓示の掟により命令される行為が、それ自体でも許されているとしてみると、宗教上の指導者や教師は己の確信と称するものにしたがって、(そうしなければ身分剝奪ということで)それを信仰箇条として告白するように、民衆に課することは許されているのか、ということが問題になる。この確信には歴史的証明根拠以外にとくに証明根拠があるわけではないし、民衆の判断には(民衆が自らをほんのわずかでも吟味するなら)、ひょっとしたら歴史的証明根拠とともにせよ、それに古典的な解釈をほどこす際にせよ、誤謬が生じたかもしれないという絶対的可能性は、つねに残っているわけだから、聖職者としては、神を信じるのと同じくらい真なることとして、すなわちいわば神の面前で何かを、すくなくとも内面的には告白するように民衆に強要することになろうが、しかも民衆の方では、それが真なることだとは確実には知らないのである。たとえば一定の周期で公に篤信を促がす特定の日の設定、これを神が直接制定した宗教行事として承認させたり、あるいはある神秘を、それも民衆には理解もできない神秘を、かたく信じていると告白させたり、といったぐあいにである。この場合だと、民衆の宗教上の指導者は、自分でも完全に確信できないことを信じるよう他人に強制することになるので、良心に反してまでも事を処することになろうゆえ、指導者には、己のしていることを公正にしっかりと考えてもらいたいものである。なぜなら、そうした苦役信仰から生じるあらゆる誤用の責任は指導者が負わねばならないからである。——したがって信じられている事柄には、ひょっとしたら真理はありうるが、しかしそれにしても同時に、信じることにおいて(あるいは信じることの内的にすぎない告白においてすら)不誠実がありうるし、そしてこれはそれ自体において罰せられるべきものなのである。

いま述べたように、人間たちはすこしでも自由に考えることをはじめると、(原注)(たとえばプロテスタントの人々のように)これまでは信仰の奴隷のくびきの下にいたわけなので、(実定的なものや司祭の戒律に属するものを)信じるように強制されることが少なくなればなるほど、すぐにも自分がいわば高貴になったと思うものであるが、しかしこの種の試みをまだなしえなかった人々、あるいはなそうと思わなかった人々にあっては、事態は逆で、そもそも彼らの原則は、信じることが少なすぎるよりは、多く信じすぎた方が得だというものなのである。つまり負い目よりも多くなしても、すくなくとも害にはなるまいし、それどころか、ひょっとしたら大いに助けになるかもしれないというのである。――このような妄想は、宗教告白における不誠実を原則とするものであるが(宗教はどのような間違いでも、したがって不誠実という間違いでも元通りに修復するから、それだけに、この原則にしようと決心するのは、いっそう容易である)、いわゆる信仰の事柄における安心の格率(argumentum a tuto 安全性に訴える論証)は、この妄想にもとづいており、神について私の告白することが真ならば、私は当てたのであり、真でないとしても、いずれにしてもそれ自体で許されないことでもないなら、私はただ余計なことまで信じただけで、それは必要ではなかったにせよ、私に何か重荷を負わせただけであって、重荷は犯罪ではない、というのである。自分の申し立ての不誠実からくる危険、何かが無制約に信頼して誓言できる性質のものではないことを、自分では意識しているのに、神の前でさえそれが確実だと言い張ることによる良心の侵害、これらすべてを、偽善者は何とも思わないのである。――ほんとうの安心の格率で宗教と一致しうる唯一のものは、まさにその正反対であって、浄

A189　C339 V213 W863 A188

福のための手段あるいは制約として、私自身の理性によって私に知られうるのではなく、啓示によってのみ知られうるもの、そして歴史信仰を介してのみ私の告白のなかに取り入れられうるもので、そのうえ純粋道徳原則に矛盾しないもの、それを私は確実なことととして信じたり誓言したりはできないが、しかしそれを確実にまちがいだとして斥けることもできないという格率である。それにもかかわらず、これに関して何かを規定しないままに私が期待することがあって、それは、そのなかに祝福をもたらすどんなものがふくまれているにせよ、私が道徳的心術の欠如によって、よき生き方の点で自分でそれにふさわしくないようにさえならなければ、それは助けになってくれるだろうという期待である。この格率にはまことの道徳的安心が、すなわち良心の前での安心がある（そして人間はそれ以上の安心を求めることはできないのである）。ところが賢明さの手段と称するものには、このうえなき危険と不確実さがある。告白しないことから私に生じると思われる不利な結果をずる賢いやり方で回避して、両方に味方することで、両方と仲違いすることになるからである。――

C340 V214 W864

（原注）　賢明な人々でもよく用いる表現で、正直にいって、どうも私にはなじめないのであるが、それは、ある民族（法的自由の取り扱いにはこの民族もふくまれている）がまだ自由の段階にまで成熟していないとか、土地所有主の農奴がまだ自由の段階にまで成熟していないとか、一般に人間はまだ信仰の自由の段階にまで成熟していない、といった表現である。しかしこのような前提にしたがうなら自由が生じることはけっしてあるまい。そもそもあらかじめ自由のうちに置かれていなければ、自由の段階にまで成熟するなどということはありえないのである（自由において力を合目的に利用しうるには、まず自由でなければならないのである）。もちろん、はじめのうちはさまざまな試みも粗野であろうし、ふつうそうした試みにはいまだ他人の命令を受け、配慮をも受けていたときよりも困難で危険な状態も結びついていようが、しかしこと理性に関しては、自分で試みる以外にはけっして成熟しないのである（試みてもよいという点では、自由でなければならないので

A188 C338 V212 W862

C339 W863

ある)。権力を掌握している人々がこれら三つのくびきを断ち切るのを、時勢のためにやむをえずさらに先へ、非常に先へ
と延ばすことがあるが、これには私も異存はない。しかしそうした人々が自分たちに隷従しているからには、彼らにはそも
そも自由は適していないし、彼らをいつまでも自由から遠ざけておいてよいのだということ、これを原則とすることは神性
の大権を、神性は人間を自由のために創造したもうたのに、その大権を侵害することなのである。このような原則を実施で V213
きれば、もちろんその方が国家や家や教会は支配しやすい。しかしはたしてその方が正しいのであろうか。

もしある信経《シンボル》の作者が、〔あるいは〕もしある教会の師が、いやどんな人間であれ、さまざまな命題が神の啓示だ A189 C340 V214 W864
という確信を内的に自己自身に告白することになって、もしこんなふうに自問するとすれば、どうであろうか。心
情をみそなわしたもう神が現前しても、私にとって価値があり聖であるものを一切断念してまでも、これらの命題
が真理だと誓言する勇気が私にあるだろうか、と。そのように自問すれば、どんなに大胆な信仰の師であれ、戦慄
せざるをえまいとは予言しないにしても、† しかし私は人間の(まったく善をなしあたわないわけではない)本性につ
いて、きわめて不利な概念をもたざるをえないだろう。しかしもしそうだとすれば、次のことは良心的であること A190
と、どう辻褄があうのか。つまり制限を許容せぬこのような信仰宣言に固執し、僭越にもそう誓言することが義務
であり礼拝でさえあると言い張り、しかしそれによって人間の自由を、道徳的であるもの一切に(宗教を受け入れ V215 W865
ることにも)あくまでも必要とされる自由を、全面的に打ち倒してしまい、「主よ、私は信じます、信仰のない私を
助けてください」††(52)という善意志にまったく場所を容認しないことは、良心的であることと、どう辻褄があうのか。

† あれこれの歴史の教えを大切な真理として信じない者は呪われた者である、といえるほど図々しい人は、こうもいえなく A189 V214 W864
てはなるまい。私が話してあげることがもしほんとうでないなら、私は呪われた者になろうと思う、と。——かくも恐ろし
い発言ができる人がもしいるなら、私はその人にハッジ(53)なるものにまつわるペルシアの諺にしたがうように奨めたい。曰く、

一度(巡礼者として)メッカに行ったことのある人がいて、その人があなたとともに住んでいるなら、その家を出なさい、もし二度行ったことがある人なら、その人のいる通りから出ていきなさい、しかし三度メッカに行ったことがある人なら、その人が滞在している街を、またはそもそもその地方を立ち去りなさい、と。

†† おお、率直さよ、アストレーア(54)よ、あなたは地上から天へと逃げ去ってしまわれたが、どうすればあなたに(良心の基礎に、したがってすべての内的宗教の基礎に)、いまひとたび天から私たちのところに降りてきてもらえるのか。どんなに遺憾であるにせよ私が容認できることは、(知っている真理をすべて語るという)正直さが人間の本性には見出せないということである。しかし率直さ(語ることのすべてが誠実に語られていること)はどの人間にも要求できなくてはならないし、開発が蔑ろにされているだけの私たちの本性には、率直さに向かう素質さえないというだけでも、人類は人類自身の目にかぎりなく深い軽蔑の対象として映らざるをえないことになろう。――しかしいま求められている心の性質は、多くの誘惑に曝されていて犠牲をいくつも払わねばならないようなものであり、したがって道徳的な強さを、すなわち(獲得されなくてはならない)徳を要求するようなものであるが、しかしこの性質は他のいかなる性質よりも早く監視され、開発されなくてはならないのである。なぜならこれと反対の性癖は、うっかり根をおろさせてしまうと根絶するのがきわめて困難だからである。――さて、これと私たちの教育法とを、とりわけ宗教の点で、もっと適切には、教義の点で比較してみるがよい。そこでは、信者となるには告白の忠実さは顧慮されない(この点についての吟味はなされない)し、教義に関する問いに答える際の記憶の忠実さだけで十分だと考えられており、信者は自らがおごそかに誓言することを、理解さえしていない始末で、率直さがなければ、まったくの内面的な偽善者となってしまうのに、それがないのではないかと訝《いぶか》る人はもはやいないのであろう。

A190　C341
V215
W865

一般的注解

人間が自由の法則によって自分でできるよいことは、超自然的な助力によってのみ彼に可能な能力と比較すると、恩寵と区別して自然と呼べる。とはいえ自然という表現で、自由と区別される自然的な性質のことをいっているというわけではなく、それをそう呼ぶのは、すくなくともこの能力のための法則(徳の法則)を私たちが認識するからであり、また自然の類比としてのこの能力については、見ることも理解することもできる手引きが、理性にあるからにほかならないのであって、逆に、はたして恩寵が私たちのうちで働くのか、働くとすれば、どのような場合に、どのような恩寵が、どれだけ働くのかということは、私たちにはあくまでも覆い隠されており、また(聖性としての道徳性もそこに入るような)超自然的なもの一般がそうであるように、この点でも、どんな法則によってそれが起ころうとも、その法則についてのあらゆる知識から理性は見放されているのである。

私たちの不十分とはいえ道徳的な能力への、それどころか完全に純化されてはおらず、すくなくとも私たちの義務をすべて満足させるには弱い心術への、超自然的な援助という概念は超越的であり、たんなる理念であって、その実在性を経験が保証してくれるわけにはいかないのである。――それどころか理念としてすら、実践的にすぎない見地で想定するだけでも、これはきわめて危険で、理性とは調和しがたい。なぜなら、道徳的によい行いとして私たちに帰せられるべきことが、他からの影響によってなされてはなるまいからであり、むしろそれは、もっぱら自分自身のさまざまな力を、できるだけよい方向で使用することによってのみ、なされなくてはなるまいからである。しかしそれが(〔つまり他からの影響と自分自身の力の使用との〕両方が同時に行われることが)不可能なことも、やはり証明できないのである。なぜなら自由の概念には超自然的なものが何ひとつふくまれていないにせよ、それにもかかわらず自由そのものは、やはりその可能性に関して私たちにはあくまでも把握しがたく、その点、超自然的なものと、つまり自発的だが不十分にしか自由を規定しないことの補償として人々が想定したがっているものと、

C342　A191　V216 W866

同じだからである。

しかし自由について私たちはすくなくとも、どのようにそれを規定すべきかという法則を（道徳法則を）知っているにしても、しかし超自然的な助力については、私たちに知覚されるような道徳的なある種の強さが、はたして現実にそこからくるのかどうかを、あるいはどのような場合に、どのような制約下でその強さを期待できるのかを、いささかも認識できるわけではないのだから、私たちのうちなる自然にはできないことを恩寵が引き起こしてくれるのは、私たちがそれを（つまり私たち自身の力を）可能なかぎり用いたならば、という一般的前提があるだけで、これ以外にこの理念をさらに使用することはまったくありえないであろう。私たちが（よい生き方をしようとする絶えざる努力のほかにさらに）恩寵の協力をどのようにしてわが身に引き寄せるかについても、恩寵を期待しなければならないさまざまな場合をどのように規定すればよいのかについても、それはありえないであろう。――この理念はまったく過度なものであり、加うるに奇跡をなすとか、自分のうちに奇跡を知覚するといった妄想にとらわれて、あらゆる理性使用に不向きにならないためにも、自らのうちに求めるべきものを怠惰に誘われて天に期待し、のらりくらりと退嬰的にならないためにも、この理念からは、それを聖所として、敬して遠ざかっておいた方がためになるのである。

ところであらゆる中間原因は、人間の力がおよび、それによってある種の意図を実現するならば、手段であるが、そのような手段としては、天の助けにふさわしくなるために可能なかぎり道徳的性質を改善し、そうすることで、神が満足なさるのにふさわしくなることの完成、人間の力のおよばぬ完成を、受け取れるようになろうとする真剣な努力以外には存在しない（またそれ以外に存在しえない）。なぜかといえば、人間が期待する神の助けそのものも、本来は人間の道徳性だけをめざしているからである。しかし不純な人間はそこには天の助けを求めず、むしろこれを感性的な執り行いに求めるであろうということ(これはもちろん人間の力がおよびはするが、しかしそれだけではよりよき人間となることはできないのに、さてしかしこれを超自然的な仕方で成就するというのである)、このことはすでにアプリオリに予想できたし、実際にもそうであることが分かる。いわゆる恩寵の手段[55]という概念は(いま述べたことによると)それ自身において矛盾しているのに、ここでは自己欺瞞の手段として役立っており、これは卑劣であるし、真の宗教にとって不利でもある。

神への真の(道徳的)奉仕を、信者は神の国に属する臣下として、それにおとらず神の国の(自由の法則下の)市民としても、はたさねばならないが、そのような奉仕は神の国そのものと同じように不可視であって、それは(霊と真理における)[56]心情の奉仕であり、またそれは心術にはありえても、つまり真の義務をすべて神の命令として遵守することにはありえても、もっぱら神のためにだけ定められた行為にあるはずがないのである。しかしこの不可視なものは、人間にあってはやはり可視的な(感性的な)何かによって表現される必要が、いや、それだけではなく実践的なことのためには、さらに可視的な何かに伴われる必要があり、知性的であるのに、それがいわば(ある種の類推により)直観的にされる必要があって、可視的な何かの方は、神への奉仕において義務を表象させてくれるだけの手段、なくともよいというわけではないにしても、同時に誤解される危険にも大いにさらされている手段であるとはいえ、妄想が私たちに忍び寄るために、ややもすればそれが礼拝そのものと見なされて、ふつうそのようにも呼ばれているのである。

この神への奉仕と称するものは、その精神および真の意義に還元されると、すなわち私たちの内と外とにある神

V 218
W 868

の国に奉献された心術に還元されると、理性によってさえ四つの義務遵守に区分されうるのであって、これには特定の儀式が必然的には結びつかないまでも、対応する形で添えられてきたのであるが、その理由は、それらの儀式が古来より義務遵守の図式として用いるのにも、神への真の奉仕への注意を喚起し養うのにも、すぐれた感性的手段として認定されてきたからである。それらの儀式はすべて人倫的善を促進するという意図にもとづいている。㈠それ〔人倫的善〕を私たち自身のうちにしっかりと根づかせること、そしてその心術をくりかえし心に呼び覚ますこと(個人の祈り)。㈡それを外的に広めること。法的に聖別された日に公の集会をなすことによる。集会で宗教上の教えや願いを(それとともにさきほどの心術を)公に知らせて、かくして教えや願いをあまねく伝達する(教会参集)。㈢それを後世に伝えること。新入会員を信仰共同体に受け入れることによる。義務としては、彼らに共同体内で教えること(キリスト教宗教では洗礼)。㈣この共同体の維持。公の儀式をくりかえしなすことによる。儀式によりこれらの会員の一個の倫理体への統合がなされるが、しかもそれは相互の権利が平等で、道徳的善の全収益の取り分も、平等であるという原理によってなされる(聖餐式)[57]。

宗教の事柄におけるすべての企ては、それがもっぱら道徳的に理解されるというのではなく、それ自体において神に嘉されるようになるための手段だと、したがって私たちのあらゆる願いを神により満たすための手段だと、理解されるならば呪物信仰であり、呪物信仰というのは信念であるが、それは、自然法則によっても道徳的な理性法則によっても何ものをも生じさせえないものが、すでにそれだけで願い事をかなえるであろう、それも願い事がかなうであろうとかたく信じさえすれば、またこの信仰にさらに特定の儀式を結びつけるならば、そうなるであろうという信念である。ここでは一切が人倫的善にかかっているという、そしてそれは行いからしか発源しえないという確信が、すでに浸透している場合ですら、それでも感性的な人間はまだ抜け道を探して、この厄介な制約を回避しようとするのであって、すなわち式（儀式）を行いさえすれば、これを神はきっと行いそのものと見なしてくれようというのであるが、そうだとすれば、もちろんこれは神からの法外な恩寵と呼ばれなくてはなるまいにしても、それも、このことがむしろ怠惰な信頼のうちに夢想された恩寵でないとすれば、それどころか偽りの信頼そのものでないとすればの話なのである。このようにして人間はあらゆる公の信仰様式において、特定の慣行を恩寵の手段として考え出したが、とはいえ、それらはかならずしもすべての信仰様式において、キリスト教の様式におけるように実践的な理性概念や、この概念に一致した心術などにかかわるわけではないのである。（たとえばマホメット教の信仰様式では洗浄、祈禱、断食、喜捨、メッカへの巡礼といった五大戒律がそうであり、このうち、喜捨だけは例外とするに足りるかもしれないが、しかしそれも、喜捨が人間の義務にたいする真の有徳な、同時に宗教的な心術からなされるならば、そして現実にも恩寵の手段と見なされるに足りるならばの話であって、しかしこの信仰によると喜捨は逆に貧者に代わって神に供物として捧げるものを、他人から搾り取ることと十分両立さえできるわけだから、実は例外とするだけの値打ちはない。）

　すなわち、超自然的なもの（これは理性法則によったのでは理論的〔理性〕使用の対象でも実践的〔理性〕使用の対象でもない）に関して、私たちに可能な理性の限界の踏み越えの妄想信仰は、三種類存在しうるということである。まず第一に、何かを経験により認識するという信仰であり、しかも何かとは、客観的な経験法則によって生起するものとして想定するのが、私たち自身にも不可能な何かなのである（奇跡への信仰）。第二は、私たちが理性によってすら概念をつくりえないものを、道徳的最善に必要なものとして、理性概念のなかに取り入れなければならないという妄想である（神秘への信仰）。第三は、私たちにとっては神秘であるような作用を、すなわち神が私たちの人倫性におよぼす影響を、たんなる自然手段の使用によって産出できるという妄想である（恩寵手段への信仰）。——偽りの信仰様式のうち、最初の二つのものは本稿第二編・第三編の一般的注解で論じた。したがって残っているのは恩寵の手段について論じることである（これは、恩寵の作用†すなわち超自然的な道徳的影響とは、なお異なっており、後者の場合、私たちの態度は受動的にすぎないが、しかしこの影響の経験と称するものは狂信的妄想であって、これは感情にのみ属している）。

†　第一編の一般的注解参照。

一、祈禱は内的で儀式的な礼拝として、それゆえ恩寵の手段として考えられると、迷信的妄想（呪物崇拝）であって、そもそもそれはある存在者への祈願の言明であるが、その存在者の方では、祈願者の内的心術の言明など必要としておらず、したがってこれによっては何もなされず、神の命令として私たちに課せられている義務はひとつも実行されているわけではなく、それゆえ実際には神への勤めはなされていないのである。私たちのなすこと・なさざること一切において、神に嘉されるようになれますようにという衷心の願いこそ、すなわちすべての行為に伴っている心術こそ、祈りの霊なのである。つまり行為があたかも神への勤めとしてなされるかのように、それをなすという心術こそが祈りの霊であり、これは「絶えず」[58]私たちのうちに生じうるし、生じるべきでもある。しかしこの願いも、（たとえ内面でだけにせよ）それを言葉や決まり文句で表すことは、[原注]せいぜい私たちのうちで、先の心術にくりかえし命を吹き込むための手段としての価値しかもちえず、神が満足なさることとは直接的な関係をもちえないわけで、まさにそれゆえに万人にとって義務とはなりえないのである。なぜなら、手段を処方してもよいのは、

C346 V221　A195　W871　A196 C347　A197 V222　C348

特定の目的のためにその手段を必要としている人にだけであって、かならずしも万人にこの手段（つまり自己自身において語るための、また本来は自己自身と語るための手段、それだけにいわゆる神と語るための手段といった方がわかりやすい）が必要だとはいえないからであり、むしろ道徳的心術をたえまなく純化し高め続けることにより、私たちのうちでこの祈りの霊だけに十分命が与えられるようになり、祈りの文字が（すくなくとも私たち自身のためには）ついにはなくなってもよいほどまでに、万人は仕上げられねばならないからである。そもそも、特定の目的に間接的に照準を合わせたものがすべてそうであるように、文字もむしろ道徳的理念の効果を弱めるのである（この効果は主観的に見られるならば信心と呼ばれる）。極微のものや巨大なものの偉容などに見られる神の創造の深い知恵、これはすでに古来より人間が認識しえたものであるのはたしかだが、しかし〔その観察が〕かぎりなく賛嘆するほど拡大されたのは近代になってからのことであって、この知恵を観察することには、人間自身の目から見て人間をいわば無化するような、それほどまでに沈んでいく気分に、崇拝と呼ばれる気分に、心をそめてしまうだけの力があるばかりか、人間自身の道徳的規定〔使命〕という点に関しても、魂をきわめて崇高にする力があって、これとくらべれば言葉は、たとえ（先ほどの奇蹟の数々についてはほとんど知らなかった）祈禱者ダヴィデ王の言葉であれ、まるでうつろな響きのように消えいくにちがいないほどで、なぜかといえば、神の手のこのような直観からくる感情は、言語に絶するものだからである。――そのうえ人間は、心が宗教に向かう気分になると、本来自らの道徳的改善にのみ資するものを、宮仕えに変えてしまいたがるもので、ふつう宮仕えでは人間が言葉ゆたかになればなるほど、謙抑や賛美は道徳的なものとしては感じられなくなるわけだから、まだ文字を必要としている子供たちと祈りの練習をするにしても、むしろその最初期にさえ細心の注意を払って教え込まねばならないことは、ことば[59]は(内面で語る場合でさえ、それどころか神の理念を直観に近づけようとして、心を平静にする試みでさえ)祈りにあっては、それ自体で大切な何かではなく、大切なのは、神に嘉されるような生き方をしようとする心術に命を吹き込むことであって、ことばは想像力に与えられたそのための手段にすぎないということである。なぜならそうでなければ、あのへりくだった畏敬の証言は、実践的な神への奉仕を、たんなる感情に存するわけではない奉仕を生じさせる代わりに、神への偽りの崇敬以外の何ものをも生じさせないという危険をもたらすからである。

(原注)　祈りの霊である先の方の願いにおいて、人間は自己自身に(神の理念を介して心術に命を吹き込むために)働きかけるのであるが、しかし後の方の願いでは、言葉で、したがって外にも言明することで神に働きかけようとする。人間には神の現存在ですら、完全に確実だと誓言するほど僭越なことはできないにしても、第一の意味の祈りは十分率直になされうるが、呼びかけである第二の形式では、この最高の対象が人格的に現前しているというふうに人間は想定しているか、あるいはすくなくとも(内面でさえ)あたかもその現前を納得しているかのようにふるまうのであって、それは、たとえ実際にはそうでなくとも、そんなふりをしても、よもや害にはなるまい、むしろ恩寵を与えてくれよう、と思いなしてのことであり、したがって後の方の(文字による)祈りには、先の方の(霊だけの)祈りほど完全な率直さを見出せないのである。――この見解の真理性が確証されていることは、こんな人を想像してみれば誰にでも分かるだろう。それは、敬虔で善意はあるが、このように純化された宗教概念の点では厳しい考えをする人で、彼は他人が声高に祈禱しているのを聞いて、とはいうまい、そうしているのを示す身振りを見るだけで、驚くのである。わざわざいわなくとも予測がつこうが、そのことで彼は、まるで自分の方が恥じねばならない状態に陥ったかのように、狼狽するか当惑するかであろう。しかしなぜそうなるのか？　ある人が声高に自分自身と語っているのに出くわせば、さしあたりこの人は狂気のちょっとした発作を起こしているという嫌疑が生じるわけで、これとまったく同じ(全面的に不当というわけではない)判定がくだされるのが、この人がたった一人でいるのに、自分以外の誰かを目の当たりにしている者だけがなしうるような、動作や身振りをしているところに出くわす場合であり、先ほど想像してみた実例がそれである。――しかし、福音の師はまったく卓越した仕方で、祈りの霊を一つの定式に

A 195　V 225
C 346
V 221
W 871

表現された[60]のであり、それはこのような文字による祈りを、したがって同時にその定式そのものをも、（文字としては）なくてもよいものにするような定式である。そこに見られるのは、よき生き方をしようとする企図以外のなにものでもなく、それは私たちが脆いものだという意識と結びついていて、神の国の一員たるにふさわしい者になれますようにという、たえまなき願いを秘めた企図であって、したがってそれは本来、神がその知恵にしたがって私たちに拒みうるような何かの懇願をふくむものではなく、願いが真剣で（活動的で）あれば、その対象を（つまり神に嘉される人間になることを）自ら産出するような願いを秘めているのである。その日一日、私たちの現実存在を維持するための手段（パン）を求める願いにしても、これが現実存在の永続に向けられていないのは表明的であり、むしろこれは、動物として感知されるにすぎない欲求の結果なのだから、自然が私たちのうちで何を欲しているかの告白ではあっても、人間が何を欲しているかを、よくよく考えたうえでの特別の懇願ではないのであって、これだとすれば、他日のためのパンを懇願していることになってしまおうが、しかしここでそれが排除されているのは十分明らか[61]である。——この種の祈りは道徳的な（神の理念によってのみ命を吹き込まれた）心術においてなされるが、なぜかといえば、それは祈りの道徳的な霊として、その対象を（神に嘉されるようになることを）おのずと産出するからで、信じてなされうるのはこの種の祈りだけであって、信じてというのは、祈りの満願が保証してもらえると見なして、というほどの意味で、この種のものとしては私たちのうちなる道徳性以外にはありえないのである。そもそも懇願が今日一日のパンのことにすぎないにせよ、その満願は保証してもらえると、すなわちその人の懇願をかなえてやることが、神の知恵と必然的に結びついているのだと見なせる人はひとりもいないし、ひょっとしたら今日、パンがなくてその人を死なせる方が神の知恵にはいっそうかなっているということもありうるのである。また、しつこく懇願しつづければ、神にその知恵の計画を（私たちの現在の利益のために）変えてもらえるかどうかを試みることも、ばかばかしいだけではなく、同時に不遜でもある妄想である。したがって対象が道徳的ではないような祈りが聞き届けてもらえるとは確信をもっては見なすことはできない、すなわちそのようなものを求めたのでは、私たちは信じて祈ることはできないのである。いや、それどころか対象が道徳的であっても、超自然的な影響によってしか可能でないならば（あるいはすくなくとも私たちがそうした対象を、これにはたとえば回心、新しい人間を着ること、再生などがあげられるが、それを求めて努力しようと意志しないがゆえに、それが超自然的影響からくるようにと期待するだけであれば)、その場合にはしかし、私たちの(自分に責任のある)欠如を超自然的な仕方で補うことが、御自身の知恵にかなっていると神が思われるかどうかも、きわめて不確実であって、その反対を予測する方がむしろ当然なほどなのである。したがって人間はこれを求めてすら信じて祈ることはできないのである。——ここから解明されるのが、(つねに同時に内的な祈りが結びついているであろうような)奇蹟をなす信仰が、どのような事情にあろうかということである。神が超自然的な作用をおよぼす力を人間に授けられるはずがないし(それは矛盾だから)、人間は、この世界において可能なさまざまなよき目的について自らが作る諸概念に関して、それを神がどう判断なさるのかを勝手に規定することはできず、したがって人間のうちで、また人間によって生み出された願いを媒介にしては、神の力を自分の意図のために用いることはできないのだから、奇蹟の賜物などというものは、すなわち、(「あなたがたに芥子《からし》種《だね》一粒の信仰があれば[62]」云々というように)それをもつかもたないかは人間自身にかかっているわけで、そのような賜物は、文字通りに取ればまったく考えられないのである。したがってそのような信仰なるものは、もしそれに何か意味するところがあるというのであれば、人間の道徳的性質がすぐれて重要であるという、たんなる理念にすぎず、もし人間がその性質を、(けっしてそれに到達しないにせよ)神に嘉されるようなまったき完全性の形で所有するならば、神が最高の知恵においてもつかもしれない他のあらゆる動因をもしのぐほど、道徳的性質が重要であるという理念にすぎないのであって、したがってまた、もし私たちが完全にそうあるべきところのものであるならば、また(たえざる接近によって)そうありうるところのものであるならば、あるいはいつか完全にそうなるならば、その場合、私たちの願いはけっして愚かなものではあるまいから、自然は私たちの願いにしたがってくれるにちがいあるまいということ、これをあてにできるようになるための根拠なのである。

教会参集の狙いは教化ということだが、このことに関していえば、公の祈りはこの点ではたしかに恩寵の手段でもないにせよ、しかし一つの倫理的儀式で、信仰の賛美歌の合唱によるにせよ、あるいは全会衆の名のもとに、聖職者の口を通して型どおりに神に向けて語られる呼びかけ、つまり人間のあらゆる道徳的関心事をふくむ呼びかけによるにせよ、倫理的儀式なのであって、この呼びかけだが、これは、それぞれの願いが(神の国の招来という)一つの目的に向けて、すべての人々の

A197　V223　C348 W873

願いと統合されたものとして表象されるべき場所で、あらゆる道徳的関心事を公の関心事として請願するので、感動を人倫的感激にまで高めうるだけではなく(これに反して個人の祈りは、このような崇高な理念なしになされるので、習慣により心性への影響を徐々に失い、すっかりなくしてしまう)、それ自体でも個人の祈り以上に理性根拠をもつのであって、それは祈りの霊をなす道徳的な願いを、儀式的な呼びかけで表現はするが、しかしその際、最高存在者の現前化や、恩寵の手段としてのその雄弁な像に固有の特別な力のことなどは、考えないからである。そもそもここにあるのは、ある特別の意図なのであり、すなわち神の国という共通の願いですべての人間が統合されていることを表す外的な儀式により、それぞれの道徳的動機をいっそう多く働かせようという意図であり、これは、神の国の元首があたかもその場所に現前しておられるかのごとく、元首に呼びかけることによってこそ、もっとも適切になされうるのである。

二、教会参集は、教会における儀式的で外的な礼拝一般として考えられるならば、それが信者の共同体を感性的に表現するという点では、たんにそれぞれの教化[原注]のために、すべての個人に推奨できる手段であるにとどまらず、それは、この地上で進められるべき神の国の市民である各個人が、全体のために直接負うべき義務でもあるわけである。ただしそれは、偶像崇拝に導きかねず、かくして良心をも苦しめかねない儀式を、この教会がふくまないことを前提としての話である。そうした儀式としては、たとえばひとりの人間の名のもとに、無限の慈しみをもった人格として神を見立てた、ある種の神の崇拝がある。神の感性的表現は、「あなたは自分のためにいかなる像をも造ってはならない」[63]云々という理性の禁止に背くのである。教会参集自体を恩寵の手段として用いようとすることは、つまりあたかもそれにより、神への礼拝が直接的になされるかのごとく、またこの儀式の(宗教が普遍的であることのたんなる感性的演出の)執行に、神が特別の恩寵を結びつけられたかのごとく、それを用いようとすることは、妄想であって、それも、政治的公共体におけるよき市民としての考え方や外面的な礼儀正しさなどとは実に

A198 C349 V225 W874　C350 W875　A199　V226

うまく調和するが、しかし神の国における市民としては、よき市民としての質に資するところが何らないばかりか、むしろその質を偽造するような妄想なのである。またそれは、欺瞞的な見せかけによって、その人の心術の粗悪な道徳的内容を他人の目から、それに当人の目からさえも、隠してしまうのに役立つのである。 C351 W876

(原注)　この表現に適した意義を探すとすれば、教化とは信心が主体におよぼす道徳的結果のことであるというほかないだろう。ところで道徳的結果は、多くの信心家と称する人々が結果を全面的に感動に措定しているにしても(だから彼らは偽善者とも呼ばれる)、感動にはないのであって(感動はすでに信心という概念にふくまれている)、したがって教化という語は、人間の現実的な改善に信心がおよぼす結果という意味でなければならない。しかし改善がうまくいくのは、体系的に着手し、さまざまな概念を十分理解したうえで、確固たる諸原則を深く肝に銘じ、それらを土台にして、さまざまな心術を、それにかかわる義務の重要性の相違に応じて起こし、傾向性の攻撃から心術を守り、安全にし、かくしていわば新しい人間を神の宮として建てる(64)以外にはないのである。容易に分かるように、この造営のはかどり具合は遅々としたものでしかありえないだろうが、しかしすくなくとも何かが実行されたことは見ることができるにちがいない。人々は(聞いたり読んだり歌ったりすることで)自分が大いに教化されたと信じる。実際には何も建てられていないのに、それどころか仕事に手を着けることすらしていないのにである。そう信じるのは察するところ、ため息の音楽によって、また憧れに満ちた願いの音楽によって、かの道徳的な建物がテーベの城壁のように、ひとりでに立ちのぼってこようと思っているからである。 A198 C350 V225 W875

三、教会共同体へのおごそかな入信は、一度は行われるものであって、これは、すなわちある教会の一員として(キリスト教会では洗礼により)はじめて受け入れられることは、きわめて重要な儀式であり、入信者が信仰を告白できれば、入信者に、そうでなければ、信仰における彼の教育の世話を進んで引き受ける証人(65)たちに、大きな義務を課すことになる儀式で、何か聖なるものを(ひとりの人間を教育して神の国というものの市民にまですることを)めざした儀式でもあるが、しかしそれ自体では聖なる行為ではないし、あるいは他人によって聖性と神の恩寵への A199 C351 V226 W876

感受性とを、この主観のうちに引き起こすような行為でもなく、したがって恩寵の手段ではないのである。初期のギリシア教会では、あらゆる罪を一挙に洗い去ることができるほど大きな威信がこの手段にはあったが、しかしそのことによりこの妄想は、ほとんど異教以上に異教的ですらあるような迷信との親近性を、公然と白日の下に曝すことになったのである。

四、この教会共同体の刷新、永続、伝播などの儀式(聖餐式)は、平等の法則にしたがって何度も反復されるが、これは必要とあらば教会の創始者の例に倣い(同時にまた創始者を記念して)、同じ食卓で、ともに飲食するという儀礼を通してもなされうる。この儀式は何か大いなるものをふくんでおり、つまり人々の偏狭で利己的で協調性のない考え方を、とくに宗教の事柄において世界市民的な道徳的共同体という理念にまで拡大するような何かをふくんでいるのであって、この理念のもとで表象される兄弟愛という道徳的心術をめざして、会衆を活気づけるのによい手段なのである。しかしこの儀式の執り行いに神が特別の恩寵を結びつけられたなどといって称賛することは、またこの儀式は教会のなす行為にすぎないのに、それがさらに恩寵の手段でもあるという教義を信仰箇条のなかに取り入れることも、宗教の妄想で、しかも宗教の精神にまったく反する作用以外には、何もおよぼしえない妄想なのである。――恩寵の手段を独占的に所有しているかのような威信が、聖職者に与えられるとすれば、そのことによりそもそも聖職制は、聖職者による人心の不当な支配だということになろう。

*　*　*

宗教の事柄で巧みに装ったこうした類のすべての自己欺瞞には、一つの共通の根拠がある。聖性、恩寵、正義と

C352　W877　V227　A200

いった神のあらゆる道徳的性質のうちで、人間がふつう直接頼るのは二つめの恩寵であって、それはそうすることで、聖性の要求にかなった者になるという怖ろしい制約を回避するためである。よき奉仕者であることは苦しいことである(聞こえてくるのは義務について語る声ばかりである)。だから人間はむしろお気に入りになりたいのである。そうすれば、多くのことが大目に見てもらえるし、ひどすぎる義務違反をしてしまったところで、誰か最高度に寵愛を受けている人の取りなしによって、本人は依然として昔ながらの厚顔無恥の輩であっても、何もかもふたたび償われるからである。しかしこのような意図が実行可能であることに関して、若干の空証文で自分を慰めるためにも、彼は、人間についていだいている概念を(その過失をもふくめて)こともなげに神性に転嫁する。〔さて、〕人類の最善の上位者たちの場合でも、立法の厳しさ、慈しみ深い恩寵、綿密な正義は、それぞれ別個に、またそれだけで、臣下による行為の道徳的効果をめざして働きかけるわけではなく(そうすべきなのだが)、むしろ決心を固めるに際して、人間の元首の考え方のうちで、これら三つは混じり合ってしまうものなので、そこでこれらの性質の一つだけに、つまり人間的な意志の脆い知恵に取り入ろうとさえすれば、残る二つの性質には譲歩してもらえるわけだが、ちょうどこれと同じように神の場合でも、人間はひたすら恩寵にすがることで、これをなし遂げられると思うのである。(それゆえ三つの性質をそれぞれとくに判明にすることは、それらの性質の、もしくはむしろ神の人間にたいする関係の仕方の、三つの面をもつ人格性の理念による区分であり、それはこの理念と類推的に考えられるべきであるが、これは宗教にとっても重要であった。)この目的のために、人間は考えうるあらゆる儀式に専念するが、自分がどれほど神の命令を崇敬しているか、それをこれにより示そうというのであって、それは神の命令を遵守しなくともよくなるためになのである。そして、行為の伴わない願いが神の命令に違反したことの補償

V 228
A 201
W 878

として役立つようにと、彼は「主よ、主よ」と叫ぶのであって、それは、「天の父の御心《みむね》を行(66)」わなくともよくなるように、なのである。こうして彼は、真に実践的な心術に活を入れるために特定の手段を用いながら、儀式が恩寵の手段それ自体だというふうに理解して、儀式がその手段だという信仰こそ宗教の本質的な部分だと(下品な人は、それこそ宗教のすべてだと)広言し、自分がよりよき人間になることは、このうえなく慈しみ深い神慮に委ねてしまうのである。つまり徳(すなわち崇敬する義務を遵守するために、力を用いること)ではなく、敬虔さに(すなわち神の法則への受動的な崇敬に)専念するのである。敬虔さと結びついた徳のみが篤信(真の宗教的心術)という言葉で理解されている理念を形成するのにである。——このように天の寵児と称するものの妄想が本人のうちで高じて、特別の恩寵の作用を感じるのだといった、狂信的な想像にまでいたると(神との隠れた交わりと称するものを、よく知っているなどといった不遜にまでいたると)、ついには徳に嘔吐を催し、徳はその人の軽蔑の対象となるのであって、それゆえこんな嘆きが公然とささやかれても、そもそも怪しむに足りないのである。それは、宗教にはやっぱり人間の改善に資するところはほとんどないのだ、そして恩寵を受けた人の内面の光(「升の下(67)」の光)が外面的にも、よき行いをとおして輝いたりはしないのだという嘆きで、しかも(彼らのこのような申し立てにしたがえば当然、輝くことが求められうるのに)ほかの自然で誠実な人々の前ではとくに輝かないのである。後の方の人々が宗教を受け入れるのは、手短にいえば、徳の心術の代償のためにではなく、それを促進するためにであって、これは、よき生き方のうちに能動的にあらわれてくるものなのである。そんな嘆きがあるにもかかわらず、福音の師は、外的経験のこのようなよき行いという外的証拠が試金石ですらあると暗示しておられるのであって、人々の果実(68)としてのそれにより、人々を見分けることができ、またそれによって誰もが自分自身を見分けられるの

W879　V 229　C 353

である。しかしまだ理解されていないのは、その人たちの思いなしでは、ただならぬ恩寵を受けたはずの人々(選ばれた人々)が、交際や仕事や困ったときなどにも頼れる自然で誠実な人よりも、すこしも優れているわけではないこと、むしろ全体として見れば、こうした人とほとんど比較するに堪えないらしいことである。これは、恩寵を受けることから徳への前進が正道なのではなく、むしろ徳から恩寵を受けることへの前進の方がそうなのだということの証拠ともなるのである。

A 202

宗教哲学序文準備原稿

北岡武司訳

Vorredeentwürfe
zur
Religionsphilosophie

宗教哲学序文準備原稿

A版 第20巻　425-440頁

〔第一草稿〕
序　文

宗教はふつう自然宗教と啓示された宗教とに区分されている(理性宗教と啓示宗教という表現の方がよい)。前者の根底には理性神学とその道徳があり、後者の根底には啓示神学[1]とその道徳がある(啓示神学は聖なる書物を原典として用いるならば聖書神学と呼ばれる)。——この区分は十分に規定されているわけではなく、あらゆる誤解を予防するというわけにはいかない。そもそも啓示宗教は、またこれとともに聖書神学や道徳にしてもそうだが、そのなかに理性宗教やその神学やその道徳なども見出されえないようなものは、存在しえないのである。しかもそれらが見出されるといっても、道徳は(アプリオリに)それだけで存立するものとして表されるが、しかし理性宗教は、道徳が要求するものを(in concreto 具体的に)実行するために付け加えられ、道徳を補うようなものとして表される、というふうにしてなのである(そもそもこれがなければ、信仰は宗教ではなく迷信になってしまおう)。だからさらに純粋宗教と応用宗教とに区分すれば、あらゆる誤解が、とりわけ双方の限界に関しての誤解がいっそうよく予防されよう。

いかなる学問の教師にとっても大切な義務としては、その学問の限界内に身を持するということがあるし、また、たとえば二つの学問が結びつけられる場合に、両者を混ぜあわせないことも大切な義務である。それは、純粋理性宗教と啓示信仰との関係を規定することが問題となっている場合もそうである。そのうえさらに、自分の限界内に

A 427

身を持して、それ自身特定の国で法的な認可を受けている啓示信仰の権利を侵害しないことも、たんに哲学者の義務であるのみならず、善良な市民の義務でもある。すくなくともそれは、啓示信仰が特定の国家公務員の監督下に置かれ、その解釈下にさえ置かれていて、国家公務員の方ではこの信仰にしたがって、それを告白する人々のためにも、どのような判断が下されるべきかについて理屈を弄する必要はなく、それを命令しさえすればよいのであれば、そうなのである。それは特権を与えられた同業組合《ツンフト》であるが、しかしこれとても、その権限には限界がある。すなわち哲学の自由な業務に干渉してはならないし、自らの教義を、たとえば哲学によって証明したり論難したりしてはならないということである。それはちょうど哲学が分をわきまえるなら、書き物の権威や書き物の解釈などについて、判断できないのと同じである。またこのようにして職分外のことにあっては、そして原則として自らが何ひとつ理解していないことにあっては、どちらも、でしゃばらないということである。

しかし、ある論文なり公の宗教講話なりが、聖書神学を侵害しているのか、それともたんなる哲学の領分内に身を持しているのかということ、これは何によって確実に見分けられるのだろうか。——哲学者が、啓示信仰のさまざまな規定にかかりあうのを差し控えて、たんに純粋理性の諸原理にのみ自らを制限しようとも、しかし彼は、自分のさまざまな理念が経験において実行しうるという可能性をも、考慮しなくてはならないのである。これがなければ、これらの空虚であるにすぎない理想は、客観的な実践的実在性がないのでは、という嫌疑を受けざるをえまいし、したがってまた公の宗教(その概念は哲学者の営みの範囲内に属している)は、それらの理想により根拠づけられえないし、可能なものとしてすら表されえないのである。——しかし諸理念の実例を勝手に案出するならば、すなわち人々が啓示信仰にふさわしいものとして作りえたさまざまな思いなしを捏造するならば、捏造に捏造を重

A428

ねることになってしまおうし、そんなことをしても、人間たちのあいだで可能な啓示信仰という理念の、説明となるような実例を与えることはできないのである。したがってゼンダヴェスタ[2]にふくまれているものであれ、ヴェーダにふくまれているものであれ、あるいはコーラン、あるいは優れた仕方でそう呼ばれている聖書にふくまれているものであれ、とにかくなんらかの信仰の歴史だけが、理念の説明に役立つような素材を哲学者に差し出すことができるのである。――しかし聖なる書物から、つまり知られているかぎりのすべての聖なる書物のうちで、道徳的なことにおいて理性宗教ともっとも調和しうるような聖なる書物から、すなわち聖書から、その歴史を取ってくる A429 としても、聖書神学を侵害したという責任を、哲学者に負わせることはできないのである。そもそも侵害が起こるのは、自らの理念を説明しようとして、聖書神学から何かを借りることによってではない。そうではなく、何かをそれに(啓示に)属することとして持ち込むことによって起こるのである。――しかし哲学者は個別の学問としての純粋な理性神学をなすにすぎないのだから、そしていかなる経典神学も理性神学なしにはありえないことを顧慮すると、経典神学[3]のどれだけが理性神学にふくまれているか、またそのように思われているかは、あらかじめ両者を自由かつ率直に描写していないことには、規定できないのだから、彼には次のような試みをなすことが許されていなくてはならない。すなわち、宗教に属することとして経典が何をふくんでいようとも、それらすべてを彼のもつ宗教の純粋理性概念に一致させるという試みである。かりに本来の経典神学者の主張では、哲学者がそのように利用している箇所はまったく別の意味に理解されなくてはならないのだとしても、しかし理性神学者[4]はたんに自分の学問の配慮をしたにすぎないのであって、それは聖書神学者が自分の学問に配慮するのと同じである。そして聖書神学者は、公の教会での講演をなすという特権を与えられた者としては、己の権利への侵害がたんなる公の発表に A430

よってなされたといった訴えはできないのである。なぜなら、そうした思弁的研究に関しては、彼は教会にかかわる独占権を所有する聖職者として見なされるのではなく、学者として見なされなければならないからであり、他人(これも同じ学者公共体に属している)にたいする学者の権利請求について、国家にあるのは判決ではなく、それぞれの学問を論じるに際して、それぞれの自由が他人によって削減されないよう維持する権利だけである。いな、そうする責務すらある。したがって双方にたがいに自ら論争を解決するようにさせるのである。

学者はまるで自然状態にある自由な人間のように、たがいに権利請求をなしあうといった形でふるまってはならないというのなら、むしろ同業組合(これは学部と呼ばれている)に分かれるようにというのなら、そしてまた同業組合は、それぞれの学問を(あるいは特定数の親近性のある学問を)方法的にしあげるのが天職だと信じているのであれば、これらいくつかの同業組合のある種の全体は、つまり大学なるものは、この公共体の利害のいわば最高管理局であり、したがってこれは、どれか一つの同業組合〔学部〕が他の同業組合の不利になるようなやり方で独占的な権利を奪い取らないよう、注意しなくてはならないのである。そしてもし危険の兆候があれば、「執政官は国家が不利益を蒙らないよう、配慮する[5]」というおごそかな定式にしたがって、ただちに仲裁に入り、不法を防がなくてはならない。ところが国家は学者のこうした類の争いに注意を払わないのである。それに反して聖職者は聖職者たるかぎりでは、つねに国家の特殊な指図に服しているにしても、それどころか、宗教を特定の仕方で公に論じる特権も与えられているにしても、しかしまさにその聖職者が学者としては、哲学者と競うことになるわけで、彼らはその学問が属している学部の、すなわち聖書神学部の判断に服しているのである。この学部は大学の一部局としては、たんに魂の平安にだけではなく(聖職者の立場で教えるための教養をなす点で)、諸学の平安にも配慮しなく

A431

てはならない。そしてこの学部は、哲学部の理性や言語や歴史の研究を利用することがしばしば必要だと考えるわけであって、どこまで哲学部が広がってもよいかについて、制限を課することなど断じてできないのである。なぜなら、いっさいを超えて広がっていくという本性が哲学には伴っているからである。——哲学部が哲学の学部として、独自の理性解釈と経典解釈を携えて教団(6)を創始し、聖職者を、教会の公の教師とするために教育するといった越権行為をなすなら、これは聖書神学への（そしてまた聖書神学のために定められた学部の権利の）侵害だといえよう。そのような特権が与えられているのは聖書神学だけだからである。神学の解釈で一般に流布するようになったものに、賛成または反対して、理性および歴史的な学問が申し立てることについて、神学が哲学に考慮を求めるとすれば、それはあらゆる学問がもっている権利にしたがってなされているわけであって、これを承認せず、かえって特権を引き合いに出すことによって、聖書神学者は学者の段階から、こせこせした商人の段階へ〔以下空白〕

もしここから逸れるならば、そして、聖職者の団体には、この団体に特権が与えられている交流をすべて許可する権力が授けられているが、そのほかになお何かが神学部の法廷に属するかどうかを自ら判断する権利を、したがってまた法廷の権能について判断する権利を、この団体に容認しようとするならば、諸々の学問にとっていっさいが失われてしまっているのであり、やがてスコラの時代にそうであったように、教会が採用した命題にしたがって象《かたど》られた哲学以外に哲学はないといったところまで、あるいはガリレイの時代にそうであったように、何ひとつ天文学を理解していない聖書神学者が認可したもの以外には、天文学はないといったところまで、私たちはいくことになろう(7)。……したがって聖書神学者は〔以下空白〕

A 432

何かを聖書神学から借用する者(8)ではなく、聖書神学者として何かを持ち込む者が、聖書神学者の検閲に該当する。しかしその者が哲学者として聖書神学者の手法について判断したところで、のみならず、それの解釈は哲学の方が優れていると主張したところで、これはこの神学への侵害とはいえない。それはちょうど、創造の歴史が文字通りにではなく、混沌《カオス》からの漸次的発展として表されていると理解しようとする者が、神学を侵害したとはいえないのと同じである。侵害をなすのは、特定の業務のために〔他の〕同業組合の権威と特権とを利用しておきながら、その同業組合の法規に反して営む者であって、別の社会に特権が与えられている業務をなすために、その同業組合に賛成しながらも、しかしそれとは別の何かを見出さなければならない者ではない

〔第二草稿〕

序　文

唯一の真なる宗教は何人をも拘束するゆえに、何人によってもありとあらゆるやり方で、しかも(他人の判断を自分の判断のための試金石として利用するためにも)公に吟味されることも許されていなければならない。それは宗教についての私の混乱に私自身以外の他人が責任を負うべきではないからである。しかしそれにしても国家において、ひょっとしたら国家は国民の(地上の幸福だけではなく)浄福をも配慮しなくてはならないと信じられているがゆえに、ひょっとしたら国家そのものが教会を介して支えられるためにも、そうでなければならないと信じられているがゆえに、さまざまな措置が講じられたということが十分に起こりうる。それは、いったん採用された公の宗教信仰を裏付けるに、いかなる改革、いかなる変化にたいしても(それらは公の宗教信仰が不確実だという嫌疑を引き起こしかねないから)いわば禁制をもってし、その信仰のもつ文書の保管者、番人、独占的解釈者としての特権を特定の人物に与えるような措置である。——ところでそうした措置には、忠実で穏和な臣下としては服従する以外にはない(かかる状況下ではもちろん、そのような臣下は活発な発言権をもった市民とは見なされない)。しかし一つだけ危惧がある。すなわち、事実にもとづくいかなる啓示信仰にも、しかしつねに普遍的な宗教概念や諸原理が、したがって純粋理性信仰と関係をもつものがふくまれていなくてはならないのだから、純粋理性信仰(これが禁じられてはならない)と啓示信仰との競合において問題となるのは、ある意見なり論稿なりが法律に保護さ

A433

れている啓示信仰に干渉したとか、あるいは逆にそれにより啓示信仰による理性信仰への侵害が起こったかに見えるといった場合に、そうした意見や論稿が引き出されなくてはならない法廷[9]についての決定、これをなす権限をもつのは誰なのかということである。これは本来、裁判所の権能にのみかかわる問いだが、それゆえこの問いが知ろうとしているのは、ある論稿がたとえば哲学的にすぎない主張により聖書神学に干渉しているとか、逆に聖書神学の方が哲学的神学に啓示論を押しつけているとか、そんなふうに非難される場合に、この点についてだけ判決を言い渡す権限をもつのは誰なのか、つまりこの干渉が、双方のいずれに有利なのか不利なのかをさらに見ることをしないで、この点についてだけ判決を言い渡す権限をもつのは誰なのかということなのである。

ところでこれについて判決を言い渡す権限があるのは誰なのかという問いに答える前に、しかし(それが誰であろうとも)その者は何によってかかる干渉が、他の職務へのかかる侵害が、なされたと認識できるのかを先に探求しておこう。

哲学者がその純粋理性神学と称するものの真理性を証明するために、聖書のことばを引用するならば、したがって純粋な理性教説を陳述しようとしたという嫌疑を啓示の書にかけるならば、聖書の章句についての彼の解釈は聖書神学者の権利侵害であったことになる。聖書神学者の本来の職務は、啓示としての聖書の章句の意味を規定することであり、その意味は、哲学が本来の職務をどのような種類の教説に向けていたにせよ、哲学にはどうしてもまったく洞察できない何かを、ひょっとしたらふくむかもしれないからである。したがって哲学者はここで、意味を規定する聖書解釈者としてふるまうならば、干渉していることになる。それは彼の職分ではないのである。なぜならそれには経典の学識が、あるいはなかには主張する人々もいるように、内的な照明さえ必要だからであり、それ

A 434

A435 らの所有を、彼は純粋な理性探求者としては断念しなければならないからである。――しかし、哲学者が自らの命題の解明のためにだけ、またはせいぜいそれを確認するためにだけ、啓示の教えから何か章句のようなものを(理解と解釈は自分なりに)引用するにすぎないのであれば、それは聖書神学の侵害とは見なせないのである。それはちょうど、自然法の教師がローマ法典の表現や定式を用いたからといって(しかもひょっとしたらローマ法典の教師がそこから導き出すのとはまったくちがう帰結を引き出すこともあるからといって)、国法としてのそれの威信を傷つけさえしなければ、干渉とは見なされえないのと同じである。そもそもその場合、哲学的神学はそれにより概念を解明し、概念にある種の命と芳香とを与えようとしているだけで、けっしてその知識をも聖書の知識をも純粋理性認識にまで拡大したり、それに変更を加えようとしたりしているわけではないのである。――その際、聖書神学者は哲学的神学による解釈に抗議する自由を保持しており、これらのことばの意味に関して、宗教のたんなる理性教師の洞察が不十分なことや知識の乏しいことを責める自由を保持しているが、しかし理性教師にたいしてその限界内に帰れと指図する必要はないのである。なぜなら、理性教師は、たんなる理性証明を事としていて、自ら思いなしに他ならないと称するその聖書解釈により、啓示との矛盾の嫌疑を取り除こうと考えているかぎりでは、限界を踏み越えているわけではないからである。――しかしそれでも哲学的神学と聖書神学とのあいだに、そのような矛盾が現実的にあるとした場合に、両者のうちの一方だけに禁制品だと宣告するのか、それとも双方ともに完全に自由にしておいて、究極目的のための有用性を試みさせるのか、そのどちらの側がこの場合合法的なのかは、A436 ここではまだ問題ではない。問題なのは、ある論稿がこれら二つの宗教論のいずれにふさわしいものと見なされるべきかについて、誰が法律上有効に判断できるのかということだけである。聖書神学者がそれでありえないのは明らかである。けだし、権力をもつ者が同時に、何を、そして誰をその裁判権の下に引き入れなければならないかを、選べるということにでもなれば、もはや正義など考えることはできなくなろうからである。しかしそれを選ぶ権限を哲学者がもつことになったとしても、公の教義論に関して哲学者は、国家がそれを設置したことが前提されるような裁判権をまったく容認しないであろう。したがって第三の権威なるものが存在しなければならず、しかもそれは、学問としての両者(聖書神学ならびに哲学的神学)に等しく関与して、両者のいずれもが法外な要求により他方を迫害したり侵害したりしないように予防して、どちらもが自由に成長するようになる、というふうに想定されるような権威である。ところでこのようなものは大学以外の何ものでもありえない。大学は(文字通りの意味からいっても)(10)一つの社会であって、しかも諸学問とその組織の維持との全体を視野に入れ、個々の学問が他の学問の拡張の余地を奪うかぎりでのみ、前者を制限するような社会だからである。しかし大学はこれを、諸領域の上級機関としての諸学部をとおして行うのである。諸学問の国は諸学部に区分されているからである。

しかし大学はどの学部をとおしてそれをするのであろうか。それは一つの学問の繁栄を図らなくてはならない学部をとおして、すなわち、その公の教説が講義に関して、禁止または命令の強制法令に服しているような学部をとおして(神学部をとおして)である。しかしその学部自体は自由でなければならず、審議事例がこの強制法令の下にあるのか(それが強制法令を逸脱しているかではなく)、それともそれは人間精神が諸学問一般において拡張するうえで、強制のない法的に適正な状態にあるのか、を判断できなければならない。すなわちある論稿が、いったんは国家により公に独占的な自由とともに与えられた諸原理に関して侵害を加え、それらの原理の代わりに理性原理を立てているのか、それともいくつもある理性学問(これらは事実を基礎に置くわけではない)の一つとしての神学を問題としていて、かかる理性学問の一つとしての神学が何をふくむかを、一個の体系内で論じているのか、したがってその限界内に、すなわちたんなる哲学内部に身を置いていて、哲学と聖書神学とを調和させることについては、聖書神学に委ねているのか、これを判断できなければならないのである。しかしそれも聖書神学の方で、哲学と交流することは自らの品位と聖性とを減じることになるとは見なさず、哲学者たちにはいいたいだけ理屈をいわせて、他方、そのことについては煩わされずに、静かに自分の道を歩むとすればのことである。

理性と啓示とを統一することによってのみ、この栄誉と権限とが与えられうる。しかしどちらもが、とくにその権利を誠実かつ永続的に守るということなくしては、統一はない。この統一なくしては、宗教は理性に刃向かって長く持ちこたえることはできないのである。

けだし、文化の進歩により、学問を媒介にしなければ、知恵ですらその影響をしかるべく広めることができず、ましてや確実にすることはもっとできない域にまで、いったん、人間は来てしまったのだから、たとえ魂の平安が問題であっても、しかし同時に学問の平安のことも、その学問が教説を完全で確信できるような、そして純化された講述の形でふくんでいるのであれば、問題としないわけにはいかないからである。そしてかかる学問にとっては、それが他の諸学問やその成長と共存できること、また他の諸学問の不利益になるような形で、いわば独占権を主張しないことが、なぜなら諸学問すべてはたがいに結びついているゆえ、結局、その不利益は最後にはわが身に降りかかるにちがいないからであるが、そうしたことがやはり重要な関心事となるのである。――それゆえ、もし聖書神学の権利請求が(他の諸学問やそれらの適正な状態を考慮せずに)無制約に容認されることにでもなれば、たちまちにして自然道徳論はいうにおよばず、自然宗教も、否、それどころか、やがては理性的な天文学も、もはや存在

A 438

しなくなるであろう。それはガリレイの運命が証明しているとおりである。——特権階級ですら、市民としての営みにおいては、自分の独占権に反していると思われる他人の財産を、勝手な判断で差し押さえる権限はなく、当人が自分のものだと僭称しているものが、現実にも強制を加えられた財であるのか、あるいは強制のない財であるのかについてはさらに、市民の権利を全体として配慮しなければならない人々の発言が大切なのである。

それゆえとくに、あらゆる学問のうちで聖書神学のもっとも危険な敵対者である哲学が、聖書神学の伴侶にして友人になろうと申し出てくれているのだから(そもそも、哲学にかつていわれたように神学の碑女《はしため》として仕えさせようなどということは、いまではもはや考えられないのである)、聖書神学が他の諸学問と同列に置かれることを承諾し、またそのようなものとして自らの威厳をとおしておよぼしうる影響力に満足するならば、もちろんその方が実際にはよいであろう。とはいえ、人間の心情が頑《かたく》なであるから、人間にはあくまでも鼻《び》勒《ろく》をかけておこうというのであるにしても、しかしそれは独占権によって異常に恩恵を受けている人々によってなされるのであってはなるまい。なぜなら、そうした人々にとっては、他の諸学問に煩わされなくともよいということから生じてくる気楽さが、それらの諸学問をおしなべて抑圧しようとする強い誘惑となるように思われるからである。

公の宗教論に関する警察については、また、学識ある公共体に属する措置としての警察そのものが、思い込みだけの安全性のために一般市民の自由を根絶してしまわないために、受けなければならない制限については、これくらいにしておこう。

＊　　＊　　＊

本稿では、道徳的諸理念に導かれる理性からのみ展開されうるかぎりでの、宗教一般の全体が講述される。私にはまったく否定できないことであるが、この論述ではキリスト教教義がたえず*念頭に置かれていたのであって、それは書き物の意味に関して教義を(たんなる臆測的ではないやり方で)解明したり、教義をその内的な実質に関しても理性の教えの総括内に制限したりするためにではなく、むしろ、〔その理由は〕宗教をめざす作品で何世紀にもわたって論述されてきたもの、時として無益な補足が加えられることがあるにせよ、にもかかわらず、宗教の考えうるあらゆる規定を引き合いに出すようなもの(聖典とその解釈)が現存しなければ、哲学は自らが宗教の全体をたんに一般的に包括しているだけではなく、全体の特殊な諸規定をも(細部にわたって)詳述したことを確かめるところまでいくのは、困難だと思われるからである。そうした作品は、理性だけではおのずと向かいはしなかったであろう諸研究へと、理性を導くことができるのである。これと同じように隠しだてしたくないことは、聖典の教えで、一見して理性そのものが口授したかのように理性と一致するほどのものが、かくも多くあるので、それがこの論文では他の教えをも同じ源泉から導き出し、しかもひょっとしたら大部分が啓示神学であるかもしれないようなものを、ここでは純粋な理性神学として取り扱うといった傾向を助長しているということであるが、しかしそれも思弁的意図で理性神学を探究しえないものの認識に拡大するためにというよりは(言葉を理解せずに口先で祈るのは認識ではない)、むしろこの神学の理念が実践的であるかぎりで、それを道徳的心術としての宗教に用いるためになのである。さてたとえこのような偏愛のために、引用される章句自体の意味に、いくつかのまちがいが生じていようとも、しかしそれがこのような意味を受け入れるというたんなる可能性だけでも、この教義論の流布と確立にとっては実に有利になるのである。それは、人間の理屈を弄する部分が(これはどれほど抑圧されても、文化の増大とともに次第にきわめて大きくなっていくのであるが）この教義論の受容にたいして好意的になるようにするという点でそうなのであり（「私は短い時間でキリスト教徒になってしまいそうだ」[11]）、かの諸概念に力をもたせるということ以上に、さらにしなければならないことが何か残されているかぎりでは、残りの仕事は啓示論がその後で付け加えることができるのである。

哲学は純粋な理性の営みに属する道徳を進めていくと、最終的に宗教一般というものの諸理念に不可避的に突き当たるのであって[12]、またそれを回避することもできないのであるが、しかし人々が自分たちのあいだで、ある宗教状態を樹立するために、それについての措置を申し合わせようとも（あるいは既存の措置に自分を合わせようとも）、そんなものを哲学は回避できるのである。この観点では、本論文は純粋な（経験的なものにかかわらない）哲学をふくまないかのようであるし、その限界を超えていくかのようでもある。しかしながら純粋な実践的理念の領域から、それらの理念が実行されるべき地盤への踏み越えは、哲学は一方の足はやはり必然的にこの理念の領域に置いて、そこに立たざるをえないわけであるから、この片足に関しては、しかし依然として純粋哲学の領野に属しているわけである。したがって純粋哲学が実定的な宗教なるものの考察および判定をその営みに引き入れているからといって、その限界を超え出てしまっているとはいえないのであって、純粋哲学は実定的な宗教において、宗教なるものの理念がその下でのみ実現されうるための諸制約を、もっともよく示すことができると信じているのである。——それゆえ本論文は端的に、哲学にのみ属する考察以外の何ものとしても判定されえないのである。

たんなる理性の限界内の宗教のための準備原稿

北岡武司訳

Vorarbeiten
zur
Religion innerhalb der bloßen Vernunft

たんなる理性の限界内の宗教のための準備原稿

A版 第23巻 87-124頁

目　次

I　第二版序文草案

LBl F 19 R II 355-360[1]

［第一面］

王立士官学校[2]の歴史学教授フィッシャーは、一七九三年九月二五日[八]『一般文芸新聞』一〇二号[3]の広告欄で、一七七〇年の私の論文『世界について』[4]とヘルツ教授の一七七一年の『思弁哲学からの諸考察』とを、しかも著者の許可を得て『カントの批判哲学の最初期の理念』という標題で、それに『哲学の最高目的にたいする時間と空間との思弁の関係について』の論文を添えて、新版として出されるという消息を載せておられ、「この論文はカント教授に閲読していただくことになろう」といっておられる。

神はあなたが何者であるかを定め、
あなたが人間として諸々のもののなかでどのような場所を占めるかを定めた。
私たちは何であるのか、またどのように生きるべく生まれたのか。
（ペルシウス、風刺詩第三篇[5]）

『グライフスヴァルト新批評』二九号、二二六頁によると、私の宗教論は私が自分に提起した問いへの解答とい A89

うことになる。問いとは、「教義学の教会的体系は純粋な(理論的ならびに実践的)理性によって、その概念および定理の点でいかにして可能か」というものである。――「したがってこの試みは彼の(カントの)体系を知りもせず、理解もせず、そうできるようになることを願いもしない人々には、およそなんの関わりもなく、したがってそのような人々にとっては存在しないものと見なせようが、しかしそれを理解している人々、あるいは理解していると信じている人々には、それが著者が他のところで論じている諸原理と、どの程度まで一致しているのかということ以上にわたっては、この試みを吟味することを許すことも、その権限を与えることもしないらしい。」――「評者には、著者の見解との一致を見ることがどうしてもできなかった。」

私の見解では、性癖とはある傾向性の可能性の主観的根拠である。評者にはこれが一般の語法に反するらしい。彼によると性癖とはむしろ習性的傾向性であるとのことである。――「他の箇所では性癖は選択意志の主観的な規定根拠で、それは選択意志のいかなる行いにも先立つようなものなのであるが、しかし著者が他のところで説く原理によって意志が(自由なものとして)もっぱらそれ自身を規定するのである。」――「しかしそのほかにも、叡知的性癖といったものを、しかもそのうえさらに自由と共存するようなものを想定する権利を、私たちに与えてくれるような何かがはたしてありうるのだろうか。」

あらゆる民族の三位一体について

旧約聖書が世界史にとって不可欠であることについて

三種の聖餐式(6)はどのようにして同一であるか、変化のそれと、目に見えざる会食のそれ、そして記念(7)のそれ

A 90

年代確定について、たとえばイスラエルが王をもつ以前のイスラエルの子らの、同じようにアレキサンドリアの聖書翻訳(8)の年代確定について

［第二面］

奇妙なことに人々は、宗教が煩瑣であればあるほど、それに(または信仰に)いっそう堅固に身を委ねるが、なぜかというと、それにより一切の自己改善を免れるし、それだけいっそう自分が従順であることが証されると信じるからである。　タルムード(9)時代のユダヤ人　これにより彼らの宗教が終始変わらず保たれる理由　ユダヤ教はたんなる祭祀で、キリスト教によりこの祭祀が道徳的方向転換を受けるのであるが、ユダヤ教が廃止されれば、残るのはたんなる理性宗教ということになろう。　メンデルスゾーン(10)

LBI G 15 R III 51–52

第二面

序文

いかなる宗教概念にも理性が属している。理性がその原則にしたがってそこで判断するものを(宗教の教説は聖書的であって、そのようなものとして啓示にもとづいているにしても)この啓示との繋がりという点でとくに研究することは、理性にはたんに許されているだけではないにちがいない。

理性は理性が何であるかを証明する——ある特殊な体系において、統一、完全性。活動性の作用において——理性からではなく、理性の内側で。書き物にもとづいてもそうでありうる。

LBl G 16 R III 55–57

[第二面]

標題について。たんなる理性にもとづく宗教とはしないでおこう。そもそも、どう見ても宗教が理性だけに源を発したことはなかったゆえに、そのような宗教はたんなる理想であろうということだけではなく、私は理性に信頼を置きすぎていたであろうし、自分の領野をもあまりにも狭めてしまっていたであろう。さて私は現存のすべての信仰様式を、宗教の名のもとに取り上げることができるし、そしてそこからたんに理性だけに属するものを探しだすことができるが、しかもそれをさまざまな宗教団体の思いなしのせいにしようとは思わないし、かくして私は信仰における感性的で経験的なものの限界を定めるとともに、理性の限界をも定めようとするのである。

ユダヤ人というものに要求された改宗についてのメンデルスゾーンの所見(11)

ユダヤの民は、体制が瓦解し、世界中に離散したのに、その宗教を保持した唯一の民であるという奇跡について。——哲学は超自然的なものをその格率に採用しないが、しかし超自然的なものの否認を採用するわけでもない。

宗教が神学と区別される点は、それが道徳であって、これは神および神の意志の認識と一致するわけだから、宗教は哲学的な(たんなる理性の)道徳であるはずか、さもなければ聖なる歴史にもとづく聖書的道徳であるはずか、

A 91

そうでなければ、両者から合成されてはじめて一宗教をなすか、そのいずれかということになろう。第一の場合に理性が要求するのは、私たちが浄福になるには何をなさなければならないかを教えるだけではなく、私たちがそれをなすための力を(理論的にも実践的にも)そなえているのも、ただ理性だけであって、それだけで宗教には十分であるということであろうが、その結果、私たちはまったく書き物なしに済ませることができる。書き物は導入を早めたり流布の範囲を広めたりするためにも、またすくなくとも、そこから取り出されるような、たんなる理性には解決不可能な諸々の困難にたいして、副次的には、きわめて有能な護衛としても役立とうということを除いては、それなしで済ませることができることになる。——第二の場合だと、逆に理性道徳は不要だということになろうし、そもそも、私たちが完全に信じて聖書的道徳に自分を捧げるならば、その道徳は、理性が実践的意図で必要とするものにおいてすら、私たちを導くに足りるだけの十分なものを、それ自身のうちにふくむし、奇跡にもとづく権威のおかげで、先ほどの理性研究をする必要もなくなり、聖書研究がその代わりとなるのである。

しかし認識源泉がかくも異質な二つの道徳説のこのような融合は(すべての宗教がそれをふくまなければならないばかりか、それでなくてはならないとすれば)きわめて危険である。そもそも宗教が完全であるためには、一方が他方の補足事項(complementum ad sufficientiam 十分さのための補足)にすぎないとすれば、一方の部分を欠いてはならないのか、他方の部分を欠いてはならないのか、どの部分がなくともよいのかは、けっして確実には分からないというだけではなく、またすくなくとも見かけのうえで両方のあいだに矛盾が発生すれば、誰であれ、どちらか一方の原理による判定になれてしまった後では、偏ったやり方以外では矛盾の調停は困難でもあろうということもあるわけなのである。

したがって、これらの宗教源泉のいずれをも、それだけでまったく単独で用いて、それがそれだけで十分であって、しかも一方が他方と調和しないかどうかを試みることは、すくなくとも必要かつ有益な試みである。その際しかし、そこにおいて神学であるところのものを、神学と一緒に宗教をなす道徳と区別しなくてはならない。神の本性、それに人間性にたいする自然関係、その本性が人間性と合一するかどうか、――この合一が経験において奇跡によってどのようにして証明されるのか、またそれがどのようにして人間にとって代理となりうるのかといったこと、これらは神学に属する。――しかしこのような本性的諸性質を信じることで、神の意にかなうような、行いの正しい人間になれるということは、道徳に属する。しかし道徳はこのようなものだから、どんなときでも人間に固有の理性原理に源を発するのでなければならず、さもなければ道徳ではないことになろうから、すなわち自由に源を発したということにはなるまいから、それゆえ托身や贖罪や恩寵の作用などを想定することは、浄福になることの制約として、理性の諸根拠にもとづかなくてはならないことになってしまおう。

ユダヤ教から起こったキリスト教ほど、魂に命を吹き込み、自己愛を打ち砕き、しかも同時に希望を高めてくれるような何かを、世界は見たことがない。しかしそれがこのような高まりに達することができたのは、これを認可した理性宗教との合致によってなのである。これがなければ、一切は道徳と宗教の教条とからの断片で合成されていたのである。いまでは一個の体系があって、それが全体にわたって堂々たる威信をもってあらわれてくるのである。――かつてこれよりも優れた連関を見たり考え出したりしたことがあるかと、ユダヤ人や自然主義者たちに促すことができる。たとえこの宗教を好きになれないとしても、しかしそれを尊敬のまなざしで見るにちがいない。

A93

うなのか。

——はたしてユダヤ＝キリスト教的宗教が開発されなくてはならないのか、それとも道徳的キリスト教的宗教がそ

LBI G 17 R III 59

[第一面]

序文　私は宗教を理性の領野で、しかもそれが一民族においても教会として樹立されているということが、どのようにして可能なのかを語ろうと思った。ところがその場合、現存の形式を用いずには、そのような形式を適切な形で考え出すことはできなかった。——だから私が告示できたのは、理性に源を発する宗教ではなくして、せいぜいのところ経験においても(教会として)与えられていたような宗教であって、しかしそこにおいて理性の限界内に属しているものなのである——ここから、私が何ひとつ聖書に持ち込むわけではないことが分かる——しかし宗教は理性そのものと同じように、絶対的統一をなさなくてはならないがゆえに、断片的に探しだすことはできるが、しかしそれを体系的ではない仕方で全体として総括することができる。それゆえたんなる理性の限界内の宗教はそれ自身だけで自らの充足性を主張するであろうし、これに属さないものはすべて宗教外のものとして教条の体系へと追放されることになろう。——この体系もやはり孤立することがあり、内的経験を引き合いに出して、理性は不十分なのだといいふらすことがある。

[第二面]

これの代わりに、たんなる理性の宗教という標題にしていたら、ここでしばしば引き合いに出される啓示論が特殊な衣を身にまとったただの理性の教説だ、といわれているような観を呈していたであろうし、したがってまた、哲学的道徳的建築物以外の何ものをも表さないような意味が、どうしても押しつけられているかのような観を呈していたであろうが、逆に実際に選んだ標題によって〔以下空白〕

LBl G 27 R III 89–93

［第一面］

第二版のための序文

第二版でも、誤植の訂正と若干の箇所で言葉をより適切なものに換えて明確さを図ったほかは、何も変わっていない。——新しく書き加えた分は†マークを付して脚注に入れた。

第一版序文で私が主張したことは、哲学的神学の解明のために聖書の章句を引用することは、聖書神学に干渉するなどという大袈裟なものではなく、それをなすにやはりつねに自らの領土内の諸原理によってその特別の営みをなしているということであったが、その後、ミヒャエリスの『道徳学』五頁から一一頁で[12]、両学科で研鑽を積んだこの人物により私の主張が支持されているのを知った。『道徳学』は「聖書の人倫論を理性の探求をとおして堅固にする試みにすぎない」のであって、そのかぎりでは純粋な哲学的(本来はたんにそれだけを意図して書かれたのではない)道徳学であって、それは優れた編集者であるゲッティンゲン大学のシュトイトリン教授が所見を述べられているとおりであるということは、ありあまるほどの正当性を十分にもちうるが、しかしミヒャエリスがたとえ

A 94

これを聖書から取り出したにしても、だが、たんなる理性に属してはいるが、聖書においてはじめて明確に述べられる教説をそこから取り出しうるためには、彼はこの理性の教説を、それ自身で存立するものとして認識しなければならなかったはずであるし、したがって別の人がこの方法を転倒させて、聖書を哲学的な意図で用いてもかまわないわけであり、これにより聖書はなんら侵害されるわけではなく、むしろ聖書にこれまでよりも広い使用範囲が指し示されるにすぎないのである。

本稿につけられた標題において、すでに以下のことが顧慮されている。これが『たんなる理性の宗教』であったなら、かくも多くの聖書の章句を引き合いに出すことによって、それらに何としても哲学的建築物以外の何ものをも表さないような意味を押しつけようとしているとか、聖書を押しのけようとしているのだといった嫌疑の正当さを認めかねないことになろう。しかし『たんなる理性の限界内の宗教』という標題ならば、なんらかの実定的な(法規的な)宗教が湧き出ている源泉や、それを総合的に純粋な理性概念にもたらすといったことなどが問題とされているのではないこと、むしろせいぜい分析的な方法によって、たんなる理性がたんなる理性にもとづいて認識しうることを、宗教から取り出すことだけが問題とされていることは、ただちに認識できるのである。――しかし理性の本性にふくまれていることであるが、理性は断片的に拾い集めた概念や原則を集合体の形で合成するのではなく、むしろ必然的に体系としての自らの認識の統一性と自立性とをめざすのである。それゆえこんなふうに主張しても、なんら聖書神学者の障碍とはなりえない。すなわち理性がそれだけで宗教全体である、〔第二面に続く〕

［第二面］

そして聖書を省略しても、そのことにより、宗教がその精神からいって人間の知識から消え去ることにはなるまい、と。そもそも十分ありうることは、それが啓示として〔以下空白〕

信仰において本来宗教であるもの、すなわち自由な選択意志の実践的使用であるもの、それは経験にもとづくのではない。現実に樹立されている信仰体制においては、すべてが宗教だというわけではなく、その多くは神または人間が用いる恩寵手段に不可欠の乗物なのである。聖書は教会の設立と維持とのための乗物なのである。

宗教ということで、人間のすべての義務を神の命令として説く教説が理解されているだけではなく(したがって客観的意義での宗教というだけではなく)、宗教を(教会として)創設し維持するために摂理が利用する手段への信仰も(したがって主観的意義でも)同時に理解されているのである。前者は後者の範囲の一部をなすにすぎない。たんなる理性の限界内の宗教は、本来宗教を形成するものすべてをふくんでいる。人々のあいだでの宗教創設に関して神の用いられる手段への信仰は前者のほかにも、もっと多くのものを、あるいは本来宗教を形成するものを、あるいはそれを現実のうちに描出しうるものを、ふくんでいる。

それ〔標題〕がたんなる理性にもとづく宗教というものであったとすれば、その表現がすでに客観的諸原理の区別を、すなわち理性と書き物との対立を、たがいに排除しあう(中心を異にした)円を暗に指し示しえたであろうということ、これは研究を先取りするような越権となっていたろう。そもそもその区別は、ひょっとしたら主観的に見られた宗教にだけ、すなわち宗教が人々のあいだでどのようにして創立され維持されうるかにだけ、かかわることもありうるのであって、そうだとすれば書き物と理性とはたがいに包摂しあう(中心を同じくする)円であって、そのうち書き物の方は、啓示の種類が複数存在しうるから、より広い範囲のものであり、理性はより狭い範囲のものであり、そしてこの場合、私たちが狭い方の範囲に身を持するならば、宗教はたんなる理性の限界内で客観的に考察され、それは主観的にはより広い円としての啓示論一般の範囲にふくまれており、これについては両者の一致が可能になるのである。

そうでなければ宗教の公の建設の規則は宗教そのものの諸原理に数え入れられるかもしれないし、あるいは逆に A96 規則は諸原理により排除され否定されるかもしれない。

［第三面］

標題について、やはり同じように、なぜこうであって、むしろまったくアプリオリに、すなわち一切の啓示とは関係なく可能であるような、たんなる理性にもとづく宗教というふうに表現しなかったのかという問いが投げかけられたが、このようにした理由は、それによりその主観的な可能性すなわち人類における宗教の創設が、あらゆる啓示を排除して主張されているというような解釈を、そうすることによって予防して、かえってたんなる理性にとってなお宗教として客観的に残るものを、あらゆる啓示から(純粋宗教 religio pura を応用諸宗教 religione applicata から)抽象する場合にだけ、それが主張されるというふうに解釈されるようにしようとしてのことである。ところで理性が宗教について(客観的に見られた)その十分さと自立性とを主張するということは、実践的意図での理性使用の必然的結果であり(なぜなら宗教とは全面的に理性に属している理念だからである)、これによっては思弁的理性使用にとっても、人類における宗教創設の可能的な諸原因の理論的認識にとっても、何ひとつ規定されるわけではないが、このことは標題で、宗教がたんなる理性の限界内の宗教として紹介され、それによりいっそう広い円が宗教を囲む円として容認されたことにより、気づかれるようにされているのである。

啓示はそれ自身のうちに純粋理性宗教をも包含しうるが、しかしその逆は(後者が前者の歴史的なものを〔包含するということは〕成り立たないから、私は後者を前者のうちにふくまれているより狭い領域で、アプリオリにそれだけで存立するものと見なせるし、哲学者としての哲学者はその限界内で宗教論を取り扱わなくてはならないのであるが、しかしそこではさらに逆の方法も試みられた、つまり私がなんらかの啓示と見なされている啓示から出発することにより、もし私が経験的なものからそこにふくまれているものを抽象するならば、啓示は先の純粋理性宗教の体系に、しかも実践的(道徳的)意図においてはそれだけで十分な体系としてのそれに、還元されはしないかという方法であって、それはさらに理性と書き物との折り合い(concordia 一致、harmonia 調和)だけではなく、両者が同じものであること(同一性)をも、信仰における人間の啓発という理論的意図においてではないにせよ(この意図には宗教論の教授方法または技術としての技術的＝実践的な意図も属している)、しかし道徳的な意図において突き止めるのであり、すなわち本来の宗教を、理性がそれ自身を証明するという仕方で突き止めるのである。

A97

[第四面]

聖職制。法王至上主義。私はこれに関して、ある信仰様式にとって不利になるような何かをいう意図は毛頭ない。宗教の形式は道徳性の進歩を、とくに洞察に関して(したがって真の自由に関して)困難にするようなものでありうるにせよ、しかし本質的なものすなわち原理が、これらのすべての教会形式においてやはり不完全なこともありうる。組織は〔以下空白〕

法王 *παπα*　これはあらゆる宗教において優しい父の名のもとに、上位の者の支配精神を意味する。

聖餐式　享受する共同体はたんなる思想により生じると、誰かが信じるにせよ、パンにおける肉体と魂との合一により生じると信じるにせよ、あるいは変化により生じると信じるにせよ、これらはみな同じことである。

カトリシズムの徹底性について

一、信徒が聖書を読むことを禁止すること。高くつく La Coste.

二、教会の外には救いがない。

神に名がある場合には(たとえばエホバ)、神々が多く想定されている。

II　第一編のための準備原稿

LBl C 1 R I 122 f. 124–128

[第二面]

ターリア

問題は、優美が尊厳に先立つのか、あるいは尊厳の方が(先なる根拠 ratione prius として)優美に先立たねばならないのかということである。そもそも両者が異質ならば、それを義務の概念において一つに融合させることはできないのである。過ちを犯しうるような、すなわち法則違反へと誘惑されるような存在者における法則への尊敬は、違反への恐れ(神への恐れ)であるが、同時にまた主体の理性が主体自身に指定する命令の下での自由な服従でもある。服従は尊敬を証しており、服従の自由は、それが大きくなればなるほど、それだけいっそう優美となるのである。両者が一緒になって尊厳なのである(iustum sui aestimium 正当な自尊)。聖者(バクスター、あるいは野獣[13])ではなく法則との比較において謙抑のうちに。自分自身への信頼が欠けていることから、自己蔑視に陥って懺悔する偽信者や偽善者ではなく、したがって罪人ではなく(そもそもこれを、彼はまさしくこの信頼によって避けることができるはずなのである)、むしろ法則に服する自由な臣下として。尊厳。(法王　恐るべき者　カルトゥジオ修道会[14]。)私の戒めは難しくない[15]。私たちはいまや本来的に自由である[16](パウロ)。優美は法則のうちにも義務づける

A 98

ことのうちにもないし、尊敬における恐怖でもない。二つが一緒になって〔以下空白〕

〔第四面〕

欲するだけでは不十分、そのものを手に入れるように、なし始めなければならぬ。　オウィディウス(17)
もしこれら不確実なものを、理性により確実なものとするようにと求めるのであれば、
理性によって狂気に陥ろうと没頭する以上のことを
君は何もしないことになろう。　テレンティウス(18)
以前にいわれていないようなことは何ひとつない。　同(19)

立法の優雅《グラーツィエ》さについて。義務はその表象のうちに優美《アンムート》をふくまないし、行為するように規定するのに、これに寄り添われることを許しもしない。そもそもそれは立法者が媚びを売ることであり、その威厳に悖《もと》るのである。——ウェーヌス・ディオーネのベルトは感性的なものの刺激を押し隠すものであって、それを解くと、他の人々が猥褻になりえたわけである　したがってベルトは尊敬であり、押し隠すことにより抑制される肉欲的傾向性とともに　——はたして生命なきものの動きに美が存在するかどうか。

優雅《グラーツィエ》さをすべて隔離することは、それを追い払うことではない。それがいつも共にいるのはかまわないが、しかしそれに寄り縋《すが》られるわけにはいかない。——優雅な姉妹たちは立法には似合わないのである。彼女らは表現や書体に属しえても、意味や内容には属しえないのである。

人間の行為は（義務の法則の下にあるような）仕事と遊びとに分けられる　人間に遊びが禁止されるとすれば、

大いに不幸なことであろう。彼が人生を喜ぶことはなくなるであろう。しかしそれでもこれは、仕事という制約にもとづいて制限されねばならない。遊びが仕事を促進するための勇気を与え、それを強めることができるかぎりで、優雅《グラーツィエ》さは遊びに属する。

たがいにこのうえなく考えが一致している人々でも、言葉のうえで理解しあえないことにより、不和に陥ることがしばしばある。――義務の履行に伴いうるあらゆる優美から、義務の概念を隔離して、それを道徳性の第一の根拠とするということは、義務に伴うすべての優美を義務から切り離そうとまでいっているのではなく、義務規定が問題となる場合には、優美にはまったく顧慮しないでおこうといっているだけなのである。そもそも優美であることは、義務としての義務に属しうるような性質ではまったくなく、義務を受け入れさせるために義務をそれと結びつけることは立法に反するのであって、立法は厳格な要求であり、あくまでもそれだけで尊敬されていようとするからである。「人間は快と義務を結びつけてもよいだけではなく、結びつけるべきなのであって、歓喜をもって自らの理性に服従すべきなのである。[20]」――「自然がそれを理性的＝感性的存在者に、つまり人間にしたことによってすでに、自然が結びつけたものを分けてはならない、また人間の神的な部分のこのうえなく純粋な表現の場合でも、感性的な部分を蔑ろにしてはならず、一方の勝利を他方の抑圧にもとづかせてはならないという義務を、自然は人間に告知しているのである。[21]」――私は徳を、宗教さえをも、喜ばしい気分で開発し、保持することにつねに心がけてきた。不平をいいながら頭を垂れるような義務の遵守、まるで専制政治のくびきの下で呻吟しているかのような、カルトゥジオ修道会じみた義務の遵守、それは尊敬ではなく、奴隷的な恐怖であり、これにより法則への憎悪

A 100

となるのである。そしてこの快活さを義務とした人ですら、それを追い払うだろうし、顰《しか》め面《つら》だけをそこに残すことになろう――「人倫的なものにおいて感性的本性がつねに抑圧される側であって、けっして協力する側ではないとすれば　感性的本性は自らの頭上で祝われる勝利に、いかにしてその感情の炎全体を献じることができようか。」――手段が一つある。感性的本性は協力するものとしてではなく、定言命法の専制下で手綱を締められて、自然傾向性の無政府状態に抵抗しなくてはならないのであって、この無政府状態を廃止することだけが、傾向性相互の残るくまなき調和を促しもするのである。

すべての人間が道徳法則を、理性がそれを規則としてふくんでいるとおりに、喜んで、そして自発的に遵守するとすれば、その場合義務はまったく存在しないことになろうが、それは、神の意志を規定するこの法則が神の意志を拘束すると考えることができないのと同じである。(22) したがって義務が存在するとすれば、〔また〕私たちのうちなる道徳原理が私たちにとっての命令(定言命法)だとすれば、たとえ快も傾向性もなくとも、私たちはそれへと強制されているというふうに見なされなくてはならないであろう。喜んで、そして傾向性から、何かをなすという義務は矛盾である。

[第三面]

この概念を私たちの心術に吹き込むということが遂になされたならば、私たちが義務にかなった行為を快とともになすということも、十分起こりうるのであるが、しかし私たちが義務にもとづいて快とともにその行為をなすということは生じえないのであって、これは矛盾であり、それゆえ、感覚的快楽の動機で、義務の法則にたいする服従の欠如を補うようなもの、それにしたがうかのように行為をなすということも、生じえないのである。そもそも行為の道徳性はまさしく、義務の法則がたんに（なんらかの意図のための）規則にすぎないのではなく、むしろ直接的な動機であるということにこそ存するのである。――先ほどのこと(23)は道徳の付録《パレルゴン》である。

人倫的に人間をはるかに超えて優れた存在者(24)でも、彼の理性が彼自身に与える道徳法則の命法的な形式を、そのこのうえなき厳格さという点で、道徳的な強制として認識するにちがいない。そもそも有限な存在者であるからには、それはしかし道徳的要求に対立しうるような、諸々の自然的な要求により触発されているのである。ところでこれには定言命法そのものが自らを全面的に信頼して抵抗するのである。なぜならそれは、幸福が道徳法則に背馳しないようにと、自らの幸福の自然的な制約に制限されているからである。恐怖ですら消え去ってしまっているということがありうるが、命令する威厳は残るのである。

シラー編『ターリア』第三巻、第二号、一七九三年

形而上学の二重の危険　一、人間的な不完全さの諸々の深処《ふかみ》に沈み込んでしまうこと（その反対は登りつくこと conscendenz)(25)、あるいは精神的な素質のさまざまな高みに登りすぎて道に迷うこと（その反対は沈み込むこと condescendentz)である　その中間に、人間を二世界(26)に属するものとして、二つの関係において同時に判定するための手段がある――自由の理念の許では、私たちがそれへと誘惑され、それへの性癖をもつ悪の深淵は、おそろしく崇高であり、善の諸々の高みが精神的に崇高であるのと同じくらい崇高なのである。先の深処《ふかみ》によって善の理念は私たちの使命にとっていっそう崇高になるのである（優美によってではない）

A101

LBl D 13 R I 219–220

［第一面］

世界における悪の現実性を説明するのに根元悪なるものが想定されねばならないのか、あるいはまた、あたかも根元悪なるものが(理論的＝定説的にではなく、実践的＝定説的に)現存するかのように行為しなければならないだけにすぎないのか。――一切が私たちの自然の感性にもとづいているとすれば、自然的あるいは形而上学的な禍《わざわい》が悪の原因だということになろう。しかしそうだとすれば悪はないことになろう。なぜならそれは私たちの咎ではなくして、自然の咎だということになろうからである。引責能力は自由の概念にもとづいており、自然原因による規定から独立であることを前提しているのである。よき行為も悪しき行為も、ともに自然法則による事象として説明されるが、しかしそこでは自由の法則の可能性はまったく考えられないのである。

LBl F 19 R II 357–360

［第二面］

根元悪について

幼年期の最初期に、他人によってであれ、人間が自己自身の判定へと導かれるならば、彼のうちには朧気《おぼろげ》ながらにせよ、義務の概念(彼の本性における善への素質)が生じるが、しかし自分がすでに腐敗していて無垢の状態にあるのではなく、すでに違反の状態にあるのに気づくのであり、彼はもはや無担保の財[27] res integra ではないのであ

A102

る。彼は、自らが意欲する善をなすのに未熟で無知な状態にあるといったことにだけ、狼狽するのではなく、なすべきではないことを自分で非常によく知っていること、それをなそうとする悪い意志(たとえば、他人の子供を盗もうとするとか、嘘をつこうとするといった意志)に狼狽するのである。彼はこの場合、自責の念を免れることはできないのに、自責の念の方を彼は恥じるであろうし、許されざることに覚える快への大きな衝動があったのだと、弁明のために申し立てることであろう。まるで淫蕩さや挑発や食欲がその義務の判定に際して考慮されてもよいといわんばかりにである(それは、食べ過ぎてしまって、腹痛のために利口になり、もっと節制することを学ぶならば、そして自分を害するものから徐々に逃れようと希望するならば、たしかにそうならざるをえまい)[28]。むしろ自らの違反の原因や結果の方には目を向けずに、それを心中で〔脱文〕と同じくらい強く非難する

それゆえ義務違反が、認識されている法則に反するような行為の格率に源を発するというふうには想定せず、自然衝動が開発されざることによる野性性に源を発すると想定するならば、道徳的悪の一切の現実存在を否認してしまうことになろうし、その代わりに認識されるのは、文化の欠如にほかならず、それは傾向性の規律により矯正できるということになってしまおう

奇跡というのは、理論的なものにおいても実践的なものにおいても、証明する必要はまったくないのであって、誰であれ、奇跡といったものを経験したと思うなら、それを道徳の限界内で自分のために用いてもよい

信仰箇条を最小限《ミニマム》にまで削減することは、それにより不誠実さから(ハラー)身を守り、自分が信じていると告白できるものしか選ばないためにも必要である。

ミヒャエリスによると、新約聖書には道徳以外に特殊な義務はなく、実際のところ、そのことによってのみ道徳が普遍的な宗教ともなれるのである。(29)

恩寵の作用について。一神論はさほど高く評価できないということ。神が人間本性にまで遜《へりくだ》られることは、人間性が神の本性にまで高まることと同じように、把握できないことであって、贖罪(30)を説明するための一助とはなるが、宗教の助けにはなるまいということ。

法王とシャーマン。すなわち、よき生き方以外に、さらに別の何かが神に嘉《よみ》されるための仕方であると思うならば、もはや限界はない

「あなたは自分のためにいかなる像をも造ってはならない、それを崇拝してはならない(31)」という命題について。

断片筆者(32)について　キリスト崇拝――

ミヒャエリスの『詩編(33)』解釈について――あなた方の敵を愛しなさい――道徳的意図での解釈について。

不正な執事について――どんなふうに旧約聖書は歴史にとって不可欠かということ

私の戒めは難しくない――ユダヤ人は神の子を当時すでに想定していたにちがいないということ。

純粋理性の限界内の宗教論の四つの付録《パレルガ》(34)――これらが批判されることはないが、しかしその使用はここでは理性によってその格率に採用されることはない。

論じるきっかけを大いに与えよう――すべての書き物は神から霊感を受けている。

自分の問いに自分で満足すると主張する理性について。

A 103

LBl G 12 R III 41-42

［第二面］

神学に関して

私に奇跡を信じよというだけでなく、奇跡へのこの信仰を私の格率にも採用せよというのであれば、その信仰は私の理論的あるいは実践的な諸原理とも結びつかなくてはならないし、それは神学に属するか、それとも宗教に属するか、いずれかである。神学に属するとすれば、奇跡によって私たちに神の本性が啓示されるはずであるが、これについては経験が消極的には役立ちえて、それについて多神論や擬人観といったまちがった概念を勝手に作り出したりしないようにできるが、しかし経験は普遍的に必然的なわけではない。宗教に属するとすれば、啓示により神の意志と私たちの義務とが私たちに開示されるわけであるが、一、すでに理性により私たちに知られているのに、しかしこれまで他の人々によりひどく粗悪にされてしまっている意志が開示されるのであって、だから奇跡はそのような時代的な事情のためにだけ必要だったわけであり、私はそれを格率に採用しなくともよいのである。二、法規的な神の意志は、何人も理性により認識できないわけであり、それはたとえばモーゼの祭儀上の律法と同じである。そうだとすると、この意志は道徳性には属しえず、私をよりよい人間にするためのものではなくなり、司祭宗教のための神権政体におけるよき臣下とするためのものとなる。——超自然的なものを(その反対をも)自分の格率には採用しなくとも、しかし、すべての義務を私たちの自然能力によって完遂するうえでの、私たちの無能力の補いとして、超自然的なものを宗教において許容することは、私たちの無能力を前提することにより、その力の最大

A104

限の適用から〔私たちを〕引き離さないようにし、あたかもそれが私たちの能力のおよぶことであるかのようにする、ということにのみ役立つはずであって、したがってそこには消極的な使用しかないのである。――恩寵の作用を信じるという義務は存在しえないのであって、恩寵の作用をもくろんだり、引き寄せたりするのは厚かましいことである。その作用を感じていると信じるのは、狂信である。そもそも私たちは、何かが自分のうちで自然的に起こっているのではないということを感じることはできないのである。[35] 怠惰な信頼。奇跡信仰(fides miraculosa)は、それによってこのような超自然的なことさえ可能にしようというなら、照明主義の態度である。[36] 奇跡への信仰が義務として見られるならば、迷信である。神秘には達人妄想の態度。[37] 恩寵の手段には魔術がある。

LBl G 16 R III 53–55

［第一面］

超自然的なものに関して

一、これ(恩寵の作用)の内的道徳的感情――狂信　二、これ(奇跡)の外的経験――迷信 Superstitio　三、これ(神秘)への論理的洞察と思い込まれたもの――神秘主義　達人妄想の態度　照明された人々　四、私たちの外なる超自然的なものに働きかける能力(恩寵の手段)――魔術

そもそも、それらが恩寵の作用であって自然の作用ではないという点に関して、理論的に見分けることは不可能である。なぜならそれは、原因と結果との認識の超自然的なものにおける拡大ということになろうからである。しかしそれらを前提することを実践的に利用することも、やはり同じように不可能である。なぜなら、あらゆる実践

的な利用は、何かに到達するためには、私たちが善をなさなくてはならないということの規則を前提するが、しかし恩寵の作用なるものはその正反対だから、すなわち善が私たちの行いではなくて、私たち以外の存在者の行いであることになり、それゆえ私たちはひたすら無為のうちに、これを待ちとおさなくてはならないからである。

ユダヤ人の一神論はさほど高く評価できまいということ。イスラム教徒の誇り(38)。

浄福になる信仰について。メンデルスゾーンのイェルサレム「いまとなっては、これらの遺跡が私たちの悩みの種である(39)。」

あらゆる道徳的心術を押しのけてしまう祭儀信仰の、またその司祭たちの威信をくつがえすことで、信仰の公の革命を引き起こすことがいわれており(過越祭の日に弟子たちが一堂に会することを願ったのは、ひょっとしたらこれを狙っていたのかもしれない)、この革命については、もちろんいまだに悔やまれることであるが、それは成功せず、彼の死後、静かに働きかけ、多くの苦難を受けながら、ほんのわずかずつ広まっていくような革命となったにすぎないのである(40)。

A105

[第二面]

いろいろ宗教があるというのは、道理にあわない。そもそも一なる神があるのみで、したがってまた最上の道徳的意志が一つあるだけで、宗教の法則としてのすべての義務は、この意志から導き出されるべきだからである。

聖霊にたいする罪について。

Ⅲ　第二編のための準備原稿

LBI F 19 R II 359–360

[第一面]

罪ある性癖にとらわれていない人間を、処女から生まれさせるという理念の根底には、自然の秩序による出産は肉欲の作用を前提するという思想が、たしかにありえようが、いかなる時代でも肉欲は、このうえなく純粋な徳(天使の徳)にはなじまないように思われてきたし、それへの性癖を子供に遺伝させるという懸念を生じさせたからである。しかしこのような思いなしには、その根底に包み込み[41]という生殖理論が置かれていてはならない。というのも、そうでなければ、もし遺伝的な罪が想定されるならば、この魂の欠陥そのものを、この処女なる母は免れることはできなかったということになってしまおうし、魂の欠陥は、自然的な生殖による場合だと、彼女は両親から獲得していたことになろうし、かくしてその父親のない子供にも、またしても遺伝させていたにちがいないことになろうからである。

LBI G 16 R III 52–53

A106

[第一面]

そう理解することが可能でさえあれば、章句は経典解釈の権限によって理性との一致にもたらされるべきこと。

生得的な罪ある性癖、これのない自由な人格を、処女なる母から生まれさせるということは、理性の理念を誘因として、それも、説明しがたいが、しかし否定もできないような、いわば道徳的本能に、やむなくしたがうような理性、それの理念を誘因として生じる。すなわち、自然的な生殖は、感覚的快楽なくしては生じえないゆえに、しかしそれにより、私たちが一般の動物の類との、近すぎる親近性に引き込まれてしまいそうに思われるので、それを私たちは、いわば人間の尊厳に反するものとして、人が恥じなければならない何かと見なしているからであって、しかし子供が自然的な仕方で生まれるというのであれば、それも、それへの傾向性も、欠点として子供に遺伝するであろう、というわけである。それゆえこの理念は、私たちが、一部は感性的にも判定するような、欠点のない人間性、もちろん謎めいてはいるが、そのような人間性にふさわしい生殖の表象の仕方としては、許されるのである。とはいえ、理論として見られると(しかしこれについて何かを規定することは道徳的な意図ではまったく不要である)、この理念には、それなりの困難があって、それはなぜかというと、この理論のためには、(卵子における)包み込みのシステムや、あるいは後成説のシステムをも斥けて、男性の側の生殖物質だけに先在システムを想定せねばなるまいからである。さもないと、悪の萌芽は、自然的な生殖により生まれた母親にも遺伝していたにちがいないということになろうし、かくして子供にもすくなくとも半分は伝わっていたにちがいないということになろうし、このようにして先ほどの仮説は困難を取り除けなくなろうからである。

それゆえ性的結びつきのない(欠陥のない人間性の理想にふさわしいような)人間の生殖という表象は、あの謎めいた概念に実にふさわしい理念である。もっとも、これが理論として考究されると大きな困難を伴うのである（しかしそれについて何かを規定することは実践的な意図ではまったく必要ではない）。けだし、この聖なる出産をなす母親自身は、自然的生殖により欠陥のある両親から生まれるわけで、それゆえこの欠陥を、超自然的に生まれた彼女の子供にも、すくなくとも半分は遺伝させるにちがいないだろうからであるが、それも、自然的な生殖の理論のために、後成説のシステムの代わりに、先在のシステムを想定しなければ、しかもこのシステムにおいて先祖の女性の側にではなく、男性の側に発達[42]のシステムを想定しなければの話である。というのも、これを想定すると、超自然的な生殖においては、男性の側〔での欠陥〕はなくなって、超自然的な影響により補われることになろうから、先ほどの欠陥のある生殖は避けられえよう。

A107

LBl E 43 R II 167–168

［第三面］

キリスト教宗教の表象

一、人間の二つの血統　（a）自然的人間からの。これは、自らの原理を求めるために、傾向性とのみ闘わなくてはならず、しかも幸福原理にもとづいて法則の文字に逆らって理屈を弄する。（b）神からお生まれになった人間の。これは法則の文字からはじめる。

ストアが人間の道徳的闘いを、義務の遵守の障碍であるかぎりでの、自らの（それ自体では無垢な）傾向〔と〕の闘いにすぎないと考えるにしても、しかし自らの義務違反の責めを、傾向性には（これはそれ自体では無垢なのだから)負わせることができないのであって、むしろ、もし悪の特殊な積極的原理を想定しないのであれば、たんに傾向性を抑制するという義務を怠るという点で、自分自身の自由な選択意志に、その責めを負わさざるをえないのである。しかしこの怠りそのものが義務に反するものであるから、すなわちそれ自体において悪なる何かであるから、しかし、怠りの原因はもはや傾向性には措定されえないから、ストアは、自分が闘わなくてはならない違反の原因を、人間の自由な選択意志のうちに居場所をしつらえてしまっているようななんらかのそれ自体において、悪しき原理のうちに、しかも反法則的な格率の源泉であって、先ほどの傾向性と意を通じあっているような理性のうちに、求めたということになろう。しかしこの哲学は、それについてはその説明根拠にまで登りつめて迷うのがいやなのである。それらの説明根拠の概念は私たちには永遠の闇に包まれたままであるにちがいないからである。

［第四面］

奇跡とは、私たちが感嘆せざるをえないものであり、理性にもとづく、いわんや経験にもとづくいかなる証明も、説明してくれることのできないものであるとすれば、奇跡は私たちの前に横たわっているのである、すなわち、私たちのうちなる道徳法則という奇跡が。もしそれ以外の奇跡を想定して、私たちの脆さにたいする手だてを講じて、私たちを慰めようというのであれば、それは余計なことであるだろう。なぜなら、そうでなくとも私たちは、それにふさわしいものにしてくれる一切をなすようにと、自分が拘束されていると信じる場合には、それらの奇跡をあてにするからである。

A108

Ⅳ　第三編のための準備原稿

LBI D 13 R I 218

〔第一面〕

最高の浄福を所有している存在者が、それでも、罰に値する他の被造物に分け与えられる〔浄福の〕取り分をも獲得するために、御自身をこのうえなく大きな悲惨に委ねられるのであると、こんなふうに教えてもらうとすれば、私はその存在者にたいして、このうえなく大きな最高の尊敬と感謝の念とをいだくであろうが、しかし、これは、永遠の義にたいする贖罪を私自身でなさなくともよいための、私のための功績なのだと信じるや、たちまちにして私は屈服という低いところに、ふたたび沈み込んでいくのである。しかし、まさしくこれは私を、それと同じ人倫性の位階にまで高めるための、私の模範として役立つはずである、また私のうちには、彼と同じようでありうるための素質が見出されうるのであると、理性がいってくれるとすれば、これは実に魂を高めてくれるのであって、そのために私の本性の一切の脆さは消え去り、私はこの理念に熱狂せずにはいられなくなるほどなのである。

私たちのうちなるこの神は、すべての人々がその前で跪く神であり、すべての人々はこの世で　　そして、〔以下空白〕

LBl F 11 R II 318–321

［第一面］

人間というものが、ふだんは己のよき生き方を意識していても、自分の身に降りかかるあらゆる禍を、罰と見なすのは、神の世界統治の知恵と義とに満足するようにという意図では、よいことなのである。しかしそんなことをたんに想定するまでもなく、そもそも、これまで送ってきた生き方を振り返るならば、義務にかなった自らの律し方を意識するようになった時代以降は、自分がそれ以前の生活の改善からはじめたのであるということを、したがってまた、つねに負い目を意識しており、それを償還し償う義務があるということを、つねに思うであろう。この負い目は彼のうちにある神の似姿[43]の腐敗であって、たとえこの似姿を回復できようと、しかしその似姿のために、以前になされた違反に、彼はあくまでも責任を負うのである。

A109

道徳的信仰

はどんなときでも実践的意義しかない。その証明根拠は、客体の（最高善の）想定が矛盾をふくまないかぎりでの、理論的要求のうちにあるわけではないし、自らの義務にかなった行為を、客観的に可能もしくは必然的にするために、客体が（信仰 crede により）思惟されるわけでもなくして、むしろ客体は主観的にのみ、自らの人倫的な願いと感覚論的[44]な願いとが相互に自然的本性にしたがって一致するための、原理なのである。

国家体制のうちには

立法による国家の創造者(君主)[45]があり、たとえ彼が次から次へとさまざまな法律[46]を与えることが(また古い法律を廃棄することが)できるにしても、しかしあたかもこれらの法律を、将来起こりうるあらゆる場合に備えて、彼がその意志の一作用において洞察し、与えたものであるかのように、創造者のことを考えることはできるのである。理性なき自然存在者への神の支配はそのようなものである。「ひとたび命じたれば、かならずや従う。[47]」――しかし統治者は(君主が知恵をふくむように)本来的に威厳をふくんでおり、最高の権力と結びついた選択意志なのである。先の創造者は、言ってしまった後は、仕事を離れて、安息し、法律が統治者の手中で働くのを許すのである。統治者はいかなる権力によっても制限されることはありえないが、しかし法則を与えることもできないのであって、臣下がその権利によって統治者を法律の下に制限するのである。しかしこのこと〔臣下が統治者を制限すること〕は、裁判官がいなくとも生じるということではあるまい。裁判官は〔判決を〕宣告するだけで、判決の執行は統治者の手中にある。それゆえこれらの権力のいずれもが、立法においてはこのうえなく賢明な洞察をもち、統治においてはこのうえなく慈しみ深くて、このうえなく知性的な心術をもつとすれば、すべてがうまくいくことになろう。しかし人間のありさまからいって、統治者はその権力を法にかなった仕方で執行するわけではなく、裁判官は法を腐敗させるものである。

それゆえ、絶対服従を要求する権利を統治者に与えるのは非常事態である。

［第二面］

贖罪

「神の似姿に生じた損害の修復[48]」reparatione damni imagini divinae illati に関しては道は二つしかない。すなわち「回復することによる」restituendo か、「賠償することによる」satisfaciendo か、すなわち原状の回復をとおしてか補償をとおしてか、そのいずれかである。が、後者は不可能である。なぜなら、そうでなければ(「金をもたざるものは体で支払え[49]」qvi non habet in aere luat in corpore という命題が妥当すべきだとすれば)、私たちは永遠に堕落したままであろうからである、すなわち罰を受けねばなるまいからである。そもそも私たちの罪責を上まわる善の余剰によって相応のものを支払うことは私たちにはできないし、あるいは、誰か別の人が代わりに償いをしてくれても、その人がまたしても、自分も賠償をするから、その分の償いを自分にするようにと私たちに求めることになれば、やはりそれは私たちにはできないことである。それゆえ残るのは「神の似姿を回復することによる」restituendo imaginem divinam 以外には、すなわち、「回復された状態で」status restitutionis 新しい生命を生きること以外にはない――ヘルンフーター[50]――ピエティストにたいして　彼らは、悔恨とか、ありとあらゆる拷問を自分に加えるとか、そんな自虐症の人がするような贖罪の闘いをとおして、その賠償をしようと思っている

道徳的に腐敗した人間の「修復」reparation は、「賠償」satisfaction(すなわち「相応のもの」aequivalent)によってではなく、「回復」restitution によってのみなされうる。そもそも、「痛恨の念により」contritio さらに罰が要求されることはあっても、自らの改善に「相応のもの」は存在しないのである。しかし改善してしまえば、後で罰を加えることは不可能になる(彼は神と和解している)。しかし改善のために払わなければならない労苦も、変質してしまった傾向性を十字架にかけることも、つまり罰も、改善のときに終わっているのである。

なされたことを、なされなかったことには、もはやできない以上、「神の似姿の回復」restitutio imaginis dei こそ、なされうる一切である。

罰を堪え忍ぶことによってしか賠償がなされえないとすれば、補償が「贖い」expiatio となるだろうが、それにより義との和解が要求されても、和解はある仲介者による以外にはなされえない。といっても、代理人として罰を自分の身に引き受けるような仲介者によってではない。なぜなら、もしそうだとすれば、無罪のものが罰を受けることになるからである。そうではなく、人間性において起こった毀損を賠償するために、ある称賛に値する業をなす仲介者によってである。彼がそれをなすのは、(彼にあっては罰としてではなく、自発的な献身として起こるような) さまざまな苦難によって、私たちが、よき心術の模範である彼の心術となることで、また彼以外の人々にも同じように可能な心術への信仰に入ることで、その心術を彼以外の人々のうちに回復するためにである

「彼はかくも多くの冒瀆行為によってローマ人の名を(神の似姿を)辱めたのだから、償いは、死刑以外の何ものによってもなされえないのだ。(51)」 キケロ

自由

人間の性質で、私たちのあらゆる洞察を超えてしまっているものとしての、絶対的自由の概念なしに、人間の義務をあらかじめ論証し、あらかじめ定められた使命か、あるいはすくなくとも幸福への誘いかを動因として措定することが、たとえ可能であろうとも、その場合には、実に偉大でこのうえなく力強い動機が、それは、私たちのう

ちなる実に神的で崇高な素質の、たんなる表象にふくまれている動機であり、また私たちの人格のうちなる人間性を、畏敬と驚嘆との念とともに表象させてくれる動機であるのに、それが抜け落ちてしまうことになろう。この喪失は、この動機に等しくて、またこれと同じように分かりやすい、いかなるものによっても、補うことはできないのである。

究極目的は、人間がもちうる、あるいは神がもちうるあらゆる目的の究極目的[52]であるか、あるいはあらゆる事象の目的であるか、そのいずれかである。

注意！

一、同一の命題については概念による複数の証明は不可能であること(同一の概念の複数の定義も同様であること)

LBl G 15 R III 49–52

〔第一面〕

言語の相違と信仰の相違とは、諸民族の融合が(もっと進めば)人類にとって実に不利なわけだから、それを防ぐために摂理が利用する大いなる手段である。そしてそれにもかかわらず、摂理は二つの相違が一致することを欲しており、一致は〔脱文〕の統一によってのみ〔以下空白〕

キリスト教の教えは、ユダヤの律法の結末であるのに道徳的であって、ユダヤの律法を廃止する資格があるという派遣信任状を、彼は教えによって示したのであるが、その教えは彼の人格の血統で、それはアブラハムよりもっと前のものであった。(53) これはまったく異なった二つの作用である。(そうでなければ、ユダヤ人にはすでに神の御子があったらしいのである。なぜなら、彼らがキリストを非難したのは、キリストが新しい教えを、すなわち神に子供があるという教えを導入していることにたいしてではなく、御自分が神の御子であるという不遜にたいしてだからである。)

一、ゾロアスターの宗教。オルムッド、ミトラ、アーリマン

二、エジプト人の宗教。〔1〕プタ(物質と区別される精神、その作品の創造主)　2クネフ　慈しみ　3ネイト　知恵

浄福になる信仰について。「これらの遺跡が私たちの悩みの種である。(54)」hae nos reliquiae exercent.

宗教史において、いかなる現象と較べても、他に例を見ない奇跡めいた現象とふつう見なされているのが、その完全な建設にたえず接近していく倫理的国家、神の道徳的な民の国家(キリスト教)とならんで、いまにいたるまで実に何世紀ものあいだにわたって、全世界に離散してはいるが、しかしその古い法規的な信仰により統一されている民族が維持されてきたということであり、世界の終わりにいたるまで、あくまでも維持されようとしているらしいということである。この民族は、その政治体制が国家としては止んでしまったにもかかわらず、彼らがいうとこ

ろの神の民として、天の国にではなく、メシア的な地上の国に固執し、やがてはあらゆる民族(非ユダヤ民族)を支配しようとしているし、またキリスト教徒たちが道徳的なやり方で自分たちの約束の地に踏み込んできているという不遜に抗議して、ユダヤ民族に関するかぎりでは、旧約はいまでも依然として存続してはいないのか、また旧約の同志のうち、そこから脱落した人々、またはいわゆる新約なるものの味方になった人々は、不法な僭取者ではないのかということ、これを曖昧なままにしておくのである。実に大規模な離散であったにもかかわらず、ユダヤの民の信仰が維持されていることは、大部分のキリスト教徒にとっては、自分たち自身の宗教が真であることを示す証拠、またユダヤの民がその強情さのゆえに永遠の罰を受けることの証拠であって、しかしそれ自体においては、どちらかといえば重要な抗議であるように思われるのである。

ユダヤの民は、その民のあいだで約束された地上の国が壊滅したにもかかわらず、彼らのメシアの出現がやはり迫りつつあるのだという希望を放棄しないわけであるが、一方はまさしくこの点に〔脱文〕ということの証拠を見るが[55]

〔以下空白〕

一民族であるにもかかわらず、どこへ行ってもたんに異邦人にすぎないような、そのような民族の信仰の統一性が保持されていることは、一方にとっては、彼らが待ち望むメシアによる統治のためにその民族を取っておくための、摂理による特別の庇護の証であり、他方にとっては彼らの……〔脱文〕のゆえに永遠の罰を受けることの証

すべての人が神の慈しみにすがるのはなぜかということ。

A113

［第二面］

さてここに新約による神の国が表象されるが、これにたいしてはしかし、断片的にすぎないにせよ、いまでもまだ現実存在している旧約による神の国なるものが厳かに抗議する。ともにメシア的にそのように表象されるのであるが、しかし新約のそれの信仰告白者たちは、すでにはじまっているものとしての道徳的な神の国を希望し、旧約の方の信仰告白をなす人々は、将来的なものとしての(法規的宗教下での)政治的なそれとして、希望するのである。このコントラストは(それ自体で注目に値するが)、多くの人々が異常な神の摂理だと、すなわち奇跡だと見なしているものであるが、それは、離散しているにもかかわらず、また実に多くの異民族の圧制下にあるにもかかわらず、しかも異民族とは決して融合することなく、ユダヤの民とその宗教が維持されていることである。新約の信仰告白者たちはこの現象を、ユダヤの民の排斥をはっきりと示してくれる確証だと見なす。なぜかといえば、彼らは新約を受け入れないし、万物を旧に復するに際して新約に賛成することにたいしても、穏やかな心で期待を寄せることもしないからである。それに反して旧約の信仰告白者の方が主張するのは、必須の儀式に関して先ほどのように旧約を廃止したことが十分には証されていないというふうに、彼らの父祖たちが判断していることのうちに、旧約はいまだに存続していることの証拠を見るということであり、そのことのうちに、新約の妥当性にたいする大きな異議申し立てが見られるということであって、その結果、このような現象から期待できる教化に関していえば、それはさほど進みえないということになる。なぜなら、ここでは根拠と反対根拠とがかなり均衡を保っているからである。それゆえ残るのは、この奇妙な現象がはたして、またどのようにして自然的な仕方で説明されうるのか、という理論的な問いだけである。

旧約聖書の側はこんなふうにいうであろう。ユダヤの信仰を取り除くことはしかし、そのことの権威を証明するのに必要とされる公の証拠をもっていないにちがいない、私たちの父祖たちはその信仰を捨てる気にさせられたわけではないからである、と。逆に新約聖書の側は、ユダヤの宗教はしかし永続的なものとして妥当するはずのものではなかったにちがいない、なぜかといえば、それはその目標を形成するものに、すなわちこの世の元首の到来ということに固執しているからであり、そのことにより、排斥の実例を、しかもたえず私たちの眼前に突きつけられる実例を表しているからである、というであろう。

LBl G 17 R III 57–62

[第一面]

古い方の聖なる書物(57)は、新たな信仰の出発点となる歴史としては、たんに学識のためにだけではなく、教化のためにさえ保存され、肝に銘じられるに値しようということ〔以下空白〕

このような、キリスト教のふつうの表象の仕方の弱い面をメンデルスゾーンは巧みに利用して、古い信仰を新しい信仰に取り替えるようにという、イスラエルの子への不当な要求をすべて拒む。そもそも、キリスト教徒でさえ白状するように、古い信仰が下の方の階をなしていて、そのうえにキリスト教の信仰が建設されており、キリスト教徒はその階を土台にしているのだから、その要求はまるで、自分が最上階に定住するので、一階を取り壊せというような、無理難題を吹きかけるに等しいということになろう。――かくも賢明で思慮深い人だから、皆まで話そうとはしなかったのであるが、その趣旨は透けて見えるのである。彼がいおうとしたのは、まず私たち、キリスト教徒の方でその宗教からユダヤ教を取り除いてみよ(それは歴史的教義論ではあくまでも残るにしても)、そうすれば彼らの方でも、どちら側に与《くみ》しなければならないかについて、決心ができるようになるということであり、実際その場合には、いかなる法規も混入しない純粋道徳的な宗教以外には残らないにしても、しかしそれでユダヤ教徒の厳律のくびきはある程度軽くはなろうが、しかし信仰のくびきは、実は良心にはこれがいちばん重いのであるが、いささかも軽くはなるまいということである――それ以外にも、この民族の古い聖典は学識に属するものだから、いつかそれが歴史から消え去るということはほとんどありえないであろう。(58)

このこと(59)を実例に即して示すなら、『詩編』五九・一一―一六までを取り上げるのがよい。そこでは当時のユダヤ教の執念深い性格が恐ろしいほどに、しかし彼らの篤信に似つかわしいものとして表現されている。ミヒャエリスは復讐を願うこの民の祈りを是認して、こんなふうに述べている(『道徳学』第二部、二〇二頁)。「詩編は**霊感を受けて**おり、そこで罰を求める祈りがなされるからといって、それは不当ではありえないし、また私たちには聖書以上に聖なる道徳があってはならないのである。(60)」しかしながら、旧約聖書にたいして、新約聖書の「しかし私はあなた方にいう、あなた方の敵を愛しなさい、あなた方を呪う人々を祝福しなさい、云々」という章句が述べられたのであれば、両者のいずれを重視すべきかについて、あやふやになりかねまい。しかし原則のこのような矛盾を考慮せずとも、また詩編の方が霊感を受けていると考えるにしても、私はたんなる理性の道徳的諸原則にもとづいてやはり〔以下空白〕

などなどの限界内の[61]所与の宗教を見出す分析的方法は、そのような宗教を理性により総合的に作り出すことではない

注意　言語および宗教の相違により諸民族を分離しておこうとする自然の企て。

［第二面］

この呼称は、精神的な父なるものの威信を言い表すギリシア語の表現(*παπα*)から取ってこられており、それ自体において軽蔑すべきものを何ひとつふくんでいるわけではなく、それが何か非難されるべき意義を獲得するのは、ただこの表現の誤用によってのみなのである。しかしこのような誤用はあらゆる教会形式において見出されうるものである。そうした教会形式のなかには、自らは質素で素朴だと名乗り出るものがあろうともである。それゆえ、私がさまざまな宗教を比較対照することで、一つの宗教を軽視して、それを犠牲にして別の宗教を引き立てようとしているかのように理解されるのは、まったく私の本意ではない。そうではなく私の本意はむしろ、尊敬の念をもってすべての宗教を、一つの倫理的な神の国の可視的な表現の試みと見なすことであり、ただ、外的形式こそ表現されるべき事柄そのものだというふうに宗教が解する場合にのみ、〔それを〕批判に服させるということなのである。

［第三面］

実に多くの、さまざまな宗教をもつ民族のあいだに紛れて離散しているにもかかわらず、その信仰を奇跡的な仕方で混じりけなく保っていることのうちに、一方の側は、将来の地上の国のために取っておくという神の慈しみ深い特別の摂理を見るわけであり、まさしくこの離散のうちに他方が見るのは、前者の頑《かたくな》さにかかわる罰および警告のための実例であり、メシアについての彼らの政治的概念の誤謬であり、しかし逆に、天国をめざして努力する信仰の普及のうちに見るのは、まさしく同じメシアについての自分たちの道徳的概念が正しいということの証であり、そして他方では、この民が維持されていることのうちに見るのは、彼らの強情さに加えられるところの、警告のための実例として役立つ永続的な罰なのである。

メンデルスゾーン。恩赦を受けた家系の嫡子たちは、養子として貰い受けた子どもたちよりも優っていなければならない。すくなくともメンデルスゾーンは、先の人々が受け入れた慣例を厳守しているのであって、人が他人からの非難を気にするといったことを望まない。(62)

裁判官

愛にもとづく裁判官は、双方の陣営のあいだに承認と否認との判決をくだす。それに反して、義にしたがう裁判官は、同一人物に、その人に彼を訴える原告と彼に味方する弁護人とがいるかぎりで、判決をくだす。愛にもとづく裁判官は、一方の側の陣営に恩赦の判決をくだす。

メンデルスゾーンは、古い信仰者の家門であることに貴族的な誇りをいだいており、キリスト教を古いメシア信仰に取り入れることを、新しい信仰者たちが彼にたいして容認してくれるので、彼の方ではさまざまな教義への信服を要求するとともに、自由から導き出されて、どんなときでもおのずと一個の公共体へと形成されていくような立法を、この立法によってのみ、他国との戦争のない共和国が生じるのに、それをなんとしても認めようとはしない。他国との戦争のない共和国が生じるのはなぜかといえば、教義の一神論は本来、多神論的なので、戦争が遂行されるとすれば、公共体そのものの犠牲を払って遂行されることになろうからである。

第一の判決は、二つの陣営のうち、義務に専心する心術により、報酬にふさわしくなった（消極的にいえば、〔報酬を〕受け取れるようになった、ふさわしからざる者ではなくなった）一方の側を選り分けることである。第二は評価の判決であって、これにより法廷で同一の人格に関してその原告と弁護人とのあいだで、その人格の行いが何に値するかについて宣告がなされるのであって、それが本来の裁判官の申し渡しなのである。ちょうど〔脱文〕の再審の際のように〔以下空白〕

功績はここでは法則との比較においてではなく、ある人間と他の人間との関係において考察されるが、それは一方は法則にかなっており、他方はかなっていないからである。

〔第四面〕

裁くということは、第一の場合には功労ある人々を功労なき人々から選り分けることであり、両者はともに賞

(浄福)を求めて競争するにしても、しかし功績というのはいまの場合、法則との関係において道徳性が優れていることではなく(法則に関しては私たちの負い目を超えるだけの余剰が私たちのものになることはありえない)、他の人間との比較において(その心術に関して)道徳性が優れていることである。ふさわしいことというのは、しかしつねに(ふさわしからざることはないという)消極的な意味で、そのような慈しみにたいする道徳的感受性ということでしかない。したがって第一の資格で(ブラベウタとして)裁く者は、賞を求めて競争する二つの陣営のあいだに判決を言い渡すのであるが、しかし第二の(本来の裁判官という)資格で裁く者は、同一の人格に関してのみ、この人格に彼を訴える原告と、彼に味方してくれる弁護人とがあれば〔判決を言い渡すのであり〕、その判決は宣告である。

LBl E 49 R II 184–187

[第一面]

三つの位格の形での神の本質の神秘。これが、神がそれ自体において何であるかということの神の一規定であるかのようにではなく。そもそも、たとえそれについて概念をもちうるとしても、そんな概念は私たちにとっては実りがないのである。そうではなく、神が人類に関して、人類の道徳的元首として何であるかという神秘。

一、(実体のうえからいっての)人類の素性の神秘。自由な存在者であるから、その素性を創造として考えることはできない。むしろ血統[63]としてなら考えることができるが、それについて私たちには概念はない。だから神は父とも呼ばれるのであって、彼らがまさにそのゆえに[64](自由な存在者として)服している道徳法則に照らせば、聖なる立法者と呼ばれるのである。神秘は、制限された人間である私たちがどのようにして、そのような聖なる法則を受け入れうるのかということにある。

二、浄福になること(贖罪)の神秘。そのために神の子としての私たちは、神の御一人子への信仰により、その慈しみという特性を介して欠陥を償うように定められている(慈しみは創造の動因であったわけではなく、神の子らがその現存在に満足するための制約であった)。神の栄光のためには、慈しみは制約されており、創造は無制約的である。

三、正しい裁判官の位格における恩寵の選び(electionis et reprobationis 選び取りと劫罰)の神秘。慈しみを聖性という制約に制限すること。この場合中間はなく、あるのは選り抜くことか排斥することである。

御心は、人々がよくなったり悪くなったりするであろうかぎりでは、制約されていたが、しかしある人々がよくなり、他の人々が悪くなったということはなぜなのか。

この場合神秘はつねに、道徳的なものにおいては洞察できない無制約者である。

位格のこれらの概念は、それぞれが擬人観にたいする道徳的警告である。すなわち、㈠立法者を慈しみ深いものとして、またあたかも法則が恣意的であるかのように表象してはならない(そもそも法則は私たちの現実存在の可能性とつながっているのである)、したがって神が大目に見てくださる(御自身の命令において寛大である)というふうに表象してはならない。㈡神の統治に関しては、その慈しみが神の聖性に一致すること、という制約に制限されるというふうにだけ見なすべきではなく、慈しみはまた、私たちの聖性の欠如を補うための、神の聖性という理念の助力でもあるというふうに見なすべきでもある。すなわち使者 stator と見なすのではなく、救い主 sospitator と見なすべきであり、したがって私たちを治めるに奴隷としてなされるのではなく、子としてなされると見なすべきであり、そこでは本来、大目に見てもらえることは希望できないにしても、しかし力を授けられることは希望できるのである。したがって専制的に無情〔なものとして〕ではなく――　㈢裁判官が唯々諾々としていると考えるべきではない。

人間が神に嘉されるようになるために、神が何をなしたまうかは、すべてが私たちにとっては神秘である。私たちが何をなすべきか、これだけは神秘ではない。

[第二面]

人間にたいする道徳的関係において神が三つの位格で表象されるということのうちには、神秘はない。そもそもこれは人間の側での三つの理解可能な関係の仕方であるというだけではなく、それらは同時にあらゆる宗教の道徳的諸制約をふくんでいるので、したがってそれによって、神の一性に関して理性との矛盾が生じるわけではないのである。しかしこのような諸性質と一致するような理性的存在者の世界というものの可能性は神秘である。なぜなら三つの理解可能な関係の仕方は人間の自発性にかかわり、これを前提としているのに、しかしそれにもかかわらず規定根拠をふくむ〔脱文〕からである

一、召命。そもそも神の国の一員としての理性的存在者の描写は、創造としてではなくして、このようにこそ表象されねばならないのである[65]。創造は自由な存在者の自発性に反するからである　神は、有限で脆い存在者を創造

A119

したまい、しかも御自身の聖性に適合せよと彼らにいわれる。もし彼らを神が創造したまうとすれば、彼らは神の意にかなったことしかなしえないことになろう。しかし〔実際には〕彼らは神の意に反して行為できるのであり、それゆえただ浄福へと召命されているのである。

二、身代わりの贖罪。神は御子において世界を愛される。しかし、人間が御子という原像に適合しないがゆえに、神は世界を愛することができないし、それに適合するということを人間は自分自身によってはできないのである。神の補足はしかし自発性に反する。

三、選び。この贖罪にふさわしいものとなることは、それ自体における彼ら自身にかかっている。しかし神の助けなくしては、彼らにはそれができないのである(praedestination 予定)[66]。それゆえ神は彼らを浄福か、あるいはその反対へと定められる——受け入れるか、否認するか　自然と自由とは思弁的批判では争っていた。ここでは神(その道徳的意志)と自由とが争っている。あらゆる宗教を度外視すれば、道徳はその確実な歩みを進めることになろう。私たちは、運命のことを気にかけずに、自分が何をしなければならないかを知ることになろう。いま、私たちは運命のことを気にかけているので、それゆえ神なるものを想定するので、新たな困難に入っていくことになる。

倫理的な神の民がもつ組織の諸原理を、その民の会憲の諸原理と合一すること。前者は後者を実行するための手段にすぎず、経験的諸原理をふくむ

山を動かす——ラファター。

V　第四編のための準備原稿

LBl E 43 R II 166–167

［第二面］

理性的な人間は、礼拝のときには奇跡を認めるにしても、実務に携わっているときには奇跡を認めないものである。

＊　義務を遵守するに際しての不変の格率が徳である。義務とはしかし、行為がいやいやなされるかぎりにおいて、したがって法則違反への内的な性癖が行為に反作用をなすかぎりにおいて、行為へと道徳的に強制することである。(このような主観的な障碍が、自由に根ざすものとして、それにもかかわらず、変わることなくよき格率の下で、いかにして可能なのかは、どう見てもこれ以上解明される必要はないし、また解明されえないのである。)同じようによい格率の下にあっても、徳には道徳的理想としての聖性が対立させられているが、それは法則による道徳的強制を必要としない心術としてであって(強制を必要としないのは、法則の遵守が喜んで、すなわち違反へのいかなる性癖もなしになされるからである)、したがってこの心術には義務の概念は、それゆえまた徳の概念も、適用できないのである。——ところで徳が区別されうるのは、法則にかなった行為であるための格率の十分さによ

A120

ってのみであるか、あるいは、選択意志が行為へと規定されるための道徳的な動機にもよるか、そのいずれかである。すなわち、はたして義務にかなった仕方でふるまおうという企図で、行為が道徳的になされるだけなのか、あるいは義務にもとづいてもなされるのか、ということである。先の場合は、道徳的動機は道徳的でありえて、それ自体において善でもありうる、すなわち人間本性の尊厳として自由を意識することでもありうるのであって、この場合、それはストア的な徳と呼ばれるが、この徳は高貴な誇りであり、悪へのあらゆる誘惑を、自らにふさわしからざるものとして自らの下に表象し、そして自らが誘惑による選択意志への影響を超えて高められているというふうに表象するのである。——純粋な道徳的心術にもとづいてその義務を遵守するという格率は公正さである(integritas mentis 精神の公正さ)。人間本性の尊厳のたんなる意識からくる公正さは高貴な誇りであり、かくして自らの本性が不純であるという意識と結びついて、義務の理念への服従に存するようなそれは、謙虚な公正さである。前の方の公正さは徳という哲学的呼称のままでよいが、後の方の公正さにはむしろ篤信という神学的呼称の方が適切である。そもそも篤信は、自分で功績をあげたと思いこむような道徳的自惚れを犠牲に供するようにと要求するとともに、ひとりの元首の下に服従することの類比をふくんでいるからである。このように服従することによって、自分ではけっして逃れることのできない人間的な弱さと悪への性癖との意識には、彼の義務についての適切な表象が与えられるのであり、私たちが洞察できる範囲を超えたいっそう高次の補足を、すなわち聖化という補足を顧慮するようにほのめかされるのである。——このように考察していたとすれば、ストアの誇りも、無気力にではないにしても、謙虚さにまでは調整されていたことであろう(謙虚さというのは、他人と比較してではなく、法則とのみ比較して自らの不完全さを意識するということに存しており、そしてそのことにより己の敵をよりよく知る（以

下空白〕

〔第三面〕

公正さが聖性の理想以外には何ものにも満足しないなら、それは篤信であり、聖性をけっして満たしえないという意識は謙虚である。純粋に道徳的な原理にもとづく公正さは、その根拠を義務のうちに措定せずとも、徳であり、義務にもとづく公正さは篤信と呼ばれるが、だからといって、その概念が神学から導き出されねばならないというわけではなく、この公正さが篤信と呼ばれるのは、それが概念の規準としての聖性に照らして考察されるかぎりでは、人間の道徳性は不完全であるために、篤信を指す先の概念にはいっそう高次の規定根拠が必要だからなのである。――あなた方は聖でありなさい。

LBI E 48 R II 183–184

＊　徳は人間の自由な選択意志が道徳法則に直接的に(客観的に)依存していることであるから、徳の概念は、道徳法則が無制約に命令するがゆえに、それ自身で満たされており、他のいかなる規定根拠からも、したがってまた立法的な神性という規定根拠からも導出されているわけではなく、むしろ事態は逆なのである。最後に述べた導出ということも、そのような存在者を徳の概念から導出することではない。それではまるで、私たちが道徳的立法者を私たちの外に想定するのでなければ、そしてその立法者の命令が道徳法則であるというのでなければ、道徳法則の承認は可能ではないかのようになってしまおう。そうではなく、その存在者の理念は、あらゆる道徳的努力の究

A 121

極意図の可能性のために、それも私たちの理性に思惟可能な可能性のために、必要不可欠な制約としてのみ、すなわち最高善の招来としてのみ、必然的なのであって、それは、この目的は私たちの外にあって、しかもかならずしも全面的に私たちの力のおよぶものではなく(むしろよき原理の国においてのみ可能なものであるが)、そのような目的に働きかけるためになのである。この理念に対応するような、かつ理性的な人倫的存在者としての私たちの(人間的な)本性との類比にしたがって思惟可能な実体、それも私たちの外なる実体、これを私たちの道徳的な究極意図として想定すること、しかも実体とか原因、意図などなどの諸概念は、本来、私たちにとっては世界存在者との関係においてのみ意義をもつから、それらがこのような類比のための乗物にすぎず、それらの表象によって、私たちの理性のその究極目的(最高善)への実践的関係が引き起こされるべきである、というふうにして想定すること、このように想定すること自体は、私たちにとって把握不可能な、このような何かの理論的認識をふくんでいるわけではない。——ところで、道徳法則への実践的な崇敬は徳と呼ばれ、人格化された道徳法則としての(立法者としての、すなわちこの法則から生じるあらゆる合目的的な結果の原理としての)その理念への崇敬は篤信であり、両者が一緒になって宗教となる。——ところで後の方の崇敬(篤信)を徳に先立たせ、徳を篤信から導き出そうとすると、あるいは徳という概念をなくともよいものにさえして、徳の代用品として篤信だけで満足するように教えようとすると、その場合、そのような概念にしたがった崇敬の対象は偶像ということになろう。すなわち、私たちが徳によって嘉せられるのではなく、崇拝によって(あらゆる卑下によって)嘉せられると希望してもよいような存在者ということになろうし、しかし崇敬そのものは偶像崇拝ということになろう、すなわち道徳的ではなくなろうし、したがってまた宗教でもなくなろう。あらゆる宗教教育は、むしろこれとは正反対の手順で行われなくてはならな

A122

い。そもそも宗教というのは、道徳的な究極目的をめざして努力するかぎりでの徳以外の何ものでもないのであり、究極目的の主観的な制約は聖性と呼ばれ、しかし徳の心術の方は篤信と呼ばれるが、聖性そのものは、道徳性と徳との完成という理念にほかならないのである。

LBl G 2 R III 6-9

[第一面]

贖罪はまずは、一、契約と見なされうる。これにより、私達がそれを信仰において受け入れ、またこの信仰が同時によりよい人間となる力と結びついているならば、私たちの罪責に代わって、この功績が私たちに帰せられるように定められているのである。次に、二、仮契約[67]と見なされうる。この場合、神は理性を通して浄福を約束してくださるのであり、また私たちが自分に可能なかぎり道徳法則を満たすならば、贖罪を約束してくださるのであり、しかもそれによって神がどのようにして満足なさるのかとか、贖罪をどんなふうに信じなさいとか、そういった様式が私たちに指定されるわけではないのである。そもそも道徳法則は神の命令と見られるならば、神の立法権 potestas legislatoria であり、しかしそれが慈しみに措定されるならば、理性の約束であって、私たちにはこの約束をたんに推定する権能だけではなく、それを想定して、神からその補足を期待する権能もあるからである。

このようにふたりの契約者が無限に不等であるのに、厳格な契約なるものをどのようにして考えるというのであろうか。

騎士ミヒャエリスによると、契約とは、キリストの功績を信じて受け入れる人々に浄福を与えるように、それによって神が御自身を拘束するものであり、浄福は一見すると無報酬の契約 pactum gratuitum であって[68]、この契約にあっては、ただ受け取りさえすればよいものを無料で提供してもらえるのである。これを受け取らないでおこうと思う人がいるだろうか。しかし、キリストの功績のゆえにこの恩寵を受け取れるのだと信じよというのであり、それゆえ、そもそもいまのところ現実にはいかなる人間にも差し出されはしないにしても、この功績を現実に神が差し出してくださっているのだと信じよというのである。したがって、そのような約束がなされたと信じるならば約束に与《あずか》れよう、と。が、そうはいかない。しかしこれも次のようになら理解できる。よい生き方という制約の下でそのような贖罪が約束されているのだと信じるべき根拠が、私たちにはアプリオリにある、たとえ歴史的あるいは経験的にはそれについての情報はないにしても、それがあるのであって、この信仰により私たちは何ひとつ規定するわけではないにしても、神が約束されたのであれば、この信仰にはキリストの功績も属していることになろう、そしてこの信仰において、〔脱文〕などをせよというふうにである　しかしこの場合も、私たちは無報酬の契約によって手に入れることになる。そもそも私たちは約束がなくとも、よき行いをなすように拘束されているのである。それゆえこのようなすべての善を私たちが恩寵により受け取るというのは、できすぎている。

A123

モーセ第一書は最初の両親の場合を、人間が自然のままの状態から悪の原理なしに発生することとして表している。新約聖書はそれを悪の原理の影響として表している。モーセ第一書は自然的存在者としての人間の歴史であったし、新約聖書は道徳的存在者としての人間の歴史であった。

［第二面］

注解

よい原則を受け入れることが困難なため、それを受け入れるという義務を賦役奉仕により免れようとする傾向が、一般的にいって人間にはあるので、理性にしたがえば、神に仕える純粋な心術なるものを促進するための感性的手段としてしか見られえないものを、人間は神への奉仕そのものと見なすわけであるが、それはこのような性質のものだから偽奉仕である。――こうした手段によって、それが促進するはずのよき生き方の心術を介して、間接的にではなく、直接的に天の恩寵を得ようとするのであるから、それは恩寵の手段と呼ばれる。

そうしたものは四つある。一、ひとりだけでの神との語らい(祈り)。二、それに適した場所で特定の時間に他の人々と公に一堂に会すること(教会参集)。三、教会共同体への受け入れ(洗礼)。四、この平等な共同体の永続を示すために反復される儀式(聖餐式)。これらはすべて例外なくよき効用をもちうる。つまり人間は人倫的な善によって神に嘉せられるものとなりうるわけで、これらをなす如何なる人にあってもこの人倫的善を促進し、それを後々の子孫に伝えるという効用であるが、しかしこれらも、道徳的なものは何ひとつふくむわけではないので、それだけでは、何人をも直接的に神に嘉せられるようにはできないのである。

一、祈り。神はさまざまな心術を直接的に見抜かれるのであるから、この心術を心性そのものにおいて言葉を用いてのみ神に知らせることは不要である。むしろ一切は手段でしかありえない、つまりこの手段を用いて私たち自身の心性を実践的な崇敬へと鼓舞するのである。心性がもつ真の道徳的な気分の度合いをすべて表現するには、い

A124

かなる言葉でも足りないのであるから、この場合に注目しなくてはならないのは行為だけであって、たんなる崇敬によってのみ神に気に入られようとするための神への奉仕ではない。だからこの手段は、一般にすべての手段がそうであるように、人それぞれに応じて、またそれぞれの状態に応じて、必要であったり不要であったりする。しかし祈りの霊こそが、つまり神への奉仕において純粋な心術でつねに神に嘉せられていたいという、このたえざる願いこそが、直接神を喜ばせるのであり、この霊については、それが間断なく永続しうるともいえるのである。——このことを「天にまします」(69)におけるすべての道徳的祈り全体は証明しており、それはこの祈りが、現実存在に必要なものだけは例外として、自然的欲求を遠ざけていること(70)によって証明しているのである。——それ以外のことでは、神への呼びかけは本来、自己自身との対話であり、それもその想いを荘重にするためにではなく、それを他者に伝達するための対話なのである。

二、教会参集は、人々が倫理的国家において、神という道徳的元首の下で統合されることの表現である。教会参集の儀式は手段にすぎないのに、大げさにいわれすぎることがある。その義務はあるが、しかしそれとてもよき生き方のためにであり、そのためにこそ自分もそこに加わるのである。他のすべての宗教的な集会はなくなる。

LBl G 10 R III 34

［第一面］

供物による神との和解についてのメシア的・キリスト教的な教えは、よき生き方へと私たちを導いてくれるのに役立つはずである。ところが、これが逆転されてしまって、よき生き方に専心することを通して、そもそも神に嘉せられる人間になるためにも、メシアの歴史を信じよというのである。

訳注・校訂注

たんなる理性の限界内の宗教

第一版序文

訳注

(1) 他の何ものによっても満たされない dem aber alsdann auch durch nichts anders abgeholfen werden kann　ふつうは durch nichts anders とくれば、als durch… と続くが、ここではそれは明記されていない。おそらく「人間自身によって以外は」、あるいは「彼の自由によって以外は」と補足すべきなのであろう。このように文法的、論理的に不備な箇所がいくつか見られるが、文を書き始める前に念頭にあった事柄を、書いているあいだに失念してしまい、そして書き上げてから、十分な推敲を施さなかったのであろう。また第一版序文の末尾からも明らかなように、「校正に残されていた」時間が「短かった」のもその理由の一つであろう。そしてこれは『ベルリン月刊誌』に掲載された「第一編」についてだけではなく、「第二編」以降についても、いえる。逆にいえば、本書は、カントの思惟の動きの生の表現であるともいえよう。

(2) 「格率」とは行為の主観的原理、個人の生き方を規定している指導原理のこと。有限な理性的存在者にあっては、普遍的合法則性を内容とする道徳法則と格率とのあいだに齟齬がある。それゆえ道徳法則は無制約な当為として表象される。

(3) 自己愛 Selbstliebe　自然的存在者としての欲求能力すなわち「下級欲求能力」を、いいかえれば、「動物」としての「自己」を大切にすることである。意志の規定根拠で実質的なものは、これを中核としている。もちろん、理性的存在者の理性がこれに仕え、幸福追求の道具と成り下がることはありうる。しかしカントの批判的な道徳哲学では、純粋理性の活動性が重視され、これにより産出された道徳法則により意志を規定することが要求される。——「自己愛」は、たとえばフィヒテのいうような「自尊」(Selbstachtung)とは区別されなければならない(フィヒテ『啓示とは何か——あらゆる啓示批判の試み』北岡武司訳、法政大学出版局、一九九六年、一六頁参照)。これはむしろ、自己愛を克服して定言命法にしたがう際の支えである。すなわち、理性の純粋活動性そのものの尊重にほかならない。「自己愛」と「自尊」との区別は、たとえばルソーにおいては、l'amour-propre(自己愛あるいは自尊心)とl'estime-de soi-même(自己自身への尊敬)との区別として見出すことができる。ルソーによれば、この「自己自身への尊敬」によって「自然の秩序」に帰ることができる(プレヤド版、1, p. 1079)。なお、この点についてのカントの見解は本書第一編、三五頁、および六〇頁の原注2参照。

(4) 自己愛を原理とした意志の規定根拠はもちろんありうる。というより私たちの意志は大抵の場合、自己愛を原理として規定されている。しかしここでいわれている「規定根拠」は道徳的なそれのこと。

(5) 結果において生じる目的　一般に「実践的規則」(praktische Regel)すなわち「準則」(Vorschrift)は「意図としての結果にたいする手段としての行為を指示する(vorschreiben)」――『実践理性批判』(本全集第7巻一四六頁)。

(6) なすこと・なさざること Tun und Lassen　「行状」あるいは「行動」とも訳すが、たんに積極的な意味だけをふくむわけではなく、怠りによって、悪意や神にたいする反逆から、なすべきことを放置する、または他者のそのような行動をなすがままにさせるといったこともふくむ。したがって「叡知的行い」としての意志規定が前提されている。

(7) それらのすべての目的によって生じるもので、形式的制約と調和するようなものすべて alles damit zusammenstimmende Bedingte aller derjenigen Zwecke, die wir haben　「生じるものすべて」すなわち「すべての被制約者」(alles Bedingte)は、「私たちのいだくすべての目的」を制約として「生じるもの」、すなわち「幸福」のことである。それは「形式的制約」である道徳性に調和する仕方で、換言すれば、人格の徳にふさわしい仕方で、与えられなければならない。

(8) 「最高善」には、派生的最高善と根源的最高善とが区別される(『純粋理性批判』原著第二版八三二頁以下参照〔以下 B 832 f. と略記〕。とくに B 838 f., 842)。ここでいわれているのは、派生的最高善の方である。この感性的世界の秩序にしたがったのでは、徳にふさわしい幸福は望むべくもないが、しかし最高善は、徳と調和した幸福が与えられるような構造をもった世界として表象される。そしてそのような世界の実現も、私たち有限な理性的存在者の義務とされる。

(9) 「その両要素」とは「徳」と「幸福」のこと。『実践理性批判』では、両要素の結合が可能であるような構造をもった世界が派生的最高善として要請され、その可能性のために、神の現存在が魂の不死とともに要請されたのであった。

(10) 「空虚」とは、認識内容が実質的に規定されていないこと。理論的領野では、理念は感性的直観の所与となりえないから、考えることはできても、それを構成的に規定することはできなかった。思惟の対象である客体は感性に与えられた与件(Datum)以外にはないからである。したがって内容上、本質的に感性を超え出た理念、純粋理性概念は「空虚」であった。つまり、それが何であるかについて実然的な述語づけはできなかったのであった。物自体についても同じことがいえる。しかし実践的領野では、感性的自然との私たちの非連続性を示すようなアプリオリな「与件」が道徳法則として与えられる。これにより私たちの自由の客観的実在性が証明され、私たちの内なる超感性的なものが証明されることになる。そのことは感性界ならざる世界、叡知界における私たちの現存在をも証明する。かくして叡知界という、時間を超えた永遠の精神の世界が形而上学的地平として開かれることにより、時間的現象としての生命や死をも超えて、有限な精神が成長する可能性への展望が開かれる。実践的領野では、有限な精神、有限な理性的存在者は、このような形而上学的地平にあって、道徳法則というアプリオリな「与件」にもとづくことで、最高善の構造について構成的に思惟することができるようになる。いいかえれば、それが何であるかを実然的に述語づけ、命題として立てることができるようになる。したがって最高善の理念も魂の不死や神の現存在とともに、「実践的に見られるならば」、けっして「空虚」ではない。

(11)　もちろんここでは、感性的衝動はすべて度外視される。

(12)　訳注(8)および(11)参照。

(13)　理性が制約とする幸福の要求　「幸福の要求」とは「幸福にふさわしいこと」から生じてくる。「幸福にふさわしいこと」とは道徳的に善であることである。すなわち道徳法則に規定された意志が、法則そのものへのかぎりなき尊敬のゆえに、法則の客体を意欲し、その実現に向けて可能なかぎりの努力をしながらも、実践的被制約性のゆえに、つまり有限性のゆえに、客体を実現できない状態である。この状態では意志は道徳法則にしたがってのみそれ自身を規定するわけであるから、幸福にふさわしいのにそれに与《あずか》ることができない。したがってそこには「幸福の要求」が存在することになる。道徳的に善であることが、いいかえれば、完徳の極限において、上級欲求能力を介してのみ自己自身を規定するような、十分道徳法則に適合するような意志となっていることが「幸福の要求」の「制約」ということになる。

(14)　「神の現存在の要請」については、『純粋理性批判』第二部、第二編、第二章「純粋理性の最終目的の規定根拠としての最高善の理想について」(B 832 f.)、『実践理性批判』第一部、第二編、第二章五節「純粋実践理性の要請としての神の存在」(本全集第7巻三〇三頁)、『判断力批判』第八六節「道徳神学について」(A版五巻四四二頁〔以下 A V, 442 と略記〕)などを参照のこと。

(15) 信仰命題 Glaubenssatz　本質的な宗教的真理をふくむ命題のこと。ほぼ「教義」(Dogma)と同じ意味。

(16) 「アプリオリ」とは経験に先立ってという意味である。「総合命題」というのは、主語概念から分析的に導き出されるのではなく、主語概念を拡張するような命題である。したがって、「アプリオリな総合命題」とは、主語概念を超出するような、しかも経験によらずに獲得される命題である。もちろん命題に先立って判断があるわけだが、「アプリオリな総合判断はいかにして可能か」という問いが『純粋理性批判』のライトモチーフであった。

(17) 「道徳的立法者のたんなる理念」にすべての有限な理性的存在者が一致すべきであることは、定言命法そのもののめざすものが意志の聖性である以上、つまり、道徳法則によってのみ自己を規定するような意志という理念である以上、「義務の道徳的理念一般と同一的」である。したがって「その一致を命令する命題は分析的」である。しかし全知全能の道徳的立法者の、すなわち神の「現存在」を想定することは、神が私たちの「思考の外」で、それ自体において存在すると主張することであり、道徳的立法者の概念に「存在」を付け加えることだから、たんに全知全能の道徳的立法者が概念として矛盾しない、すなわち思惟可能だということ以上のことをいっている。したがってこの注の冒頭の命題、「神なるものはある、したがって世界における最高善なるものはある」は「アプリオリな総合命題」である。

(18) 『実践理性批判』第一部、第一編、第三章「純粋実践理性の動機について」(本全集第7巻二一七頁)参照。

(19) 「幸福」と「幸福にふさわしいこと」の「合致」は、派生的最高善である。「幸福」は根源的最高善である神によってのみ、それにふさわしい者に与えられる。しかし、経験的に知られた「幸福」であれ、あるいは、神が私たちに用意してくれている、経験的には知られない「幸福」であれ、それが意志を規定する根拠となるなら、そこには「道徳性」はなく、したがって、「幸福にふさわしいこと」としての「徳」もない。行為はひたすら、私たちのうちなる道徳法則への尊敬にもとづいてのみなされるべきなのである。

(20) これには感性界の存在者としては、「地球以外の惑星の住民」、および、叡知界の存在者としては、この世を去ってなお、聖性に向けて努力する魂たち、そして天使たちが考えられよう。

(21) 規定根拠　意志を規定する根拠のこと。

(22) 幸福にふさわしいこと　これは『純粋理性批判』以来、道徳性の根本概念として呈示される。

(23) 前注(14)参照。

(24) ガリレオ・ガリレイは天体観察の結果、それが太陽中心説と一致すると考えて、一六一〇年、『天界の報告』で発表した。科学の問題と宗教の問題とは慎重に分けていたものの、教会との軋轢は避けられなかった。自説を仮説とすることを拒んだのである。一六一五年、ローマの宗教裁判所に告発され、一六一六年、聖なる当該官職は太陽中心理論に反対する判決書を出す。が、ガリレイは自らの信念を弁護し続けた。一六三二年、『天文対話』を出して、太陽中心の体系が正しいことを証明しようとする。ローマ法皇庁のガリレイの論敵からは、作品公刊にたいして警告が発せられた。一六一六年の宗教裁判での判決の効力が認められ、六八歳のガリレオは、拷問の威嚇を受けたため、やむを得ず自説を撤回した(一六三三年六月二二日)。短期の拘留の後、釈放され、自宅拘禁となっている。

(25) 「それ」と訳したのは jenes。「限界を踏み越えて聖書神学に干渉した」ことを指す。

校訂注 (各注冒頭の漢数字は本文の頁数を、アラビア数字は行数を表わす)

七1 「第一版」は、原著第二版での書き加え。

八5 形式的　A版、C版、V版では formale だが、W版では「他の・疎遠な」という意味の fremde。

八17 原著第一版では daß sie zu einem dergleichen in notwendiger Beziehung stehe となっている。ただし第二版および A、C、V、W の各版では daß sie auf einen solchen Zweck eine notwendige Beziehung habe である。

九17 ならない müssen　第一版では müßten だが、第二版では müssen となっている。A、C、V、W の各版ともに後者を採る。

一〇16 この判断 dieses Urteil　第一版ではたんに「これ」(dieses)となっており「判断」(Urteil)は第二版での加筆。

一一17 他の一切の目的にとって不可欠(unumgänglich)で、同時に十分な制約　第一版では「不可欠」に unausbleiblich

の語が用いられているが、A、C、V、Wの各版はともに前者を採る。

一二2　結果　A、C、V、W版ともに男性主格の関係代名詞 der と表記されているが、先行詞としては括弧内の Effekt 以外には考えにくい。

一八1　第二版では、ここから文末までが削除されている。

第二版序文

訳注

(1)　この記号は原著第二版印刷の際に大部分が表示されなかった。それで巻末に校正(Emendata)の見出しで、第二版印刷の際に補足された箇所の表示があるが、これはかならずしも完全とはいえない。ここではその他の原注と同じように、†記号で示し、第二版の補足の文章を〔 〕でくくることにする。

(2)　啓示 Offenbarung　啓示とは元来、真理があらわになること、神、神的なもの、霊による自己表明のことである。「歴史的体系」ないし「歴史的なもの」としての啓示とは、キリスト教にとっては『聖書』、とりわけ『新約聖書』であり、またそこに伝えられるキリスト・イエスの誕生、諸々の行為、言葉や教え、十字架上の死、そして三日後の復活などである。

(3)　書き物 Schrift　さまざまな経典ないし聖典のこと。ここでは『聖書』を指す。

(4)　ミヒャエリス Johann David Michaelis, 1717–91　ゲッティンゲン大学の神学教授。『道徳学』(*Moral*)は一七九二年、本書第一版出版の前年に出ている。なお、本書第三編に『道徳学』からの引用がある(一四七頁)。また「準備原稿」の「第二版序文草案」でも触れられている(三〇〇頁)。

(5)　高等学部 höhere Fakultät　医、法、神の三学部が高等学部と呼ばれた。ここではもちろん神学部を指す。なお、牧野英二『遠近法主義の哲学』(弘文堂、一九九六年)、二二二頁以下、「カントの大学論」参照。

(6)　「外地からの」と訳したのは auswärtig という形容詞。これはプロイセン内を「内地」(einheimisch)と理解したうえでの「外地」であって、たとえばケーニヒスベルクやハレなどは「内地」、本書が印刷されたイェーナは当時「外地」である。が、プロイセンの地図は当時きわめて複雑であるだけでなく、時代的にも、戦争の度にめまぐるしく塗り替えられている。

(7)　シュトル Gottlob Christian Storr, 1746-1805　一七七五年からテュービンゲン大学哲学助教授。一七七七年、同大学神学助教授、一七八六年から九七年まで正教授。南ドイツの「超自然主義者」集団のリーダー。これらの「超自然主義者」たちは、キリスト教宗教の啓示的性格を歴史的な方法で証明しようとした。この立場を主張しているのが一七九三年にラテン語で公刊された『カントの哲学的宗教論に関する神学的注解』であるが、これは翌年、ジュスキント(Süsskind)がドイツ語訳を出版した。

(8)　*Neueste Critische Nachrichten*, Greifswald 1793, 29, S. 225-229. 引用箇所は同書二二六頁。

(9)　教義学　第一編訳注(83)参照。

(10)　適法性 Legalität　「道徳性」が内的に法則にかなっていること、つまり法則への尊敬にもとづいてそれを動機として行為をなそうとする心術の性質であるのに反して、「適法性」とは行為またはふるまいが外的に法則にかなっていること。

(11)　フェノメノンの徳、ヌーメノンの徳　「フェノメノン」と「ヌーメノン」については『純粋理性批判』「超越論的原理論」、「すべての対象一般をフェノメナとヌーメナに区別する根拠について」(B 294 f.)参照。「フェノメナ」あるいは「フェノメノン」とは、時空的現象のことにほかならない。超越論的感性論は時間空間の経験的実在性と超越論的観念性の説を立てることにより、現象の根底にある「物自体」という概念を生み出した。「ヌーメナ」あるいは「ヌーメノン」は、ほぼこの物自体に対応する。消極的意味でのヌーメノンは、対象として認識されるものの根底に「悟性」が思惟するものである。『実践理性批判』で客観的実在性が証明される超越論的意味での自由はこの消極的意味でのヌーメノンの性質だと、すなわち本体としての私たちの本質的性質だと、考えられなければならない。したがって「叡知的な行い」はヌーメノンとしての「私」に帰せられなくてはならないことになる。なぜなら、ヌーメノンとしての「私」は時間内のあらゆる規定原因から独立であって、したがってその意志は厳密な意味での自由なので、理性の純粋活動性にしたがうのも「叡知的行い」であるとともに、それに反した形で自己を規定するのも、やはり「叡知的行い」だからである。したがってその決定をなすのは自由な「私」だからである。すなわち「よい格率を採用するか、悪い(法則に反する)格率を採用するかの……最初の根拠をふくむのは人間であり、しかも人間であるかぎり普遍的に」そうなのである(本書第一編、二八頁)。心術が行為のヌーメナルな側面であり、時空的現象としてあらわれる行為がそのフェノメナルな側面であって、後者が法則にかなっている(適法性)からといって、かならずしも叡知的行いそのもの(道徳性)は善ではない、すなわち「徳」ではないといった事態が考えられうる。ところで、消極的意味でのヌーメノンが有限な認識主体との関係において考えられた「何か」であるのに反して、すなわち「私たちの感性的直観の客体ではないかぎりでのもの」(B 307)であるのに反して、積極的意味でのそれは神との関係において考えられた「何か」である。すなわち「非感性的直観の客体」(同所)、いいかえれば「知的直観」の客体である。もちろん消極的意味でのヌーメノンは一八〇度回転させれば積極的意味でのヌーメノンであるといわなくてはならない。

(12) カテキズム Katechismus　キリスト教教理の要点を、問答体の形で教科書ふうに編んだもの。日本のカトリック教会では「公教要理」とも呼ばれ、洗礼志願者は一定期間、これを学ぶことになっている。

哲学的宗教論 第一編

訳注

(1)『ヨハネの手紙(一)』五・一九「私たちは知っています。私たちは神に属する者ですが、この世全体が悪い者の支配下にあるのです」。

(2) 司祭宗教 Priesterreligion　司祭宗教では、祭祀を司る僧侶などが、韻文でできた経典を暗唱するという営みが祭祀の中心であった。したがってここで、司祭宗教が文芸や詩芸と等置されているのは、司祭宗教という表現で主として韻文からなる経典を指しているからだと思われる。

(3) ブラフマン、ルットレン(別名、シバ、シヴェン)、ヴィシュヌは、ヒンズー教の神々。しかしシバ教、ヴィシュヌ教などでは、それぞれ一神教の神として崇められる。カントはこれらの神々を三位一体的に、また三権分立的にとらえている。多神教の神表象も実は一なる神のさまざまなアスペクトあるいは「位格」についての人間的表象だという(本書第三編、一八八頁原注参照)。

(4) ホラティウス Horatius (B.C. 64-A.D. 8), *Oden*, III, 6:

Aetas parentum, peior avis, tulit
Nos nequiores, mox daturos
Progeniem vitiosiorem.

(5) セネカ Lucius Annaeus Seneca, B.C. 4－A.D. 65　ローマの哲学者。ストア派。スペインのコルドバに生まれ、ローマに死す。皇帝ネロの教師で、のちにネロから死刑の宣告をうける。自然と人間の観察にぬきんでていた。哲学とは道徳的・宗教的な生活態度であるとし、人間の弱さから出発しながらも、自身にたいしては道徳的な厳しさを、他者にたいしては同情ではない理解ある穏和さをモットーとした。最高の徳は自己自身への忠実さである、という。

(6) ルソー Jean-Jacques Rousseau, 1712-78　フランスの哲学者。ジュネーヴに生まれ、パリに死す。啓蒙主義にたいするロマン派の抵抗を準備した。しかし自身もかなり啓蒙主義に属していた。フランス革命の精神的な開拓者のひとりでもあった。ルソーが明らかにしようとしたのは、文化の進歩は道徳の頽廃と手をたずさえて進んできたこと、哲学や科学にふちどられた誤謬や偏見のために、自然と理性との声がふさがれてしまっていることである。創造主の手をはなれたとき、一切は善である。人間の手にかかると、一切は堕落する。それゆえ、「自然にかえれ！」ということになる。ルソーの文化批判は、自然な発展という根本思想を出発点とする。人間と人間との不平等は、そこから生じ、同時に文化に制約されているわけだが、これはルソーのもっとも重要な問題のひとつである。ルソーが教育にあてがう課題は、自然にかなった成長をさまたげる障碍を一切とりのぞき、この成長にとって最良の条件を提供してやることである。宗教教育は宗派にとらわれてはならず、むしろ理神論の意味でのそれがなされるべきである。これをカント的にいえば、教会信仰ではなく純粋理性宗教こそが教育されなくてはならないということになろう。ところでルソーによると、人間は自由に生まれたが、しかし「いたるところで鎖につながれている」。現実を支配している不平等は、社会契約(contrat social)なるものによってのみ、人間の意志を「一般意志」に統合できる。なおルソーの『エミール』はカントの道徳哲学に決定的なインパクトを与えている。

(7) Sanabilibus aegrotamus malis, nosque *in rectum genitos natura*, si sanari velimus, adiuvat. (Seneca, *De Ira*, II, 13, 1)

(8) 二つの仮説　一つは道徳的悪への「頽落は、より邪悪なものへと急ぎ、加速度的に転落していく」とする世界の見方、もう一つは「世界は……拙劣なものからよりよきものへと、たえず……進んでいる」とする説のこと。

(9)　選言的命題 disjunktiver Satz　「選言的命題」あるいは「選言的判断」とは「SはAであるかBであるか、いずれかである」という図式で表される「命題」もしくは「判断」のことである。また「選言的推論」は次のような形式になる。「SはAであるかBであるか、いずれかである。SはAである(またはSはAではない)。ゆえにSはBではない(またはSはBである)。」

(10)　無記 adiaphora　キニクやストアに由来する。物や行為の仕方に関していわれるが、善悪の中間にあって、徳でも悪徳でもない、両者の「中間」を意味する。キニク派では、徳だけが善であり、拙劣なことが悪であるが、徳と拙劣なこと以外はすべて「無記」である。なお、エピキュロスは無記の存在を否定している。

(11)　寛容派 Latitudinarier　ラテン語の latitudo(広さ、幅、大きさの意)に由来する。「心の広い人々」ということであるが、教会史では宗教改革の教義のより自由な解釈を唱道した一七世紀イギリスの聖職者たちを指す。啓蒙期ではあらゆる宗派的な対立を克服した理性宗教の唱道者たち。

(12)　事実 Factum　ここでは意志的になされた行為という意味での「事実」のこと。

(13)　Friedrich von Schiller (1759–1805), *Über Anmut und Würde*, 1793　シラーは美についての理論を一七九〇年代のはじめに、カント哲学と対決しながら展開した。そしてそれを『カリアス書簡』(一七九三年)とならんで、『優美と尊厳』で論じている。この論文が書かれたのは一七九三年五月である。カントの『宗教論』の「第一編」にあたる『人間本性における根元悪について』が『ベルリン月刊誌』に掲載されたのは、九二年四月号においてであるが、シラーは九三年の復活祭に出版される『宗教論』がイェーナで印刷されたこともあって、その前半部(第一版序文、第一編、第二編か)の印刷が仕上がったのを、出版前の二月二八日の時点ではすでに読んでいた。しかも熱狂して読んだ旨、友人のケルナーに書き送っている(本書「解説」四二〇頁参照)。『優美と尊厳』では「道徳的優美」というシャフツベリーの概念をしりぞけて、「美しい魂」についての理論を展開し、優美を骨格の統計的な美しさと厳密に区別する。人間における「建築術的美」は全面的に自然の所産であるが、「優美は自由の影響下での形態の美であり、人格が規定する現象の美」である。つまり優美とは表情や身振りに美として現象してくる道徳的な質のことである。ここで問題になるのが道徳性であるが、これは理性支配という原理にもとづくのではなく

──カントから距離をとるのはこの点である──、むしろ理性と感性との自由で調和ある共働にもとづき、義務と傾向性との一致にもとづく。尊厳とは、感性にたいする理性の勝利が崇高さとして現象してくること、すなわち「崇高な心術の表現」である。シラーによると、これが起こるのは、理性と感性との調和ある総合が情熱の力で解消する場合である。

(14)『ターリア』Thalia　シラー編集の文学雑誌で、創刊号は『ライン・ターリア』(*Rheinische Thalia*)という名称。一七八五年に出たが、その後一七九一年までは『ターリア』という名で、九二年と九三年には『新ターリア』(*Neue Thalia*)の名で出ている。

(15)カルトゥジオ修道会 Kartäuser (カントの時代の表記では Karthäuser)　カトリックの一修道会。一〇八四年、グルノーブルでケルンのブルーノ(Bruno von Köln, 1030-1101)が創設。一一七六年、この教団の会憲は法王により裁可されている。„Memento mori"(死を忘れるな)を合言葉に、たえず死を意識しつつ生きることを目標とした隠棲修道士たちの集団。

(16)シラーは前掲書で、カントが道徳的行為の動因から傾向性一切を排除して、義務がなされるときはかならずや感性の抵抗がともなうと主張したことを批判している。「自由な傾向性」あるいは「義務への傾向性」ということをいい、義務を快活に「歓喜をもってなす」(mit Freude tun)ことが可能だと説くわけだが(第一編のための準備原稿、本書三〇八頁参照)、カント哲学に関してはその「厳格派ふう」もおおむね認めながらも『優美と尊厳』で次のように述べる。「カントの道徳哲学では義務の理念が厳格に講じられ、その厳格さはすべてのグラーツィエをおびやかせてその場から追いはらってしまうものであるが、それはまたややもすれば弱い悟性をして道徳的完全性を求めるに暗い修道士的な禁欲の道へと誘いかねないものである」。つまりカントの立場では、つねに Memento mori を念頭に置いていたカルトゥジオ修道会の修道士たちのように暗くて意気消沈し、不安げな態度でしか義務をなすことはできないと批判するのである。第二版で書き加えられたこの注全体は、このようなシラーの批判にたいするカントの反論であることはいうまでもない。

(17)モーセの十戒のこと。

(18)「崇高」(erhaben)とは卓越的にして巨大なもので、一切の卑小なものを超えて魂を高みに引き上げるようなものすべてのことをいう。カントによると、比較を絶する大きさなり力なりによって感覚器官の規準をすべて凌駕しているもの、あるいは比較を絶するほど大きくて高い目標によって意欲の規準をすべて凌駕しているもの一切のことである。カントは壮大さという

「数学的崇高さ」と、エネルギーの充塡という「力学的崇高さ」とを区別する。シラーは『崇高なものについて』(*Über das Erhabene*, 1793)において、崇高なものの体験が「一方では対象を捉えるには私たちが無力で限界づけられているという感情から、他方では、いかなる限界のまえでもたじろがず、私たちの感性的な力が屈服しているものを精神的に屈服させるような私たちの力強さの感情から育ってくる」のを見る。『判断力批判』本全集第8巻一一二頁以下参照。

(19)　グラーツィエ姉妹 Grazien　ギリシア神話ではカリテス。シラーは「優美とグラーツィエ」という表現を用いて、グラーツィエ姉妹の神話的表象を優美の象徴とする。

(20)　ヘラクレース Hercules　Herakles とも表記する。

(21)　ムサゲーテス Musaget　アポロンの呼び名の一つ。

(22)　ヘラクレースは「一二の仕事」を課せられる。

(23)　ウーラニアー Urania　精神的な愛の象徴としての Aphrodite(＝Venus) の別称。

(24)　ディオーネー Dione　ギリシア神話に出てくる女性巨人。ウラノスとガイヤの娘。

(25)　賢明さの規則 Klugheitsregel　仮言命法(「もし……を欲するならば、……すべし」)で表されるような意志規定のための規則ないし準則のこと。実践的必然性が認められるのは、主体が前件(「もし……を欲するならば」)の内容を意欲する場合だけである。したがって「賢明さの規則に違反してしまったことへの叱責」は、道徳性の欠如への慨嘆ではなくして、むしろ意志の実質的な規定根拠である幸福を獲得できなかったことへの「叱責」ということになる。要するに「自己愛」を満足させることのできなかったことへの嘆きである。――なお、「賢明さの規則」はそれ自体では道徳的に善だとはいえないが、しかし道徳法則に従属することで道徳性を獲得しうる。

(26)　格率の普遍的立法としての適性のたんなる表象 die bloße Vorstellung der Qualifikation ihrer Maximen zur allgemeinen Gesetzgebung　定言命法の内容は「格率」の「普遍的立法の原理」としての妥当性である。「君の意志の格率がつねに同時に普遍的立法の原理として妥当するように行為せよ」が『実践理性批判』で与えられた定式であった。したがって行為ないし生き方が道徳性を得るためには格率が普遍的立法としての「資格」(適性)をもたなくてはならない。その「たんなる表象」によって理性が選択意志を「無制約に」規定する能力をふくむことが「理性がそれ自身で実践的である」すなわち「純粋理性が実践的である」ということにほかならない。格率が普遍的立法としての「資格」ないし「適性」をもつか否かの規準は、それが「普遍的法則」として妥当することを、すなわち格率の「普遍的合法則性」を、私自身が意欲しうるか否かということである。『実践理性批判』は、理性がそれ自身で実践的であるということの証明をふくむ。理性を媒介的に使用することによる「実践的自由」の客観的実在性は、なんら理性的存在者の自由性を証明しない。理性がそれ自身で立法的であること、すなわち純粋理性の自律が証明されて、はじめて「超越論的自然専制」(B 477)を、つまり「自然の全能」論(同所)を、突破する自由の地平が開かれる。「超越論的自由の廃棄は、……あらゆる実践的自由を根絶するだろう」(B 562)というのは、このことである。

(27) すなわち、道徳法則により、超越論的意味での自由が意識される。前者は後者の「認識根拠」である。なぜなら、定言命法としての法則の意識は、私たちの純粋理性がその実践的使用において、自由であるということを前提してのみ可能だからである。すなわち、自由が道徳法則の「存在根拠」だからである。

(28) 他の動機にしか仕えることのできない理性　理論的認識を前提して、可能的経験の範囲内に欲求能力の対象を措定し、この欲求能力の充足をはかるために、媒介的に準則を指定するような理性の働きのこと(B 829;『判断力批判』本全集第8巻一六頁以下参照)。これは理性の他律にほかならないが、「経験により証明されうる」(B 830)とか「私たちは……経験をとおして認識する」(B 831)などといわれる「実践的自由」は、理性のこのような働きの性質だと考えることができる。

(29) 無制約に立法する理性　端的に立法的な、したがって自律的な理性の活動性。それゆえ厳密な「純粋理性」のこと。「純粋な実践的法則」は「純粋理性の所産」(B 828)である。このような理性の純粋活動性の性質が、超越論的意味での自由なのである。これが「廃棄」されるならば、実践的自由は「根絶」されるであろうし、人間的現存在は全面的に「自然の所産」だということになる。

(30) 傾向　精神的な「傾向」ないし「性癖」のこと。

(31) 欲　たとえば『コロサイの信徒への手紙』三・五で次のように用いられている。「だから、地上的なもの、すなわち、みだらな行い、不潔な行い、情欲、悪い欲望(concupiscentiam malam)、および貪欲を捨て去りなさい。」

(32) 情念 Leidenschaft　持続的な傾向性となった衝動で、一個の人間の考え方、感じ方、意欲のすべてを支配するものである。したがって「情動」と同じように人間を不自由にする。しかも後者よりも度合いが強く、また持続的でもある。カントはこれを消極的に評価しているが、しかし「情念」はエネルギー、意欲および活動性の主観的側面でもある。たとえばヘーゲルはいう。「情念なしに偉大なことがなし遂げられたことはないし、また、かかるものなくしてはそれはなし遂げられえないのである。」

(33)『ローマの信徒への手紙』七・一八「私は自分の内には、つまり私の肉には、善が住んでいないことを知っています。善をなそうとする意志はありますが、それを実行できないからです」。なお「ある使徒」とはパウロのこと。

(34) 定立にして　定立の形を取って、すなわち「定言的に」という意味。

(35) 仮定にして　仮定の形を取って、すなわち「仮言的に」という意味。

(36) 腐敗　「腐敗」にあたるドイツ語は Verderbtheit であるが、括弧内のラテン語とほぼ同じ意味である。

(37) 適法の legale　第二版序文訳注(10)参照。

(38) 精神 Geist　聖書で「霊」と訳されるのも、ドイツ語では Geist である。場合によっては「霊」と訳した箇所もある。

(39)『コリント信徒への手紙(二)』三・六「神は私たちに、新しい契約に仕える資格、文字ではなく霊に仕える資格を与えてくださいました。文字は殺しますが、霊は生かします」。

(40)『ローマの信徒への手紙』一四・二三「確信に基づいていないことはすべて罪なのです」。なお、第四編の「良心」の定義参照(第二部第四節、本書二四九頁)。

(41) 原罪　peccatum originarium はラテン語で、ドイツ語ではふつう Erbsünde、また Ursünde ともいう。キリスト教救済論の概念で、アダムとエバの原罪により人間が神から蒙った不興の状態。それはアダムとエバの子孫に、つまりすべての人間に受け継がれる状態であるが、このために死すべきこと、無知、欲望が人間に生じた。カトリックの理解では洗礼によりこの不興の状態から解放されるが、しかしこの状態のさまざまな結果(たとえば悪への性癖、個々の罪ある行いなど)から解放されるわけではない。プロテスタント神学では、原罪とは人間と神とのあいだの根本的に乱された関係であり、これは神の恩寵によってのみ克服されうる。いずれの神学的伝統においても「原罪」の概念には議論の余地がある。両性の性的結びつきと誕生とにより媒介される「相続」あるいは「遺伝」という過程はあまり適切なイメージではないし、「原罪」の概念により個人的な責任が悪にたいしても相対化されかねない危険があるからである。カントもアダムとエバからの「遺伝」により伝えられたとする「表象」ほど「不適切なものはない」(本書五三頁)と考えている。「原罪」すなわち「根元悪」は「外時間的」(außerzeitlich)な「行い」、「叡知的行い」という超越論哲学的概念を導入することで、私たち自身が「時間の外で」すでに犯してしまった罪、いまもまだ犯している罪というふうに理解できるようになり、個人的責任の相対化を回避できるようになる。

(42)　叡知的行い intelligibele Tat　ヌーメノンとしての人格の行い。したがって時空制約を超えた自由の行使である。もちろんこれが「現象的事実」を生み出す。

(43)　フェノメノン的事実　意志的になされた事実で経験的に認識されうるもの、いいかえれば「現象としての行為」。

(44)　「善の格率」が「悪への性癖そのものにおいては悪だと想定される」のは道徳法則と主観的格率との転倒が生じているからにほかならない。生き方の中核に自己愛が措定されている心術にとっては、それを打ち砕き、謙抑するような「善の格率」は感性的なレベルでの自己に損害を与えるから「悪だと想定される」。

(45)　Q. F. Horatius, *Satirae*, I, 3, 68. 誰も罪責なしに生まれてこない。Vitiis nemo sine nascitur.

(46)　根元悪 ein radikales Böse　形容詞 radikal には「根元」または「根元的」を、ursprünglich には「根源的」の訳語を当てることにする。ただし後者の名詞 Ursprung は「起源」と訳した。

(47)　トフォア島 Tofoa　南太平洋、トンガ諸島の一つの島。

(48)　サモア諸島 Navigatorsinseln　南太平洋、ポリネシア西部の火山島群。

(49)　ハーン Samuel Herne, 1745–92　ハーンは、キャプテン・クックによる三度目の北太平洋方面を探る大航海(一七七六—一八〇年)に同行した。そのおりクックは、クック、クリスマス、ハワイ諸島を発見、いったん、ベーリング海峡を越えてから、ふたたびハワイに帰り、原住民に殺されている。ハーンの報告は *Des Capitan J. Cook dritte Entdeckungsreise*, übers. von Forster, 1798 で伝えられている。カントが取り上げているのは、同書五四頁以下。

(50)　ラ・ロシュフコー(La Rochefoucauld, *Maximes*, No. 583 : Dans l'adversité de nos meilleurs amis, nous trouvons toujours quelque chose qui ne nous déplaît pas.)——「親友が逆境に陥った時、われわれはきまって、不愉快でない何かを見出す」(岩波文庫『ラ・ロシュフコー箴言集』二宮フサ訳、一五六頁)。

(51) 千年至福説 Chiliasmus　千年間にわたる至福の王国、すなわち世界の終わりに先立つ地上でのキリストの支配への信仰。『ヨハネの黙示録』(二〇・四)を引き合いに出すわけだが、すでにオリゲネスがこれに反対している。他方、アウグスティヌスは千年王国はすでにキリストからはじまっていると説く。中世にも千年至福説がいろいろな形で復活しており、近世でもピエティズムや神智学において復活している。今日でもこれを説くセクトがある(たとえば、「エホバの証人」)。これが「神学的千年至福説」であるが、「哲学的」なそれとは、たとえばカントが『永遠平和のために』で提起した国際連邦ないし国家連合の類であろう。

(52) アラタペスカウとフンツリッペンの両インディアン Arathapescau- und Hundsribben-Indianer　詳細は不明。

(53) このような怪物 dieses Ungeheuer　ホッブズの『リヴァイアサン』は、国家を旧約聖書の『ヨブ記』に出てくるリヴァイアサン(Leviathan)またはレヴィナタンという「怪物」になぞらえている。

(54) いずれの動機も beide　「感性的動機」も「知性的動機」も、どちらか一方だけだと、それだけで意志規定に十分だと理性的存在者は思うであろう。

(55) 緒言 Einleitung　「緒言」と題した件《くだり》は見あたらないが、「第一編」のI節(「人間本性のうちなる善への根源的素質について」)に入る前の部分を、第一編の「緒言」と理解しているのであろう。

(56) 悪意の欺き　ドイツ語では böswillige Täuschung。いわゆる自己欺瞞のこと。

(57) A版第六巻の巻末注で、ヴォバミンは、イギリスの政治家チェスターフィールド伯(Earl of Chesterfield 本名 Philip Dormer Stanhope, 1694–1773)の *Letters to His Son* のなかの言葉としている。一七七四年独訳が出版されており、その第二巻一四八頁が当該箇所だとしている。——しかしV版『たんなる理性の限界内の宗教』の編集者フォアレンダーは、チェスターフィールド伯ではなく、長期にわたってイギリスの首相を務めたロバート・ウォルポール(Robert Walpole, 1676–1745)のことだとしている。なお、「価格」(Preis)は「もの」(Sache)にかかわり、「人格」にはかかわらない。「人格」にのみかかわって、けっして「もの」にはかかわらない「尊敬」とは逆である。したがってこの言表は、人間的現存在が全面的に「もの」であって、「道具」ないし「手段」としての値打ち、ないし価格により測られうるものであることを前提している。いいかえれば、人格としての、自由の主体としての、理性的存在者の絶対的価値、すなわち尊厳を視野に入れていないか、あるいは積極的にそれを否定している。

(58)　『ローマの信徒への手紙』三・九―一〇「では、どうなのか。私たちには優れた点があるのでしょうか。全くありません。すでに指摘したように、ユダヤ人もギリシア人も皆、罪の下にあるのです。次のように書いてあるとおりです。「正しい者はいない。一人もいない」」。

(59)　「前節」とは第一編Ⅱ「人間本性のうちなる悪への性癖について」のこと。

(60)　「可感的」(sensibel)という語が用いられている。ふつう「叡知的」(intelligibel)に対置されるのは、「感性的」(sinnlich)(たとえば「規定」に関して)とか、「経験的」(empirisch)(たとえば「性格」に関して)といった表現であるが、行為の実証的側面、すなわち現象としての側面を強調するため、中世以来用いられている「可感的」の語が用いられたのであろう。また、「感性的行い」といえば、感性的な動機を格率に採用し、それにより欲求能力を規定するという、「叡知的な行い」と誤解される可能性もあり、これを回避したのであろう。

(61)　オウィディウス(Publius Ovidius Naso, B.C. 43–ca. A.D. 17)の *Metamorphoses*, XIII, 140. — genus et proavos et *quae non fecimus ipsi*, vix ea nostra puto.

(62)　『創世記』二・一六―一七「主なる神は人に命じて言われた。「園のすべての木から取って食べなさい。ただし、善悪の知識の木からは、決して食べてはならない。食べると必ず死んでしまう」」。

(63)　『創世記』三・六「女が見ると、その木はいかにもおいしそうで、目を引き付け、賢くなるように唆していた。女は実を取って食べ、一緒にいた男にも渡したので、彼も食べた」。

(64)　Mutato nomine de te fabula narratur. Horatius, *Satirae*, I, 1, p. 9.

(65)　『ローマの信徒への手紙』五・一二「このようなわけで、一人の人によって罪が世に入り、罪によって死が入り込んだように、死はすべての人に及んだのです。すべての人が罪を犯したからです」。

(66)　たとえばシェリングは次のようにいっている。「人間は、たとえ生まれ落ちるのが時間のなかであるにしても、しかし創造の始源(中心)に創られている。彼の生命は時間のなかでは行いにより規定されているが、行いそのものは時間に属しているのではなく、永遠に属している。行いは時間のうえからも生命に先立つものではなく、その本性からいって一つの永遠の行いとして時間を貫いてある(時間に捕らえられることなく)。行いによって人間の生命は創造の始源に達するのである……。」

(67)『創世記』三・四―五「蛇は女に言った。「決して死ぬことはない。それを食べると目が開け、神のように善悪を知るものとなることを神はご存じなのだ」」。

(68)『ヨハネによる福音書』八・四四―四五「あなたたちは悪魔である父から出た者であって、その父の欲望を満たしたいと思っている。悪魔は最初から人殺しであって、真理をよりどころとしていない。彼の内には真理がないからだ。悪魔が偽りを言うときは、その本性から言っている。自分が偽り者であり、その父だからである。しかし私が真理を語るから、あなたたちは私を信じなさい」。

(69)『マタイによる福音書』七・一七―一八「すべて良い木は良い実を結び、悪い木は悪い実を結ぶ。良い木が悪い実を結ぶことはなく、また、悪い木が良い実を結ぶこともできない」。

(70)自然的傾向性の下女 Dienerin der natürlichen Neigung　理性が端的にそれ自身で立法的であるのではなく、媒介的・他律的にのみ意志に原理を与えるという側面に着目して、このような表現をしている。すなわち、理性は幸福追求のための、つまり傾向性を満足させるための、手段ないし道具だと想定されるならば、「自然的傾向性の下女」になりさがるというのである。道徳法則への尊敬以外の「他の動機にしか仕えることのできない理性」のことである(第一編I節、本書三七頁、さらに訳注(28)参照)。

(71)「ところで自己自身への満足感という意味での理性的愛というのは、二通りに理解でき」る　原文は Eine vernünftige Liebe des Wohlgefallens an sich selbst kann nun *entweder* so verstanden werden, daß ... と続く(イタリックは訳者による)。entweder は oder とともに二者択一を表すのに、ないし選言命題を形成するのに用いられる。したがって entweder の語が発せられるとかならずや oder がその後のどこかにこなくてはならない。しかしこの脚注内にはそれはない。これは文法的にも論理的にもありえないことである(第一版序文訳注(1)参照)。訳文中「しかし〔もうひとつの〕……」の箇所が Allein(しかし)ではじまっており、文法的には無理があるにしても、内容的にこれが entweder に対応する oder の機能を果たしていると理解する。

(72)この点に関してはフィヒテ前掲書(邦訳)一六頁以下参照。

(73) フェノメノンの徳、ヌーメノンの徳　第二版序文訳注(11)参照。

(74) 『ヨハネによる福音書』三・五―七「イエスは言われた。「はっきり言っておく。だれでも水と霊とによって生まれなければ、神の国に入ることはできない。肉から生まれたものは肉である。霊から生まれたものは霊である。「あなたがたは新たに生まれねばならない」とあなたに言ったことに驚いてはならない」」。

(75) 『創世記』一・二「地は混沌であって、闇が深淵の面にあり、神の霊が水の面を動いていた」。

(76) 『エフェソの信徒への手紙』四・二〇―二四「しかしあなた方は、キリストをこのように学んだのではありません。キリストについて聞き、キリストに結ばれて教えられ、真理がイエスの内にあるとおりに学んだはずです。だから、以前のような生き方をして情欲に迷わされ、滅びに向かっている古い人を脱ぎ捨て、心の底から新たにされて、神にかたどって造られた新しい人を身に着け、真理に基づいた正しく清い生活を送るようにしなければなりません」。――『コロサイの信徒への手紙』三・八―一〇も。

(77) 『マタイによる福音書』七・一三「狭い門から入りなさい。滅びに通じる門は広く、その道も広々として、そこから入る者が多い。しかし命に通じる門はなんと狭く、その道も細いことか。それを見出す者は少ない」。

(78) 「善の道にある」(sich auf dem guten Wege)のは「今」であるが、「道」の最終地点に到達していない以上、「今」自分が歩む「道」は死をも超えて聖性にいたる道なのだという希望である。なお、「希望」は「知」「当為」とならんで、批判哲学の根本的な骨組みをなす。「私は何を知ることができるのか」「私は何をなすべきなのか」「私は何を希望することが許されるのか」(『純粋理性批判』「方法論」、「純粋理性のカノン」第二章 B 832 f.、また『論理学』A IX, 25 参照)。

(79) 『ルカによる福音書』一七・九「命じられたことを果たしたからといって、主人は僕《しもべ》に感謝するだろうか。あなた方も同じことだ。自分に命じられたことをみな果たしたら、「私どもは取るに足りない僕です。しなければならないことをしただけです」と言いなさい」。

(80) フィヒテも『啓示とは何か』で同じ見解を述べている。前掲邦訳、二〇頁参照。

(81) 神的な素性を告知する素質　『使徒言行録』一七・二八で、パウロはアテネ人たちに次のように語っている。「皆さんのうちにある詩人たちも、「我らは神のなかに生き、動き、存在する」、「我らもその子孫である」と、言っているとおりです。」

カントにあって、私たち理性的存在者が感性的自然と非連続的であって、神の種族に属することの証明は、自由概念の実在性に求められる。たとえば『遺稿』では次のようなメモが見受けられる。「自由概念の実在性はそれゆえ直接的に(直に)ではなく、間接的に中間原理を通して立証され、証明されうる。〃一なる神がある〃という命題も同様である。すなわち人間の道徳的実践理性において、人間のあらゆる義務を(あたかも)神の命令(であるかのごときもの)として認識することにおける人間の規定が〔立証され、証明されうるのである〕。〈すなわち使命および素質に関しては、私たちは根源的に神の種族に属する〉。そして自由という、私たちにも把握できない能力が無限に……〔脱文〕の領域に私たちを立てる……」(A XXI, 30)。末尾の……〔脱文〕の部分には「感性的自然の外」ないし「感性界の外」を補って考えるとよい。ちなみにフィヒテは前掲書で次のように述べている。「このこと、言葉を換えれば、法則の定言的なもの、すなわち端的に無制約で制約づけえないものは、私たちの一層高次の起源を指し示している。すなわち私たちの精神的素性を指し示しているのである。――それは、私たちの内なる神的なものである。そして私たちが神の子孫であることの証である。」

(82)　ローマの風刺詩人ユヴェナリス(Decimus Iunius Iuvenalis, 58-67?-127)の *Satire*, 8, 80 f. からの引用。Phalaris licet imperet, ut sis falsus et admoto dictet periuria tauro. ――なお、ファラリスはシチリアのアクラガスの人で、紀元前五七〇年頃僭主となって、一六年間にわたって統治した。暴君的僭主の典型とされる。「牝牛」は偽証や偽誓を強いるための拷問道具で、中空の青銅でできており、囚人をそこに入れて火をつけた。

(83)　教義学 Dogmatik　キリスト教教会の神学で教義(Dogmen)に関する学問的研究。教義を探求し表現して、教会の信仰内容を理解しようとする。もちろん無前提にというわけではなく、教義のうちに表現された真理に拘束されている。なお「教義」(Dogma)は古代哲学ではもともと確立した定理ないし命題という意味であったが、宗教的な信仰命題が、とくにカトリック教会では、拘束力をもった基礎的な信仰真理を定式化した命題が、「教義」と呼ばれる。

(84)　修徳論 Asketik　カトリック教会の理解ではキリストの完全性に向かう努力についての神学的規律のこと。

(85)　たんなる祭祀だけの宗教 Religion des bloßen Kultus　いうまでもなく「祭祀」のない宗教はない。したがってカントが「祭祀」一般を否定しているというふうに理解すべきではないであろう。むしろ、「霊」の伴わない、また自己の改善を志向しない「祭祀」のことをこの表現により言い表そうとしている。

(86)『ルカによる福音書』一九・一二―一六「イエスは言われた。「ある立派な家柄の人が、王の位を受けて帰るために、遠い国へ旅立つことになった。そこで彼は十人の僕を呼んで、十ムナの金を渡し、「私が帰ってくるまで、これで商売しなさい」と言った。しかし国民は彼を憎んでいたので、後から使者を送り「我々はこの人を王にいただきたくない」と言わせた。さて、彼は王の位を受けて帰って来ると、金を渡しておいた僕を呼んで来させ、どれだけ利益を上げたかを知ろうとした。最初の者が進み出て、「ご主人様、あなたの一ムナで十ムナもうけました」と言った。」

(87)付録 Parerga　これについては『判断力批判』第一部第一編第一章「美しいものの分析論」第一四節(本全集第8巻八六頁)、また『人倫の形而上学』第二部「原理論の結語」(A VI, 473)を参照されたし。なお Parerga は複数形で、単数形は Parergon。

(88)照明説　Illuminarismus または Illuminationstheorie ともいう。「知的照明」と訳したのは Verstandeserleuchtung。いずれもラテン語の illuminatio に由来する。アウグスティヌスによると、「神の言葉は真の光であって、これは人間をすみずみまで照明する」(『告白』)。アウグスティヌスやボナヴェントラなどの考えでは、完全な霊的認識には、人間の認識力のほかに、神の霊的な光による特別の照明が属している。この照明により、人間は永遠の真理の「見」に到達する。

(89)「魔術」としたのは Thaumaturgie――ギリシア語の $\theta\alpha\tilde{\upsilon}\mu\alpha$(奇跡)+ $\dot{\varepsilon}\rho\gamma\varepsilon\iota\nu$(する)に由来する。なお Thaumaturg は「奇跡を行う人」の意。

校訂注

二五2　「あるいは人間本性のうちなる根元悪について」は『ベルリン月刊誌』にはなく、原著第一版での加筆。

二八4　A版、C版、V版ともに「自然原因」(Natururšachen)となっているが、W版では「自然的事物」(Natursachen)を採っている。しかし『ベルリン月刊誌』では前者。

三一2　「その人の」(desselben)は第二版での加筆。

三三17　個々の人間 den einzelnen　『ベルリン月刊誌』および第一版では「すべての個人」(jeden einzelnen)。

三七8　根源的である sind ursprünglich　『ベルリン月刊誌』では「根源的でもある」(sind *auch* ursprünglich)。

三七15　「習性的欲望」はドイツ語では habituelle Begierde。ラテン語の concupiscentia は第二版での加筆。

四〇12　この法則がそれだけで dieses für sich allein　A版、C版はこれを採り、V版、W版では「この法則だけが」(dieses allein)となっている。

四二13　その時々の gelegenheitliche　第一版、第二版では gelegenheitliche でA版もこれによる。しかしC版、V版、W版では gelegentliche とする。

四三13　腐敗した verderbter　『ベルリン月刊誌』では verderblich、第一版では verdorbener となっている。

四七8　その wovon　第一版では wovon。第二版では worin(そこにおいて)となっているが、これは誤植であろう。

五五13　「そうだとすれば……なってしまおうからであるが」はC版では括弧でくくられている。

五五16　まっすぐに geradezu　『ベルリン月刊誌』では、こうなっているが、第一版、第二版では gerade となっている。W版だけが後者を採っている。

五八1　人間よりも崇高な　たんに erhabnerer であるが、「人間よりも」を補う。なお、第二版では比較級ではなく、erhabener となっているが、カント自身、手書きでこれを訂正している。

五九1　「一般的注解」は第一版では、これまでのⅣ節に続いて、「V」節と表示されている。

六〇16　ともに　原語は beide だが、第二版では「もまた」auch となっている。こちらを採れば、「理性的でなくてもならない」となる。

六二9　根源的善は、義務を遵守するに際しての、もっぱら義務からくる格率の聖性であり　『ベルリン月刊誌』では、「根源的な善は、義務を遵守するに際しての格率の聖性である」となっており、A版を除く各版はこれを採っている。

六三6　しかし誰かが……叡知的性格が有徳になるなら　実はこれは名詞文で Daß aber jemand nicht bloß ein gesetzlich, sondern ein moralisch guter ... Mensch, d. i. tugendhaft nach dem intelligiblen Charakter (virtus Noumenon), werde となっているが、第一版では、不定法の状況語で Um aber nicht bloß ein gesetzlich, sondern ein moralisch guter ... Mensch, d. i. tugendhaft nach dem intelligiblen Charakter (virtus Noumenon) zu werden となっている。

六六12　そして　第二版ではこの und は削除されている。

哲学的宗教論 第二編

訳注

(1)「徳」に当たるギリシア語は ἀρετή ラテン語は virtus。ギリシア語の ἀρετή はあらゆる種類の「よさ」「卓越」を表すが、ラテン語の「男」を意味する vir から派生した「徳」virtus と同じように、ホメロスでは「男らしさ」「勇気」「武勲」などを、また「男性美」とか「威厳」などを意味するらしい。

(2) 無担保の財　ローマ法の概念で、「原状のままの物」ないし「完全な物」の意味。

(3) かの道徳性の気高い原理　いうまでもなくストアの道徳性の原理のこと。

(4) 敵対者　傾向性とは別の敵対者、すなわち人間の心情の邪悪さのこと。

(5)「かの教父」とはアウグスティヌスのこと。しかし「光り輝く悪徳」という言葉の典拠は示せない。virtutes gentium splendida vitia ——「異邦人達の徳は光り輝く悪徳である。」なお、この一文がアウグスティヌスに帰せられることに関しては、茂泉昭男『輝ける悪徳』(教文館、一九九八年)二〇三頁以下参照。

(6)『実践理性批判』「弁証論」第一部、第二編、第二章、第九節(本全集第7巻三二三頁以下)参照。

(7)『エフェソの信徒への手紙』六・一二「私たちの戦いは、血肉を相手にするものではなく、支配と権威、暗闇の世界の支配者、天にいる悪の諸霊を相手にするものなのです」。

(8) 直観的 anschaulich　ここでは「具象的に」「わかりやすく」といったほどの意味。

(9) この箇所の典拠は不明である。

(10)『ヨハネによる福音書』一・一—三「初めに言《ことば》があった。言は神と共にあった。言は神であった。この言は、初めに神と共にあった。万物は言によって成った。成ったもので言によらずに成ったものは何ひとつなかった」。『コロサイの信徒への手紙』一・一六「天にあるものも地にあるものも、見えるものも見えないものも、王座も主権も、支配も権威も、万物は御子において造られたからです。つまり、万物は御子によって、御子のために造られました」。

(11)『創世記』一・三「神は言われた。「光あれ。」こうして、光があった」。

(12)『ヘブライ人への手紙』一・三「御子は、神の栄光の反映であり、神の本質の完全な現れであって、万物をご自分の力ある言葉によって支えておられますが、人々の罪を清められた後、天の高い所におられる大いなる方の右の座にお着きになりました」。

(13)『ヨハネの手紙(一)』四・一〇「私たちが神を愛したのではなく、神が私たちを愛して、私たちの罪を償ういけにえとして、御子をお遣わしになりました。ここに愛があります」。

(14)『ヨハネによる福音書』一・一二「しかし、言《ことば》は、自分を受け入れた人、その名を信じる人々には神の子となる資格を与えた」。

(15)原像 Urbild　道徳法則を前方に投射することにより獲得される実践的理念。意志が道徳法則に完全に適合した状態、したがって「聖性」の理念であるが、ここではいうまでもなく、福音書の聖者、すなわちイエス・キリストを指す。しかしこの「原像」そのものが前方に投射され、それによってイエスがまことにキリストであったことが判定されるわけだから、道徳法則がより根源的な「原像」として、私たちのうちになければならない。なお、Theodore M. Green & Hoyt H. Hudson の英訳、および J. Gibelin の仏訳では、ともに archetype および l'archétype という訳語が当てられている。またカントも『実践理性批判』では、urbildliche Natur の語に natura archetypa というラテン語を補っている。が、本書では「原型」とはしない。

(16)ここでは「理想」と「理念」の語は厳密に区別されず、ほぼ同義で用いられている。自由、不死、神が理念とされ、なかでも神はとくに「理想」と呼ばれた。また派生的最高善である「神の国」と根源的最高善である「神」が理想とされる。

(17)『ヨハネによる福音書』一・一四「言《ことば》は肉となって、私たちのあいだに宿られた」。

(18)イエス・キリストの時間内での諸々の事実、すなわち、誕生から受苦、さらには復活、昇天にいたるまでの事実一切、そのうえそうした諸々の事実をなしていった心術の純粋さは、「生来悪い人間」が「自ら悪を脱却し、聖性の理想にまで高まる」ことの結果だとも考えることができるし、逆に「理想」の方が、つまり神が人間性にまで降りてきたのだとも考えることができる。しかしいずれにしても、それは私たちには理解できない。

(19)　ヴォバミンは次のように指摘している。「教義的キリスト学は、『フィリピの信徒への手紙』二・六以下によって、二つの〝身分〟を区別する。へりくだられた身分と高められた身分である(status exinationis, status exaltationis)。」ちなみに『フィリピの信徒への手紙』の当該箇所には次のように書かれている。「キリストは、神の身分でありながら、神と等しい者であることに固執しようとは思わず、かえって自分を無にして、僕の身分になり、人間と同じ者になられました。」

(20)　『マルコによる福音書』一・一二―一三「それから、〝霊〟はイエスを荒れ野に送り出した。イエスは四十日間そこにとどまり、サタンから誘惑を受けられた。その間、野獣と一緒におられたが、天使たちが仕えていた」。ほかにも『マタイによる福音書』四・一―一一、『ルカによる福音書』四・一―一三参照。

(21)　忠実な学《まね》びにより in treuer Nachfolge　ドイツ語の Nachfolge はラテン語では imitatio である。「キリストの学《まね》び」imitatio Christi は Nachfolge Christi とドイツ語に訳される。なおトマス・ア・ケンピスの著作とされる『キリストにならいて』は、教化的な作品であるが、敬虔な生き方をするように、また活動的に隣人愛を実践するように説いている。

(22)　客観的必然性　実践的意味での「必然性」とは、表象内容に当為の意識が伴っていること、すなわちそれが拘束性をもって表象されるということである。「客観的」とはすべての理性的存在者に妥当するという意味である。

(23)　自然的な人間 natürlicher Mensch　イエス・キリストはマリアが聖霊により懐胎し、超自然的にお生まれになった、とキリスト教では信じられている。そのような「超自然的な人間」とはちがい、肉により生まれてきたふつうの人間という意味である。神の全能を前提すれば、つまり神の全能を真に信じるならば、イエス・キリストの処女懐胎はあってもよいはずで、このことも res fidei(信仰の事柄)に算入されうるはずであるが、この点カントはどちらかといえば、否定はできないがという程度の、消極的な見解を表している。それは、この想定を受け入れることによる実践的観点での利益が乏しいと考えられているからである。本書第二編、第二章では『新約聖書』の記述にもとづくこの想定を「理性の一個の理念」としている(本書一〇九頁)。

(24)　ハラー Albrecht von Haller, 1708-1777　カントの引用句は「禍の起源について」(*Über den Ursprung des Übels*, 1734)という詩に含まれている。「神は強制を好まれず、欠陥のある世界の方が意志なき天使たちの国よりもよい。」

(25)『ヨハネによる福音書』三・一六「神は、その独り子をお与えになったほどに、世を愛された」。

(26) 別の箇所　『純粋理性批判』「超越論的弁証論」、「第四アンチノミーのための注」――A III, 318; B 487。

(27)『ヨハネによる福音書』八・四六「あなたたちのうち、いったい誰が、私に罪があると責めることができるのか」。

(28)『ペトロの手紙(一)』一・一四―一六「無知であったころの欲望に引きずられることなく、従順な子となり、召し出してくださった聖なる方に倣って、あなた方自身も生活のすべての面で聖なる者となりなさい。「あなた方は聖なる者となれ。私は聖なる者だからである」と書いてあるからです」。また『レビ記』一一・四四「私はあなたたちの神、主である。あなたたちは自分自身を聖別して、聖なる者となれ。私が聖なる者だからである」。同一九・二「あなたたちは聖なる者となりなさい。あなたたちの神、主である私は聖なる者である」。

(29)「回心」としたのはSinnesänderung。Green & Hudson の英訳では、ドイツ語を文字通り訳して、change of heart の表現を用いている。一方、Gibelin の仏訳では une conversion としている。Sinnesänderung をラテン語で言うと、気分に関しては animi commutatio(心術の変化)となり、性格に関しては morum commutatio(態度ないし姿勢の変化)である。後の方の意味があるので、フランス語訳にしたがいこのように訳す。

(30)『マタイによる福音書』六・三三「なによりもまず、神の国と神の義を求めなさい。そうすれば、これらのものはみな加えて与えられる」。また『ルカによる福音書』一二・三一も。

(31)『ローマの信徒への手紙』八・一六「この霊こそは、私たちが神の子供であることを、私たちの霊と一緒になって証《あかし》してくださいます」。

(32)『フィリピの信徒への手紙』二・一二「だから、私の愛する人たち、いつも従順であったように、私が共にいるときだけでなく、いない今はなおさら従順でいて、恐れおののきつつ自分の救いを達成するように努めなさい」。

(33)「聖霊」と訳したのは Tröster、「弁護者」と訳したのは Paraklet。どちらも「慰め手」という意味で、しかもどちらも「聖霊」の意味で用いられる。また「弁護者」は聖書でしばしば聖霊の比喩的表現として用いられる。いずれにしてもカントは「聖霊」の実在的解釈を避けている。

(34) Francis Moore, *A new general collection of voyages and travels*, 1745. 一七四八年、シュヴァーベ(G. J. Schwabe)の独

訳が出ている。

(35)　信経《シンボル》 Symbol　簡潔に再現された思想または考え方で、キリストを「よき牧舎」「神の羊」をもって表す。これには「使徒信経」(Credo)、「信仰宣言」などもふくまれよう。典礼上のシンボルには、火、水、油などがあり、典礼芸術上のシンボルにはキリストの組み合わせ文字、四福音書のそれがある。

(36)　ここで「普遍的原則」というのは個人の「指導原理」とでもいうべきものである。たとえば本書第一編、二七頁でいわれている人格の「根底にある悪い格率」のこと。

(37)　『イザヤ書』一一・三「彼は主を畏れ敬う霊に満たされる。／目に見えるところによって裁きを行わず／耳にするところによって弁護することはない」。

(38)　『ローマの信徒への手紙』六・六「私たちの古い自分がキリストと共に十字架につけられたのは、罪に支配された体が滅ぼされ、もはや罪の奴隷にならないためであると知っています」。また『ガラテヤの信徒への手紙』五・二四「キリスト・イエスのものとなった人たちは、肉を欲情や欲望もろとも十字架につけてしまったのです」。

(39)　いうまでもなく、「救い主」は父、「御子」は子、「弁護人」とは聖霊である。

(40)　『創世記』三・一六―一九「神は女に向かって言われた。「お前のはらみの苦しみを大きなものにする。お前は、苦しんで子を産む。お前は男を求め、彼はお前を支配する」。神はアダムに向かって言われた。「お前は女の声に従い、取って食べるなと命じた木から食べた。お前のゆえに、土は呪われるものとなった。お前は生涯食べ物を得ようと苦しむ。お前に対して土は茨とあざみを生えいでさせる、野の草を食べようとするお前に。お前は顔に汗を流してパンを得る、土に返るときまで。お前がそこから取られた土に。塵にすぎないお前は塵に返る」」。

(41)　デーヴァ Dewas(あるいはDeva)　ヒンズー教の「悪神」。ヴェーダでは多神教的な神々を指していたが、後にIsh-vara と呼ばれる最高神に従属するものとなった。

(42)　マールブランシュ　Nicolas de Malebranche 1638-1714, De la recherche de la vérité, où l'on traitte de la nature de l'esprit de l'homme, et de l'usage qu'il en doit faire pour éviter l'erreur dans les sciences (1674-1678), Livre IV, Chapitre XI.

(43) 罪なしとされるという理念　原語は die Idee einer Rechtfertigung。なお Rechtfertigung は「義認」とも訳すが、神により「義とされること」。カトリック神学では罪人が洗礼その他の秘跡により信仰を内容的に受け入れることで恩寵の状態にまで高められることを指す。プロテスタント神学では神が純粋な恩寵から人間に向かうこと。

(44)『マタイによる福音書』五・二五―二六「あなたを訴える人と一緒に道を行く場合、途中で早く和解しなさい。さもないと、その人はあなたを裁判官に引き渡し、裁判官は下役に引き渡し、あなたは牢に投げ込まれるにちがいない。はっきり言っておく。最後の一クァドランスを返すまで、決してそこから出ることはできない」。

(45) 良心に阿片 Opium fürs Gewissen　カントは、なすべき善、修復すべき負い目を残したまま臨終を迎えた者に、聖職者が「(あなたは)速やかに神の意にかなう人間に造りなおされるのだ」(本書九三頁原注参照)と慰めることを、「阿片」を与えることだとして、非難している。なお、マルクスは『ヘーゲル法哲学批判序説』で次のように述べている。「宗教上の悲惨は、現実的な悲惨の表現でもあるし、現実的な悲惨にたいする抗議でもある。宗教は抑圧された生きものの嘆息であり、非情な世界の心情であるとともに、精神を失った状態の精神である。それは民衆の阿片である」(岩波文庫『ユダヤ人問題によせて・ヘーゲル法哲学批判序説』城塚登訳、七二頁)。

(46)『創世記』一・二八「神は彼らを祝福して言われた。「産めよ、増えよ、地に満ちて地を従わせよ。海の魚、空の鳥、地の上を這う生き物をすべて支配せよ」」。

(47)「措置」の原語は Anordnung。ここではユダヤの統治形式をさすが、善の原理を守るために神がモーセをとおして与えたさまざまな「措置」や、それにもとづく各指導者の「配置」の仕方、要するにイスラエルの民の体制のこと。

(48) 引用文は、„an dem der Fürst dieser Welt also keinen Teil hatte.“『ヨハネによる福音書』一四・三〇「もはや、あなた方と多くを語るまい。世の支配者が来るからである。だが、彼は私をどうすることもできない」。

(49)『マタイによる福音書』四・八―九「さらに、悪魔はイエスを非常に高い山に連れていき、世のすべての国々とその繁栄ぶりを見せて、「もし、ひれ伏して私を拝むなら、これをみんな与えよう」と言った」。

(50)『ヨハネによる福音書』一・一一―一二「言《ことば》は、自分の民の所へ来たが、民は受け入れなかった。しかし、言は、自分を受け入れた人、その名を信じる人々には神の子となる資格を与えた」。

(51)『テトスへの手紙』二・一四「キリストが私たちのために御自身を献げられたのは、私たちをあらゆる不法から贖い出し、良い行いに熱心な民を御自分のものとして清めるためだったのです」。

(52) シャルルヴォア Pierre François Xavier de Charlevoix, 1682-1761　ジェスイット派の神父でカナダを探検した。一七〇九年、カナダに渡り、一七二〇—二二年、五大湖地方を経てミシシッピ川を下り、探検しつつ布教した。著書に、『新フランスの歴史と事情』(*Histoire et description générale de la Nouvelle-France*, Paris 1744, 3 vols.)、『日本切支丹史』などがある。

(53) イロケーゼ人は北アメリカに住み、イロケーゼ語を用いるインディアンの一族。

(54) 後成説 Epigenesis　解剖学者、ヴォルフ(C. F. Wolff)が唱えた有機体発生理論。前成説(Präformationstheorie)にたいして Postformationstheorie ともいわれ、今日では一般的に認められた説。この説によると、有機体は受精卵細胞から生物へと、一連の多様な細胞分化現象を経由して発達しなくてはならない。

(55) 包み込み Einwickelung　具体的内容は不明。

(56) バールト Karl Friedrich Bahrdt, 1741-1792　いわゆる通俗的合理論のもっともポピュラーな、とはいえあまり威厳のない唱道者。当該箇所については、*System der moralischen Religion zur endlichen Beruhigung für Zweifler und Denker. Allen Christen und Nichtchristen lesbar*, Berlin 1787, Kap. IX, X 参照。イエスの権威については、同書六四頁で次のように要約されている。「まことに何人もかくも自由に自らの運命を選び取ったことはなかったし、真理のいかなる殉教者もかくも意図的に自らの処刑を準備したことはなかった。そしてここで、いかなる人間もイエスほど本来的には人間性の目的そのもののために、自らを犠牲に供したものはいないということに、身のすくむほど驚嘆して、それを告白しない魂は、無情な魂であるにちがいない。」

(57)『ヴォルフェンビュッテル断片』の筆者 Der Wolfenbüttelsche Fragmentist　『ヴォルフェンビュッテル断片』とは、理神論者ライマルス(Hermann Samuel Reimarus)が著した『神の理性的な崇敬者たちのための弁明もしくは彼らを支持する書』(*Apologie oder Schutzschrift für die vernünftigen Verehrer Gottes*)で、ライマルスの死後、レッシングが『歴史と文芸のためのヴォルフェンビュッテル論集』(一七七四—七七)に、『ヴォルフェンビュッテルの無名の人の断片』という標題で公刊した部分のことである。したがってその「筆者」はライマルスということになる。――ライマルスによると、理性が宗教の基礎であり、宗教は心の安らぎにおける理性の充実である。そのために、啓示宗教による妥当性の権利請求が事実上、相対化されて、歴史的信仰であるキリスト教の教義よりも、理性にもとづく自然宗教に力点が置かれることになる。そこから、歴史的なキリスト・イエスの行動に関しても、カントの叙述からも明らかになるように、あまりにも人間的な意図を差し挟んだ形での解釈が生じうるのである。

(58)『ルカによる福音書』二二・一九「それからイエスはパンを取り、感謝の祈りを唱えて、それを裂き、使徒たちに与えて言われた。「これは、あなた方のために与えられる私の体である。私の記念としてこのように行いなさい」」。

(59) 過越祭 Ostern　モーセ率いるイスラエル人をエジプトから救出するために、神はエジプト人の長子と家畜の初子の生命を奪ったが、イスラエル人は子羊の血を家の一部に塗り、その禍を免れた。殺してまわる天使は子羊の血を塗った家だけを「過ぎ越し」ていったのを記念して祝った。キリスト教では、「復活祭」のこと。

(60) この世の支配者　『ヨハネによる福音書』一二・三一「今こそ、この世が裁かれる時。今、この世の支配者が追放される」。同一四の三〇「もはやあなた方と多くを語るまい。世の支配者が来るからである。だが、彼は私をどうすることもできない」。同一六・一一「また、裁きについてとは、この世の支配者が断罪されることである」。

(61) サタンの策略　フランス語 fausseté の後にドイツ語の同義語 Satanslist と記されているが、これは訳出しなかった。

(62)『マタイによる福音書』一六・一八「私も言っておく。あなたはペトロ。私はこの岩の上に私の教会を建てる。陰府《よみ》の力もこれに対抗できない」。

(63)『マルコによる福音書』九・四〇「私たちに逆らわない者は、私たちの味方なのである」。

(64) 厳律 Observanzen　信経や典礼など、法規的にすぎない規則ないし準則を厳しく守ること。あるいは会憲を基礎にして作られた「会則」を意味することもある。会憲は不変だが、「厳律」の方は事情により変化しうる。フランシスコ会ではアッシジの聖フランシスコの死後、会則を緩和していこうとする修院派にたいして、もとのまま守っていこうとする原始会則派が「厳律フランシスコ会」(Observants)と呼ばれる。しかし本文のコンテキストから明らかなように、カントはここではその精神にのみ着目してこの語を用いているのであろう。たとえばファリサイ派は復活も天使も霊の存在も信じ『使徒言行録』二三・八)、その点キリスト教と信仰命題を共有するにしても、しかし律法による自己の義を主張するから、ここにも厳律の精神があるといえよう。

(65)「神の命令」としての「義務」　B 847、『実践理性批判』本全集第7巻三一〇頁参照。

(66)『ヨハネによる福音書』四・四八「イエスは役人に、「あなた方はしるしや不思議な業を見なければ、決して信じない」と言われた」。

(67)『ヨハネによる福音書』四・二三「しかし、まことの礼拝をする者たちが、霊と真理をもって父を礼拝する時が来る。今がその時である。なぜなら、父はこのように礼拝する者を求めておられるからだ」。

(68)ラファター Johann Kaspar Lavater, 1741-1801　スイス人。プロテスタント神学者、哲学者。一七七五年、チューリッヒで牧師となる。ヘルダー、ゲーテ、ハーマンの知人。キリスト教信仰、および聖書による啓示の合理的弁護をなした。

(69)プフェニンガー Johann Konrad Pfenninger, 1747-1792　一七七五年、チューリッヒにあるヴァイゼンハウス教会副牧師、一七七八年牧師。一七八六年より、やはりチューリッヒのペーター教会牧師。*Appelation an den Menschenverstand, gewisse Vorfälle, Schriften und Personen betreffend*, Hamburg 1776, No. VIII 参照。

(70)『コリントの信徒への手紙(二)』一一・一四―一五「だが、驚くには当たりません。サタンでさえ光の天使を装うのです。だから、サタンに仕える者たちが、義に仕える者を装うことなど、大したことではありません。彼らは、自分たちの業に応じた最期を遂げるでしょう」。

(71)「地獄のプロテウス」は Erasmum Francisci, *Der höllische Proteus oder tansentkünstige Versteller*, Nürnberg 1708 のこと。幽霊が現実に存在することの確実性を証明しているという。

校訂注

七六7　人間に健全な意志が賦与されるという前提に in der letzteren Voraussetzung　原著第二版では in der letzten Voraussetzung となっている。

七七16 「そして」(und) は原著第一版では欠けている。

八〇1 この箇所はA版、W版では括弧でくくられているが、C版では括弧はない。

八四9 「原像を」はA版ではes、C版、V版、W版ではともにihnとなっているが、ここではA版にしたがう。ただし、ヴォバミンはesがdas Urteilを指すとしているが、訳者はdas Urbildを指すものと理解する。

八九17 「ここでは」(hier) は第一版では脱落している。

九三8 ( )内は第二版での加筆。

九九13 「改善された心術」(gebesserte Gesinnung) は第二版では「心術が改善されたという思いなし」(*vermeinte* gebesserte Gesinnung) となっている。

一〇一13 この注は第二版での加筆であるが、第二版では本文中の†マークの表示が欠落していた。

一〇二11 行いの代わりとなるためには　A版ではum an Stelle der Tat zu gelten、C版ではum an *die* Stelle der Tat *zu treten*、またW版ではum an *die* Stelle der Tat zu geltenとなっている。

一〇八7 道徳的完全性の形でin ihrer moralischen Vollkommenheit　第一版では「道徳的完全性全体の形で」(in ihrer *ganzen* moralischen Vollkommenheit) となっている。

一〇八8 もちえたkonnte　第一版では「もちうる」(kann)。W版は後者。

一一四4 どの魂にもin jeder Seele　第二版では、「どの人間の魂にも」(in jeder Menschen Seele) となっている。

一一八6 天賦の才によって……といったことはdaß man durch die Gabe　第一版ではdaß aber die Gabeとなっているが、著しい意味の相違は生じない。

一一八7 かくしてund so　第一版ではund man so。意味に大差はない。

哲学的宗教論　第三編

訳注

(1)『ローマの信徒への手紙』六・一七―一八「しかし、神に感謝します。あなた方は、かつては罪の奴隷でしたが、今は伝えられた教えの規範を受け入れ、それに心から従うようになり、罪から解放され、義に仕えるようになりました」。

(2) ルソー『エミール』。「だから、人間を本質的に善良にするのは、多くの欲望をもたないこと、そして自分をあまり他人にくらべてみないことだ。人間を本質的に邪悪にするのは、多くの欲望をもつこと、そしてやたらに人々の意見を気にすることだ」(今野一雄訳、岩波文庫、中巻一一頁)。

(3) ルソー、前掲書。「たしかに人間は、いつもひとりで暮らすことはできないから、いつも善良でいることはむずかしい。そしてこのむずかしさそのものが、人間関係がひろがるにつれて必然的に大きくなっていくのだ」(同、中巻一一頁)。

(4) Hobbes, *De Cive*, Cap. I, 12. ― negari non potest, quin status hominum naturalis antequam in societatem coiretur, bellum fuerit; neque hoc simpliciter, sed bellm omnium in omnes.

(5) 人の心を知りたまう方　『使徒言行録』一・二四「すべての人の心をご存じである主よ」。また同一五・八「人の心をお見通しになる神は、私たちに与えてくださったように異邦人にも聖霊を与えて、彼らをも受け入れられたことを証明なさったのです」。また『詩編』七・一〇、『ルカによる福音書』一六・一五なども。

(6) 神の民　『ペトロの手紙(一)』二の一〇「かつては神の民ではなかったが、今は神の民であり、憐れみを受けなかったが、今は憐れみを受けている」。また『ローマの信徒への手紙』九・二五も。

(7)『使徒言行録』五・二九「ペトロとほかの使徒たちは答えた。「人間に従うよりも、神に従わなくてはなりません」」。

(8)『テトスへの手紙』二・一四「キリストが私たちのために御自身を献げられたのは、私たちをあらゆる不法から贖い出し、良い行いに熱心な民を御自分のものとして清めるためだったのです」。

(9)『世界市民的見地における普遍史の理念』第六命題参照。「人間はかくもゆがんだ材木でできているのに、そんな材木から完全にまっすぐなものが組み立てられようはずはない」(A VIII, 23)。

(10)『マタイによる福音書』六・一〇「御国が来ますように。御心が行われますように、天におけるように地の上にも」。また『ルカによる福音書』一一・二。

(11) 以下の特徴づけは教会というものの四つの古い属性に、「量」「質」「関係」「様態」のカテゴリーを対応させて解釈を施している。四つの属性とは、una(一性)、sancta(聖性)、chatolica(普遍性)、apostolica(使徒性)のこと。

(12) セクト Sekte　宗教的共同体(またはこれと等置されるような世界観的共同体)を指す語だが、たいていの場合ネガティブなニュアンスをふくみ、母体となる共同体から分離して、その教えを非難したり、あるいは特別な啓示によりそれを補ったりして、特別の(選ばれた)教師ないし指導者の個性にしたがい、母体となった共同体とは区別されるような組織、生活、信仰形態を育てあげる。宗教学では「宗教的特殊共同体」(religiöse Sondergemeinschaft)と呼ぶ。

(13)「照明主義」については第一編訳注(88)を参照。

(14) 会憲 Konstitution　一つの修道会を治める法規と規定との全体を指し、その会の修道者に共同生活の一致を保たせ、会の目的、入会の許可、服装、統治を規定するもの。なお、ここで「教会の会憲」というとき、カトリックの各修道会のそれのみならず、プロテスタントのさまざまなセクト、さらにはキリスト教以外の「教会信仰」の会憲をも指すのであろう。

(15) 以下「礼拝」と訳したのはGottesdienstまたはその形容詞のgottesdienstlichである。これはふつう「ミサ」や「礼拝」の意味で日常的に用いられる語である。Gott(神)とDienst(奉仕)との合成語で、文字通りには「神への奉仕」あるいは「神への勤め」という意味である。したがって、たとえば親が子を扶養すること、隣人を愛することおよびそのために犠牲を払って行為をなすことも、あるいは教会内でのさまざまな司牧上の勤めをなすことも「神への奉仕」(Gottesdienst)である。

(16)『マタイによる福音書』七・二一「私に向かって「主よ、主よ」と言う者が皆、天の国に入るわけではない。私の天の父の御心を行う者だけが入るのである」。

(17) 乗物 Vehikel　もともとは「乗物」(Fahrzeug)という意味。「手段」とか、別の何かのために役立つもののこと。

(18)「聖典」と訳したのはheiliges Buch。

(19) 言 Spruch　ここでは複数形でSprücheとなっている。Spruchは一般に、教訓や人生訓、あるいは知恵などを短くまとめたもので、口ずさんで覚えやすいもの。しばしば韻を踏んでいる。魔法の「言」や託宣の「言」などもこれに入るが、もちろん聖句などもそうである。

(20) 原題は以下のとおりである。*Alphabetum Tibetanum missionum apostolicarum commodo editum.* Praemissa est disquisitio qua de vario literarum ac regionis nomine, gentis origine, moribus, superstitione ac manichaeismo fuse disseritur, Beansobrii calumniae in S. Augustinum aliosque ecclesiae patres reftantur. Studio et labore Fr. Augustini Antonii Georgii eremitae Augustinui, Romae 1762. なお、ゲオルギウスは一八世紀のアウグスティヌス会の修道士。

(21) ヴォバミン(Georg Wobbermin)は「異端者(Ketzer)」の語源に関するカントの見解について以下のような注を付している。「語源についてのこの説明が間違っているのはたしかである。Ketzer は極めて高い蓋然性で、Kathari＝καθαροί を表すロンバルジア語の Gazzari と繋がっている。カタリ派(「清らかな人々」)は、中世の教会が(とくに一二世紀および一四世紀に)関わりをもった「異端の宗派」(häretische Sekte)ではもっとも重要なものである。この運動にマニ教が混入していたことは明白である」(A VI, 504 参照)。

(22) レランド Adrian Reland, 1676-1718　オランダのオリエント学者。*De religione mohammedica libri duo, Trajecti ad Rhenum*, 2. ed. 1717, Lib. II, § XVII 参照。

(23) 第一編訳注(2)(司祭宗教)参照。

(24) 『ヤコブの手紙』二・一七「信仰もこれと同じです。行いが伴わないなら、信仰はそれだけでは死んだものです」。

(25) 『詩編』五九・一一—一六。

「[11]神は私に慈しみ深く、先立って進まれます。
私を陥れようとする者を
神は私に支配させてくださいます。
[12]彼らを殺してしまわないでください
御力が彼らを動揺させ屈服させることを
私の民が忘れることのないように。
私たちの盾、主よ。
[13]口をもって犯す過ち、唇の言葉、傲慢の罠に
自分の唱える呪いや欺く言葉の罠に
彼らが捕えられますように。
[14]御怒りによって彼らを絶やし
絶やして、ひとりも残さないでください。

その時、人は知るでしょう
神はヤコブを支配する方
地の果てまでも支配する方であることを。
15 夕べになると彼らは戻って来て
犬のようにほえ、町を巡ります。
16 彼らは餌食を求めてさまよい
食べ飽きるまでは眠ろうとしません。」

(26)　ミヒャエリス　第二版序文訳注(4)参照。アカデミー版カント全集第二三巻の編者レーマンは、ミヒャエリスの以下の一文を巻末注に加えている。J. D. Michaelis, *Moral*, hrsg. von C. F. Stäudlin, II, Göttingen, S. 202.「詩編には罰を願う祈りが若干あることは否定できない。たしかに詩編一〇九番はこの類ではないが、五番の二〇節は別である。——詩編五五番一六節では、すでに起こってしまったことが述べられているので、これもその類ではない。しかしまだ多くの章句が残っている。とりわけ詩編五九の第一二節—第一四節は非常に強烈で、そのうえこの章句の場合はさらに次のような考察が付け加わる。ダヴィデは、宮殿のペストであるサウルをその国に受け入れることはできなかったし、またそうすべきでもなかったのであった。むしろ彼がここで乞うているようにペストに逆らって行為すべきではなかったか。ところで彼が自分でなしうること、それを求めてはならないであろうか。山上の垂訓の謎めいた章句のゆえに、この詩編を非難するというのは、私には奇妙に思われるのである。旧約聖書の道徳は不完全だったという人々もあれば、どんな説明が彼らの助けになるのか、私は分からなくなることもある。そんなことをいう人々は、ふつうは自分でも詩編と同じような考えをしているのに、詩編の道徳には実に多くの非難を投げかけるのである。」

文中、「サウル」とは、「ダビデを殺そうとして、人を遣わして家を見張らせた」人物のことである。なお、現在の詩編番号では、詩編五番は第一三節で終わっており、文中「五番の二〇節」とあるのは、おそらく別の箇所を指すのであろう。詩編五五番一六節は次のようなものである。

「死に襲われるがよい／生きながら陰府《よみ》に下ればよい／住まいに、胸に、悪を蓄えている者は。」

『詩編』五九の第一二節—第一四節については、訳注(25)を参照。

(27)『マタイによる福音書』五・二一以下。とくに五・四三—四四。

(28)『申命記』三二・三五「私が報復し、報いをする／彼らの足がよろめく時まで。／彼らの災いの日は近い。／彼らの終わりは速やかに来る」。

また『ローマの信徒への手紙』一二・一九「愛する人たち、自分で復讐せず、神の怒りに任せなさい。「〝復讐は私のすること、私が報復する〟と主は言われる」と書いてあります」。

(29)『テモテへの手紙(二)』三・一六「聖書はすべて神の霊の導きの下に書かれ、人を教え、戒め、誤りを正し、義に導く訓練をするうえで有益です」。

(30)『ヨハネによる福音書』一六・一三「しかし、その方、すなわち、真理の霊が来ると、あなた方を導いて真理をことごとく悟らせる。その方は、自分から語るのではなく、聞いたことを語り、また、これから起こることをあなた方に告げるからである」。

(31)『ヨハネによる福音書』五・三九—四〇「あなたたちは聖書のなかに永遠の命があると考えて、聖書を研究している。ところが、聖書は私について証をするものだ。それなのに、あなたたちは、命を得るために私のところへ来ようとしない」。

(32)信徒 Laie　もともとは素人、ディレッタントという意味だが、ある宗教共同体の信者で聖職者ではない者。カトリック教会では叙階を受けていない信者を指す。

(33)聖職者 Kleriker　「聖職者」に相当する語はふつう der Geistliche だが、カトリック教会では聖職者全体を指す「クレールス」(Klerus)の一員を Kleriker と呼び、Laie と区別する。

(34)『ヨハネによる福音書』七・一七「この方の御心を行おうとする者は、私の教えが神から出たものか、私が勝手に話しているのか、分かるはずである」。

(35)ここで「教義」と訳したのは Glaubenslehre。宗教的信仰の教説を指す。Glaubenslehre は「教義学」(Dogmatik)とほぼ同義。第一編訳注(83)参照。

(36)浄福になる seligmachend　信じる者を「浄福にしてくれる」という意味。

(37)「教会信仰」が「実践的」であるとは、信じる者の意志を、そしてまた生き方を純粋理性信仰に向けて規定しうるということにほかならない。

(38)アンチノミー Antinomie　法則の自己矛盾。それぞれ妥当性をもつ複数の命題が背反すること。『純粋理性批判』では、同一の事柄に関して相反する命題が妥当性をもつという事態が、純粋理性の理念に関して、数学的、力学的アンチノミーの形でそれぞれ二つずつ示される。数学的には、世界の時空的な有限・無限に関してアンチノミーが成立するが、これは世界をそれ自体で存在する全体と想定することに由来し、超越論的観念論ではこれは偽であるから、定立、反定立ともに偽として廃棄され、超越論的観念論へと止揚される。力学的には、自由と端的に必然的な存在者に関して、やはりアンチノミーが成立するが、この場合は現象の超越論的概念を援用することで、逆に定立、反定立ともに真でありうることが示される。

(39) 知らせ Botschaft　「使い」という意味。歴史的信仰の創始者が神からの「使い」だとして、創始者のなした諸々の「事実」や語った内容についての情報や知らせ、キリスト教であれば福音のこと。

(40) 先の命題　「一」の最後、「純粋道徳信仰の方が教会信仰に先立たなくてはならないことになろう」という命題のこと。

(41) 〔 〕内の「人倫の頽落」は訳者による補足。「このような信仰」とは「免罪符」などを信じることをいうのであろう。

(42) 『ローマの信徒への手紙』九・一八「このように、神は御自分が憐れみたいと思う者を憐れみ、かたくなにしたいと思う者をかたくなにされるのです」。

(43) 「しかもなぜある人がある仕方で行動し、別の人がそれとは反対の原則にしたがって行動するのかを説明することはできないし、しかも同時にそのことを意志の自由と統一することもできないのである。」　ここの箇所は不定詞句が用いられていて、文法的に見ると主語は「すべてを見そなわしたまう知」、すなわち「神人同感的に見られた神」ということになる。このことのふくむ矛盾はいまのところ理解できない。

(44) 『コリントの信徒への手紙(一)』一五・二八「すべてが御子に服従するとき、御子自身も、すべてを御自分に服従させてくださった方に服従されます。神がすべてにおいてすべてとなられるためです」。

(45) 『コリントの信徒への手紙(一)』一三・一一「幼子だったとき、私は幼子のように話し、幼子のように思い、幼子のように考えていた」。

(46) 『コリントの信徒への手紙(一)』一三・一一「成人した今、幼子のことを棄てた」。

(47) 外的革命 äußere Revolution　「外的」とはここでは「心の外」という意味での「私たちの外」なる革命のこと。つまり、宗教的理念に基づいた政治的革命のことである。求められるのは、「私たちの内」なる革命、ものの見方の「転回」、道徳法則により啓示される神への「回心」である。

(48) 『マタイによる福音書』一二・二八「しかし、私が神の霊で悪霊を追い出しているのであれば、神の国はあなたたちのところに来ているのだ」。

(49) 信仰の事柄 Glaubenssache　ふつうGlaubenssacheといえば、宗教的信仰の事柄、関心、問題といった意味だが、『判断力批判』では次のようにもいわれる。「純粋実践理性の義務にかなった使用との関係において……アプリオリに思惟されなければならないが、しかし理性の理論的使用には過度であるような対象はたんなる信仰の事柄である」(第九一節(3)、A V, 469)。また、ラテン語でres fidei mereあるいはcredibileという表現も用いられる。

(50) 賢明な手段 Klugheitsmittel　自己愛を前提した仮言命法により導かれる手段。『人倫の形而上学の基礎づけ』第二章(本全集第7巻四三頁以下)、『判断力批判』第一序論参照。

(51) ローマ人のこと。当時、ユダヤでのローマの提督はポンシオ・ピラト。

(52) 『ペトロの手紙(一)』一・一六「「あなた方は聖なる者となれ。私は聖なる者だからである」と書いてあるからです」。

(53) 遺言状 Testament　神と人とのあいだの「誓約」あるいは「聖約」という意味。法的には「遺言書」「遺書」という意味である。また„Altes Testament“といえば「旧約聖書」、„Neues Testament“といえば「新約聖書」という意味。

(54) 『マタイによる福音書』二八・二〇「あなた方に命じておいたことをすべて守るように教えなさい。私は世の終わりまで、いつもあなた方と共にいる」。

(55) キリストの「復活」とはイエス・キリストが十字架上の死の後三日後に蘇ったことを指しており、新約聖書に証されている(『マタイ』二八・九以下、『ルカ』二四・一三以下、『ローマ』一〇・九、『テサロニケ(一)』四・一四、『コリント(一)』一五・四など)。新約聖書で告知された内容であるとともにキリスト信仰の基本的な証言である。カトリックの見解でもプロテスタントの見解でも、復活の現実性は揺るぎないものとされるが、現代の神学ではさまざまな解釈がなされる。一方、「昇天」とは復活されたイエスが天にあげられ、神の存在様式に与《あずか》るようになったことをいう(『ルカ』二四・五一、『使徒』一・九―一一)。「復活」と同様キリスト教の信仰告白の内容である。

(56) 正教信奉 Rechtgläubigkeit　「厳密な信仰」(Strenggläubigkeit)、あるいは「正統派」、「正教」(Orthodoxie)のこと。

(57)　聖職制 Pfaffentum　「聖職」(Pfaffen)全般を指す。

(58)　tantum religio potuit suadere malorum!　Lucretius, *De rerum natura*, I, 101.

(59)　シビラの書　ギリシア語で書かれた古代ローマの神託集。イタリアの Cumae のシビラと呼ばれる巫女がこの書九巻をローマ王 Tarquiner(在位 534-510 B.C.)に売ろうとして拒絶され、三巻を焼き捨て、一年後に残り六巻を同じ値で売ろうとして、やはり拒まれたので、さらに三巻を焼き捨て、残り三巻を最初の値で王に売ったという伝説がある。

(60)　『マタイによる福音書』五・一二「喜びなさい。大いに喜びなさい。天には大きな報いがある。あなた方よりも前の預言者たちも、同じように迫害されたのである」。

(61)　『コリントの信徒への手紙(一)』一五・二六「最後の敵として、死が滅ぼされます」。

(62)　アンチ・クリスト Antichrist　「反キリスト」(Widerchrist)のこと。ルターにおいては Endchrist という表現もある。キリストの再臨に先立って神の国に謀反を起こすが、キリストにより克服される。『ヨハネの手紙(一)』二・一八、二二、四・三、『ヨハネの手紙(二)』七。

(63)　「契約」と訳したのは Bund。「古い契約」「新しい契約」とはそれぞれ旧約聖書、新約聖書のことである。

(64)　パルシー教徒 Parsis　ゾロアスター教の一宗派で、イスラム教徒の迫害を避けるため、八世紀頃インドに逃げたペルシア系の宗教がパルシー教である。

(65)　ゾロアスター教 Zoroaster　紀元前一〇〇〇年から紀元前六〇〇年のあいだに、ペルシアの宗教家ゾロアスターにより開基された宗教。ゾロアスター個人については信頼できる記録は残っていない。おそらく紀元前六〇〇年頃、イラン東部で活動したと思われる。悪霊アンラ・マンユーと善霊アフラ・マズダとの敵対に根ざし、人間を倫理的決定へと誘う二元論を説いた。パルシー教の聖典『アヴェスタ』では、この経典が直接ゾロアスターに由来することになっている。

(66)　デストゥール Destur　ペルシア語で、文字通りには「道から外れる」の意。ペルシアの司祭では最高の位階を示す呼称。

(67)　『ゼンダヴェスタ』Zendavesta　ゾロアスター教では、経典『アヴェスタ』(Avesta)とその注解書『ゼンド』(Zend)を合わせたものをこう呼ぶ。

(68)　ジプシー Zigeuner　一四世紀から一五世紀頃にインドからヨーロッパに渡来した漂泊民族で、いまはヨーロッパ、アジア、アメリカの各地に広く分布し、Romany と自称する。皮膚は浅黒く毛髪は黒色、多くかごを編み、馬の売買、鋳掛け、音楽師、占いなどを生業とし、特色ある箱馬車を家として、各地を漂泊する。

(69)　パーリア Paria　インド南部およびビルマで四姓の下の階級の人。

(70)　マラバル海岸 Malabarküste　インド南西端地方で、Western Ghats 山脈以西のアラビア海沿岸地方で、主に現在の Kerala 州に属している海岸。

(71)　その〔自由の〕認識は誰にでも伝達されうる　まず「実践的自由」は、理論的認識を前提した「理性の原因性」として、すなわち経験的認識に基づいて準則を指定し、それにより意志規定をなすこととして「経験により証明される」。それに反して「超越論的自由」は、「純粋理性」の活動性の事実(faktum)であり、それは道徳法則という「アプリオリな与件」として私たちに与えられている。このアプリオリな与件から、私たちは純粋理性の活動性としての「超越論的自由」を知る。道徳法則は自由の「認識根拠」である。また、「超越論的自由」が道徳法則を作り出し、産出するわけだから、自由は道徳法則の「存在根拠」である。このように「自由」はなんら「神秘」ではなく、「事実の事柄」(res facti)であるから、その「認識は誰にでも伝達されうる」。

(72)　「根拠」と訳したのは Ursache。ふつうは「原因」という意味だが、ほかの箇所でもしばしば「根拠」の意味で用いられる。

(73)　そこで「自然神学」では神学の対象から空間とともに時間の制約も取り除こうとする思案がなされた(B. 71 f. 参照)。それはたとえばニュートンでは、時間空間の絶対的実在性が前提されているからである。しかし超越論的観念論では、時間空間は私たちの外にあるのではなく、心にアプリオリにそなわった主観的形式にすぎないとされることで、神学の対象のみならず、自由や魂の不死の理念も論理的に可能になる。

(74)　「オルムッド」(Ormuzd)はゾロアスター教の善の神、光の神で、Ahura Mazda あるいはたんに Mazda ともいう。「ミトラ〔またはミスラ〕」(Mithra)はもともとペルシア神話では光と真理の神。しかしゾロアスター教では至上神と人間との調停者。「アーリマン」(Ahriman)はゾロアスター教の悪の神の呼び名。

(75)　いずれもエジプトの宗教の神々の名。「プター」(Ptah)（カントの表記はPhtha）はカイロ南方二〇キロのメンフィスの町の神で、人間の姿をしたものとして描かれる。メンフィスの言い伝えではプターは純粋に霊的に世界を創造した創造神である。しかしエジプトでは創造神は数えきれないほどあり、たとえばテーベではAmunが創造神としてあがめられた。また、「クネフ」(Kneph)は慈しみの神であったらしいがKnephという表記では文献には見あたらない。「ネイト」(Neith)は人間の姿をした女神で弓矢を帯びている。知恵の女神。

(76)　「オーディン」(Odin/Wuotan)はゲルマン人の宗教の、最高神であると同時に戦の神。「フレヤ」(Freya)はゲルマン人の宗教の、光、平和、富の神。別名VaneあるいはFreier。「トール」(Thor)はゲルマン人の宗教の、嵐と多産の神。別名DonarあるいはAse。

(77)　召命 Berufung　「召命」は、日本語では主に聖職者となることの意味で用いられるが、ここでは天命の意。

(78)　『ヨハネの手紙(一)』四・八「愛することのない者は神を知りません。神は愛だからです」。また同四・一六も。

(79)　『ヨハネによる福音書』一五・二六「私が父のもとからあなた方に遣わそうとしている弁護者、すなわち、父のもとから出る真理の霊が来るとき、その方が私について証をなさるはずである」。

(80)　『ヨハネによる福音書』一六・一三「しかし、その方、すなわち、真理の霊が来ると、あなた方を導いて真理をことごとく悟らせる」。

(81)　賞　『コリント信徒への手紙(一)』九・二四「あなた方は知らないのですか。競技場で走る者は皆走るけれども、賞を受けるのは一人だけです。あなた方も賞を得るように走りなさい」。

(82)　ブラベウタ Brabeuta　古代には格闘技の審判の意。カントの時代には大学での討論の議長を指した。

(83)　『テモテへの手紙(二)』四・一「神の御前で、そして、生きている者と死んだ者を裁くために来られるキリスト・イエスの御前で、その出現とその御国を思いつつ、厳かに命じます」。

(84)　『ヨハネによる福音書』一六・八「その方が来れば、罪について、義について、また、裁きについて、世の誤りを明らかにする」。

校訂注

一二四10　見つからない ausgefunden werden könnten　接続法二式であるが、原著第一版では直説法で ausgefunden werden können となっている。

一二四13　以外には als　第一版では欠けている。

一二八10　どの人間のうちにもある善の原理が des guten Prinzips, das in jedem Menschen liegt　この部分はC版では欠けている。

一二八10　「これまた人間のうちに、そして同時に」は第二版での加筆。

一二八14　「さらに」(ferner) は第二版での加筆。

一二九2　専心しなくてはならない sich befleißigen soll　第一版では「専心する」(sich befleißigt) となっている。

一二九7　その獲得あるいは維持 des Erwerbs oder der Erhaltung derselben　A版、C版、W版はこれを採り、V版では「その獲得および維持に関して」(ihres Erwerbs und Erhaltung nach) となっている。

一三六11　超感性的なものの übersinnlicher Dinge　W版ではカントが書いたとおり「感性的なものの」(sinnlicher Dinge) を採っている。

一三七1　しかしすくなくとも受動的な服従により doch wenigstens durch passiven Gehorsam　第二版での加筆。第一版ではたんに「それにより」(dadurch) である。

一三八8　C版、W版では「真の」(wahre) は括弧でくくられているが、A版では訳文の通り括弧はない。

一三八9　「そのもの」(selbst) は第二版での加筆。

一四〇3　いっそう高次の威信を簒奪すること Usurpation höhern Ansehens　第一版では「簒奪された威信」(ein usurpiertes Ansehen) となっている。

一四〇7　しかるべく準備された gehörig vorbereiteten　第一版では「通常の準備をなす」(gewöhnlichen vorbereitenden) だが、これは誤植。

一四〇14　理性によりすでに私たちに指定されている神の命令の遵守を介して vermittelst der *durch* Vernunft *uns* schon vorgeschriebenen Befolgung seiner Gebote　第一版では「理性と神の命令のすでに指定されている遵守とを介して」(vermittelst der Vernunft *und* schon vorgeschriebenen Befolgung seiner Gebote)となっている。

一四一14　求める fordert　第一版では「促す」(fördert)。

一四一17　非難 Einwürfe　第一版では「疑い」(Zweifel)。

一四二2　特定の bestimmnten　第一版では「任命された」(bestellten)。

一四二6　乗物 Vehikeln　第一版では単数形で Vehikel。

一四二15　C版、W版では「真なる」(wahre)は括弧でくくられているが、一九一四年のA版では括弧はない。しかしA版も一九六八年の版では括弧を補っている。

一四四13　Tangut-Chazar　A版、W版ではこのとおりだが、C版、V版では Tangut-Chad*z*ar となっている。

一四六7　まったく同じように eben so　第一版では「そのように」(so)。

一四六16　ヴェーダ ihres Vedas　カントの書き方は ihres Bedas。

一四九9　民衆には dem Volke　第一版では代名詞で ihm となっている。

一四九9　「民衆」を指す代名詞 es は第一版では男性形で er となっている。

一四九14　それにいまでは死語となってしまった und jetzt toten　第一版では「それに古くて、いまでは死語となってしまった」(und *alten*, jetzt toten)となっている。

一四九17　その学識　代名詞で diese だが、第一版では die が用いられている。

一五〇17　立法者に an den Gesetzgeber　第一版では代名詞で an ihn。

一五一1　「なぜなら……からである」(weil sie unter seiner Würde ist)は第二版での加筆。

一五三5　しかし aber　第一版では「そして」(und)。

一五三8　そのような手段 ein solches　第一版では男性形で ein solcher となっており、これだと「そのような信仰」ということになる。

一五四9　「よき」(guten)は第一版では欠けている。

一五五12　善を求めるたんなる願い den bloßen Wunsch eines Gutes　第一版では「よきものを求めるというたんなる願い」(den bloßen Wunsch eines Guten)。

一五六12　「その人は神に嘉される人間になるという希望を何にもとづかせようとするのか」(worauf will er seine Hoffnung ein Gott gefälliger Mensch zu werden gründen?)は第二版での加筆。したがって第一版では「人間は正義を自分にたいして激昂させたのに、……はじめられないとすれば」という条件文は主文を欠くことになる。その場合、一五六頁八行目「……どうして信じられようか」が主文としてカントの念頭にあったと思われる。

一五九15　聖性と功績により durch seine Heiligkeit und Verdienst　第一版では「聖性と功績によりいま」(durch seine Heiligkeit und Verdienst jetzt)となっている。

一六〇11　それに反して dagegen　第一版にはない。

一六一17　神人同感的に anthropopathisch　第一版では「擬人観的に」(anthropomorphistisch)であったが、第二版で訂正。V版を除き、A版、C版、W版ともに第二版に従っている。なお、Anthropopathismus の語に「神」は含まれていないが、これは神を、怒りや愛、妬みや憎しみなど、人間的な心性の動きをそなえた存在者として理解する立場。『旧約聖書』に見られる。

一六二16　「外的」(äußeren)は第二版による加筆。

一六三3　起こる　現在分詞の付加語分詞句(冠飾句)geschehenden。しかし第一版では完了分詞で geschehenen であった。

一六四5　「道徳的」(moralischen)の語は第一版では見あたらない。

一六四6　強制手段 Zwangsmittel　第二版、A版、C版、W版ではこのようになっているが、第一版では Zwangsglauben (強制信仰)で、V版はこれを採っている。

一六四11　純粋理性宗教の der reinen Vernunftreligion　第一版では「純粋理性宗教に即した」(der reinen Vernunftreligion gemäß)である。

一六七3　「教義の」(der Satzungen)は第一版にはなく、A版、V版はこれを挿入しているが、C版にはない。

一六八6　残るのであろう bliebe　第一版では直説法で「残る」(bleibt)。

一六八7　教示 Instruktionen　A版、C版、W版ともに複数形。第二版では単数で Instruktion。

一七〇8　機械的な祭祀を重視する aus einem mechanischen Kultus das Hauptwerk *macht*　しかし第一版では aus einem mechanischen Kultus das Hauptwerk *machte*。

一七三2　「それにより」(dadurch) は第二版では欠けており、A版を除いてC版、W版もこれを削除。

一七四13　抑圧された　複数の奇跡が「抑圧した」(drückten) わけであるが、カントは第一版では過去の単数形で drückte としている。W版もこれを採っているが、A版、C版は複数形。

一七五5　神の代理支配者を僭称するひとりの者が市民秩序を諸学問ともどもいかに揺り動かし……、それらを無力にしてしまったことか　原文は受動態で「神の代理支配者を僭称するひとりの者」によって「市民秩序が諸学問ともども」いかに「無力にされたことか」となっており、「市民秩序」が単数の主語。ところが受動態の助動詞をカントは第一版では複数形で wurden としている。A版、C版、W版ともにこれを採っているが、フォァレンダーはこれを単数形の wurde に訂正している。

一七七2　その書物 das Buch　A版、C版ではこのまま。第二版、W版では「この書物」(dies Buch) となっている。

一七九9　……思い浮かべられないようにするのである。daß sie sich nicht getrauen, ... in sich aufsteigen zu lassen　第一版では「……思い浮かべられないようにするほどである。」(so, daß sie sich nicht getrauen, ... in sich aufsteigen zu lassen)——A版、C版、W版ともに前者を採っている。

一七九13　自由の意識 *das* Bewußtsein seiner Freiheit　第二版では定冠詞 das が抜けている。

一七九14　外的なもの dieser äußere　「この」あるいは「後者の」外的なものということであるが、第一版では「かの」あるいは「前者の」外的なもの (jener äußere) となっている。

一八〇11　すべからく断念すること *eine* gänzliche Verzichtung　カントの原稿では定冠詞 eine が欠落。

一八二19　バビロン捕囚より後 *nach* der babylonischen Gefangenschaft　カントの原稿では「バビロン捕囚よりも前」(*vor* der babylonischen Gefangenschaft)。

一八四7　内的に innerlich　二行後の「外的にも」(auch äußerlich) とともに第二版での加筆。

一八五3　そのようなものが私たちのうちにあるかどうかob sich dergleichen in uns *finde*　第一版ではfindeが複数形findenとなっている。

一八六4　機密　第一版およびA版ではGeheimhaltung、その他の版ではGeheim*nis*haltung。

一八六9　有益であろうnützlich sein möchte　第一版では「有益である」(nützlich ist)。

一八七1　神の本性がseine Natur　第二版での加筆。

一八七13　同一の存在者においてin einem und demselben Wesen　第一版では「唯一の存在者において」(in einem *einigen* Wesen)。

一八七15　いなくてはなるまいmüßte　第一版では「いなくてはならなかった」(mußte)。

一八八3　とおりにwie　第一版ではso, wie。

一八八4　表されうる　第一版ではDagegen kann der Richter . . . vorgestellt *wird*, . . . nur als nach der Strenge des Gesetzes richtend gedacht werdenだが、これでは読めない。第二版でwirdを削除。

一九五3　さらに神が……を崇敬できる　A版では以下のようになっている。ferner in ihm, so fern er sich in seiner alles erhaltenden Idee, dem von ihm selbst gezeugten und geliebten Urbilde der Menschheit, darstellt, seinen Sohn. しかし巻末校訂注では、カントの書き込みを参照して次のように訂正している。ferner, der (den H) in ihm, so fern er sich in seiner alles *erhaltenden* Idee der von ihm selbst gezeugten und geliebten, dem Urbilde. またC版はこれを指摘するに際して次のようにコンマを加えている。ferner, der (den H) in ihm, so fern er sich in seiner alles *erhaltenden* Idee, der von ihm selbst gezeugten und geliebten, dem Urbilde. なおハルテンシュタインは*er*haltendenについて*ent*haltendenである可能性を指摘しており、本書はこれにしたがう。

哲学的宗教論　第四編

訳注

(1)『マタイによる福音書』六・一〇、『ルカによる福音書』一一・二「御国が来ますように」。

(2)　実然的 assertorisch　「実然的」とは「問題的」「必当然的」とならんで判断ないし命題の様態。「実然的」は「言表」を意味するラテン語の assertio に由来するが、たとえば「SはPである」といったふうに、何かが端的に主張されるような判断についていわれる。「問題的」と呼ばれるのは、疑いの余地があって決定的ではない事柄についての判断、あるいは、肯定ないし否定がたんに可能と想定されるにすぎない判断であって、「そうかもしれないが、そうでないかもしれない」といった判断である。たとえば「世界にはいかなる人間も知覚したことのない住民がいるかもしれない」(B 521)とか「私たちに見える惑星のどれかに住民がいよう」(B 853)といった判断は、それを証明する経験的な論拠がない以上、「問題的」である。また「必当然的」とは論駁の余地がなく無条件に正しい判断についていわれる。それは論理的必然性もしくは直接的な確信を表現する判断のことである。またこれは「問題的」にすぎない判断にたいする論拠としても役立ちうる。たとえば「超越論的自由」や「神の現存在」も理論的に考察されるかぎりでは「問題的」であるが、実践的領野で道徳法則という「必当然的」な与件が呈示されることにより、ともに「実然的」となりうるのである。ただしこうした形而上学的対象についての場合は悟性における事象としての確信の様態(「臆見」「知」「信」)が考慮されなくてはならない。

(3)　宮仕え Hofdienst　神への礼拝を機械的になすことをこのように表現したのであろう。

(4)『イザヤ書』一・一一「お前たちのささげる多くのいけにえが私にとって何になろうか、と主は言われる」。

(5)『使徒言行録』五・二九「ペトロとほかの使徒たちは答えた。「人間に従うよりも、神に従わなくてはなりません」」。

(6)「転倒させる」は動詞 umkehren の訳語である。名詞 Umkehr には「帰還」「復帰」という意味のほかに「転向」「改心」「後悔」という意味もある。

(7)「その使者の位格において最高立法者に呼びかけ、それを賛美すること」とは、主イエス・キリストの御名によって父なる位格の全知全能の神に呼びかけ、賛美することである。

(8)　A版、C版、V版はともに「五・二一」となっているが、当該箇所に対応する福音書の箇所は『マタイによる福音書』七・二一である。――「私に向かって「主よ、主よ」と言う者が皆、天の国に入るわけではない。私の天の父の御心を行う者だけが入るのである。」

(9) 宗教の教師 Religionslehrer　学校や教会などでカテキズムなどを中心にキリスト教宗教を教える教師たちのこと、とくに神学者を指す。Lehrer が明らかにイエス・キリストを指すと思われる場合は、他の箇所と区別してたんに「師」とした。

(10) 禍がある vom Übel sei　「禍」あるいは「災い」と「悪」との区別については『実践理性批判』参照。聖書の引用箇所(『マタイ』五・三七)は新共同訳では、「悪い者から出るのである」となっている。しかしカントの当該箇所の解釈では、誓いが「悪い結果を招き寄せる」ことを主イエス・キリストが目の当たりにしていたということなので、このように訳す。

(11) 「慣例を儀式化すること」と訳したのは Zelebrierung ihrer Gebräuche。ふつうは Zelebrierung あるいは Zelebrieren といえば「ミサを捧げること」であるが、「何かを強調して儀式のように厳かに行うこと」という意味もあるので、これを取ることにする。

(12) 「そうしたこと」と訳したのは、関係代名詞 welches だが、本文中に中性名詞はない。gegeben worden されたことを、つまり「引証が……与えられたこと」を指すと思われる。

(13) 「講話」の原語は Vortrag。イエス・キリストが人々や弟子たちに語った説教のこと。

(14) もろもろの事実 Fakta　いうまでもなく宗教の「師」としての主イエス・キリストの誕生、生き方、教え、受難、復活などにまつわるさまざまな「事実」のこと。

(15) このような原理 das letztere Principium　「普遍的な人間理性」ではなく「啓示の教え」が原理とされ、そうした教えないし命題への信仰が絶対的義務とされているような教会信仰の「原理」。

(16) 教役者たち　とくに教導面での聖職者を指す。

(17) 引用符でくくられているが、出典は不明。

(18) メンデルスゾーン Moses Mendelssohn　一七二九年デッサウに生まれ、一七八六年ベルリンに死す。一七五四年以降レッシングと親交をむすび、カントとも文通をしているが、カントの「一切を粉砕する批判」をまずは拒否するかたちで受け止めた。また理性法則を基盤にしてユダヤ教を弁護した。『エルサレム、あるいは宗教の力とユダヤ教について』(*Jerusalem oder Über religiöse Macht und Judentum*, 1783)では、レッシングとはちがって、ユダヤの宗教を啓示信仰としては理解しないで、むしろ神、摂理、不死といった信仰内容に関しては自然研究を基礎にした理性宗教だというふうに理解して、カント、ヘーゲルおよびその後継者たちがいだくユダヤの宗教像に大きな影響をおよぼした。

(19) イスラエルの子　単数で ein Sohn Israels。「イスラエルの子」という表現は聖書では複数形で『出エジプト記』二八・九に「また、二個のラピス・ラズリを取り、その上にイスラエルの子らの名を彫りつける」とあるだけである。ここでは「イスラエルの子」という表現でメンデルスゾーンを、またユダヤ教徒全体を指している。

(20) 『諸学部の争い』A VII, 52 脚注参照。

(21) 三階 das zweite Stockwerk　この箇所に関連して、レーマンはメンデルスゾーンの前掲書から次の一文を引用している(*Gesammelte Schriften* III, 1843, S. 309)。「私の家の隅石がだめになってしまって、建物が倒壊する怖れがあるというのがほんとうなら、私が自分の所有物をいちばん下の階から最上階にあげて、それを守れば、それでよいのでしょうか。最上階だと下にいるよりも安全なのでしょうか。さて、ご承知のようにキリスト教はユダヤ教の上に建てられており、ユダヤ教が倒れるならば、一蓮托生、キリスト教も必然的にこれと一緒に崩れ落ちざるをえません。私の推論はユダヤ教の地盤を掘り崩しているとおっしゃり、あなた方の最上階の安全を提供しようと、あなたは申し出てくださる。私は、あなたが私を嘲っているというふうに思ってはいけないのでしょうか」(メンデルスゾーンの言葉はラファター論争の匿名の著者に向けられている)。『準備原稿』LBl G 17 R III 57–62 第一面(本書三三〇頁)も参照されたい。

(22) 「妄想」はドイツ語で Wahn、「精神錯乱」は Wahnsinn、すなわちあらぬものを現前するかのように受けとめるような「狂った感覚」。

(23) 「自由な選択意志」の行使はかならずしも「自由」の行使ではなく、行為主体のヌーメナリテートを要求するものではない。たとえば、理論的認識から導き出された準則によって「自由な選択意志」を行使する場合、準則そのものは経験的にしか知られず、しかもそれは感性界の事象に関するものであるから、原因も結果も同質的だと表象される。もちろんそのようにして自己を規定することは知性ないし理性の働きを前提するが、しかしこの働きは媒介的、他律的なものにすぎない(『判断力批判』第一序論参照——A XX, 195 ff.)。したがってこのレベルでの実践的自由の行使は、行為が道徳性と無縁であるかぎりで、自然的事象と考えてさしつかえなく、行為主体のヌーメナリテートを想定せずに「説明できる」。

(24) 自由な行為の可能性は法則に、あるいは道徳法則を産出する自由にもとづいている。行為は感性界での事象だが、事象の

「説明根拠」は感性界での同質的な事象ないし自然法則でなければならないのに、「自由な行為」の場合は「超感性的」なものから生じてくるわけだから、その可能性を「洞察する」ことも「説明する」こともできず、結果としての行為すなわち感性界での事象と原因としての心術すなわち叡知的働きとは異質的なのである。自由はしかし思弁的理性のすべての理念のうちで、私たちがその可能性を洞察はしないが、しかしこれをアプリオリに知っている唯一のものである(『実践理性批判』本全集第7巻一二四頁)。しかしこれを自然的事象と同じ地平で「説明できない」以上、それとは異質的なヌーメノンとしての主体に原因が措定されなくてはならない。

(25) 『ヘブライ人への手紙』一三・一五「だから、イエスを通して賛美のいけにえ、すなわち御名をたたえる唇の実を、たえず神に捧げましょう」。

(26) natio gratis anhelans, multa agendo nihil agens. — Phaedrus, *Fabeln*, II, 5, 1 f.　ファイドロス(A.D. 50頃没)はローマの古典的な寓話作者。マケドニア生まれの奴隷で、ローマに来て、さまざまな寓話や逸話を書き、本にした。

(27) ロレト Loretto (Loreto)　イタリアのアンコナにあるマリア巡礼の聖地。ナザレの聖家族の住居と称される「聖なる家」(Santa Casa)が崇められている。伝説では一二九四年、天使たちがロレトに運んできたとされる。

(28) マニ筒 Gebet-Rad　チベット仏教でよく用いられる道具で、経文というよりは「呪文」が書き込まれている筒。それを回すことで経文を唱えたことになるという。なおこの後の括弧内の「回転器のような筒」はマニ筒の説明であろう。経文はヴォバミンの巻末注ではたいていの場合、om mani padme hum というものだったということである。その意味は信州大学教育学部・茂木秀淳氏によると「オーム、宝石よ、蓮の花よ、ウーン」で、瞑想にはいるための呪《まじな》いだったらしい。なお同氏によると「天の役所」という概念はチベット仏教にはなく、道教に由来するものらしい。

(29) 宗派 Konfession　ある信仰告白において結びついた人々の共同体のこと。

(30) 『ヨハネによる福音書』三・八「風は思いのままに吹く。あなたはその音を聞いても、それがどこから来て、どこへ行くかを知らない。霊から生まれた者も皆そのとおりである」。

(31) 「ツングース族」は中部および東部シベリアから旧満州にかけて住んでいた原住民で、ツングース語を話す民族。また「シャーマン」はある種の魔術的・宗教的な権威を表わす呼称で、ツングース語の shaman に由来する。この語は満州語の

samarambi(「興奮して自分の体をたたく」という意味)という語と結びつきがあるらしい。

(32) ウォグリッツェン Wogulitzen　ウゴル人のこと。北西シベリアのオビ川中流から下流にかけて住んでいる原住民。

(33) 独立教会派 Independenten　一六世紀、イングランドに成立したラディカルなピューリタンの一派で、イギリス国教会にたいして個々の教区の完全な独立と自律とを求めた。そこから「会衆派」(教区主義)とも呼ばれる。オランダ亡命中、一五九三年以来迫害を受けて、ニューイングランドに定住するようになった(「メイフラワー号」での渡航は一六二〇年)。

(34) 「前者」とは「自然的にすぎない手段」、「後者」とは「道徳的に作用する原因」のこと。

(35) 『ローマの信徒への手紙』八・二一「つまり、被造物も、いつか滅びへの隷属から解放されて、神の子供たちの栄光に輝く自由にあずかれるからです」。

(36) 『マタイによる福音書』一一・三〇「私のくびきは負いやすく、私の荷は軽いからである」。

(37) 『ヨハネの手紙(一)』五・三「神を愛するとは神の掟を守ることです。神の掟は難しいものではありません」。

(38) 『コリントの信徒への手紙(一)』一・二六「兄弟たち、あなた方が召されたときのことを、思い起こしてみなさい。人間的に見て知恵のある者が多かったわけではなく、能力のある者や、家柄のよい者が多かったわけでもありません」。

(39) 同(一)一・二七「ところが、神は知恵ある者に恥をかかせるため、世の無学な者を選び、力ある者に恥をかかせるため、世の無力な者を選ばれました」。

(40) 知らせ Nachrichten　歴史信仰のさまざまな内容をなす情報のこと。キリスト教なら、イエス・キリストが聖霊により身ごもり、乙女マリアから生まれ、十字架につけられ、葬られた後三日めに死者のうちからよみがえったといった「知らせ」つまり「福音」のこと。

(41) 宗教(独 Religion、英 religion)という語はラテン語の religio からきている。religio は religere あるいはその受動態の不定法 religitur という動詞に由来する。前者は「結びつける」「拘束する」という意味で、後者はその受動態「結びつけられる」「拘束される」という意味である。アウグスティヌスによると、宗教は私たちの魂を唯一の神に結びつけることから religio と呼ばれる。これについてはアウグスティヌス『真の宗教』および『再考録』(茂泉昭訳『アウグスティヌス著作集』教文館、第二巻、三九八頁、四〇七頁)参照。

(42)　ピエティズム Pietismus　ラテン語の pietas に由来するが、これはほぼドイツ語の Frömmigkeit に相当する。「ピエティズム」は一七世紀末に生じたプロテスタンティズムの運動で、教会の精神的刷新を目標としていた。教義を一方的に伝達するプロテスタント神学に反対してピエティズムが強調するのは、聖書に即して方向づけられた実践的キリスト教という理想で、これは生き生きとした敬虔さと能動的な隣人愛にあらわれてくるものであり、またその基礎は日々聖書を読むことと個々人の「再生」(回心)にあるとする。ルター派のピエティズムの創立者はシュペナー(P. J. Spener)である。信者はピエティスト(Pietisten)と呼ばれたが、これには嘲笑的なニュアンスが込められていたらしい。なお、カントの両親はピエティストで、カントはその派の厳格な気風のうちで育てられた。

(43)　第三類の宗教の信徒たち　「ユダヤ教」「マホメット教」に続く「キリスト教」の一部、つまりピエティストのこと。

(44)　なされたる仕事　ふつうカトリック神学では、秘跡の行為がなされたことをいうが、それによる恩寵の効果は行為をなす司祭の道徳的傾向に関わりなく有効だとされる。霊と心のこもらぬ典礼など。

(45)　プリニウス Gajus Plinius Caecilius Secundus, 61/62–113　ローマの政治家で文筆家。「疑っていることをするな」はラテン語で quod dubitas, ne feceris! *Epistlae*, I, 18$_5$.

(46)　要請 Postulat　ラテン語の動詞 postulare(要求する)に由来する。事象として、または思惟のうえからいって必然的な想定で、厳密な証明を欠くが、しかし事実にもとづいてなり、体系的あるいは実践的考量にもとづいてなり、定立されざるをえず、確実だと見なされざるをえない事柄である。

(47)　「蓋然論」〔または「蓋然説」〕Probabilismus　人間が自由を行使する際に、もっともやりやすいように法則ないし掟を解釈してよいという道徳的原理。しかしそれは立法者の側に、そのような自由の行使と一致しえない義務を課す意志がないという確実で厳粛な根拠がある場合にかぎられる。たとえばジェスイット派は、まじめな神学博士のどんな「思いなし」ないし「臆見」でも、キリスト者は「ありそうなこと」(probabel)、「もっともなこと」と見なして、行為に際してそれを拠り所としてもよいという見解であった。しかも行為が福音書や教皇、教父、公会議などの戒律と対立していてもかまわないというのである。同一の事態に相異なった「もっともな」思いなしが複数ある場合、行為者はより楽でより有利なそれを選んでもよいとされる。パスカルはジェスイット派のこの説にたいして辛辣な攻撃を浴びせた。

(48) 事例 Kasus　「良心の事例」(ラテン語 casus conscientiae、ドイツ語 Gewissensfälle) のこと。

(49) 決疑論 Kasuistik　前注の良心の事例に由来する。道徳学の一部で、特定の事態ないし出来事にたいして、良心の正確な対応の仕方を研究し、それを定めるもの。ストア、タルムード学者、スコラ哲学者、ジェスイット派の人々が形成した。

(50) 無理にでも連れてきなさい　『ルカによる福音書』一四・二三「主人は言った。「通りや小道に出て行き、無理にでも人々を連れて来て、この家をいっぱいにしてくれ」」。ヴォバミンによると、coge intrare という言葉は偶像崇拝、異端者、教会分裂を企てた人々にたいして、強制措置を講じるという義務を国家が教会にたいして負うということの証明のために、すでにアウグスティヌスが用いていたらしい。*Epist.*, 93, 185.

(51) 『創世記』二二・一—二「神が、「アブラハムよ」と呼びかけ、彼が、「はい」と答えると、神は命じられた。「あなたの息子、あなたの愛する独り子イサクを連れて、モリヤの地に行きなさい。私が命じる山の一つに登り、彼を焼き尽くす献げ物としてささげなさい」」。

(52) 『マルコによる福音書』九・二四「信じます。信仰のない私をお助けください」。

(53) ハッジ Hadgi　イスラム教のメッカへの巡礼のこと。成人に達したイスラム教徒は、身体的、財政的に可能ならば、一生に一度はメッカ巡礼をするよう定められている。

(54) アストレーア Asträa　ギリシア神話の女神で、ゼウスとテミスの娘。青銅時代の終わりに最後に地上から去り、おとめ座(Virgo)に変えられた。Ovidius, *Metamorphoses*, I, 150 参照。

(55) 恩寵の手段 Gnadenmittel　キリスト教の教会が制定した神の恩寵や救いが授けられるようになるための手段。神の言葉、さまざまな秘蹟など。

(56) 『ヨハネによる福音書』四・二三—二四「しかしまことの礼拝をする者たちが、霊と真理をもって父を礼拝する時が来る。今がその時である。なぜなら、父はこのように礼拝する者を求めておられるからだ。神は霊である。だから、神を礼拝する者は、霊と真理をもって礼拝しなければならない」。

(57) 「準備原稿」訳注(6)参照。

(58) 『テサロニケの信徒への手紙(一)』五・一七「絶えず祈りなさい」。

(59) Redeをひらがなで「ことば」と訳すことにする。漢字の「言葉」と訳したのはWorteである。

(60) いわゆる「主の祈り」のこと。『マタイによる福音書』六・九―一三、『ルカによる福音書』一一・二―四。

(61) 「現実存在の永続に向けられていないのは表明的」とか、「他日のためのパンを懇願」することが「排除されているのは十分明らか」ということについては、『マタイによる福音書』六・一一「私たちに必要な糧を今日与えてください」、また同福音書六・二五―三四。

(62) 『マタイによる福音書』一七・二〇、また『ルカによる福音書』一七・六。

(63) 『出エジプト記』二〇・四。

(64) 『エフェソの信徒への手紙』二・二一―二二「キリストにおいて、この建物全体は組み合わされて成長し、主における聖なる神殿となります。キリストにおいて、あなた方も共に建てられ、霊の働きによって神の住まいとなるのです」。また『ペトロの手紙(一)』二・五「あなた方自身も生きた石として用いられ、霊的な家に造り上げられるようにしなさい」。

(65) 証人　教会法で事実を確認できる人のこと。結婚式にはふたりの証人が必要であるが、列聖調査のときにも証人の尋問がある。なお、洗礼の場合は、代父、代母がこれにあたる。

(66) 『マタイによる福音書』七・二一「私に向かって、「主よ、主よ」と言う者が皆、天の国に入るわけではない。私の天の父の御心を行う者だけが入るのである」。

(67) 『マタイによる福音書』五・一五―一六「また、ともし火をともして升の下に置く者はいない。燭台の上に置く。そうすれば、家の中のものすべてを照らすのである。そのように、あなた方の光を人々の前に輝かしなさい。人々が、あなた方の立派な行いを見て、あなた方の天の父をあがめるようになるためである」。

(68) 『マタイによる福音書』七・二〇「このように、あなた方はその実《み》で彼らを見分ける」。

校訂注

二〇二15　人間たちのなかでも unter ihnen　原著第一版では「人間たちのなかでもしかし」(unter ihnen aber)。

二〇二16　教会の奉仕者として als Diener der Kirche　第一版では「奉仕者」の後に括弧付きで「(公の)」(offiziales)が付け加えられていた。

二〇三17　実際には in der Tat　第二版での加筆。

二〇九3　しかし aber　第一版では「したがって」(also)。

二一一17　はずである sollen　第一版では sollten。

二一二2　こばむ streitig machen　第一版では streiten。

二一二12　なれる könne　第一版では kann。

二一三4　ユダヤの律法　中性代名詞の es であるが、第一版では女性代名詞 sie と記されている。

二一四14　もっとも聖なるもの Heiligsten　第一版では「聖なるもの」(Heiligen)。A版(一九一四年)、C版、V版は前者を採り、W版およびA版(一九六八年)は後者を採っているが、本書は前者に従う。

二二一16　傍点部分はゲシュペルト(隔字体)であるが、第一版ではそうではなかった。

二二六12　道徳性には dazu　第一版では「道徳性のためにも」(dazu auch)。

二二七17　価値自体 einen Wert *an sich*　「自体」(an sich)は第一版にはない。

宗教哲学序文準備原稿

訳注

(1)　啓示神学　第二版序文、本書一九頁参照。啓示は純粋理性宗教をも、うちにふくみうるから、信仰のより広い領域であって、これはより狭い領域としての理性宗教を内包する、とカントは述べている。

(2)　ゼンダヴェスタ Zendavesta　第三編訳注(67)参照。

(3)　経典神学 Schrifttheologie　啓示ないし歴史信仰としての書き物を基礎にした神学。ここでは「聖書神学」のこと。

(4)　理性神学者 Vernunfttheologe　もっぱら聖書神学を事とするのではなく、哲学的神学に携わる者のこと。すなわち、哲学者。

(5)　「執政官は国家が不利益を蒙らないよう配慮する」　providеant consules ne quid respublica detrimenti capiat.

(6)　教団 Gemeinde　歴史的信仰の公共体の下部組織のこと。他の箇所では「会衆」と訳した。

(7)　第一版序文、本書一四頁参照。

(8)　第一版序文、本書一五頁参照。

(9)　法廷 das Forum　フォラム。古代ローマで人民の集会や裁判に使った広場のこと。転じて「法廷」「裁判所」、さらに「領域」とか「職分」といった意味で用いられる。

(10)　ヨーロッパの言語では「大学」に相当する語はラテン語の universitas に由来する。これは教育する者、教育を受ける者の「全体性」を意味して、伝統的に高等教育機関で最高の、また最古の形式である。

(11)　『使徒言行録』二六・二八「アグリッパはパウロに言った。「短い時間で私を説き伏せて、キリスト信者にしてしまうつもりか」」。

(12)　この箇所は、第一版序文に用いられている。「したがって道徳が宗教にいたるのは避けられず、……」(本書一一頁)。

校訂注

二八七2　「たえず」はA版では nicht beständig であるが、旧V版では nicht がない。ここでは後者を採る。

たんなる理性の限界内の宗教のための準備原稿

訳注

(1) LBl F 19 R II 355-360　これはカントの『遺稿その一、その二、その三』(Nachlaß I, II, III)の「綴じていない紙片集」にライケ(Reicke)が付した記号である。LBlは「綴じていない紙片集」(Lose Blätter)を指し、A—Gおよびその後のアラビア数字は遺稿の束を整理するために付された番号、R I, R II, R IIIは、ライケ編集の『遺稿その一、その二、その三』(Lose Blätter aus Kants Nachlaß I=1. Heft, Königsberg 1889, II=2. Heft, Königsberg 1895, III=3. Heft, Königsberg 1898)を指し、最後のアラビア数字はその頁を指す。

(2) 士官学校 Cadetten-Corps　将来の職業軍人のための学校で、将校および下士官養成の初期教育を行う。

(3) *Allgemeine Literatur-Zeitung*, Numero 102は一七九三年九月二八日発刊で、その「広告欄(Intelligenzblatt)」(二一三頁)にはフィッシャーの次のような通信が載っている。

「批判哲学の発達の歩みをしかるべく評価することは、その真価をしかるべく認めるために、ぜひとも必要なのであるが、そのためには『感性界と叡知界との形式と原理』という標題のカント氏の一七七〇年の論文がきわめて重要である。この論文については一七七一年にヘルツ教授が『思弁的世界知からの諸考察』を書いておられて、これがこの論文の精神をしかるべく理解するうえで少なからず役立つ。両論稿は目下絶版となっているため、私は著者お二方の許可を得て、それらの新版を『カントの批判哲学の最初期の理念』という標題で出版し、『哲学の最高目的にたいする時間と空間との思弁の関係についての論文』を添える決心をした次第である。この論文はカント教授に閲読していただくことになろう。

王立士官学校　歴史学教授

C・F・フィッシャー

追記　上記の作品はラテン語で印刷されて一七九三年一〇月末にベルリンのOehmike der Jüngere書店で刊行の予定である。

ベルリン一七九三年九月一日」

(4) 『世界について』de Mundi　一七七〇年の就職論文『感性界と叡知界との形式と原理について』(*De mundi sensibilis atque intelligibilis forma et principiis*)のこと。この論文でカントは『純粋理性批判』の感性論で論じられる時間・空間論の見解にほぼ到達している。

(5) Quem te Deus esse

Jussit, et humana qua parte locatus es in re
Quid sumus, aut quid nam victuri gignimur. (Persius, *Satirae*, 3)

(6)　聖餐式 Communion あるいは Kommunion　ギリシア語(*εὐχαριστία*)では謝意、謝恩、感謝などを意味する。キリスト教教会では一般に「晩餐の儀式」、ミサのことをいう。ミサとは元来食卓をともにすることであり、これは『コリントの信徒への手紙(一)』一一・二三―二五にもあるようにイエス・キリストを「記念」して行う。カトリックではとくに聖体拝領のことをいい、また「御聖体に変化したホスチア」のことをいう。この「変化」は「実体変化」あるいは「化体」とも呼ばれる。なお、ホスチアとは聖餐式のパンのことで、祈りによる「変化」以前のもののこと。「変化」を通してホスチアは「キリストの体」となり、「聖体」と呼ばれる。御聖体を頂くことにより、徐々に私たち自身もキリスト・イエスに「変化」するとされる。

(7)　記念　『ルカによる福音書』二二・一九。本書第二編訳注(58)参照。

(8)　古代アレキサンドリアでは旧約聖書のギリシア語への最古の翻訳が、紀元前三世紀から前一世紀にかけてのあいだに、伝説ではプトレマイオス二世の治下、七二人のギリシア人学者により七二日間で行われたとされる。しかし実際には一世紀以上の期間が翻訳にかけられたと推定されている。ふつう「七〇人訳《セプチュアギンタ》」と呼ばれているもので、ローマ数字で『LXX』と略記される。

(9)　タルムード Talmud　ユダヤ教の口伝律法の集大成は『ユダヤ聖典』であるが、これは「ミシュナー」と「タルムード」からなる。前者は二〇〇年頃に編纂された法規集で、その研究の総称が「タルムード」(Talmūd)と呼ばれる。ミシュナー解釈学、ヘブライ語聖書の規定とミシュナーとの関係の明確化、新しい事態に対処する法判断などの問答および論争形式の展開をその内容とする(『岩波 哲学・思想事典』「ユダヤ聖典」の項、参照)。

(10)　メンデルスゾーン　『エルサレム、あるいは宗教の力とユダヤ教について』(ベルリン、一七八三年)でメンデルスゾーンはメルシェル(Mörschel)に反対意見を述べている。「私が、人間理性の真理を除いていかなる永遠真理もたんに理解しうるものとしてだけではなく、人間の力により証明され保証されうるものとしても認識しないというのはほんとうである。私が父祖の宗教から逸脱せずにはこのことを主張できまいというふうに、もし彼が思っているとすれば、ただこの点でのみユダヤ教についての正しからざる概念が彼を欺いているのである。……イスラエルの民には神の立法はあるが、……教説についての意見はないし、救済の真理もないし、普遍的な理性命題もない。これらは永遠なるものが私たちに啓示してくれようが、それは他のすべての人間にも同じことであり、どんなときにも自然と出来事をとおしてであって、けっして言葉や文字をとおしてではない」(*Gesammelte Schriften* III, 1843, S. 311)。

(11) 本書第四編、二二二頁原注参照。

(12) 本書第二版序文二〇頁参照。

(13) バクスター　イギリス国教会の神学者 Richard Baxter (1615–1691) のこと。クロムウェルの下でチャプレン(従軍牧師)を勧めた。穏和なピューリタンで、教化的な著作を著している。ドイツのピエティズムに大きな影響をおよぼした。A版カント全集第二三巻の編者 Gerhard Lehmann は次の著作を挙げている。「『聖者か野獣か――すなわち、神も聖性もなく生きる人々の悲惨な状態の考察』……英語で書かれたが、異常な好評のため独訳、今回改訂、ケーニヒスベルク、一七四五年。」

(14) カルトゥジオ修道会　第一編訳注(15)(16)参照。

(15) 『ヨハネの手紙(一)』五・三「神を愛するとは、神の掟を守ることです。神の掟は難しいものではありません」。

(16) 『ローマの信徒への手紙』八・一―二「したがって、今や、キリスト・イエスに結ばれている者は、罪に定められることはありません。キリスト・イエスによって命をもたらす霊の法則が、罪と死との法則からあなたを解放したからです」。

(17) velle parum incipias vt re potiaris oportet. — Ovidius, *Epist. ex Ponto*, lib III, epist. I. v. 35.

(18) incerta haec, si tu postules
ratione certa facere, nihilo plus agas
Qvam si des operam ut cum ratione insanias. — Terentius, *Eunuchus*, Act I. Sc. 1, v. 16–18.

(19) Nullum est jam dictum qvod non sit dictum prius — Terentius, *Eunuchus*, Prolog, v. 41.

(20) 「人間は……歓喜をもって自らの理性に服従すべきなのである」――シラー編『新ターリア』第三巻第二号、一七九三年、一八〇頁。

(21) 「自然が……人間に告知しているのである」――同、一八〇頁。

(22)　道徳法則が私たちにとって定言命法であるのは、有限な理性的存在者の有限性のゆえにであり、また実践的に制約されていることに由来する。感性的傾向性を有する存在者にとっては純粋実践理性の意欲は「当為」であらざるをえないのである。しかし無限な存在者、すなわち神にとってはその意欲は「当為でも拘束的でもなく、まさしく意欲であり、その意欲はつねに道徳法則に規定されている」のである。

(23)　先ほどのこと Jenes　おそらくこのパラグラフで最初に言われたこと、すなわち「この概念」を「心術に吹き込む」ことが「なされたならば、私たちが義務にかなった行為を快とともになす」ことを指すのであろう。しかし「この概念」が何を指すかは不明。

(24)　人倫的に人間をはるかに超えて優れた存在者　これは「命法的形式」で道徳法則を受け取るわけだから、したがってまたそこに「強制を認識」するわけだから、無限な存在者ではありえず、直後の文章からも分かるように「有限な存在者」でなくてはならない。おそらく天使や、この世を去って聖性への道をはるかに遠くまで歩んだ魂のことなどを指しているのであろう。――「理性的存在者」であるから、これらの魂にあっても人間におけるように「純粋意志」を前提できるにしても、しかし「さまざまな要求や感性的動因などにより触発される存在者」であるから、これらの魂には「聖なる意志を前提することはできない」。「そのような意志」の道徳「法則への関係は依存性」であり、道徳法則が定言命法として意識されるのは、そのためにである。しかし「このうえなく充足した知性者においては」、すなわち神においては、「選択意志は、同時に客観的法則でもありえないようないかなる格率も受けつけない」から、法則を「命法形式」で受け取ることはありえないのである(『実践理性批判』本全集第7巻一六八頁参照)。

(25)　登りつくこと conscendenz　ラテン語の動詞 conscendo は「一緒に登る」とか「登りつくこと」という意味。

(26)　二世界 2 Welten　いうまでもなく「感性界」と「叡知界」のこと。前者は認識されるかぎりでのものの世界、時空構造をもつ世界であり、諸々の「現象」の世界である。後者はヌーメノンであるかぎりでの存在者の世界であり、時空形式とは疎遠である。没時間的、ないしは超時間的で、「ヌーメノン的持続」(duratio noumenon;『万物の終り』A VIII, 327)が可能であるような永遠の世界である。ハイムゼートはカントが『就職論文』で到達した見解として次のように述べている。「かくして人間はつねに同時に二つの世界に存在する。「感性」界と「叡知」界である。感性界とは、人間の感性的な受容と行とを取り巻く世界のことである。感性的認識の世界でもある。それは空間と時間のうちなる自然である。その世界の根底には、人間自身にあっても人間以外のあらゆる存在者やものにあっても、知性者と実体との自体存在がある。これは感性やたんなる自然の所与などの諸制約から独立である。とりわけ精神的存在者の本来の存在および真実の共同体は、この領域に求められなくてはならない」(ハイムゼート『近代の形而上学』北岡武司訳、法政大学出版局、一九九九年、一七六頁)。

(27) 無担保の財　第二編訳注(2)参照。

(28) それは、……そうならざるをえまい　「淫蕩さや挑発や食欲」は自らの道徳的「義務の判定に際して考慮」されるわけにはいくまいが、しかし腹痛を経験的に知って、今後それを避けようとするならば、「賢明さの規則」にしたがって、健康のために守るべき準則の「判定」には「食欲」も考慮せざるをえまいということを言っているのであろう。

(29) ミヒャエリスによると、……なれるのである　レーマンは以下のような注を施している。——シュトイトリン編『道徳学』(ゲッティンゲン、一七九二年)、第一巻、四頁参照。「そもそも新約聖書の神学的道徳が指定するのは、恣意的な律法ではまったくないから、また何人かの人が実定的、普遍的、神的規則(leges positivae divinae universales)だと称するものは捏造されたか、でなければ新約聖書ではもはや妥当しないか、そうでなければ実際には哲学的道徳学の仮言的な戒律であるか、そのいずれかなので、神学的道徳学は哲学的道徳学に先立つようないかなる義務をも前提としないのである。」

(30) 贖罪　ここではSatisfaction。

(31) 本書二六六頁参照。

(32) 断片筆者　「ヴォルフェンビュッテル断片筆者」(Wolfenbüttelsche Fragmentalist)のこと。本書一一〇頁原注および第二編訳注(57)参照。

(33) 『詩編』　『詩編』五九・一一—一六のこと。「復讐を願う祈り」が見出されるが、これは新約聖書の章句、「あなた方の敵を愛しなさい」と矛盾するのに、ミヒャエリスはこれを是認している。本書一四七頁原注および第三編訳注(26)参照。

(34) 付録Parerga　本書七〇頁および第一編訳注(87)参照。

(35) 私たちが「感じることができる」のはすべて内官の形式にしたがった状態であって、それらは外的にせよ内的にせよ、すべて経験の対象であり、かかるものとしては、一切が自然的に起こる。したがって、「何かが自分のうちで自然的に起こっているのではないということを感じること」ができるとすれば、それは矛盾であり、なんらかの妄想によるとしか解釈できないであろう。

(36) 照明主義の態度　「照明主義」については第一編訳注(88)参照。

(37) 達人妄想の態度 Adeptenwesen　ここには「妄想」はふくまれていない。

(38) イスラム教徒の誇り　本書二四八頁原注参照。

(39) 「いまとなっては、これらの遺跡が私たちの悩みの種である」nunc hae reliquiae nos exercent.　Cicero, *Epist. ad Familiares*, 12, 4, 1 に nunc me vestrae exercent.

(40) この箇所は本書一一〇頁の原注††に取り入れられている。

(41) 包み込み　ここでは Involution。第二編では Einwickelung の語が用いられているが、これと同義であろう。

(42) 発達　ここでは Entwickelung。本書第二編では Einwickelung の語が用いられており、これは Involution と同義であると訳者は解して「包み込み」の訳語を当てているが、A版カント全集第六巻の編者ヴォバミンは Einwickelung が Entwickelung の誤植ないし書き間違いの可能性を示唆している。

(43) 神の似姿 Ebenbild Gottes〔ラテン語では imago Dei〕　『創世記』一・二七に由来する概念。「神は御自分にかたどって人を創造された。神にかたどって創造された。男と女に創造された。」——カントは理性的存在者一般の超越論的意味での自由という形式のうちに、ないしは理性的存在者を理性的存在者たらしめる性質という意味での「実在性」(realitas)のうちに「神の似姿」を見ている。『実践理性批判』では、「無制約な法則」がむしろ「純粋実践理性なるものの自己意識にすぎない」可能性を、つまり「純粋実践理性」が「自由の積極的な概念と同じである」可能性を、示唆している(本全集第7巻一六三頁)。超越論的意味での自由は、まさしく純粋実践理性の活動性にある。そしてこの活動性の本質は、「普遍的立法の原理」であろうとすることに存する。それはとりもなおさず、神ならばそうするように、自らもなそうとする純粋意志であり、これこそ純粋理性の活動性の内容である。もちろん、「神ならばそうするように」ということは、純粋実践理性の活動性においては、顧慮されるわけではなく、むしろ神の概念は、「普遍的立法の原理」と「格率」とのあいだの矛盾が解消された極限の理念として獲得される。したがって先ほど示唆された可能性は、道徳法則の意識が間接的に自由の意識であり、「神の似姿」の意識である可能性である。このような純粋意志という意味での自由はすくなくとも形式的には、すなわち「能力」としては、すべての理性的存在者に普遍的に与えられており、それこそが理性的存在者の尊厳の、すなわち「その現存在が絶対的価値を有する」ことの根拠となっている。いいかえれば、「神の似姿」は、理性がその純粋活動性を有する以上、理性的であるかぎりでの存在者において普遍的に現実的なのである。しかしそれは「能力」としての現実性にほかならず、「能力」としての現実性は、それが顕現的であることを当為として要求するのである。この意味で、自由は現実であると同時に当為なのである。

(44) 感覚論的 pathologisch　pathologisch はふつう「病理学的」「解剖学的」という意味だが、おそらくカントはこれを、認識の対象となるかぎりでの広い意味での「心のメカニズム」についての学に関わるという意味で用いているのであろう。動物における意志決定のメカニズムは「自然による原因性」の結果であり、そこにおいて反対は生起せず、すべてが必然的に生じるゆえに、意志が「感覚論的に強制されうる」。しかし理性的存在者にあっては、選択意志は「感覚論的に触発」はされても、強制されるわけではない。準則ないし、命法の存在は理性の活動性なくしては不可能であり、したがって理性の純粋な働きであれ、理論的認識を前提した媒介的な働きであれ、とにかく理性の活動性を指し示すとともに、同時に「感覚論的に強制されうる」わけではなく、たんに「触発される」にすぎないという意味で「実践的自由」をも指し示している。

(45) 君主　ドイツ語で Selbstherrscher。これには「独裁者」の意味もある。

(46) 法律　道徳「法則」や自然「法則」と同じ意味の Gesetze の語が用いられている。

(47) 「ひとたび命じたれば、かならずや従う」semel iussit semper parent.　Seneca, *De Providentia*, c. 5: semper paret, semel iussit.

(48) 神の似姿に生じた損害の修復 reparatione damni imagini divinae illati　「神の似姿に生じた損害」とは、理性的存在者がもはや「原状のままのもの」ないし「無担保の財」(res integra)ではなく、悪への性癖によりその本性が腐敗してしまっていることを指す。本書七六頁原注参照。

(49) 「金をもたざるものは体で支払え」　qvi non habet in aere luat in corpore.

(50) ヘルンフーター Herrnhuter　ヘルンフーター兄弟団(Herrnhuter Brüdergemeine)のこと。一七二二年一〇月、ツィンツェンドルフ伯爵(Nikolaus Ludwig Graf von Zinzendorf)がオーバーラズィッツのヘルンフートの地に創設したキリスト教公共体。

(51) Nomen populi Romani (imaginem diuinam) tanto scelere contaminavit vt id nulla re possit, nisi ipsius supplicio expiari. — Cicero, *De Haruspicium responso orati*, c. 16.

(52) あらゆる目的の究極目的 das Ende aller Zwecke　本書第一版序文に「他の一切の目的にとって不可欠で、同時に十分な制約をふくむような目的は究極目的である」(一一頁原注)とある。また「私たちがいだくすべての目的の形式的制約(義務)を、同時にそれらのすべての目的によって生じるもので、形式的制約と調和するようなものすべてを……、ともに統合してそこにふくむようなもの」(九頁)ともある。

(53) 『ヨハネによる福音書』八・五八「はっきり言っておく。アブラハムが生まれる前から、「私はある」」。

(54) 「これらの遺跡が私たちの悩みの種である」　訳注(39)参照。

(55) ユダヤの民は……ということの証拠を見るが　本書第三編一八二頁原注の一部に用いられている断片であろう。

(56) 以下、「新約」、「旧約」としたのは „der neue Bund“, „der alte Bund“ で、「旧約聖書の」、「新約聖書の」という訳語を当てたのは、„alttestamentisch“, „neutestamentisch“ である。

(57) 古い方の聖なる書物 ein altes heiliges Buch　『旧約聖書』のこと。

(58) 本書第四編二二二頁原注および同訳注(21)参照。

(59) 「このこと」とは直前のパラグラフで述べられたことではもちろんない。本書第三編一四五頁以下で述べられているように、聖書の章句を文字通りにではなく、道徳的に解釈するように努めるべきだということにほかならない。なお、本書で準備原稿のこの断片がふくまれている一四七頁の原注も参照されたい。

(60) 「詩編は霊感を受けており……」　本書一四七頁原注および第三編訳注(26)参照。『詩編』五九の第一一節—第一六節については、同訳注(25)を参照されたい。

(61) などなどの限界内の……　eine gegebene Religion innerhalb der Grenzen usw. とあり、der bloßen Vernunft(たんなる理性の)を省略して usw. としたものと思われる。

(62) メンデルスゾーン、前掲書(III, S. 355 f.)。「実際、私には分からないのであるが、どうしてヤコブの家に生まれた人々がなんらかの良心的なやり方で律法を免れることができるのであろうか。」さらに次のように述べられている。「たとえ私たちのうちの誰かがキリスト教に改宗するにしても、それにより自分の良心を解放できると、そして律法のくびきを免れられると、彼はどのようにして信じることができるのか、私には理解できない。……ナザレトのイエズス自身もモーセの律法だけではなく、ラビたちの規則をも守ったのである。……もっと後の時代になるとイエスの後継者たちはちがった考え方をするようになり、ユダヤ人たちをも、彼ら〔キリスト教徒〕の教えを受け入れるならば、〔律法や規則の〕縛りから解放してやれると信じるようになったとすれば、それはまちがいなくイエスの権威なしに起こったのである」(III, S. 356 f.)。

(63)「素性」としたのはAbkunft、「血統」としたのはAbstammungである。この点に関しては第一編訳註(81)を参照。「素性」を「創造として考えることはできない」というのは、おそらく「自由な存在者」の「素性」は自然にもとづく原因性の結果としては考えられないということであろう。それが「血統」あるいは「一門」「家系」として考えられるというのは、後で述べられるように、父と子との自由な関係としてならば考えられるということであろう。

(64) まさにそのゆえに　同じ血統であるがゆえにという意味。

(65) このようにこそ　いうまでもなく「召命」としてという意味。

(66) 予定　ラテン語のpraedestinatioには「救霊予定」という意味がある。

(67)「契約」としたのはcontract、「仮契約」はquasicontractで、いずれもラテン語。

(68) レーマンは次のような指摘をしている。ミヒャエリス『教義学』(J. D. Michaelis, *Dogmatik*, 2. Aufl, Tübingen 1785)、四一四頁。「信仰は本来、キリストのゆえに私たちの罪を赦してくださるという約束の履行へと神を拘束するものである。約束なるものは人間たちのあいだでも、もしそれが他人から受け入れられないならば、拘束性を発揮するものではない。私たちは神の約束を信じずに、それを受け入れるなどということはできないのであり、そして生動的な信仰のうちでも、まさしくこのうえなく憧れに満たされて受け入れることこそが、もっとも高貴な部分なのである。」なお、ミヒャエリスは北星騎士団(Nordstern-Orden)の騎士であった。

(69)「天にまします」Vaterunser　いわゆる「主の祈り」(『マタイによる福音書』六・九以下)の冒頭の言葉で、この祈り全体の代名詞となっている。

(70)　主の祈りにおいては、「わたしたちに必要な糧を今日与えてください」の部分が「例外的」に「現実存在に必要なもの」として「自然的要求」に関わる事柄を求めている。この点については本書第四編、二六四頁原注を参照されたい。

解説

北岡武司

たんなる理性の限界内の宗教

『純粋理性批判』は「信に場所を与えるために知を廃棄」したのであった。「私は何を知ることができるか」という問いには、対象が感性に与えられるかぎりで、それを現象として知ることができる、しかし私たちは物自体を認識することはできないという、一見すると制限的な応答しか与えられなかった。しかし「知を廃棄する」ことにより、現実は「信」の領域にまで拡げられることになる。かえって拡大されたのである。さらにそれは『人倫の形而上学のための基礎づけ』および『実践理性批判』で、「私は何をなすべきか」という問いを探求することで、超越論的意味での自由という私自身の現存在の規定が与えられることにより決定的になる。しかし道徳的義務の確定には、義務を遂行せんとする心術の生き方がいずこにいたるのかという問いが、暗黙のうちにふくまれていよう。すなわち道徳から哲学的宗教論へと、一歩踏み出すことが求められるのである。問いは「私は何を希望してもよいか」というふうに定式化される。もちろんこれについては、『純粋理性批判』以来すでに何度も素描的な試みがなされてはいる。しかしそれを主題とした論述は本書、『たんなる理性の限界内の宗教』における遂行を待たなくてはならないのである。これが一応、哲学的宗教論執筆のカントにおける内的必然性とでもいうべきものであろう。それに「批判」はたんに認識および意志規定における理性使用のみならず、あらゆる権威に向けられる。理性による批判に耐えた権威のみが権威として尊敬を勝ち取りうる。宗教も、したがって人間の神への関係の仕方も、「批判」に服さなくてはならないし、真の宗教は狂信、迷信、妄想の類から純化されなければならない。またそれは無神論や唯物論から守られなくてはならない。およそ以上のことが、本書が執筆されなければならなかった根拠だといえよう。

一　「印刷許可」をめぐって

さて本書は一七九三年二月から三月にかけてイェーナで印刷され、その年の復活祭にケーニヒスベルクで出版されている。イェーナではシラーがそれまでの遍歴生活にピリオドを打ち、ゲーテの推薦で歴史学教授となっていた（一七八八年）。その教授着任の翌年七月にはフランス革命が起こっている。時のプロイセン王フリードリヒ・ヴィルヘルム二世が、オーストリアと連携して革命フランスとの戦争を率いたのが本書出版の前年、一七九二年である。この論文をシラーは印刷中に、つまり出版前に読む機会を得て感激した旨、友人ケルナーに書簡で伝えている。ただしこの時点でシラーが読んだのは半分だけ、したがって第一版序文と、第一編、第二編であろう。もちろん第三編、第四編も刷り上がり次第に読んだと思われる。シラーの論文『優美と尊厳』が書かれたのは一七九三年五月。したがってこれは本書第一版にたいする間髪入れぬ応答ということになる。しかしこの時点でもシラーはまだ本書の標題を正しくは知らなかったかもしれない。先の論文では、「人間本性についての批判の著者」の「最新作」として「理性の限界内の啓示」という標題をあげている。このことは出版された本書を入手しないまま、印刷中に手に入れた校正刷りを傍らに彼の論文を執筆したのかもしれないということを窺わせる。それとともに、出版直前まで本書の標題はきまっていなかったというフォアレンダーの報告を裏付けるものであろう。それはさておき、以下、概ねフォアレンダーの報告に即して、またアカデミー版カント全集第六巻の編者ヴォバミンによる解説を参照しつつ、本書の成立史を見ておこう。

本書はもともと一冊の著書にする意図で書かれたものではなく、カントの友人ビースターの主宰する『ベルリン月刊誌』に、独立した四編の論文を書き下ろすという計画で事は進むはずであった。しかし実際にうまくいったのは最初の一編「人間本性における根元悪について」(Über das radicale Böse in der menschlichen Natur)だけである。原稿をビースターに送り、それを印刷前にベルリンの検閲局に提出してくれるようカントが依頼したのは、一七九二年二月のことである(残念ながら、この折のビースター宛の手紙は現存しない)。このときカントの思惑では、この論文は同誌五月号に掲載してもらうはずであった。ところがこの時点ではまだカントに知らされていたわけではないにしても、『ベルリン月刊誌』の編集者と出版者は前年末に、今後はこの月刊誌をベルリンではなく、検閲の不要なイェーナで出版しようと決定していた。プロイセン以外の「外地で印刷させることはここでは禁じられているわけではありません」。このようにビースターはカントに書いている。

これより四年遡って一七八八年、「ヴェルナーの宗教勅令」(Wöllnersches Religionsedikt)と呼ばれるものが発せられ、プロイセンでは啓蒙主義抑止策が施行された。フリードリヒ・ヴィルヘルム二世治下(在位一七八六—九七年)のことで、啓蒙君主、フリードリヒ大王(在位一七四〇—八六年)の死後、わずか二年しか経っていない。勅令は信仰上の寛容を保証していたにもかかわらず、警察力を投入してまでルター派の典礼や教育をカトリックの信仰告白と秘蹟定式書にしばりつけようとするものであった。一七八九年七月にはフランス革命が勃発し、プロイセンでは革命への防御姿勢のために啓蒙思想への当局の締め付けが一段と厳しさを増す。当然のことながら宗教関係の著作については検閲が施されるようになる。心底からカントに傾倒していた若きフィヒテの『あらゆる啓示批判の試み』(一七九二年)がケーニヒスベルクで匿名で出版されたとき、匿名ゆえにささやかれたことがある。それは文体や思想内容からいって著者はカントであり、カントは批判的宗教論を公刊するに、実は検閲をはばかって匿名にしたというものである。もちろんこの論文は何かの手違いで匿名となったわけだが、そのようなことがしたり顔にささやかれるということ自体、やはり検閲の厳しさを物語るものであろう。さらに、そうした噂の飛び交う前のフィヒテとカントの手紙のやりとりからもその厳しさが読みとれる。それはまさしくフィヒテの先ほどの論文がハレの神学部学部長から印刷不許可の判定を受けたことにかかわるものであった。九二年一月二三日のフィヒテからカントへの手紙は、ハレ大学神学部の学部長ヨーハン・ルートヴィヒ・シュルツェによる審査の結果、啓示についての論文が「検閲不合格」となった旨、知らせてきており、カントもそれが検閲に落ちたことを十分意識していただけではなく、ある種の衝撃を受けていたであろうと推測できよう。それどころか、そのことで手だてがないものかと問い合わせてきたフィヒテに宛てて、イクスクラメーション・マーク付きで「ナイン!」と返事を書いたのが二月二日付である。これはビースターへの前記の手紙(二月の何日か、日付の確定がなされていない)が書かれたのと時期的にきわめて近く、筆者は九二年が閏年かどうか調べたわけではないが、時間的な隔たりは、どう考えても二六日未満ということになる。「ベルリンの検閲局」、と羽ペンでビースターに書くとき、カントの脳裏にそのことが思い浮かばなかったはずはあるまい。ところで、勅令が廃止されたのはフリードリヒ・ヴィルヘルム二世の没した一七九七年だから、カントの哲学的宗教論が執筆され、紆余曲折を経て出版されたのは、まさにその最盛期ということになる。それにしても前のフリードリヒ大王は啓蒙君主という名に恥じず、フランスの哲学者で唯物論を唱え無神論を標榜して、終始宗教に敵対的だったラ・メトリーをさえ庇護し、ベルリン・アカデミーのメンバーとなることまで認めたわけだから、それと較べるならば、すくなくともヴィルヘルム二世治下の一一年たらずの期間はまことに隔世の感、としかいいようがない。だからビースターは先ほどのような文言をカント宛に認《したた》めたのである。

さて、第一編は「外地で印刷させる」ので検閲は不要のはずである。にもかかわらずカントは先の依頼をビースターにしている。その理由は、ヴォロヴスキーの報告では、「文字通りの抜け道を行きたがっているような、またベルリンの厳しい検閲をわざわざ避けて、いわゆる大胆な意見を表明しているかのようなそぶりさえ、あくまでもしたくない」と思っていたからということになる。しかし書面で検閲局に提出してくれるようビースターに依頼したものの、印刷地がベルリンからイェーナに変更されたことを知って、先の依頼の手紙は間にあうまいと思ったらしい。印刷地の変更の知らせが届くのが遅すぎたとカントは思い、五月号に載るはずの原稿はすでにイェーナに送られてしまっていると速断したのである。しかしビースターはこの論文を『ベルリン月刊誌』四月号に掲載しようという考えだったので、原稿は手元に置いていた。そこでカントの望みに応えて、検閲局の道徳部門担当のヒルマーに提出し、翌日には審査にあたったヒルマーから早速、印刷許可をもらっている。ヒルマーは「熟読した結果、カントの他の論稿と同じように、この論稿も思慮深くて研究能力も判別能力もある学者のために書かれていて、すべての読者一般のために書かれているわけでも、またかれらに享受できるわけでもないと思う」旨、ビースターに認めており、ビースターはカント宛の書簡でわざわざこれを引用している。このようにして本書第一編に相当する「……根元悪について」の論文が『ベルリン月刊誌』九二年四月号に無事、掲載されることになった。

しかし第二編はそううまく事が運ばなかった。「外地で印刷させる」のを知っているはずなのに、カントはなぜか今回もベルリンの検閲局への原稿提出にこだわり、ビースターにそのことを依頼する。ところがヒルマーの反応は芳しくなく、事は聖書神学に関するものなので同僚のヘルメスと一緒に読んだが、ヘルメスが「印刷許可を拒む」ため、自分もこれに賛成するという。まことに頼りなく男らしくない。ヒルマーを見かぎったビースターはただちにヘルメスに掛け合っている。しかし返ってきた回答は、「この件に関しては宗教勅令が規準であって、それ以上は何も説明できない」というビュロクラシーの鏡のような回答である。これをカントに報告したビースターからの手紙は一七九二年六月一八日付で、書き出しはカントへのいささかの恨みがましさを感じさせるようにも受け取れる文章である。「なぜ貴兄が……あくまでも当地〔ベルリン〕の検閲に固執なさっているのか、私にはこれまでまったく理解できませんでした。」最後の一文は「いまは十分理解できる」ということかどうか、これだけでは分からない。が、ほんの二〇行たらずの短い手紙は、事情をあらまし説明してから次のように述べている。「ヒルマーやヘルメスの輩が、カントのような人を読むようにとか読んではならないと世間に指図しようとするほど思い上がるなら、誰だって憤慨するにちがいありません。――しかしそんなことがいましがた起こってしまったのです。私にとって、またわが国の諸学問にとって義務であると存じます。」ということは、先ほどの一文は「いまは理解できる」という意味だと解釈してよいのではあるまいか。「なぜこだわるのか」が理解できる、それが理解できる次に何をすればよいのか、いまとなっては私にはまったく分かりません。しかしこれにたいして何かをするのは、から、何かをするのは自分の義務である、カントの真意が分かるというのはそういうことでなければなるまい。だがビースターの理解したカントの真意はどのようなものだったのか。すくなくとも、抜け道があるのにわざわざそれを避けるようにと指示を受けて、結局は印刷不許可という事態に直面したビースターが「これにたいして何かをするのは……義務」だと感じるようなものであったにちがいない。ビースターはこの手紙を書いた翌々日の六月二〇日、国王に向けて直訴の嘆願書を出している。この実直さと懸命さには頭が下がるが、しかし嘆願は聞き入れられず、当該官庁からは七月二日付で、嘆願が「根拠なしと判定された」こと、また印刷不許可はそのままである旨、ビースター宛に通知が届いている。

フォアレンダーの報告でもヴォバミンの報告でも、カントは一七九二年七月三〇日付のビースター宛の手紙で原稿を返送するように求めたと記している。しかし今のところ見つけることはできないにしても、それ以前にもう一通、同じことを求めた手紙がなくてはならない。当時の交通事情、それに伴う通信事情を考慮しても、六月一八日付のビースター発カント宛の手紙との時間的関係からいっても、それに何よりも事態の切迫度からいっても、それがなくてはなるまい。というのも、七月三〇日の手紙でカントは、ビースターがあくまでも第二編を『ベルリン月刊誌』に載せてくれようと奔走してくれているから原稿の返送が遅れているのだろうと推測したうえで、原稿を返してくれるようにという願いを「繰り返し」ているからである。「このお願いをもう一度いたします。」しかしこれはさほど重要な問題ではない。さて、返送を求める理由である。それはこの論文を雑誌掲載とは別の用途に、しかも直ちに使おうと考えているからというものである。「後続の諸編がないと先行論文が月刊誌で奇妙な体裁になるにちがいないし、「三人の信仰裁判官の宣告は変更できない」と思われるので、「そうすることが余計に必要なのです」。そのような次第でカントは第三編、第四編を先行二論文にくわえて一冊にまとめ、まずは「内地」で印刷許可を受けようとする。ゲッティンゲンかハレの神学部に提出しようと思ったらしいが、とくにハレでは先にも触れたようにフィヒテの『あらゆる啓示批判の試み』が印刷不許可のレッテルを貼られているので、これを断念している。結局「外地」のイェーナで、それも哲学部で印刷許可を獲得し、このようにして出版前の段階でシラーの手に渡るのである。シラーは本書に感激しながらも、「義務の声があまりにも高く聞こえ、傾向性があまりにも蔑ろにされている」ことへの挑戦として、冒頭でも触れたように『優美と尊厳』を『ターリア』に書くことになる。そしてそれへのカントの側からの応答が、本書第二版で開陳されるのである。

二　概　要

さて、『たんなる理性の限界内の宗教』の概要をまず示しておこう。

［序文］『実践理性批判』で展開された道徳法則と自由の客観的実在性とにもとづく「不死」および「神の現存在」の実践的な理性信仰を、カントは「理性宗教」として規定して、これを「歴史」に基礎をおく「歴史的信仰」ないし「教会信仰」と区別する。「歴史的信仰」にせよ「教会信仰」にせよ、特殊であり相対的にすぎず、たとえば仏教もイスラム教も、あるいはキリスト教ならプロテスタントもカトリックも、それ自身のうちに特殊なものをふくむわけである。それが「宗教」として認知されうるのは、理性宗教を「同心円」としてうちにふくんでいる場合だけで、同心円の中心はいうまでもなく道徳法則であり、自由の実在性と「二つの信仰箇条」とがこのより狭い円を描くのである。以上が序文でのカントの主張である。——もっともカントによると、大部分の人は厳密な意味での「宗教」を求めているわけではなく、特殊で相対的な教会信仰を求めているにすぎない。それもたいていの場合は内側の円ではなく、外側の円の周辺で自らの幸福を指し示してくれそうな教えを求めるのである。

［第一編］悪の原理が善の原理とならび住むことについて、あるいは人間本性のうちなる根元悪について——人

間にある善への素質を確定し、そのうえで類としての人間に普遍的に認められる悪への性癖を根元悪として確定する。それはアプリオリに認識される道徳法則から私たちの行為の格率が逸脱するようにと私たちを駆り立てる悪への性癖のことであるが、もちろんそれは私たち自身の自由の行使、すなわち時間的な起源を問えない「叡知的行い」に由来する。その「行い」の本質は道徳法則と格率との道徳的秩序の転倒にある。これによりキリスト教の「原罪」の概念は新たな超越論哲学的な視点から考察されうる地平を獲得するのである。ともあれ、まずは「道徳法則の純粋さを取り戻す」ことが根っこから腐敗した私たちにとっての義務である。義務とは、ひたすら道徳法則への尊敬の念にもとづいて自らの生き方を規定することであろう。

［第二編］　人間の支配をめぐっての善の原理による悪の原理との戦いについて――しかしたとえ道徳法則を最上格率としたと自分では思おうとも、私たちはどうしてそれを確信することができようか。それどころか、「道徳法則の純粋さを取り戻す」ことそのものが、私たちが感性ならびに感性的欲求とも結びついた存在者である以上、ほとんど不可能に見えるではないか。人間は純粋な理性的存在者ではないのである。そのうえ「悪の創始者」は「最初から偽りをいう者」であって、それが「私たち自身のうちにある」（本書五七頁原注）。人間は自己にたいしてすら「偽りをいう者」である。正直の乙女アストーリアは、天に昇って乙女座となり、もはや地上にはいない。「しかしながら人間は自然のままでは、直接的な意識によっても、これまでその人が送ってきた生き方という証拠によっても、この確信には到達できない。なぜかといえば、心情の深処《ふかみ》（自分の格率の主観的な第一根拠）はその人自身にとっても究めがたいからであるが、しかしながらその人も、根本においてよりよくなった心術がそこに至る道を指し示してくれるならば、その道に自分の力で到達するという希望をもてるはずなのである、なぜかといえば、彼

はよい人間になるべきだからであって、しかし本人自身がなしたこととして本人に責任を帰しうることに応じてのみ、道徳的に善だと判定されうるからである」(本書六八頁)。「そこに至る道を指し示してくれる」ような「根本においてよりよくなった心術」とは文字通り私たちにとって「学《まね》び」の対象となるような模範であり、非常に狭い意味で「師」とも呼ぶべき人格であろう。第二編はそのような「師」として福音書の聖者、神のひとり子の理念を、随所に福音書の章句を引用しつつ論じる。すなわち「道徳的完全性の原像」つまり「善の原理の人格化された理念」であるキリスト・イエスを指し示すことにより、「善の根源的素質の回復」が私たちにも可能であることを示す。

［第三編］　善の原理による悪の原理にたいする勝利、そしてこの世での神の国の建設――徳の法則の下にある倫理的共同体という意味における神の国の理念を、行為の統制的原理として解釈する。すなわち倫理的自然状態では善の原理はたえず悪との争いのうちにあるわけだが、そのような状態を克服しようという要求としてである。もとより純粋実践理性の命法は個別者に向けられており、神をまなざしのうちに入れるものではない。しかし宗教の段階では、悪に抵抗しようという要求は個別者だけに向けられているのではなく、すべての人間に、それどころかすべての有限な理性的存在者に向けられているのである。しかもそれは神の命令と見なされなくてはならない要求である。悪との戦いは個人によってよりも、むしろ同じ心術をいだく人々の共同体によって遂行されなくてはならない。それは悪への性癖そのものが普遍的であるために、人類一般も悪との戦いへと召喚されているからである。徳の原理の下でのそのような共同体の理念をカントは「不可視的教会」と呼び、すべての公の教会の根底に置かれなくてはならないものとして理解する。さらに、自由意志にもとづいてそのような倫理的公共体の一員となることは

すべての理性的存在者の義務であり、そのようにしてのみ各人は聖性にいたる道を歩むことができるとされる。

〔第四編〕　善の原理の支配下における奉仕と偽奉仕について、あるいは宗教と聖職制について——過度の宗教的儀式主義への批判がなされる。宗教である以上、その根底に真の不可視的教会の理念がなくてはならないが、公の宗教はすべてこの地上で人間により神への奉仕や礼拝がなされるわけである。そして道徳的心術を清め、強め、それに命を吹き込むために、祈り、教会参集、入信、教会共同体の刷新、永続、伝播などのためのさまざまな儀式が執り行われる以上、そこにはさまざまな「偽奉仕」や「妄想」が混入する余地が大いに残されている。カントはそれらをことごとく批判し、ひとえに道徳的心術を聖性に向けるための「乗物」としての役割をはたしうる教会における儀式の核心を取り出すのである。

三　ヒュームのインパクト

いまさらいうも愚かであろう。カントを「独断の微睡《まどろ》み」から揺り起こしたのはヒュームの懐疑論である。その克服ということが、「独断論」に端を発し、「実践的・定説的」段階に向かう「形而上学の進歩」の道程においてきわめて重要な階梯であった。つまり「批判的」形而上学を樹立するうえで必要不可欠のモメントであった。アプリオリな総合判断に関して、その可能性の問題をカントに課題として与えたのはヒュームであったし、他方で時間・空間の超越論的観念性の説、そこから導き出される現象と物自体との区別の説、アンチノミーの批判的解決といったことも、この課題の解決と密接に関連して考察され、確定されていったのであろう。さらに現象と物自体との区別についていえば、これにより超越論哲学が遂行されるための場所が確保され、「学として登場しうる将来のすべての形而上学」の可能性が開かれた。そして実践的領野で「アプリオリな与件」が獲得されることで、「超越論哲学の体系」(『遺稿』アカデミー版第二一巻二七頁)を企投するための準備が整ったといえよう。

「批判」はたんに理性の理論的使用、実践的使用のみならず、美と崇高の感情、目的論的考察、はては有限な理性的存在者の絶対者への関わり方にもおよぶ。たしかに批判の遂行は理性という唯一の権威をよりどころとして、いっさいを破壊しつくすかの観がある。しかしいかなる対象に批判の矛先が向けられようとも、そのいずれにおいても理性や判断力といった対象を分析し、本質を析出するという批判の本意は保持されている。そして本質の析出は、理性が尊敬を認知するような対象の権威をあらためて承認するという意味をもっている。批判による純化を通して析出されるもののみを、理性は真理の基準として承認する。すでに『純粋理性批判』第一版序文は「批判」の矛先が宗教にも向けられることを予示している(第一版序文XI頁原注、以下A XI, Anm. と略記)。理性に「尊敬」されるためには宗教も迷信、狂信、妄想、偽礼拝といった類から区別されなくてはなるまい。そしてこれらの不純物を除去するためには「自由で率直な吟味」に服さなくてはならない。これは「立法」についてのみならず、「宗教」についてもいえる。理性は吟味に「耐えたもの」にだけ「尊敬」を認めうる。理性の「尊敬」を勝ち取ることのできないものは、それが宗教にかかわる事柄であるならば、「迷信」や「狂信」、あるいは「欺瞞」のたぐいとして排除されなくてはなるまい。ちょうど認識にかかわる事柄において、独断的な「知」が越権として排除されなければならなかったようにである。

もちろん本書をカントの第四批判書とまでは呼べまい。だがここでもヒュームからくる衝撃には無視すべからざるものがあった。それゆえにこそ、宗教という対象からその不純物、夾雑物を取り除き、唯一真なる宗教を際立たせようとする「批判」本来の姿勢がここにも見出せるのである。真の宗教は一つしかあるまい。キリスト教とて相対的な「教会信仰」の一様態にすぎない。唯一真なる宗教、それはヒュームの言葉でいえば「哲学的理性宗教」であろうし、カントの言葉では「純粋理性宗教」ないし「純粋宗教信仰」ということになろう。これはたんなる理念にすぎないにしても、そうした理念があればこそ、ヒュームはその腐敗した姿を腐敗として認識しえたのである。それはちょうど善意志の理念があればこそ、「人間本性における根元悪」が有限な主体に自覚されるのと同じである。多様な宗教の多様性が一個の矛盾として私たちに突きつけられるのも、そのためである。

ヒュームによると「哲学的理性宗教」を除いて、すべての宗教には腐敗しようとする傾向がある。しかもすべての宗教は排他的で、我ひとり真実だと主張する。そのような排他性および独断的体質は逆に、およそ宗教とは縁遠い、聖ならざるものが宗教のうちにあることを私たちに突きつけ、場合によっては宗教への嫌悪感、不信感を引き起こす。それどころか軽蔑心を引き起こしさえする。「哲学的理性宗教」の本質はひとえに神の認識に存しているとヒュームはいう。が、すくなくともそれは神への理性的な愛に存していることは確かであろう。供物や懇願、口先での賛美などに、宗教の本質が存するわけではあるまい。ところがややもすると、まるで供物や懇願や口先での賛美などが、宗教における目的にして本質そのものと見なされてしまう。本末転倒である。私たちはそこに愚劣さ、傲慢さ、迷信ないし狂信じみたもの、総じて腐敗を見ないわけにはいかない。理性宗教以外の「崇敬はすべてばかばかしく、迷信的であり、瀆神的でさえある」とヒュームはいう。このような伝統的宗教の現実に直面するならば、それらすべてに拒否的感情をおぼえるのももっともだといわなくてはなるまい。ヒュームもまたそうであった。彼もこのうえなく激しく、あらゆる形式の伝統的宗教を拒否する。伝統的宗教に算入されるのはあらゆる時代の「民衆宗教」であり、彼の時代に実践されていたキリスト教もそうである。これらの「民衆宗教」は恐怖、戦慄および希望にもとづいている。その本質は「どうでもよいしきたり」や「偽善的な信心深さ」にある。ところがヒュームのいうとおり「宗教の本来の勤めは人間の生活を改革し、その心情を浄めることである。しかしさまざまな種類の礼拝はこのうえなく危険な狂信へと変質することがこれまでしばしば見られた」。それはなにも一八世紀イギリスのヒュームの視点から過去の歴史を振り返ってのみそうだというわけではない。二一世紀を迎えようとする今日でも、イギリスのみならず、いたるところで見出される現象であろう。教会信仰が人間の「勤め」である以上、そこにはあらゆる人間的な悪が浸透し、はびこり、繁茂さえする。それゆえ、ヒュームが哲学的理性宗教の実践的可能性についてきわめて懐疑的であったことには、あながち一蹴できない深刻さがあるといわなくてはなるまい。ここでも「独断の微睡《まどろ》み」からの目覚めが要求される。

四　超越論哲学との関係

では、宗教ないし信仰が成立する以前に、批判哲学はいかなる意味でその砦となりうるか、どのようにしてその砦を築いたか、これを見ておこう。この意図と照らしあわせて重要な事柄として浮かび上がってくるのが『純粋理性批判』で認識様態ないし「真と見なすこと」に関して設定された「思いなし、知、信」の区別である(『純粋理性批判』第二版八四八頁以下、以下 B 848 ff. と略記)。まず、知と信とが異なった地平で見られなければならない、全体としての現実について、それぞれのレベルに応じて「真と見なすこと」であることを、いいかえれば「知」のみならず「信」も現実についての認識であることを確かめておこう。これら認識の三様態は批判期の重要な著作では繰り返し言及されるテーマである。そもそも批判哲学の「批判」とは「いかなる経験からも独立に理性が到達しようとするすべての認識に関して理性能力一般を批判することであり、したがって形而上学一般が可能なのか不可能なのかを決定し、形而上学の源泉はもちろん、その範囲や限界をも原理にもとづいて定めることである」(同序文 A XII)。このような意図との連関でこそ「アプリオリな総合判断はいかにして可能か」という問いも提起されなければならなかった。理論的認識は「現にあるもの」(B 661, 869) が何かということに向かう以上、「現にあるもの」は「与件《ダータ》」(B 296, 298 usw.) として認識主観に与えられなくてはならない。ところがそれが与えられうるのは感性をとおしてのほかはないゆえ、カテゴリーの適用範囲は事実上、感性的直観としての「与件」に限定されたのであった。いいかえれば理論的認識の範囲が、つまり知の範囲が限定されたのである。同時にそれは可能的経験の対象としての世界の構造の確定でもある。認識のアプリオリな主観的形式は認識される世界の構造と重なる。しかしながら、もしそのような世界の構造が全体としての現実そのものの構造だとすれば、伝統的な形而上学の対象は非現実的な妄想であり、ましてや宗教はマルクスやサルトルを引き合いに出すまでもなく阿片であり、自己欺瞞であり、感性界につながれたあわれな理性的動物の自戯にほかなるまい——もっとも阿片の阿片たる所以はつかの間の快楽と引き替えに、人格そのものの崩壊を引き起こすことであろう。かりに真に宗教的な生き方が阿片とは反対の効果をもたらすとすれば、すなわち、真実の「私はある」の目覚めに導き、人生を果敢に生き果敢に死ぬ勇気を与えてくれて、それによって人生をこのうえなく実り豊かなものにしてくれるならば、それはもはや応急処置としての阿片とは呼べまい(なお、応急処置としての阿片についてはカントも言及している(本書一〇四頁原注参照)——。「知」の対象領域のみが現実的であり、その逆もまた真であると想定すれば、そういうことになろう。そうだとすればニヒリズムを克服する必要などどこにあろうか。「何もない」という冷ややかな現実を私たち人間は引き受けるほかあるまい。私たちは理論「知」の対象と同じように時空構造をもつ閉じたカプセルにほかなるまいし、そのようなカプセルとしては、上にも横にも下にも繋がりをもたずに存在論的孤独のうちに投げ出されていることになろうからである。ところが「批判」によって、時間と空間の超越論的観念性および経験的実在性という「証明された真理」にもとづいて、理論的認識の対象が、いいかえれば「知」の対象が時空的現象に(つまり可能的経験という地平に)限定されたのであった。これは私たちにとっての「知」の可能的な範囲の確定ではあっても、決して現実全般の限定ということにはならない。「現にあるもの」は感性をとおしてのみ「知」の対象となりうる。いいかえれば、主観の感性を通してのみ、主観との関係にもたらされうる。すくなくとも、有限な認識にとってはそうである。しかしそれにしても、感性をとおして与えられうるもののみが「現にある」という命題は成立しないのである。可能的経験の地平で発見されうるものだけが現実的なのだと、もしこのように思うとすれば、そのような思いなしは、現実がもつ二重のアスペクトの一方のみを現実全体と取り違えることになる。むしろ「現象の超越論的概念」(B 45)から分析的に(つまりアプリオリに)導き出される「物自体」概念ないしは「消極的意味でのヌーメノン」の概念により、もうひとつ別の現実の地平が、つまり「信」の地平が確保されているのである。

問題は、はたしてこのヌーメノンという概念が妥当するのかということである。つまり、この概念に対応する客体が、というよりむしろ物自体ないしヌーメノンという概念に対応するような存在者《エンス》が「現にある」のかということである。そしてそれを現実的なものとして実然《アサトーリッシュ》的な命題の形で定立できるのかということ、実はこのことにこそ「形而上学一般が可能なのか不可能なのか」の「決定」もかかっている。それはまた、そもそもこのことにこそ

〝唯一真なる宗教が可能なのかどうかの決定もかかっている〟と言い換えることもできよう。

では「現象の超越論的概念」を文字通り裏づける積極的根拠とは何なのか。それは『形而上学の進歩』でもいわれるように、「自由概念の実在性の教説」(『形而上学の進歩』に関する懸賞論文、C版 VIII, 298)にほかならない。つまりこの時空的世界すなわち感性界における存在者《エンス》に、自由という「超越論的述語」(『実践理性批判』本全集第7巻二六〇頁)が結合されることを要求するような「事実」(同一二七、一六六頁など)あるいは「第一の与件」(同二五六頁)との遭遇である。

超越論的意味での自由は、理論的認識において与えられうるあらゆる「規定」あらゆる「述語」と端的に異質である。そもそも「感性界に属している存在者」には端的に不可能であるはずの「規定」あるいは「述語」である。しかしそれにもかかわらず、もし「感性界に属している存在者」の存在にこの「述語」が結合されることを要求するような、あるいはその結合を必然的にするような、なんらかの「事実」が存在するならば、そのことは感性界のその存在者を二重のアスペクトで見ることをも、必然的にするはずである。すなわち「現象の超越論的概念」の裏に、理論的領野では求めても得られなかった客観的根拠を与えるであろう。しかしそのような「事実」はもはや実践的自由の自由性に関する懸念を端的に払拭するようなものでなくてはならない。その「事実」により「超越論的自然専制論」が突破されて、それを突破した立脚点が思弁に供給されるのである。

いうまでもなくそれは「純粋理性の唯一無二の事実」(同一六六頁)である。「理性の実践的能力一般」を「批判する」(同一二三頁)ことによりあらわになるのは、「純粋理性」であり、その活動性の事実なのである。実践的原則はその活動性の事実により与えられた「第一の与件」(同二五六頁)であり、「純粋理性の所産」(B 828)である。この

「与件」、この「所産」、それはいうまでもなく定言命法にほかならないが、これを出発点にして、それを産出する活動性としての「純粋理性の唯一の事実」がその「存在根拠」として認識されるのである。したがってそれが「純粋理性の事実」の「認識根拠」である。これにより叡知界の現実性が、また私たちの意志に自由という「超越論的述語」の結合されることが必然的になる。「新たな形而上学が真っ先に確定するのは当為の事実の存在根拠たる自由の超感性的実在性である。しかも真の無制約な自由の一般的可能性が証明されるだけではない。〝この(当為の)法則が自らにとって拘束力をもつことを承認するあらゆる存在者における現実性〟が証明されるのである」(ハイムゼート『近代の形而上学』邦訳一八三頁)。しかも自由はその現実性が要請される事柄ではなく、与件がそれにより唯一可能になる制約として私たちに認識されるのであるから、「事実の事柄」(res facti;『判断力批判』V, 468)なのである。このようにして理性的存在者は消極的意味でのヌーメノンとして叡知界においてあるという命題が証明される。すなわち有限な理性的存在者はけっして閉じたカプセルとして感性界に投げ出されているわけではなく、自らがそこにある「叡知界の現実性」(『実践理性批判』本全集第7巻二七五頁)を足場にして、そこから「自由」を「超越論的述語」とする本来的自己の道徳的要求にもとづいて「信」の対象を、すなわち「不死」と「最高の根源的善」すなわち神の「現実性」、神が「現にあること」(同三〇五頁)を要請するのである。このような「現実性」はコペルニクス的転回なくしては開示されえなかったであろう。このようにして「学としての形而上学」がはじまるための足場が確保されたのである。

五　宗教と理性の自律との関係

「道徳が宗教にいたるのは避けられず、道徳は宗教により人間以外の力をもった道徳的立法者という理念にまで拡大され」る。「人間の究極目的でありえて、それであるべきものが、この道徳的立法者の意志においても、同時に(世界創造の)究極目的なのである」(本書一一頁)。私たちの現存在の究極目的は派生的最高善の実現である。それは同時に神の「世界創造」の究極目的でもある。神はすべての有限な理性的存在者がその自由の行使により心術の点で神のようになることを究極目的として世界を創造されたのである。すなわち世界創造の究極目的は理性的存在者の現存在であり、理性的存在者は派生的最高善の実現を自らの究極目的とする。究極的にはその実現が神の世界創造の究極目的でもあることになる。根源的最高善としての神の現存在の「要請」は私たちの「信」を根拠づけ、私たちの意識に「希望」をもたらす。が、もちろん神はすでに叡知界に存在しており、「要請」によってはじめて存在するわけでないのはいうまでもあるまい。私自身の現存在を知的直観ないし根源的直観の光で照らしてヌーメノン的地平で持続させているのも神であり、私たちに自由を与えたのも神である。

「道徳が宗教にいたる」という点にカントにおける自律の放棄を見る人もいる。しかし自律はまさしく超越論的意味での自由のうちに、すなわち道徳法則を産出するという純粋理性の活動性のうちにあるというべきであって、これにより産出された法則ないし義務への尊敬のゆえに義務を神の命令と見なすことはなんら自律の概念に抵触しない。実は有限な理性的存在者の本質的形式(自由)は、けっして実質により満たされてはいないにせよ、無限存在者すなわち神と同じ形式なのである。そうである以上、義務を神の命令と見なすことはまた当然のことなのである。またそむしろ神の概念は私たち有限な理性的存在者の形式が無限に実質により充塡されたものとして獲得される。いいかの形式のゆえに自由の行使によりそれを無限に実質的に充塡することが私たちの義務でもあるわけである。

えれば、自由という形式が与えられているということはすでに自由であるということであるにしても、実質的にはまだ自由ではあらぬがゆえに、それを実質により充塡することが己にとって義務として表象されるのである。形式的には自由であるにもかかわらず、実質的により自由となることが私たちには課せられている。「人間は自然的に強制されうることが少なくなり、逆に道徳的に(義務の表象のみによって)強制されることが多くなればなるほどに、いっそう自由になる」(『人倫の形而上学』VI, 382 Anm.)。

自律に抵触するのは、何事かを神の命令であるがゆえにそれを義務とし、そこから期待できるなんらかの幸福のゆえに義務をなす場合である。たとえば「クルジウスや他の神学的道徳学者」がなしたように「神の意志」(『実践理性批判』本全集第7巻一八〇頁)から道徳的な義務を導き出そうとすれば自律が損なわれざるをえまい。「神の意志」は私たちにとって実質的な実践的規定根拠ではないにせよ、それになんらかの拘束性をもたせようとすれば、「幸福」を前件にふくむ仮言命法しか獲得できないのである。むしろそれとは逆に自律の概念により神の概念が獲得され、定言命法を神の命令と見なすことが可能になる。それどころか神は私たちに自律を、自由を許し、私たちを御自身と同じ人格として遇しておられるのである。「理性的存在者にたいする最高の知恵による支配と統治は、この存在者の自由の原理によって彼らを遇するものであり、彼らに起こるはずの善・悪を、彼ら自身が負わねばならないようにしようとするものなのである」(本書一〇六頁)。私たちはひたすら自由をエゴイスティックな幸福追求のために行使しているにもかかわらず、神は私たちの意志が完全に道徳法則に適合することを待っておられる、すなわち私たちの自由が普遍的幸福の原因となるような構造をもった世界の改変の「とき」を待っておられるのだといえよう。もちろんこれは批判哲学の枠組み内では定立として言表できないにしても、しかしこれまでの考察からこのこともすでに含蓄的に示されているといえるのではあるまいか。

六　道徳からの一歩

さて物自体概念、したがってまたヌーメノンやそれを導き出した時間空間の超越論的観念性の思想、また現象一般の超越論的概念が、カントの批判的現実把握にとっていかに重要で、いかに有効性を発揮するかは「原罪」の、したがってまた「根元悪」の説明においても歴然とする。このことを示して「解説」を終えようと思う。

そもそも道徳が必然的に宗教にいたるという命題がかりに正しいとしても、しかし道徳から宗教哲学への一歩はむしろ私たち自身が自らにおいて経験する悪の事実を前提とし、それを出発点とするのである。しかも悪への性癖は類としての人間すなわち人類に普遍的に認められるとされる。もとより「悪への性癖」を私たちが類としての人間のうちに認めること自体がすでに道徳的判断であって、そのように判断する私たちがすでに自由の地平に立ち、そこでさまざまな意志に、さまざまな人格に出会っていることを前提している。ふつう性癖というのはくりかえしなされた行為から生じる傾向性に支配されることであろう。しかし善への根源的素質があるにもかかわらず、悪への性癖が人類に普遍的に認められるという事実は、時間内において反復により獲得された傾向性による支配であるというふうには説明できまい。また文明社会に生まれてきて、そのなかで経験的に獲得してしまった性癖であるという説明もできないだろう。それらの説明は「経験的性格」にまでしか届かないのであって、「根元悪」はその射程の外にある。では私たちは経験的性格しかもたないのかというと、そうではなく、自由である以上、「叡知的性格」(B 568 ff.)も想定されざるをえないのである。この概念は現象と物自体との区別を想定し、同一のものを二つの観点から考察するという超越論哲学的な観点から見るのでなければ論理的に不可能ということになろう。「行為する主体はその叡知的性格に関してはいかなる時間制約の下にもないであろう。そもそも時間は現象の制約にすぎず、物自体そのものの制約ではないのである」(B 567 f.)。

私たちに「経験的性格」しかないとすると、そこに道徳的判断を持ち込むことは不可能になる。犬や猫といった動物の場合に「性格」という表現が適しているかどうかは別として、しかし動物の場合でも遺伝的な素質にくわえて、生まれてからこの方、育ってきた環境、それまでに出会った出来事、普段の扱われ方などによって、すくなくとも個体的特徴が形成されていくし、それにより「動物的意志」(arbitrium brutum ; B 562) の働き方も生得的な行動パターンを基礎にして特殊化されていくであろう。「経験的性格」とはそれをそのまま人間に移し換えたものだと理解して差し支えあるまい。しかしそれだけだとすれば、人間の場合には反省的に個体または類としての自己自身を経験的な側面から、つまりフェノメナルな側面から観察することは可能ではあっても、そこに道徳的な意味での述語付けが生じてくることは、個についても類についてもありえないはずである。むしろ私たちがそれ自体においては「外時間的」な地平に立っているからこそ、またその意味で自由であり、それとともに「叡知的性格」をももっているからこそ、さらに私たちのもともとの素質が善に向かおうとするものであるからこそ、この素質の理念に照らして、類として見られた私たち自身にすでにある性癖が住み着いてしまっているのだという判定が、さらにそれは「悪である」という道徳的な述語付けが可能になるのである。

悪への性癖は、『創世記』に記されているように、男と女が蛇にそそのかされて「善悪の知識の木」から実を取って食べたことに由来するというふうに描かれるにせよ、あるいはヒンズー教徒の考えるように「デーヴァ」と呼ばれる「霊」が「昔犯した罪にたいする罰として、動物の身体に監禁された」(本書一〇〇頁原注1)というふうにイメージされるにせよ、いずれにしても私たち自身の自由の行使として、あるいはその結果として描かれる。神話的表象はすべてが時間のなかで起こった「歴史」としてそれを語る以上、そこに時間表象や、経験的内容が比喩的な形でふくまれるのは如何ともしがたいにしても、しかし「原罪」すなわち「根元悪」は最初の男と女が犯しただけではなく、叡知的行いとして私たち自身も犯したのであり、いまなお犯している。それは私たち自身が法則と傾向性との道徳的秩序を転倒させるという仕方での自由の行使であり、その意味での叡知的行いである。従属的にすぎないはずの動機を最上格率に採用してしまって、道徳法則をそれに従属させてしまうという「行い」である。「人間はこの法則を十分な動機として、まっすぐにこれにしたがうことをせず……、それ以外の制約された仕方でしか……善ではありえないような動機を探し求め、行為が意識的に自由に源を発すると考えられる場合に、義務にもとづいて義務の法則にしたがうのではなく、せいぜい他の意図を顧慮するがゆえに法則にもしたがうことを格率としたのである」(本書五五頁以下)。まず食べること、痛みや苦しみを避けて快適な生活を送ることを大切とするがゆえに、そしてまた自己愛を中心に据えてつねに他者にたいする優位を確保しておきたいという欲求のゆえに、そのために「法則にもしたがうことを格率とした」ことは、私たち自身がいまなお犯している罪であることはいうまでもあるまい。しかも私たちはそれを悪だとも罪だとも思ってはいないのである。そこには巧みな「欺瞞」(同五〇頁)があって、私たちは自分自身を欺き、自分を「煙に巻いて」しまっている。「彼らは、法則にその心をたずねなかった行為や、すくなくとも法則を最優先しなかった行為のただなかにあっても、幸運にも悪い結果を免れさえすれば、良心の安らぎを保てるし、それどころか他人が犯していると思われる過ちに、自分は負い目を感じないですむので、その功績を誇る自惚れさえここからくる」(同)のである。「自分自身を煙に巻いてしまうこの不誠実さは、真正の道徳的心術が私たちのうちに根づくのを妨げるものであるが、これは外的にも拡大して、他人への不信や欺きとなるわけで、悪意と呼ぶべきでないとしても、すくなくとも卑劣という名に値するこの不誠実は、人間本性の根元悪にふくまれて」いる(同五一頁)。

悪はすべて私たち自身の行いである。根元悪もそうでなくてはならない。ところが「性癖の概念というのは、いかなる行いにも先行するような、したがってそれ自身はまだ行いとなっていないような、選択意志の主観的規定根拠のことである」(同四一頁)。しかしそうだとすると「悪への性癖」という概念にも矛盾があることになろう。すくなくとも時間を主軸として経験の地平でしか性癖の獲得が考えられないとすれば、アダムとエバの行いは時間のある点での出来事であって、私たちはそれをとおして悪への性癖を獲得したことになろう。そうしてまたそれが時間軸上のはるか後に位置する私たちのうちにも認められるとするならば、それがいかに「不適切」であろうとも「遺伝により私たちのところに来たのだと表象する」(同五三頁)ほかあるまい。その場合、私たちが根元悪に関与することは端的に不可能ということになる。そうだとすると「悪への性癖」そのものはもはや私たちには責任はないことになる。しかもそれが「選択意志の主観的規定根拠」となっているわけだから、私たちは悪をなすことしかできない、すなわちこの点で自由ではない、したがって私たちにとっては悪しか可能ではないのだから、それしか可能でない「悪」はもはや「悪」だとは判定されえないということになってしまう。

そこでカントは「性癖という表現」が「二つの異なった、しかしともに自由の概念と一致しうるような意味に」(同四一頁)理解できることを指摘するとともに、「行い一般という表現」もそうであることに注目させるのである

(同)。「しかし行い一般という表現は、最上格率を選択意志のうちに……取り入れるための自由の使用についても用いられうるし、行為そのものが……格率にしたがって実行される際の自由の使用についても用いられうる。ところで悪への性癖は、前の方の意味での行い(原罪)であると同時に、後の方の意味で理解されるすべての反法則的な行いの形式的根拠ともなっており、この行いが実質からいって法則に背馳するのであって、悪徳(派生的罪)と呼ばれるのであり、……第二の罪責はたびたび避けられるにしても、第一の罪責は残るのである。第一の罪責は叡知的行いであって、いかなる時間制約もなしに理性によってのみ認識しうるが、第二の罪責は可感的、経験的であって、時間のなかに与えられる……」(同四一頁以下)。

「第一の意味」での自由の行使は「叡知的行い」である以上、時間制約を超えている。したがってその根拠は「理性表象」のうちにのみ求められなければならないのであって、時間系列のうちにはあらわれてはこない。ただしその「行い」が、いいかえれば純粋ではない理性の働き(Handlung)が「選択意志の規定根拠」となってしまっている以上、またかくして「性癖」となってしまっている以上、「行い」ないし「働き」の結果は現象としての行為に、現象としての人間に、したがってまた時間のうちにあらわれてくるのは当然である。そもそもこのような着想はすでに『純粋理性批判』においても明確に表現されているのである。「……そしてヌーメノンであるかぎりでの主体においては何ひとつ生起せず、力学的な時間規定を必要とする変化は、したがってまた原因としての現象との結合は見出されないので、それゆえこの能動的な存在者はそのかぎりでは行為〔働き〕においては、もっぱら感性界にのみ見出されるようないかなる自然必然性からも独立であり、また自由であるということになろう」(B 567)。しかし「ヌーメノン」であるような「能動的存在者」は、見ることにおいてにせよ行うことにおいてにせよ、自らの心性にアプリオリにそなわった時間のフレームにしたがってしか世界に向かうことはできない。そこにおいて「悪徳」ないし「派生的罪」を犯し、それを認識することはできるにせよ、ほとんど自らの自然となってしまっているような根源的な行いは認識できない。それはまさしく「能動的存在者」の能動性の運動方向にある「働き」ないし「行い」だからである。しかしそれにもかかわらず、どんなときでも定言的当為は認識できるし、それへの違反もそのつど認識でき、したがってどんなときでも自由なのである。それゆえ私たちはたえず根元悪を自覚せざるをえないことになる。あるいはつねにその機会を与えられていることになる。「そもそもそれまでのふるまいがどうであったにせよ、また人間に影響をおよぼす自然原因がどんなものであろうとも、したがってそれが人間の内に見出せようが外に見出せようが、人間の行為はやはり自由であり、こうした原因のどれにも規定されてはいないのであって、行為はつねにその選択意志の根源的使用だと判定できるし、そう判定されなくてはならないのである。どんな時世にどんな交わりのなかにいたにしても、人間は悪い行為を思いとどまるべきだったのであり、そもそも世界内のいかなる原因によっても、人間が自由に行為する存在者でなくなることはありえない」(本書五四頁)。アダムとエバはまずは定言命法の「厳格さを疑いはじめ」、そして「命令への服従を、(自己愛の原理の下で)手段として制約されたにすぎない服従にまで、理屈をつけて引き下ろしはじめた」のであり、最後に「法則にもとづく動機をしのぐ感性的衝動の優位が行為の格率に採用され、かくして罪が犯されたのである」(同五六頁)。「私たちは毎日、これとまったく同じようにやっていること、したがって〝アダムにおいてすべての人が罪を犯した〟こと、いまなお罪を犯していること」は「明らか」なのである(同)。

さて道徳法則と格率との転倒が私たち自身の自由の行使によって起こっている以上、このような悪への性癖から自由にしてくれるものとしては「人間における心術の革命」「考え方の改革」(同六三頁)しかなく、それは道徳法則を第一の格率としてもっとも大切にすることによって、善への根源的素質を人間が回復するという仕方でしか可能ではない。この回復は「善への失われた動機の獲得」ではなく、そもそもそれを「私たちは失いえなかった」のである(同六二頁)。「したがって回復とは、私たちのすべての格率の最上根拠として道徳法則の純粋さを取り戻すことにほかならず、これが取り戻されるなら、道徳法則はたんに他の動機と結びつけられたり、それどころか他の動機(傾向性)を制約としてこれに従属させられたりさえするのではなく、むしろまったく純粋な形で、それだけで選択意志を規定するのに十分な動機として、選択意志のうちに採用されるはずなのである。根源的善は、義務を遵守するに際しての、もっぱら義務からくる格率の聖性であり、これにより、人間はこの純粋さを格率のうちに採用するなら、だからといってまだ聖ではないにしても(けだし格率と行いとのあいだには、まだ大いなる懸隔があるから)、しかし聖への途上にあって、無限の進歩により聖性に接近することになる」(同)。私たちの格率が道徳法則に完全に合致していることが「根源的善」であり、その素質は私たちから奪われているわけではないゆえに、その純粋さを回復することも私たちの「自由に」課せられているだけではなく、委ねられてもいるのである。それを回復しようと決意しないこと、「心術の革命」「考え方の改革」を引き受けようとしないことは、「すべての時間の終わり」(『万物の終り』VIII 327)にいたるまで、すなわち己の死にいたるまで時々刻々と悪の荷担をしつづけることになるわけである。それも自由の行使である。けだし私たちは自由であることしかできないのである。それゆえ同時にどんなときでもネガティブにであれポジティブにであれ、自らの価値を表現しつつ行動することしかできないわけであるから、かくして自由の行使そのものによって負量の価値の足し算をつづけていかなければならないのである。逆に道徳法則を「まったく純粋な形で、それだけで選択意志を規定するのに十分な動機として、選択意志のうちに採用」するならば、「心術の革命」「考え方の改革」を経るならば、そのことにより「だからといってまだ聖ではないにしても、……しかし聖への途上に」すでにある、そして「無限の進歩により聖性に接近することになる」。それは同時に苦しみの足し算を己が身に引き受けつつ時を経ていく生き方を選び取ることを意味するであろう。しかしけっしてふつう「カルトゥジオ修道会」(本書三一頁)から連想されるような気分でではなく、「快活な心で」(同三二頁)それを選び取り、そして時を経てゆくのである。

■岩波オンデマンドブックス■

カント全集 10　たんなる理性の限界内の宗教

2000年2月25日　第1刷発行
2017年7月11日　オンデマンド版発行

訳　者　北岡武司《きたおかたけし》

発行者　岡本　厚

発行所　株式会社 岩波書店
〒101-8002 東京都千代田区一ツ橋2-5-5
電話案内 03-5210-4000
http://www.iwanami.co.jp/

印刷／製本・法令印刷

ISBN 978-4-00-730627-3　Printed in Japan

索　　引

その事項が主題的に論じられている箇所はページ数を太字にした.

あ

愛 Liebe　60
　神の――　86, 160, **194f.**
　神への――　213, 245
愛着 Zuneigung　11
悪 Böse　25f., 30, **37f.**, **42f.**, **47f.**, **55f.**, 75, 132, 192
悪意 Bosheit　49, 51, 76
悪徳 Laster　32, 35, 36, 41, 44, 50, 64, 77
悪の国 Reich des Bösen　106
悪魔(的) Teufel　47, 49, **105**, 109, **115**, 117
悪霊 böser Geist　78, 115, 117, 179
アストレーア Asträa　256
アダム／最初の人間 Adam　56, 100, 106
新しい生命 das neue Leben　154
新しい人／新たな人間 der neue Mensch　63, 97f., 161, 265
アブラハム Abraham　251, 327
アプリオリ a priori　11, 275, 303, 344
阿片 Opium　104
アラブ Arabien　183
アーリマン Ahriman　188, 327
アレキサンドリア(文化) alexandrinisch(e Kultur)　183, 295
アンチ・クリスト Antichrist　182
アンチノミー Antinomie　154f.

い

イエス
　神に(天から)遣わされた者／神の遣い ein Gesandter　107, 171, 212
　神の御子 Gottessohn/Sohn Gottes　79, 81, 88, 98, 102, 158, 188
　キリスト Christus　344
　師 Lehrer　87, 112, **211f.**, 215, 223
　人の子 Menschensohn　187
　福音の師 Lehrer des Evangelii　171, 180, 216, 264, 270
　学びの原像(模範) Urbilde (Beispiel) der Nachfolge　108, 158
　御子 Sohn　135, 195, 196
位格 Person　**188**, 195, 213, **335**
生き方 Lebenswandel　68f., 140, 154f., 229, 322, 346
　新しい――　156, 247
　神に嘉される――　264
異教 Heidentum　241, 249, 269
畏敬 Ehrfurcht　249, 264
　神への――　206
　道徳法則への――　31
威厳 Majestät　31, 323
意志 Wille　11
　神の――　309
　善――　255
意志規定 Willensbestimmung　8, 48, 192
威信 Ansehen　149, 332
イスラエル Israel　295
　――の子　330
イスラム教(徒) Muhammedaner　143, 146
異端者　Ketzer　**144f.**, 250
異端審問官　Ketzerrichter　250
一性 Einheit　134
　神の――　248, 337
慈しみ Gütigkeit　188, 191, 196, 267, 328, 336
一神論 Monotheismus　334

遺伝 Anerbung 53, 317
遺伝病 Erbkrankheit 53
祈り Gebet 260, **345**
意味 Sinn 58
引責 Zurechnung 34, 55, 311
淫蕩 Wollust 35
インド人 Indier 146

う

ヴィシュヌ Wischnu 25, 188
ヴェーダ Veda 146, 277
ウェヌス Venus 32, 307
運命 Schicksal 180, 223, 237, 338

え

永遠 Ewigkeit 91, 93
永遠平和 der ewige Frieden 45, 165
影響 Einflüsse
　恩寵の―― 262
　他からの―― 257
　超自然的な―― 266, 319
　天からの―― 234
　より高次の道徳的―― 214
栄光 Ehre 336
叡知的 intelligibel
　――行い 41, 52
　――根拠 64
　――性格 63
　――存在者 98
選び／選り分け Erwählung 188, 192, 338
演繹 Deduktion 102

お

負い目／罪責／咎／負債 Schuld 7, 50, 96, 160, 322, 335
オウィディウス Ovidius 307
行い Tat 41, 103, 157, 229, 334
　叡知的＝時間制約のない―― 41, 52
　可感的―― 42, 52
恐れ Furcht
　神への―― 245
オーディン Odin 188
オルムッド Ormuzd 188, 327
愚かさ Torheit 75, 77
恩寵 Gnade 99, **158f.**, 192, 233, 257, 344
　――作用 Gnadenwirkung 234, 313f.
　――の手段 Gnadenmittel 259, 261, 302, 315, 345
恩寵請願 Gunstbewerbung 68

か

改革 Reform 62f, 163, 281
快活さ Frohsein 94, 309
会憲 Konstitution 135, 202, 242, 338
解釈 Auslegung 58, **145f.**, 276, 280, 287
解釈者 Ausleger 142, **145f.**
　聖典の最高の―― 221
会衆 Gemeinde 134, 202
回心 Sinnesänderung 88, 97f., 265
回心 Herzensänderung ⇨心情の変化
蓋然論 Probabilismus 250
概念 Begriffe 301
　純粋理性―― 208, 301
回復 Wiederherstellung **59f.**, **67f.**
戒律 Gebote 168
書き物 ⇨経典
学識 Gelehrsamkeit 149, 172, 219
学部 Fakultät 284
革命 Revolution **63f.**, 84, 106, 162f., 170, 174, 316
学問 Wissenschaften 14, 17, 275, 284
格率 Maxime 7, 36, 48, 57, 59, 68
　選択意志が自由の使用のために作る規則 28
　反法則的な―― 43, 312
　普遍的で純粋な―― 88
　悪い―― 27
　――の根本 63
　――の聖性 62
　――の内的な第一の根拠 77

——の普遍的立法としての適性　34
価値 Wert　83, 92, 136, 147, 232, 241
無制約な——　177
——自体　227
カテキズム Katechismus　21, 109, 143
カトリック(教徒) Katholiken　143f.
可能性 Möglichkeit　207, 342
内的——　207
神 Gott　11, 64, 79, 116, 137, 181, 186f., 226, 228, 235, 245
裁く——　188
世界支配者としての——　131
創始者としての——　190, 202, 210
——の愛　86, 160, **194f.**
——の代理支配者　175
——の知恵　97
——の御心　161
——の理念　67, 206, 264
——への冒瀆　17
神の国 Reich Gottes　90, **123f.**, **126f.**, 134, **152f.**, 176, **181f.**, 201
新約による——, 旧約による——　329
神の子たち Kinder Gottes　240
神の民 Volk Gottes　**130f.**, 328
神の遣い　⇨イエス
神の御子　⇨イエス
神の命令 gottliche Gebote　131, 139, 205, 262
ガリレイ Galilei　14, 279, 286
カルトゥジオ修道会 Kartäuser　31, 306, 308
考え方 Denkungsart　40
——の転換　64
感謝 Dankbarkeit　85, 321
感情 Gefühl　31, 36, 66, **151f.**, 184, 235, 249, 309
感性界 Sinnenwelt　228
感性的／感性 sinnlich/Sinnlichkeit　42, 46f., 64, 78, 145, 227, 228, 232, 259, 296
完全性 Vollkommenheit　8, 79f., 91, 129, 194, 266
寛容派 Latitudinarier　29

き

義／正義 Gerechtigkeit　87, 93, 95, 97, 156, 188, 189, 192, 196, 218, 230, 322
永遠の——　99, 321
起源 Ursprung　**52f.**
超感性的——　147
宗教の——　207
儀式 Feierlichkeiten/Gebräuche　140, 182
儀式信仰 Ceremonialglauben　110
気質 Temparament　50, 248
徳の——　32
喜捨 Almosengeben　261
偽信 Frömmelei　248
擬人観 Anthropomorphismus　86, 161, 188, 226, 245, 314, 336
奇跡 Wunder　70, 83, **113f.**, 172, **173f.**, 217, 218, 258, 297, 312, 314
道徳法則という——　320
——の賜物　266
偽善(者) Heuchelei/Heuchler　242, 253, 306
規則 Regel
普遍的——と特殊な——　213
貴族制 Aristokratie　132, 168, 242
規定根拠 Bestimmungsgrund　7f., 28, 41, 52, 82, 162, 221
祈禱 Beten　262
祈禱文 Formeln　194
気分 Gemütsstimmung　31, 32
詭弁 Sophisterei　119
希望 Hoffnung　58, 68, 91, 133, 155f., 164, 179, 194, 298
——の冠　248
欺瞞 Betrug/fausseté　111
義務 Pflicht　7, 55, 66, 129, 139, 306
特殊な——　206
客体 Objekt　216
最高善としての——　322

超感性的――　95
よき願いの――　239
客観的実在性 objektive Realität　125, 164
実践的な――　276
究極目的 Endzweck　10, 137, 326
最高善　342
実践理性の最終客体　185
救済 Erlösung　157
旧約聖書 das Alte Testament　294, 330
教育学者 Pädagogen　26
教化 Erbauung　265, **268**
教会 Kirche　133f., 141, 176, 202, 215, 235f., 268
神の会衆としての――　139, 202
神の道徳的立法下での倫理的公共体としての――　134
真の――　153, 179, 203
真の普遍的――　213, 237
目に見える――　162, 210
――参集 Kirchengehen　260, 267, 345
――の体制　241
――の統一性　166, 181
教会信仰 Kirchenglaube　136, 145, 152f.
教階制 Hierarchie　135, 174, 188
教義 Dogma　92, 93, 153, 287
教義学 Dogmatik/Glaubenslehre　21, 67, 294
狂信 Schwärmerei　70, 90, 135, 151, 174, 234, 315
経典／書き物 Schrift　20, 138, **141f.**, 276, 297
――解釈 Schriftsauslegung　148
――学者 Schriftsgelehrten　149
共同体　Gemeinschaft
すべてのよき者たちの――　172
道徳的――　269
経文 Formeln　104
協力(超自然的な) Mitwirkung　59
共和国 Republik　129
世界――　45
キリスト　⇨イエス
キリスト教(徒) Christentum/Christen　69, 143, 174, 298, 327
――宗教　**210f.**, **218f.**

く

空間 Raum　185, 293
偶像崇拝 Idololatrie　228, 247, 267, 342
苦役信仰 Fronglaube　153, 171, 252
苦行　Kasteiungen　225
国 Reich
神の―― Reich Gottes　90, **123f.**, **126f.**, 134, **152f.**, 176, **181f.**, 201
光の――と闇の――　79
クネフ Knepf　188
グラーツィエ　Grazien　31
君主制 Monarchie　135, 242

け

経験 Erfahrung　26, 82, 120, 261
奇跡の外的――　315
内的――　70, 299
敬虔さ Frömmigkeit　248, 271
経験的 empirisch　296
――性格　62
経験認識 Erfahrungserkenntnis　153
傾向性 Neigung　35, 38, 76, 77, 294
肉欲的――　307
啓示 Offenbarung　19, 114, 148, 176, 189
――神学　275, 287
――論　300
――信仰 Offenbarungsglaube　136, **142f.**, 218, 281
形而上学 Metaphysik　310
啓蒙 Aufklärung　75, 164, 240
契約 Bund/Testament/Vertrag　107, **182**, 343
ゲオルギウス Georgius　144
結果 Folge　54, 71, 151

信心の―― 268
決疑論 Kasuistik 250
決定論 Determinismus 66
権威 Autorität 126, 276
原因 Ursache 33, 46, 71, 86, 151
悪の―― 311
自然―― 28, 311
第一―― 52
万物の最上―― 205
原因性 Kausalität
自由の―― 193
検閲 Censur/Zensur 14, 280
限界 Grenze 275, 288
理性の―― **296**, 299
厳格派 Rigoristen 29, 33
言語 Sprache 149, 164, 279, 326
原罪 Erbsünde 41, 53
現実存在(死後の) Existenz 173
元首 Oberhaupt 134
神の国の―― 267
人類の道徳的―― 335, 346
現象 Erscheinung 89, 158
神の国の―― 201
心理学的―― 233
知性的原理の―― 228
――信仰 251
建設 Gründung **166f.**, 303
原像 Urbild **80f.**, 100, 134, 158
人間性の―― 171, 195
御子という―― 338
原則 Grundsätze 48, 79, 301
謙抑 Demut 248, 263, 306
権利(法) Recht 93, 129, 214
――主張 Rechtsanspruch 79f., 194f.
原理 Prinzip 8, 25f., 61, 75, 76, **79f.**, 91, **105f.**, **123f.**, 159, 164, 224
悪の積極的な―― 77, 320
道徳的宗教―― 229
理性―― 284
厳律 Observanzen 112, 142, 162, 211, 240, 331

こ

行為 Handlung 27, 54, 346
犠牲的―― 226
自然的―― 239
高位聖職者 Prälaten 135, 236
公会議 Konzilien 223
公共体 Gemeinwesen 15, 165, 187, **201**, 334
公衆 Publikum
学識ある―― 173, 222
考証 Beurkundung 150
後成説 Epigenesis 109, 318
功績 Verdienst 83, 99, 156, 196, 321, 334, 344
構想力 Einbildungskraft 32
拘束性 Verbindlichkeit 244
劫罰 Verwerfung 93, 196, 230
幸福 Glückseligkeit 8, 10, 48, 86, 89, 101, 180, **215**
幸福にふさわしいこと Glückwürdigkeit 12, 61
合法則性 Gesetzmäßigkeit 7
合目的性 Zweckmäßigkeit 10
合理論(者) Rationalist 205
告白 Bekenntnisse 93, **229**
こころね ⇨心術
誤信者 Irrgläubiger 143
悟性 Verstand 86
――界 Verstandeswelt 201
国家 Staat 44f., 162, 241
倫理的―― 125, 185, 327
――連合 Staatsverein 45
ことば Rede 263f.
言/言葉 Wort 80, 142, 346
子供の問い Kinderfragen 93
この世の支配者 Fürst dieser Welt 107
コーラン Coran 277
根拠 Grund 33, 37, 43, 46, 55
道徳性の第一の―― 308
歴史的証明―― 252
根元悪 das radikale Böse 25f., 43,

49f., 96, **311f**.
根源的善 das ursprüngliche Gut　62
根源的素質 die ursprüngliche Anlage　57, **59f**., 65

さ

最高善 das höchste Gut　9, 181, 186, 245, 342
最後の審判の日 jungster Tag　25
祭祀 Kultus　20, 140, 203, 234
最初の人間　56, 100　⇨アダム
再生 Wiedergeburt　63, 265
罪責 Verschuldigung　41, 101
裁判官／審判者 Richter　94, 99, 103, 187, 196, 333
裁き(裁くこと) Richten　196
賛美 Hochpreisung/Bewunderung　85, 102, 138, 263
三位一体 Dreieinigkeit　190, 294

し

師　⇨イエス
死 Tod　104, 107, 181
　理性の道徳的な——　235
慈愛 Gütigkeit　89, 216
シヴェン Siewen　25, 188
時間 Zeit　33, 42, 52, 56, 67, 94, 161, 293
　——起源 Zeitursprung　52
自己愛 Selbstliebe　8, **35**, 48, **60f**., 298
自己改善 Selbstbesserung　68
自己呵責 Selbstpeinigungen　227
自己欺瞞 Selbsttäuschung　269
地獄　Hölle　79, 105, 169
　——の国 Höllenstaat　181
　——の罰 Höllenstrafen　93
自己認識 Selbsterkenntnis　99, 103
自己保存 Selbsterhaltung　35
司祭 Priester　110, 141, 160, 174
　——宗教 Priesterreligion　25, 99, 314
詩作 Dichtungen　25, 147
自殺 Selbstmord　110
事実 Faktum/Fakta　29, 30, 42, 136, 219, 281
事象 Begebenheit　52, 114, 326
　聖なる——　223
自然概念 Naturbegriff　82
自然科学者 Naturforscher/Naturkundiger　117f.
自然主義者 Naturalist　205
自然手段 Naturmittel　234
自然状態 Naturzustand　43f., **126f**., 278
自然法 Naturrecht　283
自然法則 Naturgesetz　119
思想の自由 Denkfreiheit　152
質 Qualität　100, 135
　三面的な——　189
十戒 zehn Gebote　168
実在性 Realität　10, 13, **82f**., 88f.
実践的 praktisch　19f., 71, 145, 153, 156, 159, 197, 287
　——使用 praktischer Gebrauch　78, 101, 184, 302
実践理性批判 Kritik der praktischen Vernunft　21
実体 Substanz　173
実例　⇨模範
使徒 Apostel　78
シバ　⇨シヴェン
支配 Herrschaft　75, 124
　神の——　323
支配者 Fürst
　この世の——　107f.
自発性 Spontaneität　30, 67, 191, 337
詩編 Psalm　**147f**., 313, 331
思弁 Spekulation　293
ジプシー Zigeuner　183
市民 Bürger　139
邪悪さ Bösarigkeit　39, 49
社会(性) Gesellschaft　35, 124
シャーマン　Shaman　236, 313
赦免 Lossprechung　93
シャルルヴォア Charlevoix　109
自由 Freiheit　27, 30, **66**, 123, **185**,

193, **254f.**, 257
真の――　162, 305
聖なる――　178
絶対的――　325
道徳的――　242
――の概念　66, 311
――の国　108
――の原理　106
習慣 Gewohnheit　55, 62
宗教 Religion　7f., 69, 205, 332
応用―― religione applicata　303
学識的――　207, **218f.**
完全な――　217
啓示――　**207f.**, 275
自然――　**205f.**, 275, 285
純粋―― religio pura　275, 303
純粋理性――　162, 203, 304
世界―― Weltreligion　210
(純粋)道徳――　69, 170, 223, 331
普遍的――　176
法規的――　225
唯一の真なる――　281
理性――　19, 275
――教育　342
宗教信仰 Religionsglaube
純粋――　136, **145f.**, 166, 244
真の――　176
宗教紛争 Religionsstreitigkeiten
143
宗教妄想 Religionswahn　225, 229
宗教理念 Religionsidee　68
十字軍 Kreuzzüge　175
修道士階級 Mönchtum/Mönchstand
109
宗派 Konfession　233
終末 letzte Dinge　187
重力 Schwere　118, 185
手段 Mittel　56, 204, 227, 246, 258
賢明さの――　254
道徳性のための――　238
シュトル Storr　20
受難 Leiden　80, 114
主の祈り Gebet des Herrn　264
種の保存 Erhaltung der Species
120
呪物崇拝 Fetischmachen　238
呪文 Formel　239
純粋(さ) Reinigkeit　62
徳の概念の――　246
純粋実践理性 reine praktische Vernunft　7
純粋信仰 reiner Glaube　**136f.**
純粋理性 reine Vernunft　132
純粋理性批判 Kritik der reinen Vernunft　228
巡礼 Wallfahrten　232
章句 Schriftsstelle　58, 282, 301
正直さ Offenherzigkeit　256
小心 Kleinmütigkeit　248
昇天 Himmelfahrt　172
衝動 Trieb　28, 56, 312
情動 Affekt　38
浄福 Seligkeit　69, 85, 281, 335, 336, 338
浄福になる信仰 selichmachender Glaube　153f., 316
証明 Beweis　283
召命 Berufung　190, 337
照明／内的照明 Erleuchtung　112, 142, 211
照明主義 Illuminatismus　70, 135, 315
将来 Zukunft　54, 180
贖罪 Expiation　160, 313
贖罪 Genugtuung/Satisfaction　99, 154, 191, 323f., 338, 343
贖罪行為 Büßung　227
処女 Jungfrau　109, **317f.**
書物(聖書) Buch　177, 209
助力 Beistand　192
超自然的な――　248, 258
シラー Schiller　31, 310
知らせ Nachrichten　149
信(実然的な) das Glauben　205f.
神学 Theologie　15, 300, **314f.**
理性――　275

神学者 Theologe　14
人格　Person　85, 109, 318, 335
人格性 Persönlichkeit　**34, 36f.**
　三つの面をもつ――　270
信経／シンボル Symbol　93, 135, 147, 255
神権政体 Theokratie　106, 168, 314
信仰 Glaube　70, 218
　実践的――　81
　神的な立法者への――　219
　道徳――　179
　奴隷的――　220
　法規的――　171
　――告白 Glaubensbekenntnisse　140, 190, 205
　――の事柄 Glaubenssache　**249f.**, **253**
信仰箇条 Glaubensartikel　252, 312
　法規的――　217
信仰様式 Glaubensarten　146, 167, 296, 305
　諸民族の――　248
心術／こころね Gesinnung　31, 83, 87, 97, 102, 334
　聖なる――　160
　道徳的――　66, 212, 231, 245
　徳の――　232, 246
　よき生き方の――　231
　――の改善　91
心情 Herzen　38f., 50
　――の変化／回心 Herzensänderung　62, 102
神人 göttlicher Mensch　85, 159
信心 Andacht　267
神性 Göttlichkeit/Gottheit　151
　立法的な――　341
身体 Körper　172
神殿 Tempel　142
信徒 Laie　150, 241
審判者　⇨裁判官
神秘 Geheimnisse　21, 70, 113, 172, **184**, 194, 315, 335
　最高の知恵の――　229
信憑性 Glaubhaftigkeit/Authentizität　136, 149, 223
進歩　⇨前進
シンボル Symbol　148, 182, 189f　⇨信経
真理(性) Wahrheit　113, 145, 172, 217, 243, 282
　宗教の――　208
人倫性／道徳性 Sittlichkeit　13, 321
新約聖書 das Neue Testament　148, 209, 330, 344
神話学 Götterlehre　146

す

推論 Schluß　92
崇敬 Verehrung　138, 235, 342
　純粋な道徳的――　245
崇高さ／崇高なもの Erhabenheit　31, 66
崇拝 Anbetung　13, 263
過越祭 Ostern　110, 316
救い Heil　181, 244
救い主 Erlöser/sospitator　98, 337
図式　Schema　176
　――論 Schematism　86
ストア派 Stoiker　75, 77, 319, 340
スピリチュアリズム Spirituarismus　172

せ

聖化 Heiligung　340
性格 Charakter　28, 36
正義　⇨義
正教信奉 Rechtgläubigkeit　174, 179
聖餐(式) Kommunion　260, 269, 294, 305, 345
政治的公共体 politisches Gemeinwesen　125, 169
聖者 ein Heiliger　84, 306
聖書 Bibel　15, 55, 86, **105f.**, 277, 282, 299, 331, 286
　――神学　275, 286
性衝動 Geschlechtstrieb　38

生殖 Erzeugung/Zeugung　109, 120, 317
生殖衝動 Fortpflanzungstrieb　35
聖職者 Klerus/Kleriker/Geistliche　93, 141, 150
　一人の――　242
聖職制 Pfaffentum　201f., **235**, 241, 269, 305
精神 Geist　40
聖性 Heiligkeit　13, 62, 80, **88**, 108, 159, 343
　神性の――　246, 336
　人間の目標としての――　212
聖なる何か(神秘) etwas Heiliges　184, 268
聖典 heilige Schrift　**136f.**, 150, 176, 208, 287
正統 Orthodoxie　144
性癖 Hang　**37f.**, 41, 43, 47, 164, 294
　生得的な罪ある――　318
制約 Bedingung　7
　最高――　243
聖霊 der heilige Geist　92, 188, 195, 316
世界 Welt　26, 58, 293
　二――　310,
　理性的存在者の――　337
　――支配者 Weltherrscher　131, 162, 170, 186, 247
　――審判者 Weltrichter　187, 216
　――創始者 Welturheber　161, 210
　――創造者 Weltschöpfer　116
　――存在者 Weltwesen　34, 81, 100, 342
　――の最善 das Weltbeste　81, 87, 178
　――の終わり／世の終わり Ende der Welt　172, 180, 182
責任 Verantwortung　99, 178
セクト Sekten　164, 236
説教 Predigt/Kanzelvortrag　21, 143, 246
折衷派 Synkretisten　30
摂理 Vorsehung　133, 142, 163, 179, 302, 326, 333
セネカ Seneca　26
狭き門 enge Pforte　213
善 Gut　**25f.**, 30, **59f.**, 75, 76, **192**
　人倫的――　260
先在システム(胚芽の) System der Präexistenz　109
前進／進歩 Fortschritt　62, 89
専制主義 Depotismus　236
戦争　Krieg　45
　――状態 Zustand des Krieges　**128f.**
ゼンダヴェスタ Zendavesta　183, 277
選択意志 Willkür　7, 41
　自由な――　228, 320
千年至福説 Chiliasmus　45, 182
洗礼 Taufe　260, **268**, 345

そ

総合命題 synthetischer Satz　11, 12
創始者 Urheber　28, 46, 57, 202
　教会の――　212, 241, 269
　世界――　161, 210
創造 Schöpfung　57, 63
　――の歴史　280
創造主(者) Schöpfer　105, 120, 323
　全能の――　187
相続負債 Erbschuld　53
総大司教 Patriarch　135
僧侶 Pfaffen　206
素質 Anlage　26, 34f., 57, 59, 147, 321
　神的――　178
　神的素性を告知する――　66
　精神的な――　310
　道徳的――　65, 128, 160, 185
率直さ Aufrichtigkeit　256
ゾロアスター教 Religion Zoroasters　183, 188, 327
尊敬 Achtung　11, 12, 31, 62
　愛との対立　61
　外的にすぎない――　225

神への―― 321
義務への―― 12
自由でなければならない―― 13
道徳法則への―― 36, 61f., 66, 194
尊厳 Würde 76, 150, 306
人間性の―― 246, 340
存在者 Wesen 7, 9, 34, 85, 130, 308
最高の浄福を所有する―― 321
知的な―― 237
人間を超えた―― 310
必然的な―― 67
立法的な―― 341

た

大学 Universität/hohe Schule 14, 278, 284
体系 System 19, 152, 304
体制 Verfassung 127
代理人 Stellvertreter 98, 325
ダヴィデ David 263
堕罪 Sündenfall 56
多神教／多神論 Polytheismus 170, 314
戦い Kampf 75
魂 Seele 65, 298
民(民衆) Volk 131, 133f.
タルムード Talmud 295

ち

知／知ること Wissen 70, 157
実然的な―― 205
知恵 Weisheit 75f, 97, 107, 133, 188, 192, 265
神の世界統治の―― 322
神の創造の―― 263
ギリシアの―― 171
誓い Eid 212
力 Kraft 91
知性的(なもの) das Intellektuelle 37, 228
父 Vater 195, 335
宗教上の―― 236
法王 παπα 305, 332

秩序 Ordnung 161, 240
新―― 163
超感性的―― 161
道徳的―― 220
チベット(人) Tibetaner 144, 232
仲介者 Mittler 325
中間 Mitteldinge 26, 29, **52** ⇨無記
超感性的(なもの) das Übersinnliche 86, 89, 95, 136, 147, 228
――存在者 245
――対象 205, 233
超自然主義者 Supernaturalist 205
超自然的(なもの) das Übernatürliche 59, 70, 239, 257, 261, **315**
――な作用 238
懲罰 Bestrafung 168
直観 Anschauung 264
神による純粋な知的―― 89
(人間による)神の技の―― 263

つ

償い Vergütung 89
罪 Sünde 55, 87, 96, 212
遺伝的な―― 317
罪なしとされる(こと) Rechtfertigung 101, 230

て

定言命法 kategorischer Imperativ 309
定式 Formel 194
デーヴァ Dewas 100
敵 Feind 75, 181
適法性 Legalität 131
デストゥール Desturs 183
哲学 Philosophie 276
純粋―― 288
哲学者 Philosoph 16, 26, 243, 304
デーモン Dämon/dämonisch 116
テレンティウス Terentius 307
天 Himmel
無限の空間 79, 172
浄福の座，あらゆるよき人々の共同体

105, 169
——の影響 himmlische Einflüsse 117
——の国 Himmelreich 179f.
——の寵児 Himmelsgünstling 270
——の助け himmlischer Beistand 257
——の役所 himmlische Behörde 231
天から遣わされた者 ⇨イエス
天使 Engel, Himmelsbewohner 86, 114, 116
伝達 Mitteilung 184, 207
転倒 Umkehrung 48
転倒 Verkehrtheit 111
伝統 Tradition 138, 208
「天にまします」Vaterunser 346
天文学 Astronomie 285

と

統一(性) Einheit 48, 95, 100, **166f.**, 185
信仰の—— 328
絶対的—— 94, 299
動機 Triebfeder 7, 28, 39, 40
同業組合 Zunft 276
統合 Vereinigung 124, 140, 210
倒錯 Verkehrtheit 39, 49
根元的な—— 50
道徳(学) Moral 7f., 20, 147
理性—— 275, 297
道徳性 Moralität 13, 46, 131
道徳的安心 moralische Sicherheit 254
道徳哲学 Moralphilosophie 78
道徳哲学者／モラリスト Moralisten／Moralphilosophen 26, 32, 75, 160
道徳法則 das moralische Gesetz 27, 37, 42, 185
動物性(人間における) Tierheit 34
徳 Tugend 31, 33, 51, 62, 75, 76, 339, 341
聖性に向かって努力する—— 177, 214
天使の—— 317
——の原理 Tugendprinzip 129
——の心術 Tugendgesinnung 232, 246
——の法則 Tugendgesetze 129, 132, 257
——論 Tugendlehre 245
篤信 Gottseligkeit 271
——論 Gottseligkeitslehre 245
独立教会派 Indipendenten 236
努力 Bestrebung 258
トール Thor 188
奴隷 Sklaven 108, 123
——的気質 248

な

慰め手 Paraklet／Tröster ⇨聖霊／弁護者
なすこと・なさざること Tun und Lassen 9, 137, 262

に

似姿(神の) Ebenbild／imago 322, 324
偽奉仕 Afterdienst **201f.**, 220, 225f., 345
ニュートン Newton 185
人間 Mensch 7, 13, 26, 28, 60
——憎悪 Menschenhasse 248
——の義務 Menschenpflichten 80
人間性 Menschheit 34, 37, 79, 81
人格のうちなる—— 326
認識 Erkenntnis 206

ぬ

ヌーメノン Noumenon 21, 63

ね

ネイト Neith 188

願い Wunsch　61, 90, 155, 262, 266

の

農奴 Leibeigene　254
乗物 Vehikel　141, 302

は

バクスター Baxter　306
はしため／婢女 Nachtreterin　286
はじまり Anfang　58
罰 Strafe　93, 97, 147, 331, 333
　永遠の――　328
ハッジ Hadgi　255
バビロンの捕囚 babylonische Gefangenschaft　182
ハラー Haller　86, 312
パラダイス Paradies　146
パーリア Parias　183
パルシー教徒 Parsis　183
バールト Bahrdt　110
パレスチナ Palästina　232
パン Brot　265
ハーン Hearne　44
晩餐 Abendmahl　110　⇨聖餐
繁殖能力 Fortpflanzungsvermögen　193
判断力 Urteilskraft　119
　道徳的――　250

ひ

ピエティズム Pietismus　248
光 Licht
　――の国と闇の国　79
　内面の――　224, 271
光り輝く悪徳・悲惨　76
非決定論 Indeterminismus　67
被造物 Geschöpfe　321
必然性 Notwendigkeit　82
人の子　⇨イエス
人の心を知りたまう方(神) Herzenskündiger　97, 131
批判 Kritik　21
飛躍 Sprung　87
ピューリタン Puritaner　236
ヒンズー教 Hinduismus　188, 248
ヒンズー教徒 Hindus　100, 183

ふ

ファイドロス Phaedrus　232
ファリサイ人 Pharisäer　188
フィッシャー Fischer　293
フェノメノン Phänomenon　21, 42, 62
福音の師　⇨イエス
復讐 Rache　147, 213
負債　⇨負い目
不死 Unsterblichkeit　181
不純さ Unlauterkeit　39, 49, 340
不信 Falschheit　51
不信仰 Unglaube　83, 113, 158
不信仰者 Ungläubiger　143
不誠実 Unredlichkeit　51, 253
プター Phta　188
復活 Auferstehung　172
物質(性) Materie/Materialität　172, 173, 185
腐敗 Verderbtheit/corruptio　39
　本性的――　192
プフェニンガー Pfenninger　115
普遍史 Universalhistorie　166
普遍性／普遍的であること Allgemeinheit　43, 134, 145, 152, 210
ブラフマン Brahma　25, 188
プリニウス Plinius　249
フレヤ／フライヤー Freya/Freyer　188
付録 Parerga　70, 310, 313
プロテウス Proteus　117
プロテスタント Protestanten　**144**, 253
文化 Kultur　36
文明化 Zivilisierung　26, 44

へ

平和　⇨永遠平和
「べし」 sollen　60

ヘブライ語 hebräische Sprache
223
変化 Veränderung　68, 281
弁護者(人) Paraklet, Sachverwalter
92, 99, 196
遍在 Allgegenwart　185
弁証論 Dialektik　250

ほ

法王 Papst　135, 305, 313
法規 Statuten　138, 162, 171, 225
奉仕 Dienst　136, **201f.**, 236, 237
教会の真の――　220
真の――　259
道徳的――　238
報酬のための――　238
報酬 Belohnung　111, 123, 168, 215
報酬信仰 Lohnglaube　153
法則 Gesetz　7
徳の――　129, 132, 257
一つの――　244
誇り Stolz　248, 340
補足(補い) Ergänzung　343
ホッブズ Hobbes　129
ホラティウス Horatius　26, 42
滅び Verderben　181
本性 Natur　25f., 34, 52, 123
感性的――　309
本能 Instinkt
道徳的――　318

ま

魔術 Zaubern　70, 118, 238, 315
マニ教(徒) Manichaei　144
マニ筒 Gebet-Rad　232
学《まね》び(キリストの) Nachfolge (Christi)
81
マホメット教 mohammedanische Religion　183, 248, 260
マラバル海岸 Malabarküste　183
マールブランシュ Malebranche　100
満足感 Wohlgefallen　61

み

御子　⇨イエス
ミトラ Mithra　188, 327
ミヒャエリス Michaelis　20, 147, 300, 313, 331, 344
宮仕え Hofdienst　206, 263
民主制 Demokratie　242
民族 Volk　170f., 326

む

ムーア Moore　93
無関心主義者 Indifferentisten　30
無記 Adiaphora／中間者 Mitteldinge
29, 58
無垢 Unschuld　54f., 107
無神論 Atheismus　146
無担保の財 res integra　76, 311

め

迷信 Aberglaube　70, 158
迷信 Superstition　231, 315
名誉 Ehre　45
命令 Gebote　56
神の――　131, 139, 205, 262
法規的――　206
メカニズム Mechanismus　120
メシア Messias　168, 182, 347
ユダヤ人の――　221, 328, 333
メッカ Mekka　256, 261
免罪 Pardon/Expiationen　93, 102
メンデルスゾーン Mendelssohn
222, 295f., 316, 330, 333

も

モーセ Moses　217, 344
妄想 Wahn　**225f.**, 239, 253
宗教の――　269
徳の――　232
名誉――　225
妄想信仰 Wahnglaube　261
黙示録 Apokalypse　180
目的 Zweck　7f., **11f.**, 186, 246

文字 Buchstabe　40, 195
　祈りの――　263
　法則の――　319
模範 Beispiel　64, 209, 321, 325
　学びの――　81, 213
モラリスト　⇨道徳哲学者
脆さ Gebrechlichkeit　39, 49f., 321

や

ヤーヴェ Jehovah　169
闇の国 Reich der Finsternis　106

ゆ

唯物論 Materialismus　172
勇気 Mut　75, 179, 247
有神論 Theismus　116
優美 Anmut　31, 306f.
ユダヤ jüdisch　**167f.**
　――の民　329
ユダヤ教 Judentum / Judaism　143, **168f.**, 248, 298
ユダヤ人 die Juden　**182f.**

よ

幼少時の指導 Jugendunterweisung　246
様態 Modalität　135
欲望 Begierde　38, 65
予言 Weissagung　**180**
余剰 Überschuß　96, 324, 335
欲求 Begehrung
　自然的――　346
欲求能力 Begehrungsvermögen　38
予定(説) Prädeterminismus / praedestination　66f., 338
世の終わり　⇨世界の終わり
弱さ Schwäche　78, 189

ら

来世 das künftige Leben　155, 169, 215
ラファター Lavater　115, 338
ラマ教 Lamas　144

り

利己心 Eigennutz
　――はこの世の神　215
理性 Vernunft　16, 34, 37, 51
　純粋――　152, 184, 218, 281
　――起源 Vernunftursprung　52, 55
　――使用 Vernunftgebrauch　118
　――信仰 Vernunftglaube　136
　――的愛 vernünftige Liebe　61
　――表象 Vernunftvorstellung　53
理性的存在者 vernünftiges Wesen　28, 128
　――一般　163
理想 Ideal　80, 127
　道徳的――　339
　人間性の――　172
律法 Gesetze　106, 168, 314
　法規的な――　240
　ユダヤの――　213, 327
立法 Gesetzgebung　34, 307
　聖なる――　187, 191
立法者 Gesetzgeber　11, 96, 127, 130f., 139, 169, 307
　聖なる――　187, 335
理念 Idee　7, 9, 37, 65, 79, 139, 159, 288, 319
離反 Abfall　54
良心 Gewissen　194, **249f.**
　――の事例　250
　――の侵害　253
理論的 theoretisch　71, 145, 156, 315
倫理的公共体 ethisches Gemeinwesen　125, 169
倫理的国家 ethischer Staat　125, 185, 327
倫理的自然状態 ethischer Naturzustand　128f.

る

類推 Analogie　86, 185

類比 Analogon　257
ルソー Rousseau　26
ルター派 lutherisch　143

れ

霊 Geist　58, 78, 90, 148f., 194
　祈りの——　262, 264, 346
霊感 Eingebung/Inspiration　135, 147, 155, 161, 184, 313, 331
礼拝 Gottesdienst　166, 231, 259, 339
　——宗教 gottesdienstliche Religion　137, 154
歴史 Geschichte　25, 105, 114, 167, 175, 181, 209, 279
　——(的)信仰 Geschichtsglaube/historischer Glaube　136, 145, 153, 159, 172, 243, 251
レランド Reland　146

ろ

ローマ法典 römisches Recht　16, 283
ロレト Loretto　232

わ

和解 Versöhung　156, 247, 325
禍 Übel　97, 311